Anja Spilski

Werbecharaktere im Umfeld fiktionaler Medienwelten

GABLER RESEARCH

Forschungsgruppe Konsum und Verhalten

Herausgegeben von
Professorin Dr. Sigrid Bekmeier-Feuerhahn,
Universität Lüneburg,
Professorin Dr. Sandra Diehl,
Universität Klagenfurt,
Professor Dr. Franz-Rudolf Esch,
EBS Business School, Oestrich-Winkel,
Professorin Dr. Andrea Gröppel-Klein,
Universität des Saarlandes, Saarbrücken,
Professor Dr. Lutz Hildebrandt,
Humboldt-Universität zu Berlin,
Professor Dr. Tobias Langner,
Universität Wuppertal,
Professor Dr. Bruno Neibecker,
Universität Karlsruhe (TH),
Professor Dr. Thorsten Posselt,
Universität Leipzig,
Professor Dr. Christian Schade,
Humboldt-Universität zu Berlin,
Professorin Dr. Martina Steul-Fischer,
Universität Erlangen-Nürnberg,
Professor Dr. Ralf Terlutter,
Universität Klagenfurt,
Professor Dr. Volker Trommsdorff,
Technische Universität Berlin

Die Forschungsgruppe „Konsum und Verhalten", die von Professor Dr. Werner Kroeber-Riel begründet wurde, veröffentlicht ausgewählte Ergebnisse ihrer Arbeiten seit 1997 in dieser Reihe. Im Mittelpunkt steht das Entscheidungsverhalten von Abnehmern materieller und immaterieller Güter bzw. Dienstleistungen.

Ziel dieser Schriftenreihe ist es, Entwicklungen in Theorie und Praxis aufzuzeigen und im internationalen Wettbewerb zur Diskussion zu stellen. Das Marketing wird damit zu einer Schnittstelle interdisziplinärer Forschung.

Anja Spilski

Werbecharaktere im Umfeld fiktionaler Medienwelten

Eine Analyse der Übertragbarkeit fiktionaler Bedeutungen auf die Werbung

Mit einem Geleitwort von Prof. Dr. Andrea Gröppel-Klein

Bibliografische Information der Deutschen Nationalbibliothek
Die Deutsche Nationalbibliothek verzeichnet diese Publikation in der
Deutschen Nationalbibliografie; detaillierte bibliografische Daten sind im Internet über
<http://dnb.d-nb.de> abrufbar.

Dissertation Universität des Saarlandes, Saarbrücken, 2010

1. Auflage 2011

Alle Rechte vorbehalten
© Gabler Verlag | Springer Fachmedien Wiesbaden GmbH 2011

Lektorat: Stefanie Brich | Nicole Schweitzer

Gabler Verlag ist eine Marke von Springer Fachmedien.
Springer Fachmedien ist Teil der Fachverlagsgruppe Springer Science+Business Media.
www.gabler.de

Das Werk einschließlich aller seiner Teile ist urheberrechtlich geschützt. Jede Verwertung außerhalb der engen Grenzen des Urheberrechtsgesetzes ist ohne Zustimmung des Verlags unzulässig und strafbar. Das gilt insbesondere für Vervielfältigungen, Übersetzungen, Mikroverfilmungen und die Einspeicherung und Verarbeitung in elektronischen Systemen.

Die Wiedergabe von Gebrauchsnamen, Handelsnamen, Warenbezeichnungen usw. in diesem Werk berechtigt auch ohne besondere Kennzeichnung nicht zu der Annahme, dass solche Namen im Sinne der Warenzeichen- und Markenschutz-Gesetzgebung als frei zu betrachten wären und daher von jedermann benutzt werden dürften.

Umschlaggestaltung: KünkelLopka Medienentwicklung, Heidelberg
Gedruckt auf säurefreiem und chlorfrei gebleichtem Papier
Printed in Germany

ISBN 978-3-8349-2678-4

Geleitwort

Ist in der Werbewirkungsforschung schon alles erforscht? Mitnichten. Während sich in der Tat in den letzten 30 Jahren sehr viele empirisch gesicherte Erkenntnisse und Sozialtechniken zur Gestaltung erfolgreicher Werbung in der Konsumentenverhaltens- und Kommunikationsforschung angesammelt haben, so wird in jüngerer Zeit offenbar, dass die isolierte Erfolgskontrolle einzelner Werbespots zwar durchaus ausgereift ist, ist Bezug auf das Zusammenspiel von Werbung und Fernsehprogramm jedoch noch hoher Forschungsbedarf vorliegt. Ja, man kann durchaus behaupten, dass die Betrachtung von Werbewirkungseffekten, die sich aus der Interaktion von Werbung und Programm ergeben, ein vielschichtiges, empirisch anspruchsvolles, interdisziplinäres Forschungsfeld aufzeigt, das das bisherige Wissen zur isoliert betrachteten Effizienz von Werbung relativieren kann und dem auch die Marketingpraxis eine große Bedeutung zuweisen muss. Es werden beispielsweise Antworten zu den Fragen gesucht, ob die durch das Fernsehprogramm ausgelösten Emotionen oder Stimmungen einen Einfluss auf die Erinnerung oder Akzeptanz der nachfolgenden Werbung ausüben, ob Konsumenten „allergisch" auf Werbung reagieren, wenn diese in eine spannende Sportübertragung eingebettet ist und das Sportereignis folglich unterbricht, oder in wie weit die konkreten Inhalte der gezeigten Spielfilme oder Serien die Werbewirkung nachfolgender Werbespots beeinträchtigen oder befördern können.

Frau Dr. Anja Spilski widmet sich in ihrer Dissertation der Frage, ob eine Verzahnung von Werbestories mit dem *fiktionalen* Fernsehprogramm die Wahrnehmung und Beurteilung der Werbung beeinflusst. Manche Unternehmen nutzen die Verbindung zur Fiktion ganz gezielt für Marketingmaßnahmen, um damit eine Reihe von bildlichen und verbalen Assoziationsketten auszulösen. So knüpft ein Werbefilm für den Audi A6 gezielt an den Filmklassiker „Die Reifeprüfung" an und zeigt, ebenfalls mit Dustin Hoffman in der Hauptrolle des Werbespots, eine moderne Version der Reifeprüfung. Ebenso kann man der Werbepraxis entnehmen, dass eine Verflechtung von Serien (also dem TV-Programm) und Werbung durchgeführt wird: So spielte der Schauspieler Manfred Krug in der TV-Serie „Liebling Kreuzberg" einen Rechtsanwalt und war in einem Werbespot für eine Rechtsschutzversicherung tätig. Der Schauspieler Rainer Hunold, in der TV-Serie „Dr. Sommerfeld – Neues vom Bülowbogen" als fiktionaler Arzt zu sehen, wirbt in einem Werbespot für ein Medikament. Betrachtet man diese Beispiele, so entsteht die Frage, wie Konsumenten auf solche Verknüpfungen reagieren, in wie weit sie sich bei der Beurteilung der aus Filmen oder TV-Serien „entsprungenen" Werbepersonen an deren Charakteristika aus dem fiktionalen Programm orientieren und welche Auswirkungen auf die Werbewirkung zu verzeichnen sind. Zur Beantwortung dieser konkreten Fragestellungen liegen bisher keine Forschungsergebnisse vor. Somit wird hier nicht nur eine bedeutsame Forschungslücke identifiziert, sondern es wird indirekt auch die Frage beantwortet, ob Fiktionen einen Ideenspeicher für die Marketingpolitik darstellen können.

Frau Dr. Anja Spilski untersucht in vier, teils äußerst aufwendigen Experimenten, ob sich ein zur nachfolgenden Werbung kongruenter fiktionaler Werbekontext positiv auf die Werbewirkung auswirkt. Mit anderen Worten: Werden fiktionale Charakterbedeutungen, die in der Werbung aufgegriffen werden, in ähnlicher Weise wie in der Fiktion empfunden, und können sie die Glaubwürdigkeit der Werbebotschaft verstärken, oder trennen Konsumenten Elemente der Fiktion und Elemente der Werbung und löst eine solche Strategie der Verzahnung eher Reaktanz aus?

Diese äußerst spannende und informative Arbeit sei allen Wissenschaftlern und Praktikern wärmstens empfohlen, die sich mit Kommunikationspolitik und Konsumentenverhalten im Allgemeinen oder mit Werbewirkungsforschung im Speziellen auseinandersetzen.

Univ.-Prof. Dr. Andrea Gröppel-Klein,

Direktorin des Instituts für Konsum- und Verhaltensforschung

an der Universität des Saarlandes

Vorwort

Die vorliegende Arbeit entstand während meiner Tätigkeit als wissenschaftliche Mitarbeiterin am Lehrstuhl für Allgemeine BWL, insbesondere Internationales Marketing, Konsum- und Handelsforschung (Europa-Universität Viadrina, Frankfurt (Oder)) sowie am Institut für Konsum- und Verhaltensforschung (Universität des Saarlandes, Saarbrücken). Sie wurde im Sommersemester 2010 an der Rechts- und Wirtschaftswissenschaftlichen Fakultät der Universität des Saarlandes als Dissertationsschrift angenommen.

An dieser Stelle sollen die vielen Menschen gewürdigt werden, die zum Gelingen dieser Arbeit beigetragen haben. Allen voran sei meine akademische Lehrerin und Betreuerin, Univ.-Prof. Dr. Andrea Gröppel-Klein genannt, deren kreative Ideen, wertvolle Anregungen und konstruktive Kritik diese Arbeit geprägt haben. Auch für die Chancen, Teile der Arbeit bei wissenschaftlichen Konferenzen vorstellen und diskutieren zu können, möchte ich ihr meinen Dank aussprechen. Am wichtigsten und wertvollsten war ihre stetige Ermutigung, mich mit dem vorliegenden Thema zu beschäftigen. Besonders herzlich danken möchte ich auch Univ.-Prof. Dr. Christian Scholz, der als Zweitgutachter meiner Arbeit gewonnen werden konnte. Ebenfalls sehr herzlich danke ich den Mitgliedern der Promotionskommission, für die sich neben meinen Erst- und Zweitgutachtern auch Univ.-Prof. Dr. Heinz Kußmaul als Vorsitzender und Dr. Martin Becker zur Verfügung stellten.

Einen wichtigen Beitrag zum erfolgreichen Abschluss dieser Arbeit haben meine Kollegen geleistet. So möchte ich mich bei allen ehemaligen und derzeitigen Kollegen am Lehrstuhl für Internationales Marketing, Konsum- und Handelsforschung in Frankfurt (Oder) und am Institut für Konsum- und Verhaltensforschung in Saarbrücken für die freundschaftliche Zusammenarbeit, die wertvollen Diskussionen und den moralischen Beistand bedanken. Besonderer Dank gilt PD Dr. Claas Christian Germelmann für das unermüdliche Hineindenken in meine Arbeit, die Durchsicht der Rohfassung und die wertvollen Anmerkungen. Ihn sowie Dr. Jörg Königstorfer, Dr. Philipp Broeckelmann, Dipl.-Geogr. Benedikt Bartmann und mich verbindet die Erfahrung, von einem ans andere Ende Deutschlands gezogen und nach der Zeit in Frankfurt (Oder) in Saarbrücken angekommen zu sein. Herzlich danken möchte ich auch Dipl.-Kff. Friederike Kamm, Dipl.-Kff. Sarah Klein und Dipl.-Kfm. Nico Petit, die insbesondere im Endspurt zu einer angenehmen Arbeitsatmosphäre beigetragen haben.

Die hier vorgelegte Dissertation beinhaltet die Ergebnisse von vier empirischen Studien, die ohne die Unterstützung einer Vielzahl an Personen nicht hätten entstehen können. Die Unterstützung und Mitwirkung bei der Datenerhebung durch die Teilnehmer an den Empirischen Übungen zum Marketing in Frankfurt (Oder) und Saarbrücken im SS 2005, WS 2006/2007, WS 2007/2008 und SS 2008 hat entscheidend zum Entstehen der Arbeit beigetragen. Auch die Sammlung der Vielzahl an Beispielen für die Nutzung von Fiktionen im Marketing verdanke ich den Studierenden in diesen Marketingübungen. Mein herzlicher Dank dafür. Nicht vergessen werden dürfen die vielen studentischen Hilfkräfte, mit denen ich Laufe der Jahre zusammenarbeiten durfte. Stellvertretend für alle möchte ich hier Dipl.-Psych. Janina Grunow, Jennifer Helfgen, Stephanie Leick, Rebecca Mascioni, Dipl.-Kff. Julia Math, Katja Pfeifer und Kevin Prinz nennen, die mich in der Endphase der Dissertation unterstützt und Teile der Arbeit Korrektur gelesen, Literatur recherchiert und beschafft, Daten kontrolliert und vieles mehr erledigt haben. Dipl.-Kff. Sabrina Andres gilt mein Dank für die technische Unterstützung während der Erstellung des Stimulusmaterials. Ein besonderer Dank gilt auch den Lehrstuhl-Sekretärinnen in Frankfurt (Oder) und Saarbrücken, Maria Kromp und Janine Schmitt.

Schließlich darf ich mich ganz herzlich bei meinen Eltern bedanken. Ich durfte in einem familiären Umfeld aufwachsen, das durch uneingeschränktes Vertrauen und ein außergewöhnliches Ausmaß an Freiheit gekennzeichnet war. Das hat mich geprägt und zählt bis heute zu meinen wichtigsten Werten. Der größte Dank, den ich auszusprechen habe, gilt meiner kleinen Familie: meinem Mann und meiner Tochter. Lieber Jan! Du hast mich in all meinen Vorhaben unterstützt und mich stets bestärkt, meinen Weg zu gehen. Du hast alle Höhen und Tiefen der Promotionszeit mit- und wie kein Zweiter durchlebt, mir den Rücken freigehalten und mir Zeit zum Nachdenken und Schreiben verschafft, auch wenn das oft bedeutet hat, dass wir uns wenig gesehen haben. Liebe Miri! Deine Kernkompetenz liegt im Versprühen von Freude und Spaß. Mit Dir konnte (und musste) ich abschalten, und Du hast mich daran erinnert, dass sich die Welt nicht nur um die Dissertation dreht. Meine Kraft schöpfe ich aus dem Glück mit Euch beiden. Meinen größten Dank dafür!

Anja Spilski

Inhaltsübersicht

Inhaltsverzeichnis XI
Abkürzungsverzeichnis XV
Abbildungsverzeichnis XVII
Tabellenverzeichnis XIX
Anhangsverzeichnis XXI

1 Einführung 1
1.1 Problemstellung 1
1.2 Vorgehensweise 9

2 Fiktion in Medien- und Marketingwelten 11
2.1 Fiktion in Medieninhalten 11
2.2 Arten der Bezugnahme auf mediale Fiktionen im Marketing 19
2.3 Bezugnahme auf fiktionale Mediencharaktere in der Werbung 24

3 Abstimmung und Transfer in der Werbewirkungsforschung 31
3.1 Kongruenz zwischen Medienkontext und Werbung 31
3.2 Bedeutungstransfer in der Werbewirkungsforschung 40
3.3 Erkenntnisse für diese Arbeit 47

4 Psychologische Ansätze zur Untersuchung der Nachwirkungen fiktionaler Medieninhalte 51
4.1 Psychologische Prozesse bei der Rezeption fiktionaler Medieninhalte 51
4.2 Erklärungsmodelle fiktionaler Nachwirkungen 59
4.3 Erkenntnisse für diese Arbeit 72

5 Wirkung der Bezugnahme von Werbecharakteren auf fiktionale Mediencharaktere 77
5.1 Aktivierungswirkung von Werbung im Umfeld fiktionaler Mediencharaktere 77
5.2 Transfer fiktionaler Charakterbedeutungen in die Werbung 84
5.3 Einstellungswirkungen von Werbung im Umfeld fiktionaler Mediencharaktere 95
5.4 Intensität des Hineinversetzens in fiktionale Medieninhalte als Einflussfaktor auf die Werbewirkung 98
5.5 Valenz fiktionaler Charakterbedeutungen als Einflussfaktor auf die Werbewirkung 101

6 Zusammenfassung der theoretischen Überlegungen und Hypothesenüberblick 105

7 Empirische Untersuchungen 109
7.1 Herausforderungen bei der empirischen Untersuchung fiktionaler Nachwirkungen 109
7.2 Übersicht über die durchgeführten Studien 115

7.3	STUDIE 1: Bahnung durch kongruente vs. inkongruente fiktionale Mediencharaktere...	118
7.4	STUDIE 2: Bahnung durch kongruente vs. inkongruente fiktionale Rollen eines Schauspielers	151
7.5	STUDIE 3: Einfluss von Transportation	175
7.6	STUDIE 4: Bahnung durch Charaktervalenzen	197
8	**Resümee**	**219**
8.1	Zusammenführung der theoretischen und empirischen Erkenntnisse	219
8.2	Weiterer Forschungsbedarf	222
8.3	Ethische Aspekte	239
8.4	Handlungsempfehlungen für die Praxis	245
8.5	Ausblick	249

Anhang ... 253
Quellenverzeichnis ... 279

Inhaltsverzeichnis

Abkürzungsverzeichnis XV
Abbildungsverzeichnis XVII
Tabellenverzeichnis XIX
Anhangsverzeichnis XXI

1	**Einführung** 1	
1.1	Problemstellung 1	
1.2	Vorgehensweise 9	
2	**Fiktion in Medien- und Marketingwelten** 11	
2.1	Fiktion in Medieninhalten 11	
	2.1.1 Was ist Fiktion? 11	
	2.1.2 Realitätskonstruktion und pragmatische Fiktionsdefinition 14	
	2.1.3 Zusammenführung von Arbeitsdefinitionen 18	
2.2	Arten der Bezugnahme auf mediale Fiktionen im Marketing 19	
2.3	Bezugnahme auf fiktionale Mediencharaktere in der Werbung 24	
	2.3.1 Erfundene und nicht-erfundene Charaktere in der Werbung 24	
	2.3.2 Abstimmung zwischen fiktionalen Mediencharakteren und Werbung durch Platzierungsentscheidungen 27	
3	**Abstimmung und Transfer in der Werbewirkungsforschung** 31	
3.1	Kongruenz zwischen Medienkontext und Werbung 31	
	3.1.1 Überblick über die Medienkontextforschung 31	
	3.1.2 Begriff der Kongruenz zwischen Medienkontext und Werbung 33	
	3.1.3 Bezugspunkte der Kongruenz zwischen Medienkontext und Werbung 35	
	3.1.4 Theoretische Wirkungsmuster des kongruenten Medienkontexts 36	
3.2	Bedeutungstransfer in der Werbewirkungsforschung 40	
	3.2.1 Bedeutungs- und Imagetransfer 40	
	3.2.2 Bedeutungstransfer bei prominenten Werbepersonen 41	
	3.2.3 „Match-Up" zwischen prominenter Werbeperson und Produkt 44	
3.3	Erkenntnisse für diese Arbeit 47	
4	**Psychologische Ansätze zur Untersuchung der Nachwirkungen fiktionaler Medieninhalte** 51	
4.1	Psychologische Prozesse bei der Rezeption fiktionaler Medieninhalte 51	
	4.1.1 Repräsentation von Medieninhalten durch mentale Situationsmodelle 51	
	4.1.2 Akzeptanz fiktionaler Medieninhalte 53	
	4.1.2.1 Konkurrierende Perspektiven des Glaubens von Aussagen 53	
	4.1.2.2 Kritische Würdigung des Spinozanischen Systems 56	
4.2	Erklärungsmodelle fiktionaler Nachwirkungen 59	
	4.2.1 Fiktionale Nachwirkungen durch unsystematische Verarbeitung 59	

　　　　4.2.1.1 Vereinbarkeit von inhärenter Akzeptanz und Modellen der
　　　　　　　Einstellungsänderung 59
　　　　4.2.1.2 Heuristiken als Erklärung für fiktionale Nachwirkungen 60
　　　　4.2.1.3 Erklärung fiktionaler Nachwirkungen in der Kultivierungstheorie 64
　　4.2.2 Fiktionale Nachwirkungen durch Hineinversetzen in fiktionale Welten 69
4.3 Erkenntnisse für diese Arbeit 72
　　4.3.1 Zusammenfassung der Erkenntnisse 72
　　4.3.2 Implikationen für die Analyse von Werbung mit fiktionalem Bezug 73

5　Wirkung der Bezugnahme von Werbecharakteren auf fiktionale Mediencharaktere 77
5.1 Aktivierungswirkung von Werbung im Umfeld fiktionaler Mediencharaktere 77
　　5.1.1 Aktivierung durch Werbung 77
　　5.1.2 Grundlagen der Aktivierungstheorie 78
　　5.1.3 Aktivierungskraft von Werbecharakteren mit fiktionalem Bezug 80
5.2 Transfer fiktionaler Charakterbedeutungen in die Werbung 84
　　5.2.1 Zugänglichkeit fiktionaler Charakterbedeutungen 84
　　5.2.2 Prozesse der Personenbeurteilung bei Schauspielern und fiktionalen Charakteren ... 86
　　　　5.2.2.1 Kategorien- vs. detailgeleitete Eindrucksbildung von Personen 86
　　　　5.2.2.2 Attributionsverzerrungen bei der Beurteilung von Schauspielern 89
　　5.2.3 Schlussfolgerungen für die Beurteilung von Werbecharakteren
　　　　mit fiktionalem Bezug 92
　　　　5.2.3.1 Zusammenfassung der betrachteten Ansätze 92
　　　　5.2.3.2 Kompetenz und Vertrauenswürdigkeit von Werbecharakteren
　　　　　　　mit fiktionalem Bezug 93
5.3 Einstellungswirkungen von Werbung im Umfeld fiktionaler Mediencharaktere 95
5.4 Intensität des Hineinversetzens in fiktionale Medieninhalte als Einflussfaktor
　　auf die Werbewirkung 98
5.5 Valenz fiktionaler Charakterbedeutungen als Einflussfaktor auf die Werbewirkung 101

6　Zusammenfassung der theoretischen Überlegungen und Hypothesenüberblick 105

7　Empirische Untersuchungen 109
7.1 Herausforderungen bei der empirischen Untersuchung fiktionaler Nachwirkungen 109
7.2 Übersicht über die durchgeführten Studien 115

7.3 **STUDIE 1: Bahnung durch kongruente vs. inkongruente fiktionale Mediencharaktere 118**
　　7.3.1 Ziele von Studie 1 118
　　7.3.2 Stimulusmaterial 118
　　　　7.3.2.1 Fallbeispiel „Arzt" 119
　　　　7.3.2.2 Fallbeispiel „Kommissar" 121
　　　　7.3.2.3 Zusätzliche Umfeldstimuli in beiden Fallbeispielen 122
　　7.3.3 Methodisches Vorgehen 124
　　　　7.3.3.1 Durchführung der Untersuchung 124
　　　　7.3.3.2 Stichprobe und Fallausschlüsse 125

      7.3.3.3 Fallbeispielbetrachtung 127
      7.3.3.4 Operationalisierung und Dimensionierung der Variablen 128
           7.3.3.4.1 Elektrodermale Aktivierung 128
           7.3.3.4.2 Beurteilung der Werbeperson 130
           7.3.3.4.3 Einstellung zum Werbemittel 130
           7.3.3.4.4 Kontrollvariablen 132
      7.3.3.5 Analyse von Kontrollvariablen 133
  7.3.4 Ergebnisse von Studie 1 135
      7.3.4.1 Ergebnisse der Hypothesenprüfung 135
           7.3.4.1.1 Ergebnisse zur elektrodermalen Aktivierungsreaktion 135
           7.3.4.1.2 Ergebnisse zur Beurteilung der Werbeperson 137
           7.3.4.1.3 Ergebnisse zu Einstellungswirkungen 140
      7.3.4.2 Weitere Erkenntnisse aus Studie 1 141
  7.3.5 Validität und Reliabilität der Ergebnisse 143
  7.3.6 Diskussion der Ergebnisse von Studie 1 146

7.4 STUDIE 2: Bahnung durch kongruente vs. inkongruente fiktionale Rollen eines Schauspielers 151
  7.4.1 Ziele von Studie 2 151
  7.4.2 Stimulusmaterial 152
  7.4.3 Manipulationstest 155
  7.4.4 Methodisches Vorgehen 156
      7.4.4.1 Durchführung der Untersuchung 156
      7.4.4.2 Stichprobe und Fallausschlüsse 158
      7.4.4.3 Operationalisierung und Dimensionierung der Variablen 158
           7.4.4.3.1 Elektrodermale Aktivierung 158
           7.4.4.3.2 Beurteilung der Werbeperson 159
           7.4.4.3.3 Einstellung zum Werbemittel 160
           7.4.4.3.4 Kontrollvariablen 160
      7.4.4.4 Analyse von Kontrollvariablen 162
  7.4.5 Ergebnisse von Studie 2 163
      7.4.5.1 Ergebnisse der Hypothesenprüfung 163
           7.4.5.1.1 Ergebnisse zur elektrodermalen Aktivierungsreaktion 163
           7.4.5.1.2 Ergebnisse zur Beurteilung der Werbeperson 164
           7.4.5.1.3 Ergebnisse zur Einstellung zum Werbemittel 165
      7.4.5.2 Weitere Erkenntnisse aus Studie 2 166
  7.4.6 Validität und Reliabilität der Ergebnisse 170
  7.4.7 Diskussion der Ergebnisse von Studie 2 171

7.5 STUDIE 3: Einfluss von Transportation 175
  7.5.1 Ziele von Studie 3 175
  7.5.2 Pretest der Filmstimuli 176
  7.5.3 Methodisches Vorgehen im Haupttest 177
      7.5.3.1 Durchführung des Haupttests 177
      7.5.3.2 Stichprobe und Fallausschlüsse 178
      7.5.3.3 Operationalisierung und Dimensionierung der Variablen 179
           7.5.3.3.1 Abhängige Variablen 179

7.5.3.3.2 Transportation 181
7.5.3.3.3 Kontrollvariablen 184
7.5.3.4 Analyse von Kontrollvariablen 184
7.5.4 Ergebnisse von Studie 3 185
7.5.4.1 Ergebnisse zur Kompetenz der Werbeperson 185
7.5.4.2 Ergebnisse zur Vertrauenswürdigkeit der Werbeperson 187
7.5.4.3 Ergebnisse zum Einfluss des Transportation-Erlebens 188
7.5.4.4 Ergebnisse zu Einstellungswirkungen 190
7.5.4.5 Weitere Erkenntnisse aus Studie 3 190
7.5.5 Reliabilität der Ergebnisse 191
7.5.6 Diskussion der Ergebnisse von Studie 3 192

7.6 **STUDIE 4: Bahnung durch Charaktervalenzen** **197**
7.6.1 Ziele von Studie 4 197
7.6.2 Pretests, Stimulusmaterial und Manipulationstests 198
7.6.2.1 Filminhalte 199
7.6.2.2 Pretest der Filmstimuli 200
7.6.2.3 Erstellung und Pretest des Werbestimulus 202
7.6.2.4 Erstellung und Pretest der Tarnstimuli 203
7.6.3 Vorgehen im Haupttest 205
7.6.3.1 Durchführung des Haupttests 205
7.6.3.2 Stichprobe und Fallausschlüsse 209
7.6.3.3 Operationalisierung 210
7.6.3.4 Analyse von Kontrollvariablen 212
7.6.4 Ergebnisse von Studie 4 212
7.6.4.1 Ergebnisse zur Kompetenz der Werbeperson 212
7.6.4.2 Ergebnisse zur Einstellung zur Werbeanzeige 214
7.6.4.3 Weitere Erkenntnisse aus Studie 4 215
7.6.5 Validität und Reliabilität der Ergebnisse 216
7.6.6 Diskussion der Ergebnisse von Studie 4 217

8 Resümee **219**
8.1 Zusammenführung der theoretischen und empirischen Erkenntnisse 219
8.2 Weiterer Forschungsbedarf 222
    8.2.1 Methodische Aspekte und Operationalisierungsmöglichkeiten 223
    8.2.2 Inhaltliche Aspekte der Werbung im Umfeld fiktionaler Mediencharaktere 228
    8.2.3 Forschungsfragen im Hinblick auf andere Marketingmaßnahmen
    mit fiktionalem Bezug 237
8.3 Ethische Aspekte 239
8.4 Handlungsempfehlungen für die Praxis 245
8.5 Ausblick 249

Anhang 253
Quellenverzeichnis 279

Abkürzungsverzeichnis

A_{Ad}	attitude towards the ad (Einstellung zum Werbemittel)
Abb.	Abbildung
ANCOVA	analysis of covariance (Kovarianzanalyse)
ANOVA	analysis of variance (Varianzanalyse)
angep. Mittel	angepasstes Mittel
aV	abhängige Variable
EDA	Elektrodermale Aktivierung
EDR	Elektrodermale Reaktion
ELM	Elaboration likelihood model of persuasion
F	Forschungsfrage
FF	Filmfigur
FAE	Fundamental attribution error (Fundamentaler Attributionsfehler)
H	Hypothese
HSM	Heuristic-systematic-model of persuasion
KMO	Kaiser-Meyer-Olkin-Kriterium
Komm.	Kommunalität
korr. R^2	korrigiertes R^2
MSA	measure of sampling adequacy (Maß der Stichproben-Eignung)
µS	MikroSiemens
n.s.	nicht signifikant
o.J.	ohne Jahrgang
o.V.	ohne Verfasser
PEI	post-experimental inquiry (post-experimentelle Abfrage)
s.	signifikant
S.	Seite
SA	Summenamplitude
Tab.	Tabelle
TV	Television (Fernsehen)
u.W.n.	unseres Wissens nach
vgl.	vergleiche
WP	Werbeperson

Abbildungsverzeichnis

Abb. 1:	Klassisches Merchandising: Produkte aus *Der Herr der Ringe*	22
Abb. 2:	Character Licensing: *Casino Royale*	23
Abb. 3:	Kategorien von Werbecharakteren	24
Abb. 4:	Bereiche der Medienkontextforschung und Abgrenzungen für diese Arbeit	32
Abb. 5:	Kontinuum der Beziehungen zwischen Programm und Werbung	34
Abb. 6:	Prozess der Bedeutungsübertragung am Beispiel des Celebrity Endorsements	42
Abb. 7:	Lücke im Modell des Bedeutungstransfers bzgl. Schauspieler und fiktionaler Rollen	43
Abb. 8:	Graphische Darstellung der Bibliotheks-Metapher menschlicher Informationsverarbeitung	54
Abb. 9:	Aufbau der Medien-Priming-Experimente in dieser Arbeit	115
Abb. 10:	Experimentalstimulus in Studie 1: Werbespot für Verla	119
Abb. 11:	Experimentaldesign in Studie 1: Arztserie	121
Abb. 12:	Experimentalstimulus in Studie 1: Werbespot für T-Mobile	122
Abb. 13:	Experimentaldesign in Studie 2	153
Abb. 14:	Experimentaldesign in Studie 4	198
Abb. 15:	Studie 4: Internetseiten mit Filmstimulus „Arzt" und Werbestimulus „Arzt"	207
Abb. 16:	Studie 4: Internetseiten mit Filmstimulus „Polizist" und Werbestimulus „Arzt"	208
Abb. 17:	Studie 4: Graphische Darstellung der Ergebnisse der Hypothese H5	213
Abb. 18:	Mögliches erweitertes Experimentaldesign zur Aufschlüsselung von Effekten	226

Tabellenverzeichnis

Tab. 1:	Testvarianten fiktionaler Nachwirkungen	75
Tab. 2:	Überblick über die Hypothesen	107
Tab. 3:	Überblick über die durchgeführten empirischen Studien	117
Tab. 4:	Experimentalstimuli in Studie 1: Stimulus-Sequenzen	123
Tab. 5:	Profil der Studie 1	126
Tab. 6:	Studie 1 „Arzt": Hauptkomponentenanalyse „Einstellung zum Werbespot"	131
Tab. 7:	Studie 1 „Kommissar": Hauptkomponentenanalyse „Einstellung zum Werbespot"	131
Tab. 8:	Studie 1 „Arzt": Kontrollvariablen in den Hypothesentests	134
Tab. 9:	Studie 1 „Kommissar": Kontrollvariablen in den Hypothesentests	134
Tab. 10:	Studie 1: Ergebnisse der Prüfung der Hypothese H1	136
Tab. 11:	Studie 1: Ergebnisse der Prüfung der Hypothese H2	139
Tab. 12:	Studie 1: Ergebnisse der Prüfung der Hypothese H3	141
Tab. 13:	Studie 1: Korrelationen zwischen abhängigen Variablen, Fallbeispiel „Arzt"	142
Tab. 14:	Studie 1: Korrelationen zwischen abhängigen Variablen, Fallbeispiel „Kommissar"	143
Tab. 15:	Studie 1: Reliabilität der Messung der Konstrukte	145
Tab. 16:	Studie 2: Stimulus-Sequenzen	154
Tab. 17:	Profil der Studie 2	156
Tab. 18:	Studie 2: Hauptkomponentenanalyse zur Beurteilung der Werbeperson	160
Tab. 19:	Studie 2: Hauptkomponentenanalyse zur Beurteilung der Serienfigur	161
Tab. 20:	Studie 2: Kontrollvariablen in den Hypothesentests	163
Tab. 21:	Studie 2: Ergebnisse der Prüfung der Hypothese H1	164
Tab. 22:	Studie 2: Ergebnisse der Prüfung der Hypothese H2	165
Tab. 23:	Studie 2: Ergebnisse der Prüfung der Hypothese H3	166
Tab. 24:	Studie 2: Direkte Messung des Bedeutungstransfers	167
Tab. 25:	Studie 2: Tests zusätzlicher Werbespots	169
Tab. 26:	Studie 2: Korrelationen zwischen abhängigen Variablen	170
Tab. 27:	Studie 2: Reliabilität der Messung der Konstrukte	171
Tab. 28:	Profil der Studie 3: Haupttest	178
Tab. 29:	Studie 3: Hauptkomponentenanalyse zur Beurteilung der Werbeperson	180
Tab. 30:	Studie 3: Hauptkomponentenanalyse „Transportation"	183
Tab. 31:	Studie 3: Kontrollvariablen in den Hypothesentests	185
Tab. 32:	Studie 3: Ergebnisse der Prüfung der Hypothese H4	189
Tab. 33:	Studie 3: Ergebnisse der Prüfung der Hypothese H3	190

Tab. 34:	Studie 3: Korrelationen zwischen abhängigen Variablen	191
Tab. 35:	Studie 3: Konstruktreliabilitäten	191
Tab. 36:	Anforderungen an die Manipulation Checks in Studie 4	199
Tab. 37:	Profil der Studie 4	205
Tab. 38:	Studie 4: Hauptkomponentenanalyse „Gefallen der Website"	211
Tab. 39:	Studie 4: Kontrollvariablen in den Hypothesentests	212
Tab. 40:	Studie 4: Ergebnisse der Prüfung der Hypothese H5	214
Tab. 41:	Studie 4: Ergebnisse der Prüfung der Hypothese H3	214
Tab. 42:	Studie 4: Reliabilität der Messung der Konstrukte	216
Tab. 43:	Überblick über die empirischen Ergebnisse	221

Anhangsverzeichnis

Anhang 1:	Studie 1: Fallausschlüsse wegen Bemerken des Untersuchungszwecks	253
Anhang 2:	Studie 1: Hauptkomponentenanalyse zur Kompetenz und Vertrauenswürdigkeit der Werbeperson	254
Anhang 3:	Studie 1: Tests der Kontrollvariablen, Fallbeispiel „Arzt"	254
Anhang 4:	Studie 1: Tests der Kontrollvariablen, Fallbeispiel „Kommissar"	255
Anhang 5:	Studie 1: Mediatorbeziehungen zwischen den betrachteten Werbewirkungsvariablen	256
Anhang 6:	Studie 1: Unterschiede zwischen Probanden mit und ohne EDR-Messung	257
Anhang 7:	Studie 1: Reliabilitätstests bzgl. des Zeitpunkts der Befragung	257
Anhang 8:	Studie 1: Reliabilitätstests auf Einflüsse der Experimentalleiter für das Fallbeispiel „Kommissar"	258
Anhang 9:	Studie 2: Beschreibung der thematisch zur Arztserie passenden Spots	259
Anhang 10:	Studie 2: Fallausschlüsse wegen Bemerken des Untersuchungszwecks	260
Anhang 11:	Studie 2: Tests der Kontrollvariablen	261
Anhang 12:	Studie 2: Abwertung der Werbeperson im Vergleich zur Filmfigur	262
Anhang 13:	Studie 2: Mediatorbeziehungen zwischen den betrachteten Werbewirkungsvariablen	263
Anhang 14:	Studie 2: Unterschiede zwischen Probanden mit und ohne EDR-Messung	263
Anhang 15:	Studie 2: Reliabilitätstests bzgl. der Erhebungszeit	263
Anhang 16:	Pretest Studie 3: Hauptkomponentenanalyse „Beurteilung Serienfigur"	264
Anhang 17:	Pretest Studie 3: Kovarianzanalysen „Beurteilung Serienfiguren"	264
Anhang 18:	Studie 3: Fallausschlüsse wegen Bemerken des Untersuchungszwecks	264
Anhang 19:	Studie 3: Operationalisierung von Transportation	265
Anhang 20:	Studie 3: Test der Kontrollvariablen	266
Anhang 21:	Studie 3: Einfluss von Transportation auf die Vertrauenswürdigkeit der Werbeperson (ergänzender Test zu H4)	267
Anhang 22:	Studie 3: Mediatorbeziehungen zwischen den betrachteten Werbewirkungsvariablen	268
Anhang 23:	Studie 3: Reliabilitätstests bzgl. der Erhebungszeit	268
Anhang 24:	Studie 3: Reliabilitätstest auf Interviewereinflüsse	269
Anhang 25:	Studie 4: Werbestimulus	269
Anhang 26:	Studie 4: Instruktionstext des Untersuchungsleiters	270
Anhang 27:	Studie 4: Fallausschlüsse wegen Bemerken des Untersuchungszwecks	271
Anhang 28:	Studie 4: Test der Kontrollvariablen	271

Anhang 29: Studie 4: Einfluss von Kongruenz und Valenz auf die Vertrauenswürdigkeit der Werbeperson (ergänzender Test zu H5) 272
Anhang 31: Studie 4: Reliabilitätstests auf Interviewereinflüsse 273
Anhang 32: Verwendete fiktionale Materialien 274

1 Einführung

1.1 Problemstellung

Von welcher Schuhmarke träumen *Carrie Bradshaw* und seither Millionen von *Sex and the City*-Fans? – Wer kauft den Ring, der *Frodo* im Epos *Der Herr der Ringe* anvertraut wird? – Buchen Touristen eine Kreuzfahrt auf der MS DEUTSCHLAND, um einmal selbst auf dem *Traumschiff* zu reisen? – Wie wird der Schauspieler Daniel Craig wahrgenommen, wenn er die Rolle des *James Bond* in Werbespots weiterspielt? – Wäre Arnold Schwarzenegger zum Gouverneur von Kalifornien gewählt worden, hätte er als Schauspieler nicht den mächtigen *Terminator*, sondern einen Verlierer verkörpert?

Obwohl es sich bei fiktionalen Medienwelten und deren Handlungen, Orten und Charakteren um Produkte der Fantasie handelt, können diese – wie die Beispiele andeuten – ihre Spuren in der Realität des Konsumenten hinterlassen. Umgekehrt reicht die (Marketing-)Realität in die fiktionale Welt hinein: Wie die Beispiele zeigen, können fiktionale Medieninhalte als Umfeld für Marketingmaßnahmen genutzt werden. Reale Produkte, Marken oder Orte werden entweder in fiktionale Handlungen *integriert* (Product Placement), oder die fiktionalen Charaktere, Orte der Handlung oder ganze Handlungsstränge werden *außerhalb des Programms* mit Marketingobjekten verknüpft, wie es beim Merchandising, Licensing oder in der Werbung der Fall ist.

Was versprechen sich Unternehmen davon, wenn sie ihre Kommunikationsmaßnahmen auf fiktionale Medieninhalte beziehen? Welche Chancen bietet die „Welt der Fiktion" für das Marketing? Hier lassen sich Aufmerksamkeitsvorteile, Vorteile bei der Kampagnen-Entwicklung, die Nutzung des Unterhaltungswerts von Fiktionen, die Möglichkeit der Ansprache von Konsumenten mit geringem Involvement sowie die Nutzung von Imagetransfers nennen.

Aufgrund zunehmender Informationsüberlastung und der Konkurrenz anderer werbender Unternehmen im direkten Werbeumfeld muss ein Unternehmen versuchen, mit seiner Kommunikation aufzufallen und **Aufmerksamkeit** zu erregen. Die Aktualität fiktionaler Medieninhalte wird beispielsweise für sog. Cross Promotions genutzt, bei denen sich Film und werbendes Unternehmen wechselseitig unterstützen (vgl. Böll 1999, S. 130; Russell und Belch 2005, S. 86). Beispielsweise wird in Werbeanzeigen von BMW auf das Product Placement von BMW im Film *Der Ghostwriter* hingewiesen (mit dem Slogan „Freude spielt immer die Hauptrolle. Erleben Sie BMW im neuen Kinofilm *Der Ghostwriter*"). Die Marke profitiert hier von der Aktualität des Films; der Film wiederum wird in der durch das Unternehmen geschalteten Werbung „mitbeworben". Unternehmen versuchen zudem, mit den aus Filmen und TV-Serien „bekannten Gesichtern" Aufmerksamkeit zu erregen und setzen auf die Bekanntheit der Schauspieler und ihrer fiktionalen Rollen als Werbecharaktere (z.B. „Enter the World of *Bond*" in einer Werbekampagne von HEI-

NEKEN). Ähnliche Ziele lassen sich bei der Verwendung von Fiktionen im Tourismusmarketing vermuten. Nach dem Erfolg der Film-Trilogie *Der Herr der Ringe* erlebte Neuseeland (der Drehort der Filme) einen wahren Tourismus-Boom (vgl. Jones und Smith 2005). Inzwischen versuchen sich auch andere Orte mit Hilfe eines „Location Management" (vgl. Hudson und Ritchie 2006, S. 389) in den Fokus von Filmschaffenden zu bringen, weil sie sich eine verstärkte Touristennachfrage erhoffen, wenn auf den Ort in einem bekannten Film aufmerksam gemacht wird[1].

Fiktionen können als **„Ideenschmiede"** bei der Entwicklung von Kommunikationsinhalten dienen. Fiktionen bieten die Möglichkeit, „irreale Erlebniswelten zu schaffen, z.b. in den Weltraum aufzubrechen, am Krieg der Sterne teilzunehmen, auf Inseln Abenteuer zu erleben" (Kroeber-Riel, Weinberg und Gröppel-Klein 2009, S. 460). Darauf kann das Marketing für Produkte und Dienstleistungen aufbauen (vgl. Kroeber-Riel 1989, S. 259). Im Bereich des Product Placement gilt dies implizit: Hier werden Produkte in vorhandene Handlungsstränge eingeflochten und spätere Werbespots können sich auf diese Szenen beziehen (vgl. Russell und Belch 2005, S. 86). Aber auch unabhängig von Produktplatzierungen werden in der Werbepraxis Geschichten für die Kommunikationspolitik häufig nicht „neu erfunden", sondern orientieren sich an vorhandenen[2] fiktionalen Inhalten aus Kino- und TV-Filmen, TV-Serien und fiktionaler Literatur (vgl. O´Donohoe 1997, S. 238). Werbespots, die sich auf bekannte fiktionale Handlungselemente beziehen, könnten dadurch einen Verständnisvorteil bieten. In klassischen Werbeanzeigen und Werbespots ist keine Zeit für die Entwicklung einer langen Geschichte. Stattdessen muss die Botschaft innerhalb kürzester Zeit verstanden werden können. Ist den Konsumenten eine Geschichte aus fiktionalen Medieninhalten bekannt und wird diese in der Werbung aufgegriffen oder weitergesponnen, dann könnte sie auch von Konsumenten, die nicht bereit sind, sich mit der Werbung intensiv auseinanderzusetzen, schnell verstanden werden.

Fiktionale Medieninhalte werden von Konsumenten meist wegen des Wunsches nach **Unterhaltung** konsumiert. Für das Fernsehen zeigen Mediennutzungsstudien, dass das Unterhaltungsbedürfnis differenziert zu betrachten ist und darunter Bedürfnisse wie das Erleben von Entspannung, Zerstreuung oder Flow, die Flucht vor Alltagsproblemen oder die Identifikation mit fiktionalen Charakteren zu fassen sind (vgl. Bonfadelli 2009, S. 13; Dehm und Storll 2003, S. 425, 428; Böcking 2008, S. 165). In diesem Umfeld nehmen Konsumenten auch die integrierten Mar-

---

[1] Ein interessantes Beispiel ist die Szenerie im *James Bond*-Film *Casino Royale*. Obwohl Montenegro als Handlungsort angegeben wird, wurde keine einzige Szene tatsächlich in Montenegro gedreht. Stattdessen wurden tschechische Schauplätze verwendet (vgl. o.V. 2010). Nichtsdestotrotz stieg das Interesse an Montenegro als Reiseziel (vgl. o.V. 2006).

[2] Die Nutzung von vorhandenen Fiktionen in der Werbung kann abgegrenzt werden von der Gestaltung von *Werbung als eigenständige Fiktion*. Hier werden extra für den Zweck der Werbung fiktionale Geschichten erfunden, in die das zu bewerbende Produkt eingebettet wird. Diese Werbefilme sind oft Kurzfilme von ca. 10 Minuten und werden als eigenständiges Unterhaltungsformat angesehen, das vor allem im Internet platziert wird. Weil diese Unterhaltungsformate von Markenherstellern produziert werden, findet sich in der Praxis der Begriff „Branded Entertainment" (z.B. Hamann und Fischermann 2005, S. 1). Der Begriff wird jedoch auch in anderen Zusammenhängen verwendet (z.B. für Product Placement in „normalen" Filmen) (vgl. Hudson und Hudson 2006).

ketingmaßnahmen wahr. Unternehmen versprechen sich z.b. von Product Placements eine Art der Beeinflussung, die weniger aufdringlich erfolgt als klassische Werbemaßnahmen und ihre Wirkung auf eine subtilere, das positive Umfeld des Film nutzende Weise entfaltet (vgl. Hackley und Tiwsakul 2006, S. 64). Konsumenten nutzen Fiktionen gerade nicht wegen des Wunsches nach Information und stehen enthaltenen Argumenten daher weniger kritisch gegenüber (vgl. Schreier 2007; Deighton, Romer und McQueen 1989). Auch durch die Verwendung von fiktionalen Elementen in der klassischen Werbung erhofft man sich diese Vorteile, insbesondere weil Werbung häufig unter den Bedingungen geringen Involvements aufgenommen wird. Werbespots, die sich auf unterhaltsame fiktionale Handlungselemente beziehen, könnten so zum Beispiel vom Unterhaltungswert der entsprechenden Filme, TV-Serien oder Romane profitieren.

Fiktionale Medienwelten bieten einen Zugang zu „emotionale[n] Welten der Sehnsüchte und Träume, die weit über die bisher für kommerzielle Marken realisierten Eindrücke hinausgehen" (Kroeber-Riel 1989, S. 261). Unternehmen wollen von diesen häufig sehr intensiven emotionalen Medienerlebnissen profitieren und diese Erlebnisse durch **Bedeutungs- bzw. Imagetransfer** auf ihre Produkte und Marken übertragen. Erkenntnisse aus Product Placement-Untersuchungen zeigen, dass Konsumenten fiktionale Charaktere als „role models" (Russell, Norman und Heckler 2004, S. 152; Russell und Stern 2006, S. 15) ansehen, an deren Verhalten (auch an deren Konsumverhalten) sie sich orientieren und denen sie nacheifern. So hat sich die TV-Serie *Sex and the City* im Verlauf der Ausstrahlungszeit zu einer Art „style bible" entwickelt, die durch ihre Charaktere auch Trends für die Realität vorgibt (vgl. Kuruc 2008, S. 201). Insbesondere die Marke MANOLO BLAHNIK hat davon profitiert und wird eng mit der fiktionalen Figur *Carrie Bradshaw* verknüpft[3]. Konsumenten kaufen nicht nur Produkte, „but rather lifestyles and the stories, experiences and emotions" (Bulmer und Buchanan-Oliver 2004, S. 3), für die die Produkte stehen. Durch die Verknüpfung mit Fiktionen versprechen sich Unternehmen die Aufladung von Produkten und Marken mit Bedeutungen, die sich durch einen kurzen Werbefilm nur schwer übertragen lassen würden. So profitiert TIFFANY&CO. auch fast 50 Jahre nach dem Film *Frühstück bei Tiffany* von der Lobpreisung durch die von Audrey Hepburn verkörperte Figur (vgl. Henry 2006). Die Sportmarke WILSON erhielt durch den Film *Cast Away* ein „Gesicht" – als treuer Begleiter von Tom Hanks auf einer einsamen Insel. Das Pokerspiel erlebte durch den *James Bond*-Film *Casino Royale* eine unverhoffte Renaissance (vgl. Geinitz 2006). Auch im Tourismusmarketing lassen sich Beispiele finden: So ist das Glottertal als Heimat der *Schwarzwaldklinik* in den Köpfen vieler Konsumenten als „heile Welt" verankert (vgl. Stuff 2009). Den Pariser Stadtteil Montmartre umgibt der Zauber der *fabelhaften Welt der Amélie*, den Fans des Films einmal selbst erleben möchten (vgl. Bengel 2006). Mit Hilfe eines „Destination Marketing" kann versucht werden, die

---

[3] „Ohne ihre heißgeliebten MANOLO BLAHNIKS würde *Carrie Bradshaw* nirgendwo hingehen" (Ehrmann 2008, Hervorhebungen hinzugefügt). In einer Folge wird *Carrie* überfallen und bittet den Dieb: „Sie können meine FENDI-Tasche haben, meinen Ring oder meine Uhr – aber bitte nicht meine MANOLO BLAHNIKS" (Ehrmann 2008, Hervorhebungen hinzugefügt; vgl. Kuruc 2008, S. 202).

mit dem Film verbundenen Images auch mittel- und langfristig auf das Reiseziel zu übertragen (vgl. Beeton 2005, S. 54). Auch für Produkte und Marken, die nicht in den fiktionalen Medieninhalten platziert worden sind, erhofft man sich, mittels Bedeutungstransfers von den fiktionalen Bedeutungen profitieren zu können. Hier erfolgt die Verknüpfung außerhalb der Fiktion, z.B. unter Verwendung von fiktionalen Charakterbedeutungen in Werbespots. So spielte der Schauspieler Manfred Krug in der TV-Serie *Liebling Kreuzberg* einen Rechtsanwalt und war in einem Werbespot für eine Rechtsschutzversicherung zu sehen („ADVOCARD ist Anwalts Liebling"). Der Schauspieler Rainer Hunold, in der TV-Serie *Dr. Sommerfeld – Neues vom Bülowbogen* als Arzt zu sehen, warb in einem TV-Spot für das Produkt MAGNESIUM VERLA. Die Schauspielerin Marcia Cross, die in der TV-Serie *Desperate Housewives* eine perfekte und äußerst penible Hausfrau spielt, wirbt in einer Kampagne für das Waschmittel SPLENDID. Diese Werbespots sind mit dem Ziel gestaltet, dass Konsumenten den aus Filmen oder TV-Serien bekannten *Werbe*charakteren auch Eigenschaften der fiktionalen *Medien*charaktere (im Beispiel: Anwalt, Arzt, Hausfrau) zuschreiben[4].

Die angesprochenen Maßnahmen zeigen, dass durch fiktionale Medienprodukte und -inhalte ein Markt geschaffen wird, der über die Vermarktung des Medienprodukts (Film, TV-Serie) selbst (vgl. Scholz 2006, S. 50) auch die Vermarktung der einzelnen fiktionalen Elemente durch Medienunternehmen berücksichtigt. Wenn Nicht-Medienunternehmen ihre Kommunikationsmaßnahmen auf fiktionale Medieninhalte beziehen, stehen den genannten Zielen häufig Lizenzkosten (vgl. Böll 1999) oder Platzierungskosten (vgl. Karrh, McKee und Pardun 2003) gegenüber. Umso wichtiger ist ein Verständnis dafür, ob und unter welchen Bedingungen die Verwendung von fiktionalen Elementen die erhofften Wirkungen erzielt. Die bisher angesprochenen Beispiele zeigen die Breite der Thematik hinsichtlich der möglichen Kommunikationsmaßnahmen auf: Fiktionale Elemente sind für Product Placement, Merchandising, Licensing, Tourismusmarketing und Werbung relevant. Diese Arbeit fokussiert auf die Nutzung von fiktionalen Medieninhalten in *Werbekampagnen* und beschäftigt sich mit der Wirkung derartiger Werbung auf die Aktivierung (als eng mit der Aufmerksamkeit zusammenhängender Größe) und die Einstellung von Konsumenten gegenüber dem Werbemittel.

Den Schwerpunkt dieser Arbeit bildet der Aspekt des Bedeutungstransfers, da sich bei der Betrachtung von Fiktionen eine besondere Fragestellung ergibt: Voraussetzung für die Möglichkeit eines Bedeutungstransfers auf Werbemittel ist es, dass Eindrücke und Wissen aus fiktionalen Medieninhalten – d.h. Eindrücke, die auf *ausgedachten* Inhalten basieren – auch nach dem Ansehen von Filmen oder TV-Serien bzw. nach dem Lesen eines Romans zur Konstruktion der Wirklichkeit von Konsumenten genutzt werden. Erhalten fiktionale Inhaltselemente durch Verknüp-

---

[4] Auch das oben angesprochene Beispiel Arnold Schwarzenegger spricht diesen Aspekt an. Arnold Schwarzenegger setzt das *Terminator*-Image gezielt ein: Eine TV-Dokumentation (vgl. Kienzle 2007) seines Werdegangs vom Schauspieler zum Gouverneur von Kalifornien zeigt, dass Schwarzenegger das bekannte *Terminator*-Zitat „I will be back" auch in seinen politischen Reden verwendet, um Stärke und Entschlossenheit zu demonstrieren.

1.1 Problemstellung

fungen mit Werbemitteln tatsächlich Eingang in die „reale Welt" des Konsumenten? Betrachtet man die obigen Beispiele, so stellt sich die Frage, inwieweit fiktionale Charaktereigenschaften überhaupt in außerfiktionale Kommunikationsmaßnahmen übertragen werden können. *Werden z.B.* Manfred Krug oder Rainer Hunold auch in Werbespots Eigenschaften zugeordnet, die dem fiktionalen Anwalt bzw. dem fiktionalen Arzt zugeschrieben wurden[5]?

Unabhängig von der Anwendung im Marketing beschäftigt sich die psychologische Forschung mit der generellen Frage, inwieweit positive, neutrale oder negative fiktionale Informationen über den Medienkontakt hinaus „geglaubt" werden. Vom Einfluss fiktionaler Medieninhalte spricht man dann, wenn diese über die fiktionale Geschichte hinaus Wirkungen im Leben des Konsumenten entfalten (vgl. Appel und Richter 2007, S. 114). Hier lässt sich zwar auf den häufig zitierten Begriff der „Medienwirklichkeit als zweite Wirklichkeit des Konsumenten" (Kroeber-Riel, Weinberg und Gröppel-Klein 2009, S. 598) verweisen, jedoch gibt es zur Wirkungskraft fiktionaler Medieninhalte heftige Diskussionen. Einerseits existiert die normative Ansicht, dass erwachsene Konsumenten Fiktion und wahres Leben auseinander halten können und Wissen aus den Kategorien „Fakt" und „Fiktion" nicht miteinander vermischen (vgl. Strange 2002, S. 264; Rothmund, Schreier und Groeben 2001a, S. 34). Auch Konsumenten selbst geben recht einheitlich an, Fiktion und Realität nicht zu vermischen (vgl. Rossmann und Brosius 2004, S. 381). Auf der anderen Seite gibt es seit langem die Diskussion um die negativen Wirkungen von Gewaltdarstellungen in fiktionalen Medien auf das Verhalten von Konsumenten im realen Leben. So konzentrierte sich die Erforschung fiktionaler Medieninhalte auch lange Zeit auf die Wirkungen von Gewaltdarstellungen (vgl. eine Übersicht in Comstock 2004). Traten hier Fälle des fiktionalen Einflusses auf[6], so wurden diese anfangs als Fälle mangelnder Medienkompetenz oder als mentale Defizite abgestempelt (vgl. für Quellen Rothmund, Schreier und Groeben 2001a, S. 34). Empirische Studien, die sich neben dem Thema Gewalt auch anderen fiktionalen Themen widmen, zeigen jedoch, dass auch bei „normalen" Konsumenten mit durchschnittlicher Medienkompetenz fiktionale Einflüsse auftreten können. So können Konsumenten z.B. Ansichten, die die fiktionalen Charaktere äußern, auch in ihr reales Leben übernehmen (vgl. Green und Brock 2000).

---

[5] Die Frage nach dem Transfer fiktionaler Bedeutungen ist jedoch nicht ausschließlich für die Werbung, sondern auch für die anderen angesprochenen Kommunikationsmaßnahmen relevant. Um bei den eingangs genannten Beispielen zu bleiben: Träumen Konsumentinnen von den Schuhen von MANOLO BLAHNIK, weil sie von *Carrie Bradshaw* (der fiktionalen Figur) getragen werden oder haben sie das reale Pendant, die Schauspielerin Sarah Jessica Parker, im Kopf? Kaufen Konsumenten den Ring, um sich ein Stück weit in die mythische Welt von *Mittelerde* hineinversetzt zu fühlen? Buchen Konsumenten eine *Traumschiff*-Reise, um auch einmal die heile Welt der TV-Charaktere zu erleben, oder ist es für den Konsumenten lediglich von Interesse, das Schiff als bloßen Drehort der TV-Serie kennen zu lernen?

[6] Zum Beispiel, indem Menschen, die häufig Gewaltdarstellungen im Fernsehen ausgesetzt sind, auch im realen Leben entweder stärkere Angst vor Gewalt oder eine höhere Gewaltbereitschaft zeigen. Die Wirkung des Fernsehens im Bereich Gewalt ist nach wie vor umstritten (vgl. Comstock 2004).

Dass Konsumenten einen nicht unerheblichen Teil ihres Weltbildes aus den Informationen ziehen, die sie aus den Massenmedien aufnehmen, wird im Rahmen von Medienwirkungstheorien diskutiert[7]. Dort wird untersucht, ob Medieninformationen auf Einstellungen von Konsumenten zur Alltagswirklichkeit Einfluss nehmen. Betrachtet man den Rezeptionsprozess phasenweise (vgl. Bonfadelli 2009, S. 9f)[8], so wird dort untersucht, wie *während der Rezeption* aufgenommene Informationen *nach der Rezeption* im Alltagsgeschehen nachwirken. Bisher ist jedoch weitgehend unerforscht geblieben, welche Wirkungen fiktionale Medieninformationen im Zusammenhang mit *Marketingmaßnahmen nach* dem Kontakt mit dem eigentlichen fiktionalen Medieninhalt aufweisen. An dieser Stelle setzt diese Arbeit an und untersucht, wie fiktionale Informationen Einfluss auf die Wahrnehmung und Beurteilung später aufgenommener Werbeinhalte nehmen, die sich an den fiktionalen Inhalten orientieren.

Um diese Fragestellung empirisch untersuchen zu können, wird in dieser Arbeit ein experimenteller Ansatz gewählt. Dabei wird auf Erkenntnisse der Medienkontext-Forschung zurückgegriffen, d.h. auf einen Ansatz, bei dem Werbung mit fiktionalen Bezügen im Kontext des passenden (kongruenten) fiktionalen Medieninhalts platziert wird. Lassen sich Wahrnehmungen und Beurteilungen fiktionaler Medieninhalte über das Medienprogramm hinweg aufrechterhalten? Lassen sich Werbeobjekte mit diesen fiktionalen Bedeutungen „aufladen"? In diesem Zusammenhang konzentriert sich diese Arbeit auf die Möglichkeit der Nachwirkungen fiktionaler *Charaktere* und deren Verwendung als *Werbecharaktere*. Beurteilen Konsumenten die als Werbecharaktere auftretenden Schauspieler Manfred Krug, Rainer Hunold oder Marcia Cross mit dem Bild des *Rechtsanwalts Liebling*, des *Arztes Dr. Sommerfeld* oder der *Hausfrau Bree van de Kamp* vor Augen, oder trennen sie strikt zwischen Schauspieler und fiktionaler Rolle?

Mit dieser Fragestellung spricht die vorliegende Arbeit auch eine Lücke in der Forschung zu Wirkungen prominenter Personen als Werbepersonen (sog. Celebrity Endorser) an. In der bisherigen Forschung werden als Celebrity Endorser sowohl Nicht-Schauspieler (z.B. Sportler, Models, Sänger) als auch Schauspieler berücksichtigt. Allerdings ist bisher recht unklar geblieben, wodurch sich das jeweilige Image des Prominenten ausbildet. Treten Schauspieler in der Werbung auf, stellt sich die Frage, ob das von den Konsumenten wahrgenommene Image neben den Persönlichkeitseigenschaften des realen Schauspielers auch Persönlichkeitseigenschaften des von ihm verkörperten fiktionalen Charakters enthält. Blümelhuber und Schnitzer (2009, S. 332) gehen davon aus, dass Einstellungswirkungen „selbstverständlich auch von fiktiven Medienmenschen, also von „Rollen" erreicht werden können". Jedoch steht eine empirische Überprüfung dieser Hypothese aus, so dass diese Wirkung keineswegs als „selbstverständlich" angenommen werden

---

[7] Zum Beispiel im Rahmen der Agenda-Setting-Theorie oder der Kultivierungstheorie. Vgl. für einen Überblick Bonfadelli (2009).
[8] Bonfadelli (2004, S. 18), als Publizistik- und Kommunikationswissenschaftler, bezeichnet den Prozess des Medienkontakts als Kommunikationsprozess. Um Verwechslungen mit dem Begriff der Kommunikation im Sinne des Marketing zu vermeiden, wird hier stattdessen von Rezeption gesprochen.

kann. Diese Arbeit untersucht daher empirisch, ob Werbepersonen, die auf fiktionalen Medienpersonen basieren, effektiv sind. Die Forschung zu Wirkungen der Celebrity Endorser beschäftigt sich seit langem mit der sog. Match Up-Hypothese. Diese Hypothese besagt, dass Werbung mit berühmten Personen effektiver ist, wenn das beworbene Produkt zum Star passt, als wenn Produkt und Star keine sinnvolle Verbindung aufweisen (vgl. z.b. Kamins und Gupta 1994; Misra und Beatty 1990). Wie entsteht eine solche Passung? Können fiktionale Rollenbilder dazu beitragen, dass Schauspieler als geeignete (z.b. kompetente) Werbepersonen für Produkte angesehen werden, für die sie als „reale" Personen weniger geeignet (z.b. weniger kompetent) erscheinen?

Es kann vermutet werden, dass derartige Prozesse unbewusste Prozesse darstellen. Fiktionale Nachwirkungen entstehen, wenn Konsumenten das, was in der Fiktion gezeigt wird, ohne weiteres Nachdenken akzeptieren und nicht bzgl. des Realitätsgehalts anzweifeln. Weiterhin können implizit akzeptierte Informationen Folgewirkungen auslösen, die sich auf Meinungsgegenstände außerhalb der Fiktion beziehen (vgl. Prentice und Gerrig 1999). Damit sind Transferprozesse angesprochen (z.B. Priming-Effekte, Konditionierungseffekte), die ablaufen, ohne dass sich der Konsument ihrer bewusst wird (vgl. Squire, Knowlton und Musen 1993, S. 478). In der Psychologie und Konsumentenverhaltensforschung setzt sich zunehmend die Erkenntnis durch, dass bewusste Prozesse nur einen geringen Teil des Verhaltens erklären können (vgl. Bargh 2002, S. 281). Die Untersuchung fiktionaler Nachwirkungen und der Möglichkeit des Transfers fiktionaler Informationen in die Werbung wird daher auch der Erkenntnis gerecht, dass unbewusste Prozesse stärker in den Fokus der Betrachtung rücken sollten, um das Konsumentenverhalten besser zu verstehen.

Neben dem passiven Konsumenten fiktionaler Medieninhalte berücksichtigt die Forschung zunehmend auch die aktive Beschäftigung mit Fiktionen durch den Konsumenten. Konsumenten können sich beim Lesen eines Romans oder beim Anschauen eines Films so stark in die Geschichte hineinversetzen („Transportation", Green und Brock 2000), dass sie das Gefühl haben, selbst Teil des Geschehens zu sein oder sich „in der Geschichte zu verlieren" („lost in the book", Nell 1988). Konsumenten können sich für fiktionale Charaktere derart begeistern, dass sie ihre Helden wie Vorbilder oder sogar wie gute Freunde empfinden (parasoziale Beziehungen, vgl. Vorderer 1996; Russell, Norman und Heckler 2004). Daher berücksichtigt diese Arbeit verschiedene Erklärungsmodelle für fiktionale Nachwirkungen – neben dem passiven auch den engagierteren Fiktionskonsumenten – und untersucht, inwiefern diese für die Analyse der Wirkung von Werbung geeignet sind, die sich auf fiktionale Medieninhalte beziehen.

Zusammenfassend lässt sich folgende **Themenstellung eingrenzen**: Die Arbeit beschäftigt sich mit Nachwirkungen fiktionaler Medieninhalte und deren Einfluss auf die Wahrnehmung und Beurteilung von Werbeinhalten. „Characters is the driving force in fiction" (Surmelian 1969, zitiert in Green und Brock 2000, S. 702). Insofern fokussiert diese Arbeit auf den Einfluss fiktionaler *Mediencharaktere* auf die Wahrnehmung und Beurteilung von *Werbecharakteren*, die sich an fiktionalen Charakteren orientieren. Aus theoretischer Sicht ist dabei zunächst zu analysieren, inwiefern fiktionale Medieninhalte an sich „geglaubt" werden. Davon ausgehend werden Hypothesen zur Wirkung von Werbecharakteren, für die dem Konsumenten kongruente versus inkongruente Informationen aus dem fiktionalen Medienkontext vorliegen, abgeleitet. Aus empirischer Sicht werden Werbewirkungsexperimente durchgeführt, um die abgeleiteten Hypothesen zu prüfen.

Die vorliegende Arbeit behandelt damit folgende aus **Sicht der Marketingpraxis** relevante Fragestellungen:

- Fiktionale Nachwirkungen stellen sowohl in der Medienpsychologie als auch in der Konsumentenverhaltensforschung ein relativ neues Forschungsfeld dar. Entsprechend unklar ist die Wirkungsweise fiktionaler Medieninhalte in praktischen Marketinganwendungen. Zunächst ist daher von Interesse, inwieweit die Bezugnahme auf fiktionale Charakterbedeutungen eine *lohnende Werbestrategie* darstellt. Dazu werden Aktivierungsreaktionen, Einstellungswirkungen und Kompetenz- und Vertrauenswürdigkeitsurteile als Erfolgskriterien herangezogen.

- Werbung mit Charakteren, die aus fiktionalen Medieninhalten bekannt sind, stellt eine Sonderform der Werbung mit Prominenten dar. Nach einer Untersuchung von TNS Sport (2005, S. 3) war im Jahr 2005 in jedem fünften deutschen Werbespot ein „Star" zu sehen. Nach Shimp (2000) nutzen ca. 25 Prozent der Werbekampagnen in den USA Celebrity Endorser. Angesichts der Relevanz dieser Werbeform ist es von großer Bedeutung, bei der Auswahl eines geeigneten Stars Kenntnisse über die mit ihm assoziierten Images zu besitzen. Erdogan und Drollinger (2008, S. 579) beschreiben den Auswahlprozess in der Marketingpraxis und betonen die Wichtigkeit, dass die dem Prominenten zugeordneten Assoziationen zur Marke passen. In der von TNS Sport (2005) durchgeführten Studie wurden die Ansichten von Deutschlands 500 führenden werbetreibenden Unternehmen zum Thema Prominentenwerbung abgebildet, und hier zeigt sich ebenfalls, dass die verantwortlichen Entscheider das Image der Prominenten als das wichtigste Auswahlkriterium ansehen (87% der Entscheider gaben dies als Kriterium an). Fällt die Wahl auf einen Schauspieler als Werbeperson, so ist denkbar, dass sich dessen Image nicht nur aus „Real-Informationen" (Schauspieler als reale Person) zusammensetzt, sondern möglicherweise auch fiktionale Komponenten enthält, die – je nach fiktionaler Rolle – ein gänzlich anderes Image darstellen können als das Real-Image. Kenntnisse der Nachwirkungen fiktionaler Charakterbedeutungen sind demnach auch für *Auswahlentscheidungen bzgl. berühmter Werbepersonen* relevant.

- Zudem sind in der Media-Planung Entscheidungen darüber relevant, in welchem Umfeld eine vorhandene Werbekampagne platziert werden soll. Aufgrund der Wahl eines Medienkontext-Ansatzes als empirisches Paradigma sind die Ergebnisse dieser Arbeit auch aus der Perspektive von *Platzierungsentscheidungen von Werbung im Umfeld fiktionaler Programme* von Bedeutung.

Die Arbeit verfolgt folgende **Forschungsziele**:

- Mögliche Verknüpfungsvarianten zwischen fiktionalen Medieninhalten und Marketing sollen strukturiert und die Nutzung von fiktionalen Mediencharakteren als Werbecharaktere in diese Struktur eingeordnet werden. Zudem soll eine Kategorisierung von Werbecharakteren erstellt werden, die die Bedeutung der quasi-fiktionalen Werbecharaktere in der Celebrity Endorser-Forschung aufzeigt.

- Erkenntnisse der Medien-, Kognitions- und Sozialpsychologie sowie der Kommunikationswissenschaften zu fiktionalen Nachwirkungen werden zusammengetragen und auf die Untersuchung von Werbung mit fiktionalem Bezug angewandt. Damit verfolgt diese Arbeit einen interdisziplinären Ansatz.

- Die Literatur zu fiktionalen Wirkungen berücksichtigt unbewusste Prozesse, indem auf Konzepte wie unsystematische Informationsverarbeitung oder Priming eingegangen wird. Diese Arbeit greift diese Konstrukte und Prozesse auf und versucht somit, einen Beitrag zur Erklärung weitgehend unbewusster Wirkungen der fiktionalen Medieninhalte auf Marketingstimuli zu leisten.

- Schließlich werden die bisherigen Erkenntnisse der Medienkontextforschung erweitert, indem 1) der Fokus der Untersuchung konkret auf fiktionale Medienkontexte gerichtet wird, sowie 2) der Einfluss konkreter Bestandteile aus dem fiktionalen Medienkontext auf die Werbung untersucht wird.

1.2 Vorgehensweise

Das folgende Kapitel 2 beschäftigt sich mit den zugrunde liegenden Begrifflichkeiten „Fiktion" und „Realität". Ausgehend von vorhandenen Fiktionstheorien werden die in der Literatur häufig zitierten „verschwimmenden Grenzen" zwischen Fiktion und Realität sowie deren mögliche Verknüpfungen zum Marketingbereich strukturiert. Dabei wird der Schwerpunkt auf fiktionale Charaktere in der Werbung gelegt.

Kapitel 3 beschäftigt sich mit Erkenntnissen der Werbewirkungsforschung zu Abstimmungs- und Transferstrategien. Ausgehend von der Medienkontextforschung sowie der Wirkung prominenter Werbepersonen werden Erkenntnisse für die Untersuchung von Werbecharakteren im Umfeld fiktionaler Mediencharaktere abgeleitet.

Kapitel 4 gibt einen Überblick über Prozesse des Erlebens und der Verarbeitung fiktionaler Medieninhalte *während der Rezeption* und beschäftigt sich mit der grundsätzlichen Frage, inwieweit Konsumenten fiktionale Informationen akzeptieren. Diese Frage ist bedeutend für diese Arbeit, da vermutet werden kann, dass Transferwirkungen eher stattfinden, wenn auch die der Abstimmung zugrunde liegenden fiktionalen Informationen von Konsumenten als glaubhaft angesehen und akzeptiert werden. Es wird aufgezeigt, inwiefern verschiedene Forschungsansätze die Möglichkeit der Nachwirkung fiktionaler Medieninformationen *über den Rezeptionsprozess hinaus* diskutieren. In Kapitel 4 wird auch diskutiert, welche theoretischen und methodischen Erkenntnisse der verschiedenen Ansätze auf die Untersuchung von Werbemaßnahmen mit fiktionalem Bezug übertragbar sind.

Kapitel 5 greift diese Erkenntnisse zu fiktionalen Nachwirkungen auf und wendet sie auf den Bereich der Werbung im Umfeld fiktionaler Charakterbedeutungen an. Dabei werden Hypothesen zur affektiven und kognitiven Wirkung von Werbecharakteren im Umfeld fiktionaler Mediencharaktere abgeleitet. Zudem werden moderierende Faktoren betrachtet.

Die theoretischen Erkenntnisse werden in Kapitel 6 zusammengefasst; dort wird auch ein Überblick über die abgeleiteten Hypothesen gegeben.

Die abgeleiteten Hypothesen werden in vier empirischen Studien geprüft, deren Durchführung und Ergebnisse in Kapitel 7 präsentiert werden. In diesem Kapitel wird auch auf grundlegende methodische Herausforderungen bei der empirischen Untersuchung fiktionaler Nachwirkungen eingegangen.

Die Arbeit schließt in Kapitel 8 mit einem Resümee über die in dieser Arbeit erlangten theoretischen und empirischen Erkenntnisse, macht Vorschläge zu weiterem Forschungsbedarf aus Sicht unterschiedlicher Aspekte, bespricht ethische Aspekte und gibt Handlungsempfehlungen für die Marketingpraxis.

2 Fiktion in Medien- und Marketingwelten

Die zur Wirkung fiktionaler Medienwelten vorliegenden Ansätze entstammen der Medienpsychologie, den Medien- und Kommunikationswissenschaften oder den Literaturwissenschaften. Im Marketingbereich finden sich entweder Beiträge zur Vermarktung der Fiktionen als Produkt, d.h zur Vermarktung des Buchs, des Films, der TV-Serie (vgl. z.b. Basuroy, Chatterjee und Ravid 2003; Hennig-Thurau und Wruck 2000; Clement, Papies und Schmidt-Stölting 2009) oder es werden Marketinganwendungen *innerhalb* fiktionaler Medienwelten behandelt (Product Placement, vgl. z.b. Law and Braun 2000; Russell 2002; Russell und Stern 2006).

Wie *spezifische Elemente* der fiktionalen Medienwelten im Marketingkontext wirken und welche Rolle dabei die Erkenntnisse der Medienpsychologie, Medien- und Kommunikationswissenschaften oder Literaturwissenschaften spielen, ist ein bisher weitgehend vernachlässigtes Feld in der Konsumentenverhaltensforschung geblieben. Es existieren bisher lediglich einige wenige Beiträge aus dem Bereich des verstehenden Ansatzes der Konsumentenverhaltensforschung (vgl. z.B. Hirschman 2000; O'Donohoe 1997; Scott 1991), die betonen, *dass* Konsumenten Bezüge zwischen (fiktionalen) Medieninhalten und Werbung herstellen. Dabei wurde jedoch nicht darauf eingegangen, *wie* Konsumenten diese Bezüge herstellen und in welchen Bereichen der Kommunikationspolitik dies von Relevanz ist.

Im Rahmen dieses Kapitels sollen grundsätzliche Einordnungen und Abgrenzungen in/von bisherigen Forschungsfelder(n) vorgenommen, Definitionen und Problemfelder vorgestellt sowie Forschungsfragen für diese Arbeit abgegrenzt werden.

2.1 Fiktion in Medieninhalten

2.1.1 Was ist Fiktion?

Der Begriff „Fiktion" leitet sich aus dem lateinischen Wort „fictio" ab und bedeutet „Erdichtung", „Erdachtes" oder „Erfundenheit" (Kluge 1995, S. 264). Innerhalb des Begriffs lassen sich zwei Formen unterscheiden: Fiktionalität und Fiktivität.

Der Begriff **Fiktionalität** wird verwendet, wenn von ganzen imaginären *Welten* gesprochen wird, die durch Geschichten beschrieben werden (vgl. Zipfel 2001, S. 19). Erfundene Inhaltselemente wie Figuren und Charaktere, Gegenstände und Ereignisse, die gemeinsam die fiktionale Welt aufspannen, werden als wesentliches Merkmal der Fiktionalität angesehen (vgl. Nickel-Bacon, Groeben und Schreier 2000, S. 275; Rühling 1997, S. 26). Um dieses Fiktionsverständnis geht es in dieser Arbeit.

Fiktivität bezeichnet dagegen einfach die Erfundenheit von Objekten. So werden z.b. Marktforschungsstudien oft am Beispiel fiktiver Marken durchgeführt, Erläuterungen werden an fiktiven Beispielen veranschaulicht etc. Hier geht es demnach nicht unbedingt um ganze erfundene imaginäre *Welten*, sondern einfach um die Erfundenheit einzelner Objekte (vgl. Zipfel 2001, S. 19; Nickel-Bacon, Groeben und Schreier 2000, S. 269). Fiktive Objekte können daher auch in nichtfiktionalen Werken vorkommen (z.b. erfundene Beispiele in Lehrbüchern, vgl. Nickel-Bacon, Groeben und Schreier 2000, S. 269).

Einzelne Objekte in fiktionalen Welten sind demnach meist gleichzeitig fiktiv[9]. Einzelne Objekte in fiktionalen Welten müssen jedoch nicht fiktiv sein, es kann sich auch um reale Objekte (z.b. Paris als Ort der Handlung) handeln, die in der Geschichte eine Rolle spielen. Im Rahmen dieser Arbeit werden alle Elemente, die in einer imaginären Welt vorkommen, als „fiktionale Elemente" bezeichnet. Der Grad ihrer Erfundenheit kann dabei variieren.

Fiktionen umfassen oft Inhalte, die sich durch einen besonders hohen Grad an Erfundenheit auszeichnen und von dem in der realen Welt Möglichen abweichen (vgl. Zipfel 2001, S. 109). In solchen fantastischen Fiktionen (z.b. in Science Fiction- oder Fantasy-Formaten) sind sich die dem Konsumenten bekannte Welt und die fiktionale Welt sehr unähnlich (z.b. Vorherrschen anderer physikalischer Gesetze, Bevölkerung durch fantastische Kreaturen, wie z.b. in der *Star Wars*-Reihe). Solche Elemente beruhen auf Konzepten wie der Vorstellungskraft und der Simulation (vgl. Grodal 1997, S. 25f). Vorstellungskraft umfasst die mentale Neuschöpfung von Situationen, d.h. die Simulation imaginärer Situationen (vgl. Grodal 1997, S. 27; ähnlich auch Martin 2004, S. 136).

Dabei können erfundene Inhalte unter Zuhilfenahme vorhandener Erinnerungen entstehen, indem diese neu kombiniert werden: z.b. Erinnerung „Pferd", Neuschöpfung „Pferd mit Flügeln = Pegasus", oder „Pferd mit Horn = Einhorn" (vgl. Grodal 1997, S. 27). Diese Kombination von Erinnerungen an tatsächliche Sachverhalte mit neuen imaginären Sachverhalten führt dazu, dass Fiktionen oft nicht völlig neuen Inhalts sind (vgl. Martin 2004, S. 137). Zudem sind Unähnlichkeiten zur „realen" Welt (z.b. fantastische Fähigkeiten) *innerhalb* der fiktionalen Welt oft plausibel (vgl. Tröhler 2002, S. 19). Weiterhin gibt es auch in fantastischen fiktionalen Welten meist Elemente, die als möglich erachtet werden können: Obwohl z.b. eine Filmfigur wie *Spiderman* fantastische Fähigkeiten besitzt, enthält die Beziehung zu seiner Freundin typische Elemente einer romantischen Beziehung wie sie im realen Leben auftreten könnte (vgl. Shapiro und Chock 2003, S. 168).

Fiktionale Inhalte sind demnach nicht vollkommen losgelöst von der Realität zu sehen (vgl. Martin 2004, S. 137). Fiktionale Figuren und Welten werden nicht „aus dem Nichts" erschaffen, son-

---

[9] Allerdings werden diese beiden Begriffe selbst in der Fachliteratur nicht konsequent in diesen Bedeutungen verwendet (z.B. Zipfel 2001 vs. Tröhler 2002; Böcking 2008, S. 27).

dern „entstehen unter Rückgriff auf die bekannte, reale Welt und basieren auf den gleichen Bausteinen wie diese" (Böcking 2008, S. 27), da sie ansonsten für den Konsumenten auch nur schwer verständlich wären (vgl. Oatley 1999, S. 108). Konsumenten bilden Repräsentationen fiktionaler Welten nach dem Prinzip der minimalen Abweichung (vgl. Ryan 1980, S. 406), d.h. sie unterstellen unbewusst, die fiktionale Welt sei so beschaffen wie die reale Welt, solange nichts Gegenteiliges in der Fiktion dargestellt wird. Dadurch ist es möglich, dass Konsumenten unvollständig beschriebene Ereignisse mittels ihres Wissens um die reale Welt komplettieren (vgl. Crittenden 1982, S. 338). Wenn zum Beispiel in einer Geschichte von einem Pferd die Rede ist, dann hat diese Figur in der mentalen Repräsentation des Konsumenten das Aussehen und Verhalten eines „realen" Pferds. Wenn berichtet wird, dass Pferd könne fliegen, kann der Konsument davon ausgehen, dass eine Abweichung vorliegt. Jedoch wird er sich das Pferd mit Flügeln vorstellen (und nicht etwa mit einem Propeller), weil die meisten realen fliegenden Tiere Flügel besitzen (vgl. Ryan 1980, S. 406).

Erfundene Inhalte müssen nicht unmögliche Inhalte sein. Das entscheidende Merkmal ist nach Gabriel (1997, S. 595), dass erfundene Inhalte keinen Anspruch auf Referenzialisierbarkeit erheben, d.h. kein Äquivalent in der realen Welt haben müssen. Beispielsweise könnte ein schuh- und modebegeisterter Charakter wie die Hauptfigur aus *Sex and the City* grundsätzlich auch in der Realität zu finden sein. Man kann auch nicht ausschließen, dass irgendeine Person mit dem Namen *Carrie Bradshaw* tatsächlich existiert oder existiert hat. Allerdings beruht die *Kombination* aus Namen und Personenbeschreibung in der Fiktion nicht auf einem realen Ebenbild, hat also keine Referenz in der Realität (vgl. Nickel-Bacon, Groeben und Schreier 2000, S. 276).

Allerdings können Fiktionen durchaus auch referenzialisierbare Elemente enthalten, z.B. an Orten spielen, Personen zeigen oder auf Ereignissen beruhen, die es jeweils tatsächlich in der Realität gibt. Dabei vermischen viele fiktionale Formate erfundene Inhalte mit referenzialisierbaren Dingen, Personen, Orten oder Ereignissen. Beispielsweise spielen die *Kommissar Wallander*-Kriminalromane von Henning Mankell in der schwedischen Heimatstadt des Autors und enthalten reale Orts- und Straßennamen (vgl. o.V. 2004). Fiktion „kann Bezug auf real existierende Personen nehmen, ohne dabei das wahre Leben der Personen autobiografisch abbilden zu müssen (wie beim Film *Shakespeare in Love* (…)), oder auch historische Ereignisse aufgreifen und diese mit erfundenen Figuren und Ereignissen anreichern (wie beim Film *Das Experiment*)" (Böcking 2008, S. 28).

Fiktionale Inhalte sind daher häufig „gemischte Systeme" (Tröhler 2002, S. 23). Diese gemischten Systeme fasst Zipfel (2001, S. 102) wie folgt zusammen: Man unterscheidet zwischen frei erfundenen Objekten (d.h. Objekten, die keinerlei Entsprechung in der Wirklichkeit haben) und realen Objekten (d.h. aus der Realität in die fiktionale Welt übernommene Objekte). Letztere werden auch als „immigrant objects" (Parsons 1980, S. 51, zitiert in Zipfel 2001, S. 92) bezeichnet. Dazwischen liegt eine dritte Kategorie, die als „pseudo-reale Objekte" bezeichnet wird und Objekte beschreibt, die aus der Realität entlehnt sind, jedoch signifikanten Abwandlungen unterworfen wurden (vgl. Zipfel 2001, S. 97f, 102). Aufgrund dieser Vermischungen wird die Annahme einer *Opposition* zwischen „Fiktion" und „Realität", die in früheren Begriffsverständnissen[10] vorherrschte, in jüngeren Arbeiten oft als problematisch gesehen (vgl. Grodal 1997, S. 25; Green, Garst und Brock 2004, S. 164; Böcking 2008, S. 27f; Zipfel 2001, S. 16).

Beim Konsumenten entsteht die durch Medien dargestellte fiktionale Welt durch mentale Repräsentation. Eine Repräsentation ist eine mentale Vorstellung, die entsteht, wenn sich Individuen mit Objekten (hier: mit Fiktionen und fiktionalen Elementen) befassen oder diese aus dem Gedächtnis rekonstruieren (vgl. Damasio 2004, S. 383). Die Beschäftigung mit fiktionalen Ereignissen durch den Konsumenten erlaubt die Simulation hypothetischer[11] Verhaltensweisen, die zwar in einer Distanz zum realen Verhalten stehen, aber das Vorstellen von Verhaltensoptionen für das eigene Leben erlauben (vgl. Ohler und Nieding 2006, S. 426). Daher kann vermutet werden, dass auch fiktionale Medieninhalte „Wirklichkeit schaffen" (Scholz 2006, S. 42). Grodal (1997, S. 26) bezeichnet Fiktionen daher nicht als Gegenteil von Realität, nicht als „unreal", sondern als Teil der Realität, d.h. als etwas, das gerade wegen der Möglichkeit der Vorstellung eng mit der Fähigkeit verbunden ist, Realität zu konstruieren (ähnlich Martin 2004, S. 137). Mit dieser „Konstruktion von Realität" beschäftigt sich der folgende Abschnitt.

2.1.2 Realitätskonstruktion und pragmatische Fiktionsdefinition

In den vorstehenden Ausführungen wurden die Begriffe „Realität", „reale Welt" oder „reales Leben" verwendet. Beschäftigt man sich mit diesen Begriffen, so stößt man zwangsläufig auf die Diskussion um die *Existenz* von Realität, die insbesondere in der Erkenntnistheorie stattfindet. Frühe Philosophen stellten sich das Gehirn als „Reflektor der Welt" vor. Es wurde davon ausgegangen, dass Menschen stets vollständig auf ihre Wahrnehmungen vertrauen können: „Tigers caused people to see tigers, people saw tigers where tigers stood" (Gilbert und Gill 2000, S. 394). Seit Kant (1781/1965, zitiert in Gilbert und Gill 2000, S. 394) diskutiert man, dass Wahrnehmungen keine festen Gebilde sind, dass jeder einzelne seine Welt konstruiert, dass das Gehirn diese Konstruktion nur vollzieht und dabei oft auf Vorwissen zurückgreift: „The perception of tigers (…) was caused by knowledge of tigers, memories of tigers, belief in tigers, expectations of tigers, and sometimes (but not always) by tigers, too." (Gilbert und Gill 2000, S. 394).

---

[10] Vgl. eine Zusammenfassung früher Auffassungen bei Strange 2002, S. 264.

[11] Im Gegensatz dazu können Geschichten von *Konsumenten* erzeugt werden und auf *tatsächlichem* Verhalten beruhen, z.b. auf eigenen Alltagserlebnissen, Reflexionen über Lebensereignisse etc. Solche Geschichten sind im Marketing unter dem Stichwort „consumer storytelling" (Delgadillo und Escalas 2004; Woodside, Sood und Miller 2008) von Interesse. Dort wird untersucht, welche Rollen Marken und Produkte in den Alltagsgeschichten und -ritualen der Konsumenten einnehmen. Marken sind in solchen Konsumentengeschichten symbolisch wie Requisiten oder sogar menschenähnliche Charaktere der Handlung anzusehen (vgl. Holt 2004; Woodside, Sood und Miller 2008, S. 98). Die Kenntnis dieser Geschichten verspricht Einblick in die Werte, Assoziationen und Einstellungen, die Konsumenten im Zusammenhang mit Marken aufweisen. Dieser Bereich von Geschichten wird in dieser Arbeit nicht weiter verfolgt.

Empfinden und Wahrnehmung werden nach den Auffassungen der erkenntnistheoretischen Richtung des Radikalen Konstruktivismus (vgl. zusammenfassend Schmidt 1994) jeweils individuell erlebt und zusammengesetzt („konstruiert"). Auch die Neuropsychologie liefert Bestätigung für diese Ansicht (vgl. Damasio 2004, S. 385f). Wahrnehmen und Erkennen liefern keine getreuen Abbildungen der Umwelt, sondern sind Konstruktionen, die bei verschiedenen Individuen unterschiedlich ausfallen können. Diese jeweilige Konstruktion der Welt bildet die vom Einzelnen subjektiv erlebte Realität (Synonym: Wirklichkeit). Das Gehirn reflektiert nicht nur, sondern es konstruiert (vgl. Gilbert und Gill 2000, S. 394). Auch der Begriff der mentalen Repräsentation darf nicht missverstanden werden als Übereinstimmung des neuronalen Musters mit dem Objekt[12]. Stattdessen sind Repräsentationen mehr oder weniger individuelle Vorstellungen (vgl. Damasio 2004, S. 384f). *Die eine* objektive Realität existiert nach den Auffassungen des Konstruktivismus nicht, stattdessen gibt es „so viele Wirklichkeiten, wie es Systeme gibt, die zu beobachten in der Lage sind" (Schmidt 1994, S. 8; vgl. Luhmann 2005, S. 39). Auch im Konsumentenverhalten orientiert man sich an dieser Auffassung des Realitätsbegriffs (vgl. Kroeber-Riel, Weinberg und Gröppel-Klein 2009, S. 598).

Dies bedeutet – bereits unabhängig von der Betrachtung fiktionaler Welten –, dass jeder Konsument bereits eine subjektive Wahrnehmung der *außermedialen* Welt aufweist. Nimmt man zusätzlich die fiktionalen Welten hinzu, dann legt nach dieser Auffassung jeder Konsument einen anderen Vergleichsmaßstab an die Ähnlichkeit fiktionaler Welten zur außermedialen Welt an. Endgültige Bewertungen darüber, ob diese Beobachtungen wahr oder falsch sind, sind nicht möglich, da auch der Forscher selbst seine eigene Erlebniswelt hat, die nur zum Teil mit der anderer Individuen übereinstimmt (vgl. Schmidt 1994, S. 10). Jeder einzelne Konsument kann daher eine andere Vorstellung davon haben, wie „real" bzw. wie „realitätsnah" die in Fiktionen gezeigten Elemente sind. Wie können jedoch Einflüsse zwischen Realität und Fiktion untersucht werden, wenn der objektive Maßstab, was denn real ist, fehlt? Die Forschung begegnet diesem Problem auf unterschiedliche Weise und definiert je nach Forschungsrichtung unterschiedliche Maßstäbe für diesen Vergleich.

Der Realitätsbegriff umfasst die Dimensionen der physischen und der sozialen Realität (vgl. Shapiro und McDonald 1992, S. 95).

---

[12] Der Neuropsychologe Damasio (2004) drückt dies wie folgt aus: „Folglich sind Vorstellungen (...) keine Faksimiles eines bestimmten Objekts, sondern Vorstellungen der Interaktionen, die jeder von uns mit dem Objekt hat, (...) niedergelegt in neuronalen Mustern (...). Es gibt kein Bild des Objekts, das von diesem auf die Netzhaut und von der Netzhaut auf das Gehirn übertragen wird. Vielmehr gibt es eine Reihe von Entsprechungen zwischen physischen Merkmalen des Objekts und Reaktionsweisen des Organismus, gemäß denen eine innerlich erzeugte Vorstellung konstruiert wird. Und da Sie und ich biologisch ähnlich genug sind, um eine hinreichend ähnliche Vorstellung von demselben Objekt zu konstruieren, können wir ohne Protest den konventionellen Gedanken akzeptieren, wir hätten uns *das* Bild von einem bestimmten Objekt gemacht. Doch das stimmt nicht." (Damasio 2004, S. 385f).

- Die *physische* Realitätswahrnehmung betrifft die Frage nach dem Erkennen, dass Dinge bloße Abbildungen oder Nachbildungen eines real existierenden Objekts sein können. Zu Beginn des Aufkommens „bewegter Bilder" hatten Irritationen in dieser Realitätsdimension auch für Erwachsene Relevanz. Bei der Aufführung der ersten Filme soll es in den Kinos Paniken gegeben haben, weil die Zuschauer z.b. eine scheinbar „auf sie zufahrende" Lokomotive oder einen scheinbar „in die Zuschauermenge schießenden" Gangster als reale Gefahr ansahen und aus dem Kino flüchteten (vgl. Winterhoff-Spurk 1989, S. 113). Aus heutiger Sicht sind solche Reaktionen bei Erwachsenen schwer vorstellbar, da das Kennenlernen von Medien bereits im Kindesalter beginnt. Ab einem bestimmten Alter wissen Kinder, dass es sich bei TV-Inhalten nicht um „in einen Kasten eingesperrte" Menschen oder Gegenstände handelt, sondern lediglich um eine Abbildung dieser. Im Alter zwischen 3-4 Jahren verstehen Kinder, dass z.b. im Fernsehen in einer Schüssel enthaltenes Popcorn nicht ausschüttet, wenn man das TV-Gerät umdrehen würde (vgl. Flavell et al. 1990). Allerdings ist denkbar, dass der Aspekt der physischen Realitätswahrnehmung auch bei Erwachsenen wieder an Relevanz gewinnt, wenn die technologische Entwicklung virtueller Medienumwelten mit den damit verbundenen Möglichkeiten des Präsenzerlebens und der Immersion voranschreitet (vgl. als Übersicht Lombard und Jones 2007). Dennoch soll dieser Aspekt hier vernachlässigt werden.

- Neben dem Aspekt der physischen Realitätswahrnehmung beschäftigen sich verschiedene Ansätze mit der Konstruktion und Rekonstruktion der *sozialen Realität* (vgl. Shapiro und McDonald 1992, 95ff), d.h. mit der Frage, wie gut die Medienwirklichkeit die „reale Außenwelt" widerspiegelt. Hier wird einerseits untersucht, ab welchem Alter Kinder erkennen, dass nicht alles medial Präsentierte tatsächlich wahr sein muss (vgl. Wright et al. 1994). Andererseits hat diese Frage auch bei Erwachsenen große Relevanz und wird in verschiedenen Ansätzen (Kultivierungsforschung, Perceived Reality-Ansatz, Persuasionsforschung, vgl. Kapitel 4) problematisiert. Dieser Aspekt der sozialen Realitätswahrnehmung bei Erwachsenen wird hier betrachtet.

Daher geht es hier nicht darum, fiktionale Welten aus einem Wahrheitsverständnis heraus zu untersuchen, d.h. zu untersuchen, *was* Realität und was Fiktion ist (vgl. auch Luhmann 2004, S. 20). Schmidt (1994, S. 5) empfiehlt bei Themen dieser Art, „von Was-Fragen [Was ist real?] auf Wie-Fragen umzustellen", d.h. zu untersuchen, *wie* Konsumenten ihre jeweiligen Wirklichkeiten konstruieren. Im Zusammenhang dieser Arbeit heißt das:

> Sind Elemente aus fiktionalen Medieninhalten bei der Konstruktion der Wirklichkeit des Konsumenten beteiligt? Ist dies auch der Fall bei der Beurteilung von Marketinginhalten, die sich auf fiktionale Medieninhalte beziehen?

Aber auch diese Fragen sind – konstruktivistisch gesehen – nicht zu beantworten, da das Ergebnis der Entscheidung, ob etwas fiktional ist oder nicht, streng genommen zwischen verschiedenen Forschern (als Individuen mit eigenen Erlebniswelten) variieren kann. Genauso wie es konstruktivistischen Auffassungen zufolge keine objektive Realität gibt, gibt es auch keine objektive Fiktion. Allerdings folgen Wahrnehmung und Empfinden bestimmten psychologischen Gesetzen und Individuen orientieren sich an bisher gemachten Erfahrungen, Wissen, Kommunikation, Normen, Kultur usw. (vgl. Schmidt 1994, S. 7, 13). Die vom Gehirn konstruierte Wirklichkeit ist damit „subjektabhängig, aber nicht subjektiv im Sinne von willkürlich. Mit der Formel von der „gesellschaftlichen Konstruktion von Wirklichkeit im Individuum" versuchen Konstruktivisten, der Alltagserfahrung Rechnung zu tragen, daß wir im täglichen Leben (…) intuitiv den Eindruck haben, wir lebten doch mehr oder weniger alle in ein und derselben Wirklichkeit" (Schmidt 1994, S. 10). Individuen orientieren sich bei ihren Wirklichkeitskonstruktionen an „gesellschaftlich bewerteten Wirklichkeitskonstrukten", z.B. an „den im Wirklichkeitsmodell einer Gesellschaft grundlegenden Differenzen" (wie wahr/falsch, gut/böse, arm/reich, schön/häßlich) (Schmidt 1994, S. 13). Insofern handelt es sich um eine Realität, die in ihren Grundzügen von vielen Mitgliedern einer Kultur oder Subkultur geteilt wird (vgl. Kroeber-Riel, Weinberg und Gröppel-Klein 2009, S. 600; Zipfel 2001, S. 76).

Aufgrund dieser gesellschaftlich „geteilten Realitäten" wird bei der Bestimmung der Fiktionalität von Medieninhalten pragmatisch, und nicht ontologisch[13], definiert, was als Wirklichkeit angenommen wird (vgl. Schmidt 1994). Im Hinblick auf fiktionale Medieninhalte lässt sich dabei zwischen Konsumentensicht und Produktsicht unterscheiden (vgl. Rothmund, Schreier und Groeben 2001b, S. 86). Aus Produktsicht lassen sich Medieninhalte daher pragmatisch, d.h. quasi von außen, den Kategorien „Fiktion" und „Non-Fiktion" zuordnen. Die Literaturwissenschaft beschäftigt sich damit unter dem Stichwort der „pragmatischen Fiktionstheorien" (Nickel-Bacon, Groeben und Schreier 2000, S. 287f). Danach ist Fiktionalität als Werkkategorie zu verstehen, die ein Autor mit einem Text beabsichtigt und die der Leser, der sich auf diese Absicht einlässt, dem Text zuschreibt (vgl. Nickel-Bacon, Groeben und Schreier 2000, S. 287).

Damit sind die Absichten der Autoren fiktionaler Werke angesprochen. Viele fiktionale Medieninhalte sind mit der Motivation geschaffen worden, „to entertain, to enrich, or inspire without aiming to increase our knowledge or to alter views of the world" (Strange 2002, S. 266). Andere fiktionale Werke sind gerade mit der Absicht gestaltet, reale Geschehnisse zu reflektieren, um zum Nachdenken anzuregen und kritische Diskussionen über die Realität anzustoßen (z.B. *Onkel Toms Hütte* von Harriet Beecher-Stowe) (vgl. Strange 2002, S. 265f). Diese Unterscheidung spiegelt häufig die Einteilung in Werke der sog. „Populärkultur" und Werke der sog. „Hochkultur", vor allem in der Literatur, wider. Erstere stehen aufgrund ihrer Ansprache eines Massenpublikums im Fokus des Marketinginteresses und werden in dieser Arbeit im Mittelpunkt stehen. Im Bereich des Fernsehens wird hier auf unterhaltende Formate wie Spiel- und Fernsehfilme, Kurzfilme sowie Fernsehserien (vgl. Krüger und Zapf-Schramm 2008, S. 172) als Fiktionen fokussiert.

---

[13] Ontologie: die Lehre, die sich mit dem Sein beschäftigt, Begriff der Philosophie (vgl. Duden 2009)

2.1.3 Zusammenführung von Arbeitsdefinitionen

In der heutigen Zeit werden Fiktionen zum größten Teil durch Medien vermittelt. Pragmatisch betrachtet werden als fiktionale Medienangebote u.a. Filme und TV-Serien sowie Romane aus dem Bereich der Literatur verstanden. Als non-fiktionale Medienangebote werden Informationsformate wie Nachrichten, Reportagen, Dokumentationen sowie Unterhaltungsformate wie Shows, Talk oder Magazine sowie informative und unterhaltende Sachbücher aus dem Bereich der Literatur verstanden (vgl. Krüger und Zapf-Schramm 2008, S. 173).

Unter Medieninhalten versteht man die „Gesamt[heit] der verbal und averbal vermittelten Informationen über eine imaginäre oder reale Welt" (Rothmund, Schreier und Groeben 2001b, S. 87, dort als „Produktinhalt" bezeichnet). Im Rahmen dieser Arbeit sind dabei vor allem Bedeutungen einer aus pragmatischer Sicht imaginären Welt von Interesse.

Dem Begriff „Fiktion" liegen Synonyme wie Erfundenheit, Simulation und Vorstellung zugrunde. Die Fähigkeit der Vorstellungskraft ermöglicht es, neu erfundene, d.h. in der realen Welt unmögliche Situationen und Elemente zu erschaffen. Fiktionen entstehen jedoch meist unter Rückgriff auf die bekannte, außermediale Welt und basieren auf ähnlichen Bausteinen wie diese, da sie ansonsten für den Konsumenten nur schwer verständlich wären. Fiktionen sind daher meist gemischte Systeme aus möglichen und unmöglichen Elementen, wobei diese innerhalb der fiktionalen Welt plausibel sein müssen. Fiktionen basieren auf dem Prinzip der minimalen Abweichung (von der außermedialen Welt), so dass Konsumenten unvollständig beschriebene Elemente durch ihr Weltwissen komplettieren können.

Als fiktionale Medieninhalte lassen sich solche Medieninhalte bezeichnen, die vordergründig auf Ereignissen und/oder Charakteren beruhen bzw. an Orten spielen, die erdacht sind, deren Charakteristika jedoch innerhalb des fiktionalen Systems Sinn ergeben. Die tatsächliche Existenz dieser Ereignisse, Charaktere und Orte kann, muss aber nicht möglich sein.

Durch mentale Repräsentation des Konsumenten entsteht eine „fiktionale Welt". *Eine Repräsentation ist die mentale Vorstellung, die entsteht, wenn sich Individuen mit Objekten befassen oder diese aus dem Gedächtnis rekonstruieren* (vgl. Damasio 2004, S. 383). Die Berücksichtigung dieser mentalen Repräsentationsprozesse des Konsumenten führt zur Konsumentensicht. *Als Erfahrungsinhalt wird das beim Konsumenten durch Repräsentation des Medieninhalts gebildete mentale Modell bezeichnet* (vgl. Rothmund, Schreier und Groeben 2001b, S. 87). Damit wird berücksichtigt, dass verschiedene Individuen das fiktionale Geschehen unterschiedlich wahrnehmen und erleben können. Den Auffassungen des Konstruktivismus entsprechend, wird hier demnach keine objektive Realität angenommen, sondern die von Konsumenten *subjektiv erlebten Realitäten als individuelle Lebenswelten* verstanden. Realität/Fiktions-Unterscheidungen beziehen sich daher hier nicht auf die „richtige" (kategoriale) Abgrenzung zwischen beiden Kategorien, sondern werden graduell ermittelt, indem hier vor allem von Interesse sein wird, inwieweit *bei der Konstruktion der subjektiven Realität* des Konsumenten auch Medieninhalte beteiligt sind, die *pragmatisch gesehen fiktionale Elemente* sind. Die hier vorliegende Fragestellung integriert damit die Sicht des Konsumenten (Konstruktion von Realität) und des Medienproduzenten (pragmatische Kategorisierung).

Schmidt (1994, S. 5) weist im Zusammenhang mit dem Konstruktivismus explizit darauf hin, dass die umgangssprachliche Verwendung des Begriffes „Konstruktion" (als planvolle, intentionale Herstellung) zu einem Missverständnis führen kann, in dem Sinne, dass Konstruktion als stets willentlicher Prozess verstanden wird. Stattdessen wird Wirklichkeitskonstruktion als unbewusster Prozess beschrieben, und „widerfährt uns mehr, als daß sie uns bewußt wird" (Schmidt 1994, S. 5). Ursache dafür ist die Komplexität der sozialen und natürlichen Umwelt, die Konsumenten vielfach nicht erfassen können (vgl. Schmidt 1994, S. 5). Der Transfer fiktionaler Bedeutungen in die außerfiktionale Welt, d.h. die Konstruktion der Lebenswelt unter Beteiligung fiktionaler Elemente, stellt – sofern sie denn stattfindet – mit großer Wahrscheinlichkeit einen unbewussten Prozess dar.

Die allgemein als „Erfahrungsnachwirkungen" (Buchner und Brandt 2008, S. 437) bezeichneten Wirkungen vorangegangener Lernerfahrungen sollen hier auf Erfahrungen mit fiktionalen Medieninhalten bezogen werden. Will man untersuchen, wie Marketingmaßnahmen im Zusammenhang mit fiktionalen Medieninhalten wirken, so ist von Interesse, inwiefern aus fiktionalen Quellen erworbenes Wissen über die Rezeptionssituation hinaus in der Lebenswelt des Konsumenten Bestand hat („fiktionale Nachwirkungen") und auf Marketingmaßnahmen übertragen werden kann („fiktionale Nachwirkungen im Marketing").

2.2 Arten der Bezugnahme auf mediale Fiktionen im Marketing

Die Untersuchung, ob fiktionale Medieninhalte bei der Wahrnehmung und Beurteilung von Marketingmaßnahmen relevante Einflussgrößen sind, setzt voraus, dass sich Fiktionen und Marketing in irgendeiner Weise aufeinander beziehen. Solche Beziehungen zwischen fiktionalen Medieninhalten und dem Marketing für reale Produkte und Dienstleistungen sind in der Praxis häufig anzutreffen. Dabei können fiktionale Medieninhalte daraufhin untersucht werden, wie sie die Kommunikation, Vermarktung und Einstellungsbildung zu *anderen*[14] Meinungsgegenständen beeinflussen. Konkrete Elemente aus Filmen, TV-Serien, Romanen etc. können das Umfeld und die Kommunikationsplattform für Marketingmaßnahmen bilden, hier werden Marketingobjekte mit einzelnen fiktionalen Elementen verknüpft. Ein Ziel ist dabei, den Erfolg fiktionaler Medien-

---

[14] Es wurde bereits angesprochen, dass sich fiktionale Medieninhalte selbst als Produkte charakterisieren lassen (vgl. z.B. Hennig-Thurau und Wruck 2000). Dies wird hier nicht weiter betrachtet.

inhalte zu nutzen und in Form eines Imagetransfers auf andere Produkte und Dienstleistungen zu übertragen.

Die Beziehungen zwischen Fiktionen und Marketing können aus zwei grundsätzlichen Perspektiven betrachtet werden, der Perspektive der „Maßnahmen"[15] und der Perspektive der „Elemente". Die Perspektive der Maßnahmen beschäftigt sich damit, ob die Bezugnahme intern, extern oder kombiniert stattfindet, d.h. ob Maßnahmen wie Placements, Produktlizenzen oder Werbelizenzen bzw. Kombinationen davon genutzt werden. Die Perspektive der Elemente beschreibt, welche fiktionalen Elemente angesprochen und genutzt werden (z.b. Ereignisse, Orte, Charaktere, Produkte/Requisiten), wobei auch hier Kombinationen möglich sind. Die Verknüpfung beider Perspektiven beschreibt, dass „reale" Objekte (wie z.b. Produkte) Einzug in Fiktionen halten bzw. dass fiktionale Elemente sich in der Kommunikation für „reale" Objekte wiederfinden. Dies wird häufig als „Vermischung", „Verschmelzung" bzw. „verschwimmende Grenzen" zwischen Fiktion und Realität bzw. zwischen Fiktion und Marketing (vgl. Kroeber-Riel 1989; Shrum 2004a; Solomon und Englis 1994) bezeichnet.

Interne Bezugnahme: Marketingmaßnahmen innerhalb des fiktionalen Medieninhalts lassen sich als Platzierungsstrategien bezeichnen. Dabei werden konkrete Ereignisse, Personen, Schauplätze oder Produkte, die ein Äquivalent in der Realität besitzen (referenzialisierbare Elemente), in den fiktionalen Medieninhalt integriert.

Ereignisse: Geschehnisse in Fiktionen können auf wahren Begebenheiten basieren, jedoch mittels dramatischer Elemente „ausgeschmückt" werden, so dass sich dem Zuschauer die Frage stellen kann, was wahr und was erfunden ist. Dem Film *JFK – Tatort Dallas* wurde z.B. von Kritikern vorgeworfen, dass er historisch relevante Berichte ignoriere und eine zweifelhafte These hinsichtlich der Hintergründe des Kennedy-Attentats vertrete. Dennoch hatte der Film großen Erfolg und mag die Konspirationstheorie in den Köpfen vieler Zuschauer verankert haben (vgl. Tröhler 2002, S. 22; Green, Garst und Brock 2004, S. 165). Hier stellt sich demnach die Frage, inwieweit die dargestellten Ereignisse „real" oder „pseudo-real" (Zipfel 2001) sind.

Personen: Vermischungen zwischen Realität und Fiktion entstehen, wenn Charaktere der Handlung nicht erfunden sind, sondern auf echten Persönlichkeiten beruhen. Im Jahr 1998 spielte sich der frühere Bundeskanzler Gerhard Schröder in einer Folge der TV-Serie *Gute Zeiten, schlechte Zeiten* selbst – einen Kandidaten auf Wahlkampftour – der in die Hochzeitsfeier eines Serienpärchens hineingerät. Sein selbstironischer Text bezog sich auf seine eigene kurz vorher erfolgte Wiederheirat und beglückwünschte das Serienpaar mit den Worten „Herzlichen Glückwunsch zur Hochzeit. Ich weiß, wie schwer das ist." (Dörner 2001, S. 121). Schröder nutzte somit neben non-

---

[15] Damit sind hier die den Marketing-Mix-Instrumenten untergeordneten Maßnahmen angesprochen. So sind z.B. Product Placement und Werbung Kommunikationsmaßnahmen (vgl. Homburg und Krohmer 2009, S. XIX).

fiktionalen auch fiktionale Medienformate zur Kommunikation und wurde für diese Art von „Politainment" (Dörner 2001, S. 121) häufig auch kritisiert.

Orte/Schauplätze der Handlung: Auch die Darstellung des Ortes einer Handlung kann erfunden sein oder auf wahren Orten basieren. So spielt z.b. der *Tatort* in verschiedenen deutschen Städten, um regionalen Besonderheiten Rechnung zu tragen. Die Platzierung von Orten in fiktionale Medieninhalte wird auch als Country-, Landside- oder Location Placement bezeichnet (vgl. Homburg und Krohmer 2009, S. 809).

Produkte: Product Placement ist die Darstellung von Produkt- und Dienstleistungsmarken in Medieninhalten zu Kommunikationszwecken (vgl. Johansson 2001, S. 18). Neben der Modalität (visuell, akustisch, audiovisuell) solcher Platzierungen lässt sich hinsichtlich der Einbindung in die fiktionale Handlung unterscheiden (vgl. Russell 2002). Möglich ist die Einbindung des Markenartikels als Requisite, so dass dieser recht austauschbar bleibt (On-Set-Placement, vgl. Johansson 2001, S. 19). Wird die Handlung dagegen auf ein Markenprodukt abgestimmt (z.B. Tom Hanks als FEDEX-Angestellter in *Cast Away,* der nach einem Flugzeugabsturz auf einer einsamen Insel mit Hilfe der Inhalte der FEDEX-Päckchen überlebt) oder spielt das Produkt sogar eine Rolle (z.B. ein Volleyball der Marke WILSON als „Gefährte" von Tom Hanks auf der einsamen Insel), dann handelt es sich um Creative Placement (vgl. Johansson 2001, S. 19).

Externe Bezugnahme: Marketingmaßnahmen außerhalb des fiktionalen Medieninhalts können unter den Begriff des Merchandising gefasst werden. Merchandising wird in dem hier betrachteten Zusammenhang verstanden als „Sammelbezeichnung für die Vermarktung von fiktiven[16] Figuren (…) und literarischen und erdichteten Figuren, realen Personen (…), Namen, Titeln, Signets, Logos, Ausstattungselementen, Filmszenen und sonstigen Bildern für die Absatzförderung von Waren und Dienstleistungen einschließlich Werbung" (Hertin 1998, S. 280). Dabei kann der Medienproduzent die Vermarktung durch Übertragung von Nutzungsrechten an Dritte mittels Lizenzvergabe erlauben (Licensing als Form des Merchandisings) (vgl. Böll 1999, S. 4f; Hertin 1998, S. 280). Licensing nutzt die Popularität der Elemente fiktionaler Medieninhalte mit dem Ziel, Produkte, Firmen und/oder Marken emotional zu positionieren. Fiktionale Elemente können von Produktherstellern im Rahmen von Produktlizenzen (zur Dekoration, Verpackung, Markierung von Produkten) oder Werbelizenzen (Werbung, Public Relations, PoS-Material) genutzt werden (vgl. Böll 1995, S. 372ff).

Produktlizenzen:

- Die wohl am weitesten verbreitete Form des Merchandising ist das Promotional Licensing. Darunter versteht man das Versehen solcher Produkte, die in keinem Zusammenhang zum

---

[16] Hier wird im Folgenden nicht nur auf die Fiktivität, sondern auf die Fiktionalität Bezug genommen (vgl. Abschnitt 2.1).

Filminhalt stehen (z.B. T-Shirts, Schreibwaren), mit lizenzrechtlich geschützten Begriffen, Logos oder Figuren (vgl. Böll 1999, S. 129).

- Für die Frage fiktionaler Nachwirkungen scheint jedoch das sog. Klassische Licensing von größerem Interesse zu sein. „Es beinhaltet die Herstellung von Produkten nach Vorlagen von Filmen oder Fernsehserien" (Böll 1999, S. 129). So sind zum Beispiel *Harry Potters* Zauberstab oder Schmuckstücke aus *Der Herr der Ringe* als Merchandising-Produkte erhältlich und sollen für den Konsumenten ein Stück der Filmwelt erlebbar machen („…tragen Sie den Einen Ring so, wie ihn auch *Frodo* auf seinem Abenteuer getragen hat", vgl. Abb. 1).

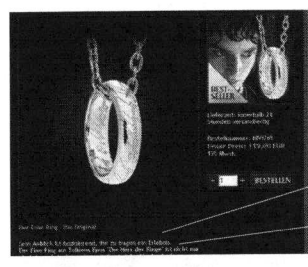

Der Eine Ring – Das Original
Sein Anblick ist faszinierend, ihn zu tragen ein Erlebnis. Der Eine Ring aus Tolkiens Epos „Der Herr der Ringe" ist nicht nur ein Schmuckstück, sondern ein Symbol der Macht. In den Büchern wird seine Faszination beschrieben und in der Verfilmung uns vor Augen geführt: Sein strahlender Glanz, seine edle Form, die bedeutungsschwere Inschrift. An dieser Kette tragen Sie den originalen Einen Ring so, wie ihn auch Frodo auf seinem Abenteuer getragen hat.

Arwens Abendstern
Das Symbol ewiger, märchenhafter Liebe: Arwen, die Elbenprinzessin, bekennt mit diesem Geschenk an Aragorn ihre unendliche Zuneigung. Das Original aus dem Film für die Liebe Ihres Lebens. Dieser Abendstern symbolisiert Arwens beständige Schönheit und ist genauso atemberaubend wie der Original-Anhänger aus „Der Herr der Ringe".

Abb. 1: Klassisches Merchandising: Produkte aus *Der Herr der Ringe*
Quelle: Fotos und Texte unter www.noble-collection.de

Werbelizenzen:

- Beim Promotional Tie-in erwerben Markenhersteller Rechte an einem Film, um die Filmthematik (oft Original-Filmszenen) in ihren Werbekampagnen verwenden zu dürfen (vgl. Böll 1999, S. 129). In der Werbekampagne für den VW TOUAREG wurde z.B. Bezug zum Film *King Kong* genommen (vgl. Biswurm 2005).

- Die Übernahme von fiktionalen Charakteren in Werbekampagnen fällt unter den Aspekt des Character Licensing. Dies können Comic-Figuren oder dreidimensionale Figuren (z.B. *Die Simpsons* als Werbecharaktere für RENAULT, *Alf* als Werbefigur für TELECOM USA), aber auch von Schauspielern dargestellte fiktionale Charaktere sein (z.B. *James Bond*, vgl. Abb. 2) (vgl. Böll 1999, S. 137f).

2.2 Arten der Bezugnahme auf mediale Fiktionen im Marketing

- Übernahmen können auch bzgl. kleinerer Aspekte erfolgen, z.B. durch Nutzung von Filmzitaten, Filmmusik, typischen Requisiten aus dem Film. (z.B. im Spot für die Marke MIKADO, in dem auf humorvolle Weise das *Star Wars*-Zitat „Luke, ich bin dein Vater" persifliert wird). Hier findet meist lediglich eine „Anspielung" auf den fiktionalen Hintergrund statt.

Abb. 2: Character Licensing: *Casino Royale*
Quelle: Zeitschriftenanzeige 2007

Integrierte Verwendung von Marketingmaßnahmen innerhalb und außerhalb des fiktionalen Medieninhalts: Die beschriebenen Maßnahmen können auch kombiniert auftreten, indem die oben erwähnten platzierten Elemente außerhalb der Fiktion weiter vermarktet werden. Promotional Tie-in wird häufig mit Product Placement verknüpft, indem Szenen mit den im Film platzierten Produkten auch als Werbespots genutzt werden (z.B. im Spot der Marke SONY, der *James Bond*-Filmszenen mit den Product Placements zeigt). PEEK & CLOPPENBURG nutzt Werbelizenzen für Point-of-Sale-Maßnahmen als auch Produktlizenzen für Fanprodukte bzgl. der TV-Serie *Sex and the City*. Zudem hat sich PEEK & CLOPPENBURG die Exklusivrechte für den Vertrieb von im Kinofilm *Sex and the City* platzierten Produkten gesichert (vgl. o.V. 2008). Platzierte Orte können als Reiseziele („auf den Spuren von ...") vermarktet werden, indem mit Bezug auf den Film geworben wird. Die touristischen Auswirkungen dieser Marketingmaßnahme werden „Film-Induced Tourism" (Beeton 2005) genannt. Beispielsweise spielen Romane des Autors Dan Brown (*Illuminati*, *Sakrileg*) in Rom, Paris und London und Reiseveranstalter bieten Touren zum Nacherleben der „Spuren" der fiktionalen Charaktere in diese Städte an (vgl. Freund 2005). Ein Beispiel für eine umfassende Kombination verschiedenster Marketingmaßnahmen mit fiktionalem Bezug stellt die *James Bond*-Filmreihe dar (vgl. dazu die Fallstudie bei Gröppel-Klein und Spilski 2009a, S. 105ff).

2.3 Bezugnahme auf fiktionale Mediencharaktere in der Werbung

2.3.1 Erfundene und nicht-erfundene Charaktere in der Werbung

Dieser Abschnitt dient dazu, eine Kategorisierung von Werbe*charakteren* (vgl. Abb. 3) hinsichtlich ihrer Erfundenheit vorzustellen, um fiktionale Charaktere in der Werbung von anderen erfundenen Werbefiguren abzugrenzen. Als Werbecharaktere werden hier Figuren oder Personen verstanden, die in der Werbung „Zeugnis über das Werbeobjekt" (Zweigle 2001, S. 1664) ablegen, sog. Testimonials. In einem weiten Testimonial-Verständnis können dies tatsächliche Konsumenten, Schauspieler, die Konsumenten/Empfehler darstellen, oder auch Prominente sein (vgl. Zweigle 2001, S. 1664). Im späteren Verlauf dieser Arbeit wird der weite Testimonial-Begriff nicht mehr verwendet, sondern einschränkend von „fiktionalen Werbecharakteren" gesprochen.

Zunächst lassen sich erfundene und nicht-erfundene Werbecharaktere unterscheiden:

	Werbecharaktere		
nicht-erfundene Werbecharaktere (mit Referenz in der Realität)		**erfundene Werbecharaktere** (ohne Referenz in der Realität)	
nicht-prominent authentische Nutzer	**prominent** • bekannt aus non-fiktionalen Medienformaten Sportler, Sänger, Moderatoren, Models • bekannt aus fiktionalen Medienformaten Schauspieler	**mit fiktionalem Bezug** • animierte Figuren Tom & Jerry, Die Simpsons, Märchen- & Sagenfiguren • Werbepersonen aus Märchen & Sagen, aus Filmen & TV-Serien: James Bond, Colt Seavers, Bree van de Kamp	**ohne fiktionalen Bezug** • animierte Figuren Bauspar-Fuchs, Der kleine Hunger, Robert T-Online • Werbepersonen Klementine, Herr Kaiser, Käpt´n Iglo, unbenannte Testimonials

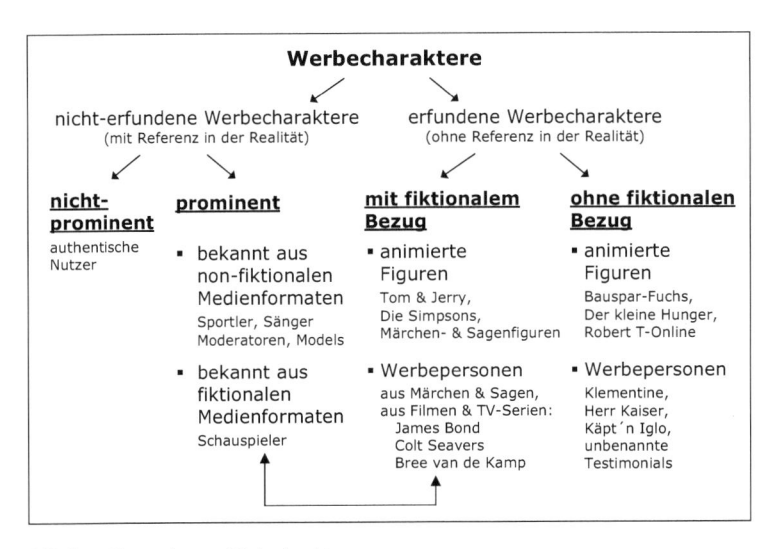

Abb. 3: Kategorien von Werbecharakteren
Quelle: Eigene Darstellung

Nicht-erfundene Werbecharaktere haben eine Referenz in der Realität, d.h. diese Werbecharaktere sind Personen, die auch in der Realität existieren. Unter ihnen lassen sich prominente oder nicht-prominente Personen unterscheiden. Als nicht-prominente Werbepersonen werden häufig typische Nutzer einer Marke („beispielhafte Verbraucher", Zweigle 2001, S. 1664) abgebildet, die als authentisch gelten und die Markeneigenschaften möglichst glaubwürdig kommunizieren sollen (vgl. Gröppel-Klein und Spilski 2006, S. 281). Beispiele hierfür sind die „Qualitäts-Scout"-Kampagne von MCDONALD´S oder die RITTER SPORT-Freunde-Kampagne[17].

Wie bereits erwähnt, ist die Nutzung von *prominenten Werbepersonen* eine weit verbreitete Werbestrategie (vgl. TNS Sport 2005, S. 3). Ziel ist es dabei, die Persönlichkeitseigenschaften der berühmten Person auf das Produkt zu übertragen (vgl. McCracken 1989), indem der Prominente das Produkt empfiehlt und/oder selbst in der Öffentlichkeit verwendet. Es kann dahingehend unterschieden werden, ob die prominenten Werbecharaktere aus non-fiktionalen (z.b. Sportler, Sänger, Moderatoren, Models) oder aus fiktionalen Medienformaten (Schauspieler) bekannt sind. Schauspieler stellen sich hier als „reale Personen" dar, die das Produkt verwenden und empfehlen. So werden die Schauspieler George Clooney (MARTINI) und Brad Bitt (ALICE) in ihren Spots jeweils mit ihrem realen Namen angesprochen. Til Schweiger (KÖNIG PILSNER) ist auf einer Premierenfeier für einen Film zu sehen, den er tatsächlich gedreht hat, Veronica Ferres (L'OREAL) wird bei Dreharbeiten gezeigt.

Erfundene Werbecharaktere haben kein Referenzobjekt in der Realität, d.h. die Figuren oder Personen kommen mit den gezeigten Eigenschaften in der realen Welt nicht vor. Hier lassen sich erfundene Werbecharaktere mit versus ohne fiktionalen Bezug unterscheiden[18].

Erfundene Werbecharaktere **ohne fiktionalen Bezug** wurden speziell für die jeweilige Werbekampagne erfunden. Sie können animierte Figuren sein oder durch echte Personen dargestellt werden. Beispiele für animierte Werbecharaktere ohne fiktionalen Bezug sind Zeichentrick-Tiere (wie der *Bauspar-Fuchs* von SCHWÄBISCH-HALL), Phantasiefiguren (wie *Der kleine Hunger* von MÜLLER) oder auch animierte Charaktere in menschlicher Gestalt (z.B. *Robert T-Online*). Darüber hinaus fallen Produktpersonifizierungen in diese Kategorie (wie die BONDUELLE-Dosen mit Armen und Beinen) (vgl. Callcott und Lee 1994, S. 1).

Beispiele für erfundene Werbecharaktere ohne fiktionalen Bezug, die nicht animiert sind, sondern von Schauspielern verkörpert werden, sind *Klementine* (ARIEL), *Herr Kaiser* (HAMBURG-

---

[17] Konsumenten können sich als sog. „Qualitäts-Scouts" bei MCDONALD´S bewerben. Die ausgewählten Teilnehmer dürfen z.B. Bauernhöfe, die die Rohstoffe bereitstellen, oder die Restaurants „überprüfen" (vgl. McDonald´s Deutschland 2009). Diese Konsumenten agieren dann als Testimonial für die Marke und treten in der Werbung für MCDONALD´S auf. In der RITTER SPORT-Kampagne können Konsumenten ihre Lieblingssorte im Internet vorstellen. Sie laden ihr Foto ins Internet und erscheinen in einer Reihe mit anderen Testimonials (vgl. Ritter Sport 2008).

[18] Hier soll noch einmal die Unterscheidung zwischen den Begriffen „fiktiv" und „fiktional" angesprochen werden. Beides sind Begriffe für erfundene Objekte. Fiktivität bezeichnet die Erfundenheit von Objekten, unabhängig davon, ob sie zu einer imaginären *Welt* gehören (vgl. Nickel-Bacon, Groeben und Schreier 2000, S. 269). Werbung bedient sich oft erfundener Charaktere, ohne dass diese aus einer fiktionalen Welt entstammen (z.B. *Klementine* als Werbefigur für die Marke ARIEL), d.h. diese Charaktere können als „fiktive Charaktere" bezeichnet werden (vgl. Scott 1991, S. 357). Um diese Art der Werbecharaktere von denen abzugrenzen, die im Rahmen dieser Arbeit untersucht werden sollen (d.h. Charaktere, die aus fiktionalen Welten stammen = Charaktere mit fiktionalem Bezug), werden die hier untersuchten Charaktere als „fiktionale Charaktere" bezeichnet. Um Verwechselungen zu vermeiden, wird der Begriff Fiktivität vermieden. Stattdessen wird von „Charakteren mit vs. ohne fiktionalen Bezug" gesprochen.

MANNHEIMER) oder *Käpt'n Iglo* (IGLO). Diese Werbecharaktere beziehen sich jedoch nicht auf fiktionale Medieninhalte, sondern „existieren" lediglich in den Werbegeschichten. In diese Kategorie fallen auch die zahlreichen unbenannten Werbepersonen in Werbegeschichten.

Erfundene Werbecharaktere **mit fiktionalem Bezug** sind Figuren oder Personen, die ursprünglich in einer imaginären Film-, Serien-, Roman- Märchen- oder Sagenwelt angesiedelt sind (vgl. Tröhler 2002, S. 9) und in die Werbung übertragen wurden. Diese werden hier im Folgenden als fiktionale Werbecharaktere bezeichnet. Auch sie können animiert sein, wie *der rosarote Panther* als Werbecharakter für die TELEKOM, *Tom & Jerry* für ENBW oder *Die Simpsons* für RENAULT. Darüber hinaus ist auch der Bezug auf Märchen- und Sagengestalten denkbar, die dann in animierter Darstellung (z.B. *Hänsel und Gretel* bzw. *Rapunzel* als Werbefiguren für Non-Profit-Unternehmen, vgl. Gröppel-Klein und Spilski 2009b) oder durch Schauspieler verkörpert (z.B. *Dornröschen* im Spot der Marke PRINZENROLLE, vgl. Groeppel-Klein, Domke und Bartmann 2005, 2006) in der Werbung verwendet werden.

Auch aus Filmen und TV-Serien bekannte Charaktere können in der Werbung verwendet werden. Solche Werbecharaktere werden durch echte Personen, d.h. durch Schauspieler dargestellt. Beispiele sind *James Bond* (alias Daniel Craig in der Kampagne von SONY), *Colt Seavers* (alias Lee Majors in einer Kampagne von HONDA) oder *Bree van de Kamp* (alias Marcia Cross in einer Kampagne für SPLENDID). Im Gegensatz zu den oben erwähnten Beispielen der Werbekampagnen mit Schauspielern, die als „reale Personen" auftreten, wird in solchen Kampagnen Bezug auf konkrete fiktionale Rollen genommen. Dabei werden in der SONY-Kampagne Original-Ausschnitte aus dem *James Bond*-Film *Casino Royale* verwendet (Promotional Tie-in) und die Produkte mit dem Slogan „Equip Yourself Like Bond" beworben. Für die Marke HONDA wurde ein Werbespot gedreht, der eng an den Vorspann der TV-Serie *Ein Colt für alle Fälle* angelehnt ist, auch die Original-Titelmusik verwendet und in dem (ein gealterter) *Colt Seavers* mit einem HONDA durch die Gegend fährt. Die perfekte und pedantische Hausfrau *Bree van de Kamp* aus der TV-Serie *Desperate Housewives* ist in Österreich in einem TV-Spot für das Waschmittel SPLENDID zu sehen.

Die Bezugnahme auf fiktionale Charaktere kann in unterschiedlicher Intensität erfolgen. Die oben genannten Beispiele stellen durch Verwendung oder Nachspielen von Filmsequenzen (Originalszenen, Originalmusik), durch die Nennung des fiktionalen Charakternamens oder durch die eindeutige Nachbildung des fiktionalen Charakters (z.B. pedantische Hausfrau) relativ starke Formen einer solchen Bezugnahme dar. Möglich ist auch eine Verknüpfung der fiktionalen Rolle mit der Werberolle über die Auswahl eines zur fiktionalen Rolle passenden Produktes. Dies wird z.B. in den Kampagnen von MAGNESIUM VERLA (Schauspieler Rainer Hunold als Arzt *Dr. Sommerfeld*), ADVOCARD (Schauspieler Manfred Krug als Anwalt in *Liebling Kreuzberg*), MEICA Würstchen (Willy Thomczyk als grillender *Camper*) umgesetzt. Zudem existieren auch schwächere Formen des fiktionalen Bezugs, indem z.B. nur typische Kleidungsstile übernommen werden (Ballett-Kleid von *Carrie Bradshaw* alias Sarah Jessica Parker in einer Parfum-Kampagne) oder die Schauspieler in einer aus der Fiktion bekannten Personenkonstellation auftreten (z.B. die *Tatort*-Kommissare alias Manfred Krug und Charles Brauer in einer TELEKOM-Kampagne).

2.3.2 Abstimmung zwischen fiktionalen Mediencharakteren und Werbung durch Platzierungsentscheidungen

Zudem ist es möglich, fiktionale Medieninhalte und Werbung aufeinander abzustimmen, indem der entsprechende Werbespot im direkten Zusammenhang mit dem fiktionalen Medieninhalt platziert wird. So weisen die Werbespots der Schauspieler Josh Holloway (*Lost*, Kampagne für DAVIDOFF), George Eads (*CSI*, Kampagne für L´OREAL) oder Eva Longoria (*Desperate Housewives*, Kampagne für L`OREAL) für sich betrachtet keinen offensichtlichen fiktionalen Bezug auf. Durch deren Platzierung in den Werbeblöcken der entsprechenden TV-Serien (die auch tatsächlich erfolgt ist) ist es jedoch denkbar, dass Konsumenten diesen fiktionalen Bezug selbst herstellen.

Zudem können die im vorherigen Abschnitt genannten Möglichkeiten des fiktionalen Bezugs dadurch verstärkt werden, dass zusätzlich zur Nutzung von Gestaltungsoptionen auch Platzierungsoptionen verwendet werden. So weist der SPLENDID-Spot mit Marcia Cross eine starke Anlehnung an den fiktionalen Charakter *Bree van de Kamp* auf und läuft zudem im Werbeblock der passenden TV-Serie *Desperate Housewives*.

Im Zusammenhang mit Platzierungsoptionen wird in der Literatur der „Host-Selling"-Begriff diskutiert. Da im deutschen Fernsehen Werbung erst mit der Einführung der Privatsender Einzug hielt, entstammen viele Werbetechniken dem US-amerikanischen Fernsehen, wo bereits seit Beginn des Fernsehens Werbung gezeigt wurde. Programm-Sponsoren und ihre Werbeagenturen kontrollierten dort in den 1950er Jahren die entsprechenden Fernsehsendungen und verknüpften Programm und Werbung miteinander (vgl. Alexander et al. 1998, S. 2). Diese Zeit wird häufig als „anything goes on TV"-Dekade bezeichnet, in der keine Restriktionen für Werbe- und Verkaufstechniken bestanden. Eine übliche Werbestrategie in den 1950er Jahren bestand darin, dass in den Sendungen die Hauptpersonen („hosts" = Moderatoren oder fiktionale Charaktere) plötzlich in die Kamera blickten[19] und für die Produkte des Programmsponsors warben („host selling") (vgl. Alexander et al. 1998, S. 7). Diese Technik verletzt nach deutschem Rundfunkwerberecht den Grundsatz der Trennung von Programm und Werbung, würde als „Schleichwerbung" gelten und ist daher unzulässig (vgl. § 7, Abs. 6 Rundfunkstaatsvertrag). Diese Form des Host-Selling wird im Folgenden nicht weiter betrachtet.

Host-Selling erfolgt jedoch auch, wenn Werbegeschichte und Programmgeschichte sehr eng miteinander verwoben sind, z.B. indem Werbung im direkten Umfeld des Programms dieselben Cha-

---

[19] Die Tatsache, dass der Moderator direkt in die Kamera blickt und das Publikum anspricht, zeigt den Unterschied zum Product Placement, wo das Produkt Teil der fiktionalen Handlung bzw. Requisite ist und der Darsteller dieses *nicht direkt* anpreist (vgl. Shanahan und Hyman 2001, S. 383).

raktere zeigt, die auch im Programm auftreten (vgl. Alexander et al. 1998, S. 7). Diese Form des Host-Selling ist für diese Arbeit von Interesse.

Die Frage der Abstimmung zwischen Fernsehprogramm und Werbung beschäftigte die amerikanische[20] Marketing- und Werbeforschung in den 1960/1970er Jahren in Bezug darauf, ob *Kinder* einen Unterschied zwischen Fernseh- und Werbefiguren wahrnehmen und verstehen (vgl. Alexander et al. 1998, S. 3). Man vermutete, dass Kinder Schwierigkeiten hätten, zwischen Programm und Werbung zu unterscheiden, wenn aus dem Fernsehprogramm bekannte Figuren auch in der Werbung auftreten. Weiter wurde vermutet, dass Kindern die Fähigkeit fehlt, die Verkaufs- und Beeinflussungsabsichten der Werbung zu erkennen und entsprechend zu berücksichtigen (vgl. Butter et al. 1981; Kunkel 1988, S. 72). Insofern würde Host-Selling die Unerfahrenheit von Kindern in unfairer Weise ausnutzen (vgl. Neuß 2000).

Diese Annahmen wurden in empirischen Studien überprüft. Butter et al. (1981) zeigten Vorschulkindern Cartoons, die von Werbung unterbrochen wurden. Von den jüngeren Vorschulkindern konnten 70% *formal* richtig zwischen Programm und Werbung unterscheiden, von den älteren Vorschulkindern 90%. Allerdings zeigte sich, dass die Mehrheit beider Altersgruppen den *inhaltlichen* Unterschied nicht verstand und ihnen nicht klar war, was Werbung tut und warum sie im Fernsehen gesendet wird[21] (vgl. Butter et al. 1981, S. 56). Um Kinder vor möglichen Einflüssen der Werbung, die sie noch nicht verstehen können, zu schützen, wurden in den USA in den 1970/1980er Jahren Auflagen und Restriktionen[22] für die Werbung im Kinderprogramm festgelegt, die die Vermischung von Programm und Werbung verhindern sollen (vgl. Federal Communications Commission 2005). Unterstützt werden soll das Erkennen *der Form* des Programms. Die Maßnahmen betreffen daher Hilfestellungen, um Programm und Werbung auseinander halten zu können, z.B. Trennelemente, die zwischen Programm und Werbung eingefügt werden müssen (vgl. Stutts, Vance und Hudleson 1981; Butter et al. 1981).

Kunkel (1988, S. 83) untersuchte die Abstimmung zwischen Medien- und Werbecharakteren im Kinderprogramm (*Familie Feuerstein*-Cartoon und *Familie Feuerstein* als Werbefiguren in einem Cornflakes-Spot). Die Ergebnisse zeigen, dass Host-Selling-Formate dazu führen, dass so-

---

[20] Die deutschsprachige Forschung beschäftigt sich aufgrund der Historie der deutschen TV-Landschaft erst in relativ jüngerer Zeit mit der Werbewirkung bei Kindern. Während in den USA schon immer auch im Kinderfernsehen geworben wurde, war Werbung durch das öffentlich-rechtliche TV-System in Deutschland bis in die 1980er Jahre auf Tageszeiten beschränkt, in denen üblicherweise kein Kinderprogramm läuft. Erst mit dem Aufkommen der Privatsender entstand die Problematik der „Werbekompetenz" (Aufenanger und Neuß 1999) im Kinderprogramm.

[21] Aus entwicklungspsychologischer Sicht lassen sich diese Ergebnisse damit erklären, dass sich perzeptuelles Verständnis (formales Diskriminieren von Reizen) bis zum 5. Lebensjahr herausbildet, das konzeptuelle Verständnis (Diskrimination auf der Basis inhaltlicher oder funktioneller Eigenschaften) jedoch erst später (ca. 8. Lebensjahr) (vgl. Wilson und Weiss 1992, S. 374).

[22] Nicht erlaubt sind seitdem auch inhaltliche Werbestrategien im Kinderprogramm, die falsche Eindrücke erwecken könnten. Verboten sind z.B. Werbespots, die Kinder zeigen, die durch den Konsum der beworbenen Produkte übermenschliche Fähigkeiten (*Superman* etc.) bekommen (vgl. Alexander et al. 1998, S. 3).

wohl jüngeren (4-5 Jahre) als auch älteren (7-8 Jahre) Kindern die Unterscheidung zwischen Programm und Werbung schwerer fällt als bei fehlender Abstimmung. Wilson und Weiss (1992) fanden diesen Unterschied dagegen nur für Kinder von 4-6 Jahren, nicht jedoch bei älteren Kindern.

Die Werberichtlinien schreiben daher vor, dass Werbespots mit Werbefiguren nicht direkt vor, während oder direkt nach einer Kindersendung platziert werden dürfen, wenn dieselbe Figur im Programm gezeigt wird. Eine Platzierung in einem anderen TV-Umfeld ist dagegen trotz Verwendung der fiktionalen Figuren erlaubt. Diese Regelungen gelten auch im deutschen Rundfunkwerberecht, mit der weiteren Einschränkung, dass eine Kindersendung nicht durch Werbung unterbrochen werden darf, sondern Werbeblöcke nur zwischen verschiedenen Kindersendungen erlaubt sind (vgl. § 15, § 44, Abs. 1 Rundfunkstaatsvertrag).

Die geltende *explizite Regelung nur für das Kinderprogramm* impliziert die Annahme, dass Erwachsene zwischen Programm und Werbung unterscheiden können. Daher wäre ein solches Verbot im Erwachsenen-Programm „overly restrictive and thus unfair to advertisers" (Shanahan und Hyman 2001, S. 389). Dies wirft die Frage auf, wie Host-Selling-Formate tatsächlich auf Erwachsene wirken. Auch Aufenanger und Neuß (1999, S. 36) räumen ein, „daß mit der Fähigkeit des Rezipienten zur Trennung von Werbung nicht gleichzeitig eine prinzipielle Immunisierung gegen mögliche Werbewirkungen (…) stattfindet". Diese Werbewirkung, vor allem die Transferwirkung, trotz formaler Trennung von Programm und Werbung wird in dieser Arbeit untersucht.

Dabei werden im Folgenden Werbeformen betrachtet, die (1) im Erwachsenen-Programm ausgestrahlt werden und (2) im direkten Umfeld des Programms dieselben Charaktere zeigen, die auch im Programm auftreten. Diese Charakteristika treffen insbesondere[23] auf die Verwendung von Werbepersonen im Umfeld fiktionaler Medienpersonen zu (vgl. die Beispiele oben). Dies kann als Werbung in einem abgestimmten *Medienkontext* bezeichnet werden. Insofern kann versucht werden, die Erkenntnisse der sog. Medienkontextforschung für die vorliegende Thematik zu nutzen. Dies hat den Vorteil, dass die Medienkontextforschung häufig auch Einstellungsgrößen berücksichtigt (vgl. Moorman 2003), während Host-Selling-Studien v.a. die Fähigkeit von Konsumenten (Kindern) betrachten, *formal* zwischen Programm und Werbung zu differenzieren. Daher beschäftigt sich das folgende Kapitel zunächst mit den Erkenntnissen der Medienkontextforschung, die als ein Teil der Werbewirkungsforschung betrachtet werden kann.

---

[23] In der Praxis finden sich diese Charakteristika neben der Werbung im Medienkontext auch in Form des Programmsponsoring (vgl. Brosius und Fahr 1998, S. 137ff; Tiwsakul und Hackley 2005). In einem Werbespot von L'ORÉAL ist die Schauspielerin Eva Longoria (eine der Darstellerinnen in der TV-Serie *Desperate Housewives*) zu sehen und agiert wie eine „Moderatorin" des weiteren Programmverlaufs, indem sie den Werbeblock ankündigt bzw. direkt nach dem Werbeblock wieder das Programm ankündigt. Dieser „Spot" wird als erstes und letztes im Werbeblock der TV-Serie *Desperate Housewives* ausgestrahlt.

3 Abstimmung und Transfer in der Werbewirkungsforschung

3.1 Kongruenz zwischen Medienkontext und Werbung

3.1.1 Überblick über die Medienkontextforschung

Ein Forschungsfeld, das sich mit der Wirkung von Medien auf *Marketinginstrumente* – insbesondere auf die Werbung – beschäftigt, ist die Medienkontextforschung. Sie trifft folgende Grundannahme: „advertising effects are not just a function of the ad itself, because ads are not received in a vacuum by a passive audience" (Moorman 2003, S. 14). Neben situativen Merkmalen[24] wird vor allem den Medien*inhalten*, in deren Umfeld Werbung platziert wird, Bedeutung zugesprochen[25].

Eine umfassende Medienkontextdefinition findet sich bei Malaviya (2007, S. 32): „the context in which exposures to the target message occurred included programming, editorials, and nontarget ads". Diese Definition kann auf Werbung (= target message) in verschiedenen Medien wie im Fernsehen, Radio, Internet, Printbereich etc. angewandt werden. Die Definition macht zudem deutlich, dass sich abhängig von den jeweiligen Medienformaten verschiedene Arten des Medienkontexts differenzieren lassen:

- Der **redaktionelle Medienkontext** („Programm/Beiträge – Werbung") wird gebildet durch das Programm im Fernsehen/Radio („programming") bzw. die Beiträge in Zeitungen/Zeitschriften („editorial"), innerhalb derer Werbung platziert ist (vgl. Jenzowsky und Friedrichsen 1999, S. 261).

- Der **werbliche Medienkontext** („Werbung – Werbung") kommt zustande, weil Werbung normalerweise nicht allein platziert ist, sondern im Umfeld anderer Werbung. Den werblichen Medienkontext bilden die anderen Werbespots eines Werbeblocks im Fernsehen/Radio bzw. die anderen Werbeanzeigen im Umfeld der Zielanzeige in Zeitungen/Zeitschriften (vgl. Jenzowsky und Friedrichsen 1999, S. 261). In diesem Forschungsfeld wird z.B. untersucht, wie sich quantitative Aspekte (Anzahl der anderen Werbespots, Anzahl der Wiederholungen des Spots im Werbeblock, z.B. Malaviya 2007) und qualitative Aspekte (z.B. Ähnlichkeit

---

[24] Situative Kontextvariablen (vgl. Moorman 2003, S. 15) betreffen z.B. Ort oder Zeit der Aufnahme der Werbung, z.B. physischer Kontext (zu Hause vs. in der Bahn), sozialer Kontext (z.B. allein vs. im Beisein von Familienmitgliedern), zeitlicher Kontext (z.B. morgens vs. abends).

[25] Beide Aspekte gemeinsam (situative und mediale Kontexteigenschaften) finden sich im Begriff „Werbekontext" („advertising context", vgl. Moorman 2003, S. 15). Der Begriff „Medienkontext" wird hier im Weiteren verwendet, da die situativen Faktoren hier nicht betrachtet werden.

zwischen Spots, z.B. Poncin, Pieters und Ambaye 2006; Jewell und Unnava 2003; Kumar und Krishnan 2004) der anderen Werbespots auf die Zielwerbung auswirken. Andere Fragen betreffen die genaue Platzierung des Spots innerhalb des Werbeblocks (vgl. Primacy- und Recency-Effekte, z.B. Brunel und Nelson 2003) oder den Einfluss von Zwischenblenden auf die Werbewirkung („Mainzelmänncheneffekt", vgl. Krauß 1982; Brosius und Habermeier 1993). Der werbliche Medienkontext wird in dieser Arbeit nicht weiter betrachtet.

Hinsichtlich des redaktionellen Medienkontexts lassen sich in Anlehnung an die in Abschnitt 2.1.3 getroffene Unterscheidung zwischen fiktionalen und non-fiktionalen Medieninhalten wiederum zwei Subtypen von Medienkontexten unterscheiden:

- Der **nicht-fiktionale Medienkontext** umfasst solche Beiträge, die sich als sachlich-faktische, informationelle Medieninhalte charakterisieren lassen, z.B. Nachrichten, Reportagen, Dokumentationen oder Magazine. Germelmann und Gröppel-Klein (2007) untersuchten z.B., wie Werbung über eine Marke im Umfeld redaktioneller Berichterstattung über diese Marke wirkt.

- Der **fiktionale Medienkontext** umfasst z.B. Filme, TV-Serien im Fernsehen bzw. fiktionale Geschichten, Kurzgeschichten in Zeitungen und Zeitschriften, Hörspiele im Radio etc.

In dieser Arbeit wird der fiktionale Medienkontext betrachtet und untersucht, inwieweit dieser Einfluss auf die benachbarte Werbung nimmt. In Abbildung 4 werden die vorstehenden Ausführungen und Abgrenzungen zusammengefasst. Der Verlauf der grau hinterlegten Pfeile stellt die hier betrachteten Aspekte dar.

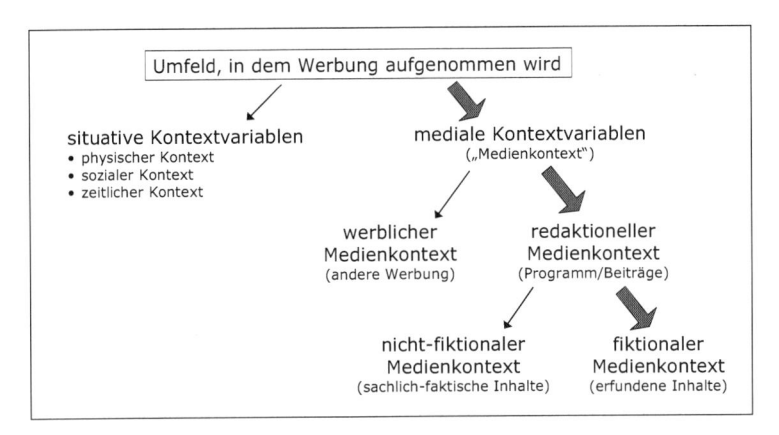

Abb. 4: Bereiche der Medienkontextforschung und Abgrenzungen für diese Arbeit
Quelle: Eigene Darstellung

In Medienkontextstudien wird untersucht, inwiefern bestimmte Kontexteigenschaften als unabhängige Variablen die affektiven und kognitiven Reaktionen auf die benachbarte Werbung (abhängige Variable) beeinflussen[26]. Diese Beziehung wird meist in Form von Experimentaldesigns operationalisiert (vgl. Moorman 2003, S. 18). Die verschiedenen Experimente gehen dabei unterschiedliche Wege hinsichtlich der Operationalisierung der unabhängigen Variablen (vgl. Kamins, Marks und Skinner 1991). In einigen Experimenten wird untersucht, inwieweit der Medienkontext Einfluss auf die Werbung nimmt, wenn *beide unabhängig voneinander gestaltet* sind. Beispielsweise wird untersucht, inwieweit die bei einem Film empfundene Spannung die anschließend gezeigte Werbung beeinflusst (egal ob diese Werbung selbst spannend gestaltet ist) (vgl. Kennedy 1971; Goldberg und Gorn 1987). In anderen Experimenten wird dagegen eine Situation der *Abstimmung* zwischen Werbung und Programm untersucht; Elemente der Werbung passen zu Elementen des Programms. Aufgrund der Berücksichtigung solcher Abstimmungen kann mit Hilfe der Medienkontextforschung erklärt werden, wie Werbung wirkt, die sich auf fiktionale Medieninhalte bezieht, d.h. darauf abgestimmt ist. Eine solche Abstimmung wird im Folgenden als Kongruenz bezeichnet (vgl. Sieglerschmidt 2008).

3.1.2 Begriff der Kongruenz zwischen Medienkontext und Werbung

Wenn Programm und Werbung aufeinander abgestimmt sind, d.h. zueinander passen, wird dies als Kongruenz[27] bezeichnet (lateinisch „congruere", „übereinstimmen", vgl. Kluge 1995, S. 470). In der Literatur finden sich neben dem Kongruenzbegriff (congruence, congruity) noch andere Bezeichnungen wie Übereinstimmung (fit, match) oder Ähnlichkeit (similarity) (vgl. Sieglerschmidt 2008, S. 2). Diese Bezeichnungen lassen sich als Ausprägungen der Kongruenz verstehen: Kongruenz zwischen Programm und Werbekontext reicht von starker Kongruenz (Übereinstimmung) bis zur schwachen Kongruenz (Ähnlichkeit).

Ein Werbespot kann z.B. Originalszenen aus Filmen verwenden (z.B. SONY-Spot mit Szenen aus dem *James Bond*-Film *Casino Royale*). Wenn dieser Spot im Werbeblock zu dem passenden Film (*Casino Royale*) platziert wird, stellt dies eine starke Übereinstimmung (starke Kongruenz)

---

[26] Viele empirische Studien betrachten Ausstrahlungseffekte vom Medieninhalt auf die Werbung. Einige Studien betrachten den umgekehrten Wirkungszusammenhang, d.h. die Wirkung der Werbung auf die Medieninhalte (vgl. Furnham, Bergland und Gunter 2002; Nelson, Meyvis und Galak 2009; Yang und Oliver 2004). Diese Arbeit beschäftigt sich mit der Richtung „Medieninhalt → Werbung".

[27] Davon abzugrenzen ist das Kongruenzverständnis nach Kamins, Marks und Skinner (1991). Kongruenz im Sinne von Kamins, Marks und Skinner (1991) bedeutet, dass sich (unabhängig von der Gestaltung der Werbung) die affektive Reaktion auf das Programm auf die Werbewirkung überträgt. Weiterhin verwenden Kamins, Marks und Skinner (1991) den Begriff „Konsistenz", der dem hier verwendeten Kongruenzbegriff entspricht. Mit dem Konsistenzeffekt meinen sie den positiven Effekt, der durch Übereinstimmung zwischen Werbung und Programm entsteht. Die Verwendung der Begriffe Kongruenz und Konsistenz, die von Kamins, Marks und Skinner (1991) als zwei Modelle in die Medienkontextdiskussion eingeführt wurde, scheint sich bisher nicht stringent durchgesetzt zu haben. So verwenden verschiedene Beiträge die Bezeichnungen uneinheitlich. Hier wird dem Begriff „Kongruenz" als Bezeichnung für Abstimmungssituationen gefolgt (vgl. auch die Literaturübersichten zur Medienkontextforschung von Moorman (2003) und Sieglerschmidt (2008)).

dar. Eine vergleichsweise schwächere Übereinstimmung liegt vor, wenn lediglich einzelne Elemente der Fiktion verwendet werden, z.b. wenn die fiktionalen Charaktere eines Films in der Werbung erneut auftreten, jedoch nicht in den Original-Filmszenen, sondern in eigens für den Werbespot entwickelten Szenen (vgl. verschiedene Möglichkeiten der Abstimmung zwischen Fiktionen und Werbung in Abschnitt 2.2). Schließlich ist es möglich, Kongruenz anstelle des Begriffs Übereinstimmung mit dem Begriff Ähnlichkeit zu beschreiben. So könnte ein Werbespot statt der *Übernahme* konkreter fiktionaler Elemente lediglich Elemente *nachbilden*, z.b. könnte im Anschluss an eine Liebesszene im Film ein Werbespot gezeigt werden, der ebenfalls erotische Reize verwendet. In der Werbung könnten Szenen aus Fiktionen lediglich nachgespielt werden, wobei nicht die Original-Schauspieler, sondern andere Schauspieler engagiert werden (z.b. KNORR-Spot in Anlehnung an die TV-Serie *Drei Engel für Charlie*). In diesen Fällen lägen schwächere Formen der Kongruenz vor (vgl. Sieglerschmidt 2008, S. 3, der zwischen Kongruenz im engeren und im weiteren Sinne unterscheidet).

Der Begriff „Inkongruenz" bezeichnet eine Situation, in der Programm und Werbung nicht zueinander passen. Auch hier sind Abstufungen möglich, die sich auf unterschiedlich starke Differenzen zwischen Programm und Werbung in verschiedenen Aspekten beziehen können. Die stärkste Form der Inkongruenz kann als Kontrast bezeichnet werden. Kontrast meint eine Unstimmigkeit zwischen Programm und Werbung (vgl. Sieglerschmidt 2008, S. 4) in der Form, dass Elemente von Programm und Werbung als Gegensätze gestaltet sind. Beispielsweise könnte im Werbeblock eines Actionfilms ein Werbespot auftreten, der eine Liebesszene enthält.

Aus diesen Überlegungen[28] lässt sich ein Kontinuum der Beziehungen zwischen Programm und Werbung aufstellen, das von Kongruenz bis zur Inkongruenz reicht und verschiedene Abstufungen zwischen diesen Polen berücksichtigt (vgl. Abb. 5).

	Übereinstimmung	*Ähnlichkeit*	*Unterschiedlichkeit*	*Kontrast*	
		Relation zwischen Programm und Werbung			
Kongruenz					**Inkongruenz**

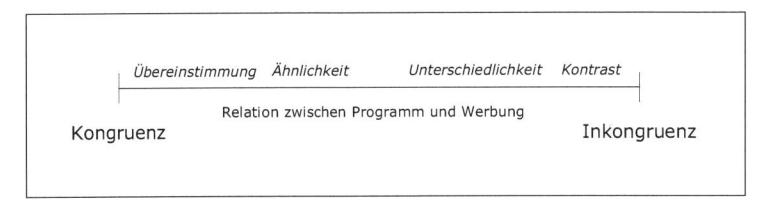

Abb. 5: Kontinuum der Beziehungen zwischen Programm und Werbung
Quelle: in Anlehnung an Sieglerschmidt 2008, S. 4

---

[28] Sieglerschmidt (2008, S. 4) bezeichnet die Endpole als Kongruenz und Kontrast, während Inkongruenz bei ihm ein „neutraler Zustand ohne wahrgenommene Relation zwischen Programm und Werbung" ist. Die Erkenntnisse zu den vielfältigen Bezugspunkten von Relationen zwischen Programm und Werbung (vgl. Abschnitt 3.1.3) macht es jedoch schwierig, keine Vergleichspunkte zwischen beiden Medienformen zu finden. Daher wurde der Begriff Inkongruenz hier, entgegen dem Verständnis bei Sieglerschmidt (2008), als Gegenpol zur Kongruenz definiert. Kontrast wird hier als eine starke Form der Inkongruenz verstanden.

3.1.3 Bezugspunkte der Kongruenz zwischen Medienkontext und Werbung

Worauf kann sich die Kongruenz zwischen Programm und Werbung beziehen, d.h. welche Elemente können zwischen Programm und Werbung übereinstimmen?

- Kongruenz kann sich in der übereinstimmenden **Thematik** zwischen Programm und Werbung äußern (vgl. Horn und McEven 1977). Als thematische Kongruenz wird bezeichnet, wenn das Werbeobjekt (d.h. die beworbene Marke, die beworbene Produktkategorie) zum Programm passt (z.B. Werbung *für* Fitnessgetränk im Umfeld einer Fitness-Sendung). Aber auch andere Elemente der Werbung (Werbung *mit* Charakteren, *mit* bestimmten Schauplätzen der Werbehandlung) können auf das Programm abgestimmt sein (vgl. Sieglerschmidt 2008, S. 6; Schwebach 1994).

- Kongruenz kann sich in der übereinstimmenden **Form** zwischen Programm und Werbung äußern (vgl. Horn und McEven 1977). Dies betrifft oftmals Genres (z.B. Spot im Zeichentrick-Format während eines Cartoons, vgl. Gunter et al. 2002), aber auch Farben (Spot in schwarz-weiß in einem Schwarz-weiß-Film), Musik (Spot greift die Filmmusik auf) oder sonstige sensorische Eigenschaften von Programm und Werbung (vgl. Sieglerschmidt 2008, S. 9).

- Moorman (2003, S. 19) nennt[29] darüber hinaus individuelle **psychologische Reaktionen** auf den Medienkontext bzw. die Werbung wie z.B. Aktivierung, Spannung, Involvement, Stimmung, Emotionen als Kongruenzmöglichkeit. Rufen Werbung und Medienkontext ähnliche Reaktionen hervor, spricht man von Kongruenz (z.B. wenn ein Spot, der positive Emotionen erzeugt, im Umfeld einer Comedy-Serie, die auch positive Emotionen erzeugt, geschaltet wird). Moorman (2003, S. 27) gruppiert diese Eigenschaften zu den Kategorien „Intensität" und „Valenz" der durch den Medienkontext ausgelösten Konsumentenreaktion.

- Auch die **Spannweite** der Übereinstimmung kann als Kriterium herangezogen werden. Werbung kann zum gesamten Programm (Sendung, Film) („indirekter Medienkontext", z.B. Werbung für Tanzschulen während des Films *Dirty Dancing*, Sieglerschmidt 2008, S. 9) oder lediglich zu einzelnen Szenen des Programms („direkter Medienkontext", z.B. Werbung für Umzugsunternehmen während einer Umzugsszene im Spielfilm, vgl. Sieglerschmidt 2008, S. 9) passen.

Hinsichtlich dieser Einteilung finden sich bei Moorman (2003, S. 24) und Sieglerschmidt (2008, S. 10ff) Literaturübersichten über empirische Studien und deren Befunde, aus denen zu erkennen

---

[29] Moorman (2003) ordnet Kongruenzsituationen den thematischen und formalen Kontexteigenschaften unter. Allerdings finden sich in der Literatur auch zahlreiche Untersuchungen, die hinsichtlich der erwarteten psychologischen Reaktionen Kongruenz manipulieren: z.B. vermittelte Stimmung von Programm und Werbung (vgl. Kamins, Marks und Skinner 1991), erzeugtes Involvement von Programm und Werbung (vgl. Celuch und Slama 1993). Daher wurde die Einteilung in thematische, formale und psychologische Kontexteigenschaften hier der Kongruenz untergeordnet (und nicht umgekehrt wie bei Moorman (2003)).

ist, dass viele Studien die thematische Kongruenz *zwischen Programm und Produkt* betrachten (z.B. Horn und McEven 1977; Jun et al. 2003; Moorman, Neijens und Smit 2002; Sieglerschmidt 2008). Einige Studien beschäftigen sich mit der Wirkung der Kongruenz zwischen Medienkontext *und anderen thematischen Elementen* des Werbestimulus (z.b. Bello, Pitts und Etzel 1983 (erotische Szenen in Programm und Werbung); Slater et al. 1996, Walstra und Nelissen 1992 (jeweils Sportszenen in Programm und Werbung)).

Die Abstimmung zwischen fiktionalem Mediencharakter und Werbecharakter stellt ebenfalls eine Form der thematischen Kongruenz dar. Keine der bisherigen Medienkontextstudien beschäftigt sich mit dieser Form der Abstimmung der in Programm und Werbung auftretenden Charaktere. Schwebach (1994) nennt zwar die Möglichkeit der Abstimmung zwischen Programm und Werbung bzgl. der dramaturgischen Elemente Handlung, Charaktere und Orte der Handlung, führt allerdings keine Operationalisierung und empirische Prüfung dieser Fragestellung durch. Dies wird als Ansatzpunkt für die hier vorliegende Arbeit gesehen.

3.1.4 Theoretische Wirkungsmuster des kongruenten Medienkontexts

Zur Wirkung des Medienkontexts auf Werbung liegt eine Vielzahl an Studien vor (vgl. Übersichten in Moorman 2003; Sieglerschmidt 2008), die den Einfluss der Medienkontext/Werbung-Kongruenz auf Erinnerungsvariablen, Einstellungen zum Werbemittel bzw. zur beworbenen Marke und auf Kaufabsichten untersuchen. Eine der möglichen Wirkungsrichtungen ist dabei, **dass Kongruenz zwischen Medienkontext und Werbung die Effektivität der Werbung erhöht**. Dieser Annahme liegen verschiedene Vermutungen über Wirkungsmuster zugrunde.

Effekt der Ansprache der passenden Zielgruppe: Leser von Autozeitschriften finden Werbung für Automarken innerhalb der Zeitschrift; in Frauenzeitschriften findet man überwiegend Werbung für Kosmetikartikel. Wenn sich die Kongruenz wie in diesen Beispielen auf das Werbeobjekt, d.h. auf das Produkt bzw. die Produktkategorie bezieht, dann führt eine Platzierung im passenden Medienkontext dazu, dass quasi automatisch die richtige Zielgruppe angesprochen wird (vgl. Dahlén et al. 2008, S. 57).

Effekt der leichteren Verarbeitung durch Priming: Es wird vermutet, dass Kongruenz zu einem besseren Verständnis, besserer Verarbeitung und dadurch zu besseren Einstellungen gegenüber dem Werbestimulus und dem beworbenen Produkt/Marke führt. Dahinter steht die Annahme, dass Informationen in Form von Knoten netzwerkartig im Gedächtnis repräsentiert sind, wobei jeder Knoten ein Konzept repräsentiert (z.B. das Konzept „Doktor"). Die Knoten sind mit anderen Knoten in Form assoziativer Pfade verknüpft (z.B. ist „Doktor" verbunden mit „Krankenschwester", nicht jedoch mit „Butter"). Wenn ein Gedächtnisknoten „feuert", kann er die Aktivierung anderer, verknüpfter Knoten beeinflussen. Somit breiten die durch den Stimuluskontakt (Bahnungsreiz) aktivierten Gedächtnisknoten die Aktivierung netzwerkartig zu anderen Wissensknoten aus („spreading activation", Collins und Loftus 1975). Das Niveau der neuronalen Aktivierung bildet sich nicht sofort wieder zum Ausgangsniveau zurück, sondern baut sich erst verzögert ab (vgl. Chartrand und Jefferis, 2004, S. 854). Als Konsequenz dieser sich ausbreitenden neuronalen Aktivierung benötigen zugehörige Knoten (über zugehörige Konzepte, Emotionen, Erinnerungen, Handlungsweisen) weniger Aktivierung, um selbst zu feuern (vgl. Roskos-Ewoldsen, Roskos-Ewoldsen und Carpentier 2002, S. 103). Daher sind die vorhandenen aktivierten Gedächtnisinhalte bei späterem Kontakt mit einem ähnlichen Stimulus eher zugänglich („accessible") und erleichtern dadurch dessen Verarbeitung (vgl. Chartrand und Jefferis 2004, S. 854). Wendet man dies auf Medieninhalte an, so können Konzepte durch den Medieninhalt zugänglich gemacht werden und stehen dann für die spätere Verarbeitung, z.B. in der Werbung, zur Verfügung.

Anhand der Beziehungen zwischen Bahnungsreiz (Medieninhalt) und Zielreiz (Werbung) lassen sich Priming-Arten[30] unterscheiden:

- Beim *semantischen Priming* (auch als „konzeptuelles Priming" bezeichnet, vgl. Yi 1990b) erfolgt die Erleichterung der Reaktion auf den Zielreiz aufgrund der vorherigen Darbietung eines *inhaltlich* verwandten Bahnungsreizes. Ein Beispiel ist Werbung für ein Produkt (z.B. ein Auto), das inhaltlich zu einem vorher geschalteten Medienkontext passt (z.B. ein Automagazin im Fernsehen). Moorman, Neijens und Smit (2002) fanden eine Vorteilhaftigkeit der Kongruenz (im Vergleich zur Inkongruenz, bei der das Produkt nicht zum Medieninhalt passt) für Erinnerungsvariablen, jedoch nicht für Einstellungsvariablen. Pelsmacker, Geuens und Anckaert (2002, S. 55) zeigten, dass Kongruenz zu positiveren Einstellungen zur Werbung führt, sofern geringes Produktinvolvement vorliegt.

- Beim *affektiven Priming* führt die *Valenz* des Bahnungsreizes dazu, dass bestimmte affektive Tönungen zugänglich sind und die Wahrnehmung und Beurteilung des Zielreizes beeinflussen. Schmitt (1994, Experiment 2) zeigte, dass Konsumenten, die mit positiven (vs. negativen) Image-Items gebahnt wurden, eine spätere Anzeige positiver (negativer) als eine Kontrollgruppe beurteilen. Goldberg und Gorn (1987) konnten zeigen, dass die Stimmung, die eine Fernsehsendung erzeugt, sich auf die bei einem nachfolgenden Werbespot empfundene Stimmung auswirkt (sog. „mood congruency/accessibility"-Hypothese). Darüber hinaus finden sich Studien, die zusätzlich die Kongruenz zwischen Bahnungsreiz und Zielreiz berücksichtigen. Werbung, die eher emotionales (vs. kognitives) Involvement erzeugt, ist effektiver, wenn ihr ein Medieninhalt vorangeht, der ebenfalls emotionales (vs. kognitives) Involvement hervorruft (vgl. Celuch und Slama 1993; Sharma 2000). Perry et al. (1997) zeigten, dass Werbung in Bezug auf Erinnerungsvariablen weniger effektiv in einem humorvollen Umfeld

---

[30] Eine weitere Unterscheidung ist die in subliminales und supraliminales Priming (vgl. Chartrand und Jefferis 2004, S. 854). Beim subliminalen Priming werden Reize präsentiert, die der Proband aufgrund der geringen Reizstärke nicht erkennen kann. Im Gegensatz dazu sind beim supraliminalen Priming die gebahnten Reize prinzipiell erkennbar. Da letzteres auf Medieninhalte zutrifft (und subliminale Reize in den audiovisuellen Medien nicht zulässig sind), wird hier nur der Aspekt des supraliminalen Priming betrachtet.

ist (Ablenkung durch Humor), dass dieser Nachteil jedoch in geringerem Maße auftrat, wenn die Werbespots selbst humorvolle Inhalte aufwiesen. Der Bahnungsreiz erleichtert die Reaktion auf den Zielreiz, wenn dessen Valenz (affektive Konnotation) der Valenz des Bahnungsreizes ähnlich ist.

Effekte durch den „Wunsch nach Fortsetzung": Eine Werbeunterbrechung kann als eine Störung des TV-Genusses empfunden werden, wenn Konsumenten wissen wollen, wie die Geschichte weitergeht („desire for continuation", vgl. Schumann und Thorson 1989, S. 7). Konsumenten können in diesem Fall mit Desinteresse oder sogar verärgert auf die Unterbrechung reagieren. Dies kann sich auf das Werbemittel auswirken, indem sich bei Desinteresse die Verarbeitung der Werbung verschlechtert (vgl. Bello, Pitts und Etzel 1983, S. 41) oder sich die Verärgerung auf die Werbung überträgt und zu negativeren Einstellungen führt (vgl. Wang und Calder 2006). Nach Schumann und Thorson (1989, S. 7) sollte jedoch berücksichtigt werden, ob der Werbespot eine Änderung bisheriger Emotionen, Stimmungen etc. hervorruft oder aber dem Programm ähnlich ist. Wenn Programm und Werbung zueinander passen, d.h. wenn Werbung als eine Art Fortsetzung des Programms erscheint, dann können dadurch negative Reaktionen gemildert werden (vgl. Coulter 1998, S. 47 für Kongruenz bzgl. hervorgerufener Emotionen). Bello, Pitts und Etzel (1983, S. 41) fanden ähnliche Effekte für thematische Kongruenzmerkmale (ähnliche Szenen in Programm und Werbung). Aus Sicht dieser Argumentation führt Kongruenz zwischen Programm und Werbung daher zu vorteilhafteren Wirkungen als Inkongruenz.

Die andere Wirkungsrichtung besteht darin, **dass Inkongruenz zwischen Medienkontext und Werbung die Effektivität der Werbung erhöht.** Dies konnten verschiedene Studien für Erinnerungsvariablen zeigen (z.B. Furnham, Gunter und Walsh 1998; Furnham, Gunter und Richardson 2002; Gunter et al. 2002; Moore, Stammerjohan und Coulter 2005). Beispielsweise zeigte sich eine schlechtere Erinnerung an eine im Zeichentrick-Stil gestaltete Werbung (verglichen mit einer „Non-Cartoon-Werbung"), wenn diese während eines Zeichentrick-Films geschaltet wurde (vgl. Gunter et al. 2002). Begründet wird dies mit *Interferenzeffekten.* Die Interferenztheorie bezieht sich auf die Hemmung und Überlagerung von Gedächtnisspuren durch andere aufgenommene Informationen (vgl. Kumar 2000, S. 155). Die Gefahr von Interferenzeffekten besteht vor allem bei solchen Reizen, die in einer bestimmten Weise Ähnlichkeiten zu anderen Reizen aufweisen und damit in besonderer Konkurrenz zueinander stehen (vgl. Burke und Srull 1988; Kumar 2000). Von proaktiver Interferenz spricht man, wenn vorangegangene Stimuli einen Einfluss auf den Abruf des aktuellen Stimulus haben (vgl. Burke und Srull 1988). Ist die Ähnlichkeit zwischen Medienkontext und Werbung besonders hoch, könnten diese später nicht mehr genug differenziert werden, worunter die Erinnerung an die Werbung leiden kann.

Eine Studie (Dahlén et al. 2008) zeigte die Vorteilhaftigkeit der Inkongruenz auch für Einstellungsvariablen. Dahlén et al. (2008, S. 57f) vermuten, dass die Platzierung einer Anzeige in einem inkongruenten Medienkontext (z.B. Auto-Anzeige in Schönheitsmagazin) dazu führt, dass

Konsumenten die Inkongruenz aufzulösen versuchen, indem sie sich mehr mit der Anzeige beschäftigen. Die *Entschlüsselung* der Inkongruenz bereitet den Konsumenten Freude, die Lösung nehmen sie als eigenen „Erfolg" wahr, was sich (verglichen mit Kongruenz) in positiveren Einstellungen zur Werbung zeigt (vgl. Dahlén et al. 2008, S. 58).

Neben Studien, die einen positiven (Vorteilhaftigkeit der Kongruenz) bzw. negativen (Vorteilhaftigkeit der Inkongruenz) Einfluss der Medienkontext/Werbung-Kongruenz auf die Werbewirkung gefunden haben, existieren zahlreiche Studien, die **keine signifikanten Effekte** nachweisen konnten (z.b. Furnham, Bergland und Gunter 2002; Horn und McEven 1977; Slater et al. 1996).

Zusammenfassend betrachtet, zeigt sich kein eindeutiges Bild hinsichtlich der Wirkung der Kongruenz zwischen Programm und Werbung. Wie Sieglerschmidt (2008, S. 13) anmerkt, sind die Studien aufgrund unterschiedlicher Operationalisierungen der Medienkontext/Werbung-Kongruenz, unterschiedlicher betrachteter Medien, unterschiedlicher Designs und unterschiedlicher abhängiger Variablen bzw. deren Operationalisierung nicht vergleichbar, was eindeutige Rückschlüsse auf die Kongruenzwirkung erschwert. Die Überlegungen in dieser Arbeit müssen demnach speziell auf die Thematik der Abstimmung der in Programm und Werbung auftretenden Charaktere angepasst werden.

Moorman (2003, S. 19) fasst in ihrer Literaturübersicht die vorwiegend berücksichtigten Werbewirkungsmaße zusammen als Variablen, die sich auf die Werbung beziehen (Aufmerksamkeit, Erinnerung und Einstellung zur Werbung) sowie Variablen, die sich auf die beworbenen Produkte bzw. Marken beziehen (Einstellung zur Marke, Kaufabsichten). Hier soll die Wirkung von Kongruenz auf Maße untersucht werden, die sich *auf die Werbung* beziehen. Im theoretischen Teil dieser Arbeit sollen Variablen zur Aktivierung durch die Werbung und zur Einstellung zur Werbung genauer betrachtet werden[31] (vgl. Abschnitt 3.3 sowie 5.1, 5.3). Es kann jedoch vermutet werden, dass diese Variablen den im Rahmen dieser Arbeit angesprochenen Bedeutungstransfer vom Mediencharakter zum Werbecharakter nicht genau genug abbilden können, da es sich um recht „globale" Maße handelt. Daher wird der Aspekt des Bedeutungstransfers im Folgenden genauer betrachtet.

---

[31] Im empirischen Teil werden zusätzlich Variablen zur Messung der Einstellung zur Marke berücksichtigt.

3.2 Bedeutungstransfer in der Werbewirkungsforschung

3.2.1 Bedeutungs- und Imagetransfer

Bedeutungen („meanings") sind mentale Repräsentationen von Objekten, die in Form von Assoziationen und assoziativen mentalen Netzwerken vorliegen (vgl. Johnson-Laird 1988, S. 100). Die Begriffe Bedeutung und Image sind eng miteinander verbunden. Images bilden sich aus einer Menge an Bedeutungen und stellen ein „aggregiertes System von Eindruckswerten" (Meffert und Heinemann 1990, S. 5) des Konsumenten von einem Objekt dar. Diese Assoziationen können auf andere Objekte übertragen werden. Dabei bezeichnet Imagetransfer die Übertragung *einer Menge an Bedeutungen* auf andere Objekte. Bedeutungstransfer („meaning transfer", McCracken 1989) ist die Übertragung *einzelner* Attribute.

Der Begriff des Imagetransfers wird vor allem in der Markenpolitik verwendet. Wenn unterschiedliche Produktklassen unter demselben Markennamen angeboten werden, ermöglicht dies die Übertragung markenspezifischer Vorstellungsbilder auf Partnerprodukte (vgl. Schweiger 1995, Sp. 924). Dieses Imagetransfer-Verständnis rückt demnach die Nutzung des gemeinsamen Markennamens für Haupt- und Transfermarke in den Mittelpunkt der Definition (vgl. Meffert und Heinemann 1990, S. 6), was vor allem im Bereich der Markentransferstrategien wie Line Extensions oder Category Extensions umgesetzt wird (z.B. Völckner 2003, S. 3). Fasst man den Begriff des Imagetransfers weiter als Versuch, „das vorhandene und gefestigte Image einer Marke auf ein anderes Produkt zu übertragen" (Kroeber-Riel, Weinberg und Gröppel-Klein 2009, S. 269), so können darunter Umsetzungsformen gefasst werden, die über den Markennamen hinausgehen. Da die deutschsprachige Marketingforschung den Begriff des Imagetransfers jedoch vor allem für Markentransfers mittels Markennamen verwendet (vgl. Schweiger 1995, Sp. 924; Meffert und Heinemann 1990), was hier nicht im Mittelpunkt der Betrachtung stehen wird, wird hier im Folgenden der Begriff des Bedeutungstransfers bevorzugt.

Neben der Entscheidung über den Markennamen finden sich Bedeutungstransferversuche auch in der Kommunikationspolitik, z.B. in der Werbung beim Transfer von Persönlichkeitseigenschaften berühmter Personen auf Marken im Rahmen des Celebrity Endorsements (vgl. McCracken 1989), im Rahmen des Sportsponsoring beim Transfer von Attributen des gesponserten Ereignisses auf die sponsernde Marke (vgl. Gwinner und Eaton 1999; Dudzik 2006) oder bei Country-of-Origin-Effekten durch Ausstrahlung von Länderimages auf Produkte, die aus diesen Ländern stammen (vgl. Schweiger 1995, Sp. 927). Die Marketingobjekte, auf die Bedeutungen übertragen werden, sollen von den (möglichst positiven) Bedeutungen des übertragenden Objekts profitieren (vgl. Meffert und Heinemann 1990, S. 6).

Auch durch fiktionale Welten in fiktionalen Medieninhalten werden Bedeutungen und Images vermittelt. Versteht man die fiktionalen Medienprodukte als Marken, so werden diese vor allem in Merchandising- und Licensing-Anwendungen einem Bedeutungstransfer unterzogen (vgl. Schweiger 1995, Sp. 926; Böll 1999, vgl. Abschnitt 2.2). Auch die in fiktionalen Medieninhalten vorgestellten Charaktere lassen sich als Marken – als „Human Brands" (Thomson 2006) interpretieren. Thomson (2006, S. 104) definiert „Human Brand" als „any well-known persona who is subject to marketing communication efforts". Dass dies auch für fiktionale Personen gilt, zeigt sich darin, dass auch diese markenrechtlich geschützt werden können. So wird z.B. in den Werbeanzeigen, die den *James Bond*-Charakter verwenden, stets darauf hingewiesen, dass sowohl die Bezeichnung *007* als auch *James Bond* eingetragene Marken sind. In Kommunikationsmaßnahmen können demnach auch fiktionale Charaktere als Bedeutungsgeber dienen und ihre Bedeutungen auf andere Objekte übertragen. So können von den Bedeutungen der fiktionalen Charaktere auch andere Objekte (Produkte, Marken, Werbereize) außerhalb der Fiktion partizipieren. Dies findet sich auch in dem Verständnis des Begriffes Intertextualität wieder, wonach sich die Bedeutung eines Textes (hier: Werbung) aus der Bedeutung eines anderen Textes (hier: fiktionaler Medieninhalt) ergeben kann (vgl. O´Donohoe 1997, S. 235, 238).

Dabei stellt sich jedoch die Frage, inwiefern sich ein Transfer von fiktionalen Bedeutungen auf „reale" Objekte wie Werbestimuli oder Produkte herstellen lässt. Bereits bei der Wahrnehmung der fiktionalen Informationen während der Rezeption besteht ein „Paradoxon" (Prentice und Gerrig 1999, S. 529) bzgl. der Akzeptanz dieser Informationen: Eigentlich müssten Informationen aus fiktionalen Werken von Konsumenten explizit als unzuverlässige Quellen angesehen werden, da es sich per Definition um ausgedachte Ereignisse, Personen und Plätze handelt und Konsumenten dies normalerweise auch wissen (vgl. Prentice und Gerrig 1999, S. 529). Dennoch existieren Belege für einen Einfluss fiktionaler Informationen auf Wissensstrukturen über die „reale" Welt". Gilt dies auch für den Transfer auf Marketingstimuli? Hinsichtlich der hier vorgestellten Thematik lässt sich fragen: Wie erleben Konsumenten Werbepersonen, die sich auf fiktionale Charaktere beziehen? Bestehen die aus dem Film bekannten fiktionalen Charaktereigenschaften in der Werbung weiter, d.h. werden die aus der Fiktion bekannten Bedeutungen des Schauspielers auch in der Werbung aktiviert?

3.2.2 Bedeutungstransfer bei prominenten Werbepersonen

Die Verwendung fiktionaler Charaktere als empfehlende Personen in der Werbung stellt einen Spezialfall des sog. Celebrity Endorsements dar, d.h. der Werbung mit prominenten Werbepersonen. Prominente sind Personen, die in der Öffentlichkeit stehen. Sie werden mit dem Ziel als Werbepersonen engagiert, dass sich die Aufmerksamkeit und Anerkennung, die ihnen öffentlich zuteil wird, auf das beworbene Produkt überträgt (vgl. Erdogan 1999, S. 291).

„The effectiveness of the endorser depends, in part, upon the meanings he or she brings to the endorsement process" (McCracken 1989, S. 312). McCracken (1989, S. 312f) nennt Beispiele für Bedeutungen, die Schauspieler über ihre Rollen hinaus weitertragen: So gilt z.B. der Schauspieler

John Forsythe als Mann, der Klasse und Status repräsentiert (wie *Blake Carrington* aus *Denver-Clan*), Sylvester Stallone als Inbegriff der Männlichkeit (wie *Rambo, Rocky*), Bill Cosby als perfekter Vater (wie *Cliff Huxtable* aus *The Cosby Show*).

McCracken (1989) stellt den Prozess des Bedeutungstransfers für Celebrity Endorser anhand eines dreistufigen Modells dar (vgl. Abb. 6). Bedeutungen entstehen nach diesem Modell in der den Konsumenten umgebenden „culturally constituted world" (McCracken 1986, S. 72). Berühmten Persönlichkeiten werden z.b. durch Medien bestimmte Bedeutungen zugesprochen (Stufe 1), die sie dann wiederum in der Werbung verkörpern. Durch die Kombination von Celebrity und Produkt sollen die vom Celebrity verkörperten Bedeutungen auf das Produkt übergehen (Stufe 2). Der letzte Modellschritt berücksichtigt, dass Konsumenten Produkte nicht nur wegen ihres funktionalen Wertes kaufen, sondern auch, um damit ein bestimmtes Selbstkonzept zu bilden oder zu stärken (vgl. Belk 1988). Da bestimmte Produkte für bestimmte Ausprägungen von Selbstkonzepten stehen (vgl. Belk 1988, Holt 2004), kann die Übernahme der Bedeutungen durch den Konsumenten mittels Konsum dieser Produkte erfolgen (Stufe 3) (vgl. McCracken 1986, S. 74, 78ff).

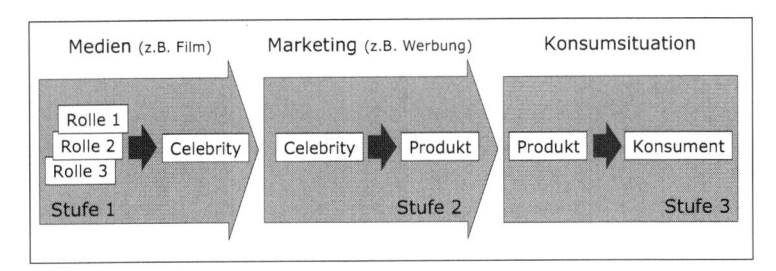

Abb. 6: Prozess der Bedeutungsübertragung am Beispiel des Celebrity Endorsements
Quelle: In Anlehnung an McCracken (1989, S. 315)

Dieses Modell des Bedeutungstransfers lässt jedoch Fragen offen, die sich speziell bei der Anwendung auf *Schauspieler* als Celebrity Endorser ergeben.

McCracken (1989, S. 310ff) geht grundsätzlich davon ausgeht, dass sein Modell auf Prominente angewandt werden kann, die aus fiktionalen Quellen (Schauspieler) oder non-fiktionalen Quellen (Sportler, Künstler, Sänger, Moderatoren) bekannt sind. In der Folge wurden in mehreren bisherigen Studien Prominente aus fiktionalen und non-fiktionalen Quellen vermischt[32] (z.B. Misra und Beatty 1990; Till, Stanley und Priluck 2008). Ob eine solche Gleichsetzung zulässig ist und bei beiden Prominenten-Typen tatsächlich dieselben Prozesse ablaufen, wurde bisher nicht diskutiert.

---

[32] Beispielsweise wurde in der Studie von Misra und Beatty (1990, S. 165f) die Schauspielerin Joan Collins mit der Kunstturnerin Mary Lou Retton verglichen.

3.2 Bedeutungstransfer in der Werbewirkungsforschung

Empirische Studien, die sich mit dem Meaning Transfer-Modell von McCracken (1989) beschäftigen, setzen oft erst an der zweiten Modell-Stufe an und gehen implizit von der Gültigkeit der Stufe 1 aus – d.h. von einem Weiterbestand fiktionaler Rollen. So nehmen z.B. Till, Stanley und Priluck (2008, S. 185) an, dass „celebrity images are formed (...) through repeated exposure to the celebrity in the roles that he or she plays". Empirische Studien, die dies belegen, werden jedoch nicht zitiert.

Auch Prominente aus non-fiktionalen Quellen treten oft in „Rollen" auf (vgl. Abb. 6), da das Image, das der Star „von Berufs wegen" darstellt, nicht unbedingt seinem „privaten" Selbst entsprechen muss (vgl. Neyer 2008). Bei Schauspielern besteht eine Diskrepanz zum „privaten Selbst" jedoch in zweierlei Hinsicht: Einerseits präsentieren sie sich in den non-fiktionalen Medien oft als „reale" Personen, betreiben hier allerdings oft „Selbstmanagement", um ihr privates Selbst nicht zu offenbaren (vgl. Neyer 2008). Sie treten andererseits in den Fiktionen in fiktionalen Rollen auf, die ebenfalls nicht mit ihrem privaten Selbst übereinstimmen müssen. Aufgrund dieser verschiedenen öffentlich zugänglichen Images von Schauspielern (sowohl aus fiktionalen als auch aus non-fiktionalen Medieninhalten, vgl. Butler 1995, S. 159) ist daher keineswegs klar, ob die durch die Fiktion auf den Schauspieler übergehenden fiktionalen Rollenbedeutungen auch tatsächlich Bestand haben, d.h. ob in der Werbung dieselben Repräsentationen beim Konsumenten aktiviert werden wie im fiktionalen Medieninhalt (vgl. Abb. 7).

Medien (z.B. Film)	Marketing (z.B. Werbung)	Konsumsituation
Rolle 1 / Rolle 2 / Rolle 3 → Schauspieler	Schauspieler → Produkt	Produkt → Konsument
Stufe 1	Stufe 2	Stufe 3

ähnliche Repräsentation zum Prominenten beim Konsumenten aktiviert?

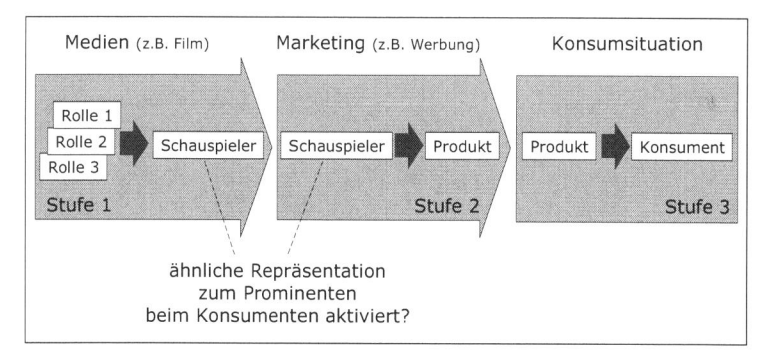

Abb. 7: Lücke im Modell des Bedeutungstransfers bzgl. Schauspieler und fiktionaler Rollen
Quelle: Eigene Darstellung in Anlehnung an McCracken (1989, S. 315)

Empirisch wurde diese Frage bisher mit Hilfe qualitativer Erhebungsmethoden untersucht. Hirschman (2000, S. 62) stellte in qualitativen Interviews fest, dass Konsumenten Schauspieler oft mit Hilfe von Charaktereigenschaften beschreiben, die den fiktionalen Rollen entsprechen. O'Donohoe (1997) erhielt in qualitativen Interviews Angaben darüber, dass Konsumenten in der Werbung Elemente aus Filmen und Fernsehsendungen wiedererkennen (S. 242), fiktionale Bedeutungen auch in die Werbung übertragen, wenn der Schauspieler dort als Werbeperson auftritt (S. 244) und sich zum Teil später nicht richtig erinnern können, ob sie eine Geschichte aus einem

Film oder einem Werbefilm kennen (S. 246). Studien, die den Fortbestand dieser fiktionalen Rollen auch experimentell belegen, existieren bisher lediglich im Bereich der Medienpsychologie (vgl. Fleming und Darley 1993; Tal-Or und Papirman 2007). Die medienpsychologischen Studien zeigen, dass fiktionale Bedeutungen über das Anschauen von Filmen hinaus fortbestehen können, es ist jedoch unklar, ob dies auch für den Transfer in die Werbung gilt. Denkbar wäre auch, dass Konsumenten, wenn sie einen Schauspieler in der Werbung sehen, mental zwischen Rollen- und Schauspieler-Image „umschalten", weil sie „reale Produkte" mit „realen Personen" in Beziehung setzen. Bevor demnach untersucht werden kann, ob Prominente ihre Bedeutungen auf das beworbene Produkt übertragen (Stufe 2), sollte daher geklärt werden, ob die während der Filmrezeption entstandenen Bedeutungen mit den während des Werbekontakts aktivierten Bedeutungen des Celebrity Endorsers übereinstimmen (vgl. Abb. 7).

3.2.3 „Match-Up" zwischen prominenter Werbeperson und Produkt

Die Forschung (z.b. Kahle und Homer 1985; Kamins 1990) und die Praxis (z.b. Erdogan, Baker und Tagg 2001) beschäftigen sich seit langem damit, *welche* Eigenschaften von (prominenten) Testimonials die Werbewirkung beeinflussen. Untersucht wurden beispielsweise Eigenschaften wie Attraktivität[33], Kompetenz oder Vertrauenswürdigkeit, die mit den sog. „source models" (Modelle zur Erklärung der Wirkung von Werbepersonen als „Quelle" einer Botschaft) abgebildet wurden. Eine Meta-Analyse von Amos, Holmes und Strutton (2008, S. 223ff) zeigte, dass die Vertrauenswürdigkeit und Expertise/Kompetenz des Prominenten bedeutende Eigenschaften für die Effektivität der Werbung sind[34].

Expertise/Kompetenz (mit Items wie „ist ein Experte", „erfahren" oder „sachkundig") und Vertrauenswürdigkeit (mit Items wie „aufrichtig", „verlässlich" oder „vertrauenswürdig") werden in dem sog. „source credibility model" (Hovland und Weiss 1951-1952) berücksichtigt.

- Kompetenz wird definiert als „the extent to which a communicator is perceived to be a source of valid assertions" (Hovland, Janis und Kelley 1953, zitiert in Ohanian 1990, S. 41). Kompetenz ist die Beurteilung der *Fähigkeit* des Senders der Botschaft, gültige Aussagen treffen zu können (vgl. Gröppel-Klein und Germelmann 2006, S. 123f).

- Vertrauenswürdigkeit ist „the degree of confidence in the communicator's intent to communicate the assertions he considered most valid" (Hovland, Janis und Kelley 1953, zitiert in

---

[33] Das „source attractiveness model" untersucht die Attraktivität von Werbepersonen. Hier sind Personenattribute wie „attraktiv", „schön" oder „elegant" relevant (vgl. Ohanian 1990, S. 46). Es geht davon aus, dass attraktive Personen eher gemocht werden und ihnen positivere Eigenschaften zugeschrieben werden („what is beautiful is good", vgl. Dion, Berscheid und Walster 1972; Eagly et al. 1991).

[34] Die wichtigste Variable der Werbeffektivität ist laut Amos, Holmes und Strutton (2008, S. 224) die Vermeidung von negativen Informationen über den Prominenten – ein Aspekt, der in Abschnitt 5.5 aufgegriffen wird. Vertrauenswürdigkeit und Kompetenz bilden laut dieser Meta-Analyse Rang 2 und 3 der wichtigsten Erfolgsvariablen für die Werbeeffektivität.

Ohanian 1990, S. 41) und beschreibt, inwieweit dem Sender der Botschaft zugeschrieben wird, dass er tatsächlich die *Absicht* verfolgt, gültige Aussagen zu treffen (vgl. Gröppel-Klein und Germelmann 2006, S. 124).

Im Rahmen des „source credibility"-Modells wird angenommen, dass eine Werbeperson umso effektiver ist, je kompetenter und vertrauenswürdiger sie beurteilt wird (vgl. Ohanian 1990 für Studien zu den beiden Modellen), d.h. je besser die Fähigkeit und die Absicht der Werbeperson beurteilt wird, gültige Aussagen zu treffen. Meta-analytische Untersuchungen stützen diese Annahme (vgl. Amos, Holmes und Strutton 2008, S. 223f).

Allerdings kann dieses Modell in seiner ursprünglichen Form nicht erklären, warum Prominente, die ähnliche Eigenschaftsausprägungen auf den genannten Merkmalen aufweisen, dennoch unterschiedlich effektiv in der Vermittlung von Werbebotschaften sind. Ein Grund für diese mangelhafte Erklärungskraft könnte die produkt- und kampagnen*unabhängige* Ermittlung von Kompetenz und Vertrauenswürdigkeit des Celebrities sein (vgl. McCracken 1989, S. 311ff). Diesen Kritikpunkt greift die sog. Match Up-Hypothese auf, die besagt, dass ein Testimonial ein Produkt dann besonders effektiv bewerben kann, wenn Testimonial und beworbenes Produkt zueinander passen[35] (vgl. Kamins 1990; Kamins und Gupta 1994; Lynch und Schuler 1994; Misra und Beatty 1990; Till und Busler 1998; Till und Busler 2000).

Für eine effektive Werbewirkung ist es notwendig, dass Konsumenten der Werbeperson eine gewisse Kompetenz zur Beurteilung des Produktes zusprechen, die durch eine Abstimmung zwischen dem Prominenten und dem Produkt entstehen kann (vgl. Till und Busler 2000). Dies wird durch neurowissenschaftliche Untersuchungen gestützt: Werben Celebrities für Produkte, bezüglich derer sie bei Konsumenten einen gewissen „Expertenstatus" einnehmen (z.B. Tennisspieler Andre Agassi und Produkt Tennisschläger), so werden insbesondere solche Gehirnbereiche aktiviert, die als Areale emotionaler Reaktionen und des Belohnungssystems gedeutet werden (vgl. Smidts, Fernández und Klucharev 2006; Klucharev, Smidts und Fernández 2008, S. 362). Darüber hinaus wurde Aktivierung in einem Gehirnareal nachgewiesen, das bei der semantischen Analyse von Kontextinformationen beteiligt ist und zur Bildung assoziativer Ketten beiträgt. Die Bildung solcher Assoziationsketten führt dazu, dass das Aufrufen nur eines Teils des Kontextes ausreicht, um das Gesamtbild wiederherzustellen. Die Forscher (vgl. Klucharev, Smidts und Fernández 2008, S. 363f) schließen daraus, dass eine Produkt-Experten-Verknüpfung bei Konsumenten sowohl positive emotionale Reaktionen als auch verbesserte Enkodierungsleistungen bezüglich der Werbebotschaft hervorruft. Weitere Ergebnisse zeigen, dass die Passung zwischen Produkt und Testimonial zu einer positiveren Einstellung zur Marke (vgl. Till und Busler 2000;

---

[35] Die Match Up-Hypothese wurde zunächst für die Eigenschaft Attraktivität untersucht (z.B. Kahle und Homer 1985; Kamins 1990; Lynch und Schuler 1994; Solomon, Ashmore und Longo 1992). Weitere Studien (z.B. Till und Busler 1998; Till und Busler 2000; Lynch und Schuler 1994) beziehen diesen Match-Up auch auf Kompetenzfaktoren.

Kim und Na 2007) und zu positiveren Kaufverhaltensabsichten (vgl. Smidts, Fernández und Klucharev 2006) führt.

Mehrere Match Up-Studien *vermischten* bei ihren Vergleichen Prominente, die aus *fiktionalen* Quellen bekannt sind, mit solchen, die aus *non-fiktionalen* Quellen bekannt sind (z.B. Klucharev, Smidts und Fernández 2008, S. 355; Misra und Beatty 1990; Till und Busler 2000; Till, Stanley und Priluck 2008). In der Studie von Lee und Thorson (2008) werden Prominente aus fiktionalen (Schauspieler) vs. non-fiktionalen (Sportler) Quellen *getrennt* untersucht; dabei werden Schauspieler jedoch nur in Bezug auf die Übertragbarkeit von *Attraktivität*seigenschaften behandelt. Hier schließt sich daher die Frage an, wie Schauspieler eine Art von „Expertenstatus" in den Augen der Konsumenten erlangen. Sind dabei fiktionale Informationen relevant?

Bereits Schudson (1984) vermutete, dass Konsumenten beim Ansehen von Werbung mit Prominenten versuchen, das Gesehene zu interpretieren, indem sie es auf bisherige Situationen beziehen, in denen der Prominente zu sehen war („other frames in which the celebrities has appeared", Alperstein 1991, S. 44). Er bezieht sich jedoch nicht explizit auf fiktionale Medieninhalte. In einer qualitativen Studie untersuchte Alperstein (1991, S. 45), welche inhaltlichen Bedeutungen Konsumenten aus dem Erscheinen eines Prominenten in einem Werbespot ableiten. Die dargestellten Äußerungen von Konsumenten enthalten auch Beispiele für Schauspieler als Werbepersonen. Die Ergebnisse lassen vermuten, dass Konsumenten Werbeauftritte von Prominenten nutzen, um durch Medieninhalte gewonnene Kontakte zu diesen Prominenten lebendig zu erhalten. Schon vorhandene Einstellungen aus Medieninhalten werden durch den Werbeauftritt belebt, verstärkt oder verändert. Dabei scheint auch die Abstimmung zwischen Medieninhalt und Werbeinhalt von Bedeutung zu sein. Der fiktionale Charakter, den ein Prominenter in Medieninhalten verkörpert, muss zur Werbetätigkeit passen. Im Fall geringer Passung resultiert eine negative Beurteilung des Prominenten als Werbeperson (vgl. Alperstein 1991, S. 51). Im Beispiel spielte ein Schauspieler in einer TV-Serie einen Bösewicht, machte aber Werbung für ein Waschmittel, das Wäsche „gentle and soft" machen soll. Der Konsument, der in der qualitativen Studie diese Episode berichtete, wertete diese Werbetätigkeit als wenig glaubwürdig ab, was sich darüber hinaus auf die Beurteilung des fiktionalen Charakters zurückübertrug („It made me hate him more", Alperstein 1991, S. 51). Bis auf diese qualitativen Ergebnisse liegen u.W.n. bislang keine empirischen Erkenntnisse zu dieser Fragestellung vor.

3.3 Erkenntnisse für diese Arbeit

Bisherige empirische Befunde der **Medienkontextforschung** zeigen kein einheitliches Bild der Wirkungen des Medienkontexts auf die Werbung. Kongruente wie auch inkongruente Stimuli können vorteilhafte Wirkungen erzeugen. Zum Teil wurden auch gar keine signifikanten Unterschiede festgestellt (vgl. Sieglerschmidt 2008, S. 13). In bisherigen Studien wurden fiktionale Stimuli nicht systematisch verwendet und zum Teil mit nicht-fiktionalen Stimuli in *einem* Experiment vermischt. Zudem liegen für die hier vorliegende Fragestellung der Kongruenz zwischen fiktionalen Medien- und Werbe*charakteren* u.W.n. bisher keine empirischen Studien vor. Auch Studien, die sich der Kongruenz bzgl. der dargestellten *Personen* in anderen Kontextarten (z.B. im non-fiktionalen Medienkontext) annähern, sind u.W.n. bisher nicht vorhanden. Die Erkenntnisse der Medienkontextforschung können daher nicht direkt auf die hier vorliegende Fragestellung übertragen werden.

Die Ausführungen in Abschnitt 3.1.3 legen den Begriff der thematischen Kongruenz für die Abstimmung zwischen Medien- und Werbeinhalten nahe. Dieser Begriff wird bisher vorwiegend für die Abstimmung zwischen dem Thema der Fiktion insgesamt und dem beworbenen Produkt verwendet. Kongruenz im Rahmen dieser Arbeit bezieht sich auf die Abstimmung bzgl. einzelner inhaltlicher Elemente, speziell auf die Abstimmung der Charaktere als Inhaltselement. Dies wird hier als inhaltliche Kongruenz bezeichnet.

Als inhaltliche Kongruenz wird hier eine Abstimmung zwischen fiktionalem Medieninhalt und Werbung bezeichnet, die sich auf das Inhaltselement „Charaktere" bezieht. Bei inhaltlicher Kongruenz tritt ein Charakter aus einem fiktionalen Medieninhalt in einem Werbespot auf, der in diesem Medienkontext geschaltet wird. Bei inhaltlicher Inkongruenz passen die gezeigten Medien- und Werbecharaktere nicht zusammen.

Obwohl keine speziellen Erkenntnisse für fiktionale Stimuli vorliegen, liefert die Medienkontextforschung jedoch wertvolle Anhaltspunkte für die Betrachtung von Werbepersonen mit fiktionalem Bezug:

- Die dargestellten Wirkungsmuster können auf ihre Übertragbarkeit bzgl. der Wirkung fiktionaler Mediencharaktere in der Werbung untersucht werden. Wie später zu sehen sein wird, gleichen die zugrunde liegenden Wirkungsprozesse teilweise den für fiktionale Medienwirkungen beschriebenen Prozessen. In Abschnitt 4.2.1.3 werden beispielsweise Priming-Effekte im Rahmen der Betrachtung von Kultivierungseffekten aufgegriffen.

- Die getroffene Unterscheidung in semantisches bzw. affektives Priming kann herangezogen werden, um verschiedene (In-)Kongruenzsituationen zwischen Medienkontext und Werbung zu analysieren. Auf diesen Aspekt wird in Abschnitt 5.5 eingegangen.

- Die Medienkontextforschung hat gezeigt, dass auch solche Kontexteigenschaften als Prime dienen können, die nicht in einer Kongruenzbeziehung zur Werbung stehen. Beispielsweise kann sich eine durch das Medienprogramm hervorgerufene Stimmung auf die nachfolgende Werbung auswirken, selbst wenn die Werbung die Erzeugung einer ganz anderen Stimmung beabsichtigt hatte (vgl. Goldberg und Gorn 1987). Daher sind Wirkungen anderer Kontexteigenschaften ohne Kongruenzbeziehung denkbar, z.B. Wirkungen der durch das Programm erzeugten Aktivierung, des Gefallens des Programms, etc. Dies wird im empirischen Teil der Arbeit durch die Berücksichtigung von Kontrollgrößen aufgegriffen.

- Bezüglich der Werbewirkungsmaße wird hier die Aufmerksamkeitswirkung von Werbung im inhaltlich kongruenten vs. inkongruenten fiktionalen Medienkontext berücksichtigt, die sich mit Hilfe der *Aktivierungsreaktion* von Konsumenten auf Werbespots untersuchen lässt. Zudem sind die *Einstellungen von Konsumenten zu Werbespots* im inhaltlich kongruenten vs. inkongruenten fiktionalen Medienkontext von Interesse. Zu beiden Werbewirkungsmaßen liegen bereits Erkenntnisse vor, die auf ihre Übertragbarkeit auf die hier betrachtete Fragestellung überprüft werden müssen. Dies erfolgt in den Abschnitten 5.1 bzw. 5.3.

Aufgrund des Fokus auf fiktionale Mediencharaktere, die in der Werbung verwendet werden, wurden Ansätze zur Untersuchung von Werbe*personen* betrachtet, insbesondere zur Wirkung von Prominenten als Werbepersonen. Die Ausführungen zum Stufenmodell des **Bedeutungstransfers** nach McCracken (1989) haben jedoch gezeigt, dass hier bzgl. der Verwendung von Schauspielern als Werbepersonen Annahmen getroffen werden, die bisher empirisch nicht überprüft wurden. Im Speziellen betrifft dies die Annahme, dass sich Bedeutungen aus fiktionalen Rollen aus dem Film auf die Werbeperson übertragen lassen. Die vorliegende Arbeit stellt daher u.W.n. die erste Arbeit dar, die sich dieser Frage auch empirisch zuwendet.

Ein weiterer Forschungszweig innerhalb der Werbewirkungsforschung beschäftigt sich mit der **Passung zwischen prominenter Werbeperson und dem beworbenen Produkt** (Match Up). Match Up-Studien konnten zeigen, dass Werbepersonen, die zu dem von ihnen beworbenen Produkt passen, eine effektive Werbewirkung erzeugen. Kompetenz und Vertrauenswürdigkeit eines Werbecharakters werden dabei als entscheidende Variablen der Werbewirkung von Prominenten angesehen (vgl. Amos, Holmes und Strutton 2008). Dies wirft die Frage auf, *wann* ein Prominenter zu einem Produkt passt. Wodurch erlangt ein Prominenter die Kompetenz und Vertrauenswürdigkeit für bestimmte Produkte?

Dabei scheint vor allem die Kompetenzdimension von Bedeutung zu sein („expert power", Klucharev, Smidts und Fernández 2008). In bisherigen Studien wurde vor allem die Passung zwischen „realer" Person und Produkt betrachtet, z.B. werben Sportler für Sportgeräte, Models für Kosmetik und Haarpflegemittel. Daraus lässt sich schließen, dass diese Studien der Annahme folgen, Kompetenz für Produkte würden den berühmten Werbepersonen vor allem auf der Basis des Wissens von Konsumenten über die *realen* Tätigkeiten, Fähigkeiten und Eigenschaften der

3.3 Erkenntnisse für diese Arbeit

Stars zugewiesen. Innerhalb dieser Arbeit soll dagegen untersucht werden, ob sich Kompetenz eines Werbecharakters auf der Basis des Wissens über die *Fähigkeiten und Eigenschaften* einer fiktionalen Person aufbauen lässt. Kann z.B. ein Schauspieler effektiv für ein Medikament werben, wenn er aus fiktionalen Medieninhalten als fürsorglicher Arzt bekannt ist? Daher wird hier untersucht, ob der inhaltlich kongruente fiktionale Medienkontext, durch den der Mediencharakter mit bestimmten Bedeutungen „aufgeladen" wird, in der Lage ist, Kompetenzurteile des Konsumenten über einen Werbecharakter zu beeinflussen. Zudem wird die Vertrauenswürdigkeit des Werbecharakters als abhängige Variable betrachtet.

Damit lassen sich verschiedene Werbewirkungsvariablen zusammenfassen, die für die Untersuchung von Werbung im Umfeld fiktionaler Mediencharaktere aus den einzelnen Forschungssträngen selektiert wurden und hier relevant erscheinen. Dazu wird folgende grundsätzliche Forschungsfrage für diese Arbeit formuliert:

Forschungsfrage:
Welchen Einfluss hat die Präsentation von Werbung mit Werbecharakteren im Umfeld inhaltlich kongruenter vs. inkongruenter fiktionaler Mediencharaktere
  a) **auf die Wirkung der Werbung insgesamt (Aktivierungswirkung des Werbespots, Einstellung zum Werbespot),**
  b) **auf die Beurteilung der Kompetenz und Vertrauenswürdigkeit des gezeigten Werbecharakters?**

Um diese Fragestellung zu untersuchen, erscheint es notwendig, zunächst die Besonderheiten der Wirkung und Nachwirkung *fiktionaler* Medieninhalte im Allgemeinen zu betrachten (vgl. dazu Kapitel 4). Auch ausgewählte Prozesse der Personenbeurteilung sollen auf ihre Besonderheiten für fiktionale Charaktere und darauf abgestimmte Werbepersonen geprüft werden (vgl. dazu Kapitel 5).

4 Psychologische Ansätze zur Untersuchung der Nachwirkungen fiktionaler Medieninhalte

Bei der Untersuchung der Nachwirkungen fiktionaler Charakterinformationen in der Werbung stellt sich zunächst die Frage, welche psychologischen Prozesse bei der Rezeption von Fiktionen ablaufen. Dazu bietet es sich an, auf die Literatur zur Wahrnehmung fiktionaler Medieninhalte zurückzugreifen – zunächst ohne sich mit deren Verschmelzung mit dem Marketing zu beschäftigen. Was ist aus der kognitiven Psychologie, der Medienpsychologie und den Kommunikationswissenschaften zur Wahrnehmung und Akzeptanz von Fiktionen bekannt? Mit diesem Wissen kann untersucht werden, ob diese Prozesse ebenfalls wesentlich für die Wahrnehmung und Beurteilung von Werbestimuli mit fiktionalem Bezug sind. Die Analyse kann zudem Anhaltspunkte für die spätere Hypothesenableitung liefern.

Weiterhin werden anhand der vorgestellten Theorien und dazugehörigen empirischen Untersuchungen verschiedene Forschungsparadigma betrachtet, um Vorteile und Nachteile der einzelnen Untersuchungsmethoden zu analysieren und Anhaltspunkte für die hier gewählte empirische Vorgehensweise zu erhalten.

4.1 Psychologische Prozesse bei der Rezeption fiktionaler Medieninhalte

4.1.1 Repräsentation von Medieninhalten durch mentale Situationsmodelle

Um fiktionale Geschichten zu verstehen, bilden Konsumenten ein mentales Modell[36] der im Text beschriebenen Situationen – als (mentales) Situationsmodell bezeichnet (vgl. Johnson-Laird 1983). Dieses Situationsmodell ist die kognitive Repräsentation von Elementen der imaginären Welt (vgl. Roskos-Ewoldsen, Roskos-Ewoldsen und Carpentier 2002, S. 110) und „enthält die Charaktere, Ereignisse, Zustände, Ziele und Aktionen, sprich die fiktive Welt, die in der Geschichte beschrieben wird" (Böcking 2008, S. 36).

Man nimmt an, dass mentale Situationsmodelle mit den assoziativen Netzwerken verknüpft sind (vgl. Roskos-Ewoldsen et al. 2002, S. 111), die die Netzwerkmodelle als Organisation des Gedächtnisses vorschlagen. Bei der Bildung der mentalen Situationsmodelle setzt der Leser/Zuschauer die Inhaltselemente, geschilderten Ereignisse, Zeit und Raum zueinander in Bezie-

---

[36] Neben der Medienforschung finden sich andere Anwendungen mentaler Modelle (vgl. Quellen bei Yang, Roskos-Ewoldsen und Roskos-Ewoldsen 2004, S. 86) bzgl. des Problemlösungsverhaltens, des Verstehens physikalischer Vorgänge oder der räumlichen Orientierung (und ihrer Nutzung im Handelsmarketing in Form von „mental maps", Gröppel-Klein, Bartmann und Germelmann 2006).

hung und versieht sie so mit Sinn (vgl. Böcking 2008, S. 35). Daher enthalten Situationsmodelle auch solche Elemente, die im Text nicht explizit beschrieben sind, die aber notwendig sind, um den Aussagen Sinn zu verleihen. Diese werden als Schlussfolgerungen unter Zuhilfenahme des Vorwissens durch den Rezipienten gebildet. Nimmt z.b. in einer Szene der Protagonist der Handlung ein Taxi zum Flughafen und handelt die folgende Szene davon, wie sich der Protagonist im Flugzeug unterhält, dann ergänzt der Rezipient das ausgelassene Geschehen (z.b. Ankunft am Flughafen, Check-In, Einsteigen ins Flugzeug, Start) auf der Basis seines Vorwissens (vgl. Nieding und Ohler 2008, S. 391). Situationsmodelle können durch intensiven und/oder wiederholten Medienkontakt angepasst und erweitert werden: Je häufiger und je aufmerksamer ein Konsument mit der Geschichte in Kontakt kommt, desto detaillierter ist sein mentales Situationsmodell von der Geschichte und den enthaltenen Elementen (vgl. Yang, Roskos-Ewoldsen und Roskos-Ewoldsen 2004, S. 87).

Für die vorliegende Arbeit ist vor allem von Bedeutung, dass Situationsmodelle dazu dienen, Sinn zwischen *verschiedenen* Medieninhalten zu stiften. Die Situationsmodelle später aufgenommener Geschichten können mit den vorhandenen Situationsmodellen zu eher aufgenommenen Geschichten vernetzt werden (vgl. Roskos-Ewoldsen, Davies und Roskos-Ewoldsen 2004, S. 352). Dabei haben bereits gebildete Situationsmodelle einen Einfluss darauf, wie neue (Medien-)Informationen interpretiert werden und wie das Situationsmodell der neuen (Medien-)Situation aussieht (vgl. Wyer und Radvansky 1999, S. 94). Wenn der Konsument mit einer neuen Mediensituation konfrontiert wird, dann besteht die Option, ein neues Situationsmodell zu bilden oder die Option, auf ein bestehendes zurückzugreifen. Ob ein bestehendes Situationsmodell aktiviert wird, hängt davon ab, wie *ähnlich* sich das bestehende Situationsmodell und die neue Mediensituation sind (vgl. Roskos-Ewoldsen et al. 2002, S. 112). Wenn in einem Situationsmodell z.B. ein fiktionaler Charakter mit bestimmten Eigenschaften repräsentiert ist, könnte dies dazu führen, dass das Sehen des Charakters in einer anderen Mediensituation von diesem mentalen Modell beeinflusst wird (vgl. Roskos-Ewoldsen et al. 2002, S. 113).

Der Ansatz der mentalen Modelle innerhalb der Medienforschung hat seinen Ursprung im Forschungsbereich des Textverstehens (vgl. zusammenfassend Böcking 2008). Hier wurde untersucht, wie Konsumenten innerhalb einer Geschichte Sinn bilden (nur ein fiktionaler Medieninhalt) bzw. wie sie verschiedene Geschichten zueinander in Beziehung setzen (fiktionaler Medieninhalt 1 ↔ fiktionaler Medieninhalt 2). Neuere Anwendungsgebiete zeigen auf, dass sich der Ansatz der mentalen Modelle zudem eignet, um Priming-Effekte (vgl. Roskos-Ewoldsen et al. 2002) und Kultivierungseffekte (vgl. Roskos-Ewoldsen et al. 2004) zu erklären. Hier geht es um die Frage, wie Medien auf Einstellungen und Verhaltensweisen außerhalb der Rezeptionssituation Einfluss nehmen (fiktionaler Medieninhalt → Lebenswelt). Im Rahmen dieser Arbeit wird sich zeigen, ob der Ansatz der mentalen Modelle auch in der Lage ist, Zusammenhänge zwischen *verschiedenen Medienformaten* zu erklären (fiktionaler Medieninhalt → Werbeinhalt).

4.1.2 Akzeptanz fiktionaler Medieninhalte

In der Kognitionspsychologie stellt man sich die Frage, wie Konsumenten Wissen aus Fiktionen mit ihren Ansichten über die Realität in Einklang bringen. Man beschäftigt sich mit den mentalen Abläufen bei der Verarbeitung fiktionaler Informationen (vgl. Prentice und Gerrig 1999, S. 529). „To believe" (Gilbert 1991), d.h. etwas zu glauben, scheint dabei ein Schlüsselprozess zu sein. Eine Aussage gilt als „geglaubt", wenn ihre Bedeutung in das mentale System aufgenommen und gespeichert wird (Prozess der Repräsentation) und wenn diese Repräsentation als wahr behandelt wird (Prozess der Akzeptanz) (vgl. Gilbert 1991, S. 107). Auf Aspekte der Repräsentation wurde im vorherigen Abschnitt eingegangen (mentale Situationsmodelle). Im Folgenden wird die Akzeptanz bzw. das Zusammenspiel von Repräsentation und Akzeptanz betrachtet.

4.1.2.1 Konkurrierende Perspektiven des Glaubens von Aussagen

Die Theorie des „Glaubens von Aussagen" (believability) stützt sich auf philosophische Diskussionen darüber, wie der Prozess des Glaubens ablaufen könnte. Ein traditionelles Verständnis des Glaubens, das von dem Philosophen Descartes (1596-1650) ausgeht, betrachtet Repräsentation und Akzeptanz als zwei getrennte und nacheinander ablaufende Prozesse. Danach werden Aussagen automatisch aus der Umwelt aufgenommen und mental repräsentiert, und erst ein folgender aktiv kontrollierter Vorgang des Individuums führt dazu, dass diese Aussagen akzeptiert oder abgelehnt werden. Diese Ansicht (das sog. Cartesianische System) sieht den anschließenden Bewertungsprozess als „willful force oft the psyche" (Gilbert 1991, S. 108), bei dem Individuen „have power (…) to give or to withhold [their] assent at will" (Descartes 1644/1984, zitiert in Gilbert 1991, S. 108).

Eine andere Ansicht, ausgehend von dem Philosophen Spinoza (1632-1677), nimmt an, dass Verstehen und Akzeptanz im ersten Moment der Wahrnehmung nicht voneinander getrennt werden können. Erst wenn das Individuum die Motivation aufbringt, eine Aussage zu überdenken, erfolgt deren nachträgliche Nicht-Akzeptanz oder Bestätigung. Solange diese Motivation fehlt, werden Aussagen entsprechend dieser Denkrichtung (dem sog. Spinozanischen System) automatisch akzeptiert (Spinoza 1677/1982, zitiert in Gilbert 1991, S. 108f).

Diese beiden Denkrichtungen werden von Gilbert (1991, S. 108f) anhand einer „Bibliotheksmetapher" verdeutlicht: Man stelle sich eine Bibliothek („Gehirn") mit einigen Millionen Ausgaben vor. Die Ausgaben sollen von einem Bibiothekar in fiktionale („nicht glaubhafte Informationen") und nicht-fiktionale („glaubhafte Informationen") Literatur unterteilt werden. Täglich gehen viele Hundert neue Bücher ein. Es gibt (mindestens) zwei Varianten, die Buchrücken so zu kennzeichnen, dass man später Fiktion von Non-Fiktion unterscheiden kann.

Bei der ersten Variante erreichen Bücher die Bibliothek und gelangen in eine Art „Warteraum", wo hinsichtlich ihrer Einordnung ein „neutraler Status" besteht („proposition in aequilibrio", Koslow und Beltramini 2002, S. 474). Ein Bibliothekar versieht die Bücher mit Markierungen.

Fiktionale Werke erhalten z.B. eine rote Markierung, nicht-fiktionale Werke erhalten eine grüne Markierung. Mit diesen Markierungen versehen, verlassen die Bücher den Warteraum und gelangen in die entsprechenden Bücherregale (vgl. Abb. 8). Diese Vorstellung von menschlicher Informationsverarbeitung entspricht dem Cartesianischen System. In diesem System ist auch die „bloße Existenz" von Informationen („Büchern") im Gehirn möglich, die noch nicht bewertet wurden („im Warteraum liegen"), da Repräsentation („Warteraum") und Akzeptanz („Markierungsvorgang") als getrennte Prozesse angesehen werden (vgl. Gilbert 1991, S. 108f).

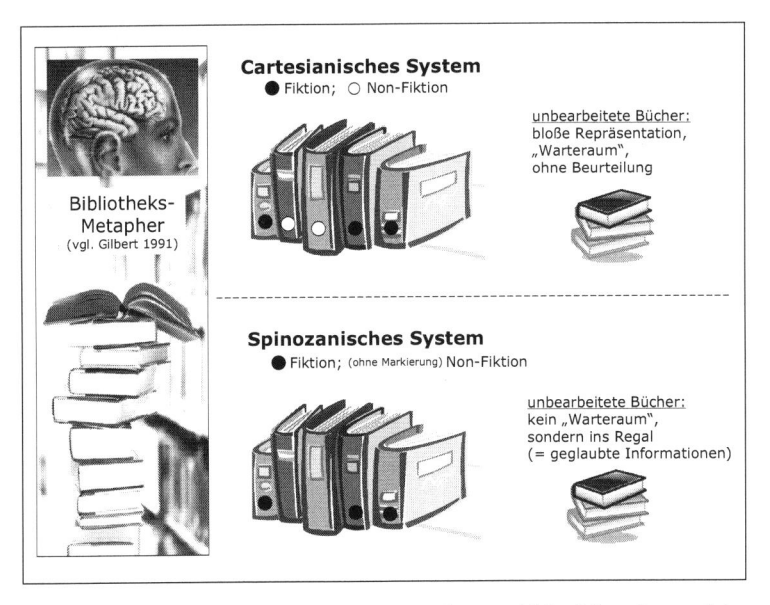

Abb. 8:   Graphische Darstellung der Bibliotheks-Metapher menschlicher Informationsverarbeitung
Quelle: Eigene Darstellung in Anlehnung an die Ausführungen Gilberts (1991)

Die zweite Variante verdeutlicht das Spinozanische System. Hier erreichen Bücher ebenfalls die Bibliothek, jedoch gibt es keinen Warteraum, sondern alle Bücher werden unmarkiert in die Regale gestellt. Der Bibliothekar prüft die Bücher, und nur wenn es ein fiktionales Werk ist, d.h. ein Werk, dessen Inhalte unglaubwürdig sind, versieht er es mit einer roten Markierung – als Zeichen der „Warnung". Ist es ein nicht-fiktionales Werk, erhält es keine Markierung. In diesem System erscheinen nicht bewertete Informationen („unbewertete Bücher") genauso („ohne Markierung") wie als wahr akzeptierte Informationen („als nicht-fiktionale Werke bewertete Bücher"). In diesem System stellt eine fehlende Markierung daher einen Hinweis auf Akzeptanz dar. Das heißt, dass keine Information „bloß im Gehirn existiert", sondern dass Informationen simultan zur Repräsentation akzeptiert werden. Mit anderen Worten: Informationen werden erst einmal geglaubt. Erst wenn das Individuum („der Bibliothekar") sich mit der Information beschäftigt („die Bücher genau prüft"), findet eine Bestätigung der vorher erfolgten Akzeptanz („weiterhin ohne Markierung") oder eine Revision der vorher erfolgten Akzeptanz statt (d.h. Ablehnung, „Markierung") (vgl. Gilbert 1991, S. 108f, vgl. Abb. 8).

Entscheidend ist dabei, dass das menschliche Informationsverarbeitungssystem oft unter Bedingungen abläuft, bei denen verschiedene Reize um die begrenzten Ressourcen konkurrieren (Stichwort: Arbeitsgedächtnis, vgl. Baddeley 1986, vgl. auch den Überblicksartikel von Buchner und Brandt 2008). In derart begrenzten Systemen kann Menschen die Motivation, die Fähigkeit oder die Möglichkeit fehlen (vgl. Robben und Poiesz 1997), sich mit Informationen intensiv zu beschäftigen. Informationsverarbeitung kann dadurch vorzeitig abbrechen und folglich mit „unfertigem Output" enden (vgl. Gilbert 1991, S. 109f). Im Cartesianischen System führt dies zu Informationen, die „nur" repräsentiert sind und für die keine Bewertungshinweise vorliegen – neutrale Informationen. Im Spinozanischen System führt dies dazu, dass der Überprüfungsschritt der Bestätigung/Ablehnung der vorab akzeptierten Information nicht getätigt wird (vgl. Gilbert 1991, S. 110). Dadurch werden auch Informationen akzeptiert, die unter anderen Verarbeitungsbedingungen vielleicht kritischer betrachtet worden wären.

Zur nahe liegenden Frage, welches dieser möglichen Systeme eher auf die menschliche Informationsverarbeitung zutrifft, führt Gilbert (1991, S. 110) die Vereinbarkeit des Spinozanischen Systems mit den Zwei-Prozess-Modellen der Einstellungsänderung (vgl. Abschnitt 4.2.1.1), Erkenntnisse der Linguistik sowie der Entwicklungspsychologie an. Diese Argumente sprechen insgesamt gesehen eher für die Spinozanische Denkrichtung. Danach ist Akzeptanz von Aussagen nicht einfach das Gegenteil von Ablehnung[37]. Stattdessen wird Akzeptanz von Bedeutungen als innewohnender[38], „voreingestellter" Prozess angesehen, der gleichzeitig mit der Repräsentation von Aussagen abläuft. Dagegen erfordert die Ablehnung von Aussagen zusätzliche kognitive Ressourcen und tritt nur ein, wenn das Individuum den Inhalt überdenkt und dann als falsch beurteilt. Im Fall knapper Ressourcen ergibt sich die Tendenz, Aussagen unkritisch zu glauben. Die Forschungsgruppe um Gilbert fand – allerdings zunächst mit nicht-fiktionalen Texten – auch empirische Hinweise für die Gültigkeit der Spinozanischen Perspektive. In verschiedenen Experi-

---

[37] Zur Annahme, dass Akzeptanz und Ablehnung keine bloßen Gegenteile sind: Wenn gleichzeitig mit der Repräsentation eine Beurteilung erfolgt, stehen zwei Beurteilungsausgänge zur Verfügung – Akzeptanz und Ablehnung. Ist *Akzeptanz ein leichterer Prozess* als Ablehnung und damit im Vorteil? Empirische Erkenntnisse der Linguistik zum Leseverstehen zeigen, dass wahr formulierte Sätze leichter zu verstehen sind (gemessen an der Beurteilungsschnelligkeit) als falsch formulierte Sätze. Ähnliche Ergebnisse gibt es zur Beurteilungsschnelligkeit von bejahenden vs. verneinenden Sätzen (vgl. Gilbert 1991, S. 113). Gilbert (1991) schlussfolgert aus diesen Erkenntnissen des Satzverstehens, dass Akzeptanz ein leichterer Prozess ist als Ablehnung.

[38] Zur Annahme, dass Akzeptanz eine „Voreinstellung", d.h. ein *innewohnender Prozess ist*: Empirische Erkenntnisse der Entwicklungspsychologie zeigen, dass sich die Fähigkeit des Zweifelns erst nach und nach entwickelt. Auch die Fähigkeit, Aussagen zu verneinen, ist eine der sprachlichen Fähigkeiten, die sich zuletzt entwickelt. Wären Akzeptanz und Ablehnung die zwei Seiten derselben Medaille, wie es das Cartesianische System vorschlägt, dann könnte man erwarten, dass Kinder beide dieser Fähigkeiten (Glauben und Zweifeln) zur selben Zeit und mit derselben Leichtigkeit erlernen. Die entwicklungspsychologischen Erkenntnisse weisen jedoch eher darauf hin, dass Kinder sich entsprechend des Spinozanischen Systems verhalten und neue Aussagen zunächst unkritisch hinnehmen (vgl. Gilbert 1991, S. 110f).

menten konnten Gilbert, Tafarodi und Malone (1993) zeigen, dass bei unzureichenden Verarbeitungsressourcen der Prozess des Überdenkens (und damit die Möglichkeit zur Ablehnung) einer Aussage abgebrochen wird. Wenn Probanden z.B. durch Ablenkung daran gehindert werden, wahrgenommene Aussagen zu überdenken (und damit abzulehnen), dann glauben sie den Aussagen, selbst wenn diese falsch sind, und die Probanden dies vorher auch wussten[39]. Dieses Ergebnis wird als Beleg für die Spinozanische Denkrichtung interpretiert (vgl. Gilbert, Tafarodi und Malone, S. 227). Damit kann Akzeptanz auch passiv, quasi unbewusst ablaufen, während Ablehnung stets ein aktiver Prozess ist (vgl. Gilbert, Tafarodi und Malone 1993, S. 222).

4.1.2.2 Kritische Würdigung des Spinozanischen Systems

Hinsichtlich der Verarbeitung fiktionaler Informationen ist man lange Zeit davon ausgegangen, dass Wissen aus fiktionalen Quellen und Wissen über die „Realiät" in getrennten Wissenssystemen im Gehirn gespeichert wird (vgl. zu dieser Diskussion Prentice und Gerrig 1999; Adams 1985). Bei diesen Überlegungen überwog die normative Ansicht, dass Menschen problemlos zwischen Fiktion und Realität unterscheiden könnten (vgl. Prentice und Gerrig 1999). Grundlage dafür waren die Annahmen des Cartesianischen Systems: Wenn Informationen zunächst bloß mental repräsentiert sein können und ihr Akzeptanzstatus bis zur kritischen Beschäftigung mit der Information auf „neutral" gesetzt ist, würde der Einfluss fiktionaler Informationen unwahrscheinlich sein. Andere Modelle berücksichtigten zwar die Möglichkeit der Kombination aus Informationen verschiedener Wissenssysteme, gingen jedoch weiterhin davon aus, dass Fakten und Fiktionen zunächst getrennt gespeichert würden (vgl. Winterhoff-Spurk 1989, S. 110ff mit der Annahme je eines Speichers für „personal-reale", „medial-reale" und „medial-fiktionale" Informationen). Auch das Konzept des „willing suspension of disbelief" geht davon aus, dass Menschen Fiktion zunächst anzweifeln und diesen Zweifel erst unterdrücken müssen, um fiktionale Medieninhalte genießen zu können. Dabei würden sie den Inhalt einer fiktionalen Geschichte während des Rezeptionsprozesses nicht hinterfragen, sondern sich darauf einlassen (vgl. Böcking 2008, S. 17f).

Den Annahmen des Spinozanischen Systems zufolge wird jedoch jede Information – unabhängig ob aus faktischen oder fiktionalen Quellen – zunächst geglaubt. Insofern liefert diese Denkrichtung die Grundlage für die Erklärung fiktionaler Einflüsse, die – obwohl sie beobachtet wurden – mit den vorherigen Modellen nicht erklärt werden konnten und damit als „mentale Defizite" be-

---

[39] Es stellt sich die Frage, warum sich Menschen nach dem Spinozanischen System verhalten, obwohl dieses so fehleranfällig zu sein scheint. Wenn sich Menschen auf Schritt und Tritt darüber Gedanken machen müssten, ob das, was ihnen begegnet, auch wahr ist, würde dies überlebenswichtige Entscheidungen behindern (vgl. Aronson, Wilson und Akert 2004, S. 87). „One might even argue that the savings of time and energy outweighs the intellectual deficits of inaccurate beliefs" (Gilbert 1991, S. 116). Es wird zudem davon ausgegangen, dass der Prozess des „Ich glaube, was ich sehe" deshalb „untrennbar zum Menschsein gehört" (Aronson, Wilson und Akert 2004, S. 87), weil Individuen Wahrnehmungen nicht anzweifeln müssen, da diese Wahrnehmungen *in den meisten Fällen* recht verlässliche Realitätsrepräsentationen sind (vgl. Gilbert 1991, S. 116).

trachtet wurden (vgl. Rothmund, Groeben und Schreier 2001a). Nach den Vorstellungen des Spinozanischen Systems basiert menschliche Erfahrung auf unvollständigen, subjektiv interpretierten Informationen, und in dieser Denkrichtung wird dies als „normaler" menschlicher Prozess angesehen (vgl. Prentice und Gerrig 1999). Statt eines willentlichen *Unterdrückens* des Zweifels gehen Gerrig (1993, S. 240) und Prentice, Gerrig und Bailis (1997, S. 417) davon aus, dass fiktionale Informationen im Sinne eines „willing *construction* of disbelief" verarbeitet werden. Hiermit ist gemeint, dass fiktionale Aussagen zunächst geglaubt und nur im Fall der Motivation „Zweifel konstruiert" werden (wie im Spinozanischen System angenommen).

Die von Gilbert (1991) übernommene Bibliotheksmetapher verleitet jedoch zu der Annahme, dass „richtige" Kategorisierungen vorgenommen werden können, sofern sich der Konsument ausreichend mit der Information beschäftigt. Hierzu sind drei Aspekte besonders zu betonen:

Glauben als subjektiver Prozess: Die Metapher (vgl. Gilbert 1991) bezieht sich auf Reize, für die eine eindeutige Einordnung in die Kategorien „richtig/glaubhaft" und „falsch/unglaubhaft" möglich ist. Die Ausführungen zum Konstruktivismus (vgl. Abschnitt 2.1.2) haben jedoch gezeigt, dass diese Einteilung auf *subjektivem* Erleben beruht und jeder Konsument eine andere Vorstellung von der Wirklichkeit haben kann. Selbst wenn perfekte Informationsverarbeitungsressourcen vorhanden *wären*, müssten die Akzeptanzeinschätzungen zweier Menschen nicht identisch sein. Um dennoch untersuchen zu können, ob menschliche Erfahrung auf dem Spinozanischen System basiert, wird in empirischen Studien die Einteilung in „richtig" oder „falsch" von außen, d.h. durch den Experimentalaufbau vorgegeben. Dabei wird den Probanden entweder explizit mitgeteilt, dass es sich um richtige oder falsche Informationen handelt (z.B. Gilbert, Tafarodi und Malone 1993) oder es handelt sich um Aussagen, deren Akzeptanz aufgrund wissenschaftlicher Erkenntnisse von den meisten Mitgliedern einer Gesellschaft geteilt wird (z.B. Prentice, Gerrig und Bailis 1997; Koslow und Beltramini 2002, vgl. Abschnitt 2.1.2).

Fiktionale Einflüsse trotz „richtiger" Kategorisierung: Aufgrund der Mediensozialisation sind erwachsene Konsumenten normalerweise in der Lage, die Kategorisierung *von ganzen Formaten*[40] (Romane, TV-Serien, Filmen vs. Nachrichten, Reportagen, Biographien) als fiktional vs. nicht-fiktional vorzunehmen (vgl. Prentice und Gerrig 1999, S. 529). Obwohl auch fiktionale Formate häufig reale Elemente enthalten (vgl. Abschnitt 2.1.1), führt das Medienwissen dazu,

---

[40] Manchmal sorgt jedoch die Rahmung des Medienprodukts dafür, dass Konsumenten die Fiktionalität nicht erkennen *können*: Fiktionen, die stilistisch wie non-fiktionale Formate (Dokumentationen, Reportagen) anmuten, sind ein Beispiel dafür. Bekannt geworden ist dieses Stilmittel durch den Kinofilm *The Blair Witch Project* (1999), eine sog. „Pseudo-Dokumentation" (Nickel-Bacon, Groeben und Schreier 2000, S. 267). Er zeigt die Suche dreier (fiktionaler) Film-Studenten nach der legendären „Blair Witch". In der fiktionalen Handlung zeichnen die Film-Studenten ihre Suche auf. Als der (echte) Kinofilm beworben wurde, wurde die Handlung als „Auftrag" der Filmstudenten dargestellt, die nie von ihrer Suche zurückgekehrt seien. Nur das Filmmaterial sei gefunden und geschnitten unter dem Titel „The Blair Witch Project" veröffentlicht worden. Diese Rahmung konnte demnach als Dokumentation missverstanden werden. Dass solche Missverständnisse auftraten, zeigt sich darin, dass Konsumenten selbst als Suchtrupps am Drehort nach den vermeintlich vermissten Studenten suchten (vgl. Schreier 2004, S. 306).

dass die Kategorisierung durch Hinweise erfolgt, die der Konsument bei dem Medienprodukt wahrnimmt, z.b. dessen Rahmung als Nachrichtensendung bzw. Spielfilm, Hinweise aus dem Titel (z.B. „Bericht aus Berlin" oder „Geisterjäger"), Beteiligung von Schauspielern etc. (vgl. Rothmund, Schreier und Groeben 2001b, S. 86ff). Empirische Studien zeigen jedoch, dass sich dennoch Einflüsse *einzelner fiktionaler Elemente* aus der Geschichte zeigen. Diese Einflüsse traten auf, selbst wenn Konsumenten wussten, dass es sich um erfundene Geschichten handelte (weil die Texte gekennzeichnet waren, „fact labeling vs. fiction labeling") (vgl. Prentice und Gerrig 1999). Aus Konsumentensicht betrachtet, schließt eine „richtige" Kategorisierung des Formats daher fiktionale Einflüsse nicht unbedingt aus. Gerade weil Konsumenten davon ausgehen, dass fiktionale Inhalte eine geringere Wirklichkeitsentsprechung haben als andere Medieninhalte, machen sie sich nicht die Mühe, die darin enthaltenen Informationen zu hinterfragen. Die geringe Erwartungshaltung an die Realitätsnähe hält die Motivation zur tiefer gehenden Verarbeitung gering (vgl. Schreier 2007, S. 9), was dazu führen könnte, dass *einzelne* fiktionale Elemente Nachwirkungen erzeugen.

Passive vs. aktive Fiktionskonsumenten: Selbst unter Bedingungen, in denen sich der Konsument intensiv mit den Informationen auseinandersetzt, könnten Informationen, die aus pragmatischer Sicht (vgl. Abschnitt 2.1.2) fiktionale Informationen sind, akzeptiert werden, weil der Konsument die Verarbeitungsressourcen für andere Aspekte als die Kategorisierung aufwendet. Beispielsweise könnten die Ressourcen für die mentale Vorstellung einer fiktionalen Welt oder für intensive emotionale Prozesse den fiktionalen Charakteren gegenüber verwendet werden, so dass sich der Konsument über den Aspekt der Einordnung in „Fakt" oder „Fiktion" keine Gedanken macht. Diese Unterscheidung führt zu zwei wesentlichen Ansätzen der Erklärung fiktionaler Einflüsse, die den Fiktions-Konsumenten jeweils aus unterschiedlichen Blickwinkeln betrachten.

- Menschen können nicht die Motivation aufweisen, sich genügend mit fiktionalen Informationen auseinanderzusetzen, sie lassen sich von den fiktionalen Geschehnissen „berieseln". Der Ansatz der unsystematischen Informationsverarbeitung berücksichtigt diesen eher passiven Fiktions-Konsumenten. Dies würde entsprechend dem Spinozanischen System dazu führen, dass fiktionale Einflüsse durch unvollständig durchdachte Informationen entstehen.

- Andererseits können Menschen durchaus engagiert und motiviert sein, sich mit den fiktionalen Informationen zu beschäftigen. Der Ansatz des Erlebens von „Transportation" berücksichtigt diesen engagierteren Fiktions-Konsumenten. Das aktive Hineinversetzen in die Handlung bindet Ressourcen, was wiederum zu einem geringer ausgeprägten kritischen Überdenken führt. Darüber hinaus werden weitere Ursachen für fiktionale Einflüsse in diesem Ansatz diskutiert.

Diese beiden Erklärungsmodelle sollen im Folgenden diskutiert werden.

4.2 Erklärungsmodelle fiktionaler Nachwirkungen

4.2.1 Fiktionale Nachwirkungen durch unsystematische Verarbeitung

4.2.1.1 Vereinbarkeit von inhärenter Akzeptanz und Modellen der Einstellungsänderung

Der Spinozanische Ansatz hat zwei grundsätzliche Implikationen, die im Zusammenhang mit den Modellen der Informationsverarbeitung und Einstellungsänderung diskutiert werden müssen. Er geht davon aus, dass Glauben an fiktionale Informationen eine „Voreinstellung" im Konsumenten ist (inhärente Akzeptanz) und nur dann durch ein Überdenken relativiert wird, wenn eine hohe Motivation zum Überdenken vorhanden ist.

- Daraus kann grundsätzlich abgeleitet werden, dass bei der Verarbeitung von (fiktionalen) Informationen zwischen einem Prozess mit geringer und einem Prozess mit stärkerer Motivation zum Überdenken unterschieden werden muss.

Diese Annahme findet sich in den sog. Zwei-Prozess-Modellen wieder. Dazu gehören das Elaboration-Likelihood-Modell der Persuasion (ELM) (Petty und Cacioppo 1984, 1986) sowie das Heuristisch-Systematische Modell der Persuasion (HSM) (Chaiken 1980; Chaiken, Liberman und Eagly 1989). Beide Modelle berücksichtigen hohe vs. geringe Motivation zur Informationsverarbeitung, die sich in der Unterscheidung zweier Pfade der Informationsverarbeitung niederschlägt (vgl. als Überblick Kroeber-Riel, Weinberg und Gröppel-Klein 2009, S. 256ff): Das ELM unterscheidet zwischen der zentralen Route (hohe Motivation, intensive gedankliche Informationsverarbeitung) und der peripheren Route (geringe Motivation, Nutzung beiläufiger Informationen zur Einstellungsbildung). Das HSM unterscheidet den systematischen Pfad (hohe Motivation, genaue Analyse der Informationen) und den heuristischen Pfad (geringe Motivation, Nutzung von Heuristiken zur Einstellungsbildung). Die im Rahmen des Spinozanischen Systems beschriebene Gleichzeitigkeit von Repräsentation und Akzeptanz von Informationen liefert für diese Modelle die Erklärung dafür, dass auch Informationen, über die nicht intensiv nachgedacht wurde, zu Einstellungsänderungen führen können.

- Aus dem Spinozanischen Ansatz lässt sich weiterhin schließen, dass es sich hierbei um eine Art „Korrekturmodell" (Gilbert 2002, S. 7) handelt, d.h. zunächst geglaubte Informationen werden bei hoher Motivation relativiert. Dies beinhaltet, dass sowohl Prozesse der weniger starken als auch der starken Informationsverarbeitung bei der Beurteilung *eines* Meinungsgegenstandes auftreten können.

Das HSM[41] berücksichtigt, dass sowohl unsystematische als auch systematische Prozesse für die Beurteilung *eines* Meinungsgegenstandes verwendet werden können (vgl. Chen und Chaiken 1999, S. 75). Eine für diese Arbeit wesentliche Wirkungshypothese[42], die Chen und Chaiken (1999, S. 75f) im HSM formuliert haben, ist die sog. Abschwächungshypothese. Die Abschwächungshypothese postuliert, dass sich im Falle widersprüchlicher Ergebnisse der heuristischen und systematischen Verarbeitung der Einfluss der heuristischen Verarbeitung auf die Einstellungsbildung abschwächt (vgl. Chen und Chaiken 1999, S. 76). Diese Hypothese geht konform mit dem oben dargestellten Korrektur-Modell beim Glauben von Aussagen. Sie besagt, dass die durch die unsystematische Verarbeitung gebildete Einstellung (im Falle hoher Motivation) durch ein nachfolgendes systematisches Überdenken korrigiert wird. Nach Ergebnissen von Maheswaran und Chaiken (1991, S. 23) findet dieser Prozess des Überdenkens insbesondere dann statt, wenn *Inkongruenz*situationen auftreten: Probanden, die die Experimentalreize unsystematisch verarbeitet hatten (hier: auf der Basis von Heuristiken), „wechselten" bei inkongruenten Reizen zur systematischen Verarbeitung. Kongruente Reize wurden dagegen unsystematisch verarbeitet. Der Aspekt der Kongruenz/Inkongruenz im Zusammenhang mit der erfolgenden bzw. nicht erfolgenden Korrektur von zunächst geglaubten Sachverhalten hat daher eine wesentliche Bedeutung für die Betrachtung fiktionaler Bedeutungen innerhalb dieser Arbeit.

4.2.1.2 Heuristiken als Erklärung für fiktionale Nachwirkungen

Heuristiken sind mentale Abkürzungen oder Faustregeln („mental short-cuts, or rules of thumb", Sunstein 2005, S. 531) und werden von Menschen genutzt, um Beurteilungsprozesse zu erleichtern. Die Basis für die Anwendung von Heuristiken besteht darin, dass Konsumenten nicht in jeder Beurteilungssituation eine extensive Suche nach Argumenten und Informationen im Gedächtnis durchführen, sondern nur solche Informationen nutzen, die subjektiv für die Beurteilung hinreichend erscheinen („sufficiency principle", Chen und Chaiken 1999, S. 77; Shrum 2002, S. 71). Dieser Aspekt steht eng in Verbindung mit Konzepten wie Motivation und Fähigkeit zur Informationsverarbeitung (vgl. Shrum 2002, S. 71) und lässt sich daher gut mit dem Spinozanischen System in Verbindung bringen.

---

[41] Die Literatur zur Erklärung fiktionaler Einflüsse stützt sich vorwiegend auf Heuristiken als unsystematische Wirkungsprozesse (vgl. Shrum 2004b). Heuristiken wiederum werden vorwiegend im HSM betrachtet, daher soll diesem Modell hier der Vorzug gegeben werden. In einer Beschreibung des ELM von Petty und Wegener (1999, S. 59) findet sich für das ELM ebenfalls die Berücksichtigung, dass sowohl Prozesse der weniger starken als auch der starken Informationsverarbeitung bei der Beurteilung *eines* Meinungsgegenstandes auftreten können Das Elaboration-Likelihood-Modell wird hier jedoch nicht betrachtet.

[42] Außerdem wird eine sog. Bias-Hypothese formuliert. Danach können zunächst aufgenommene und verarbeitete heuristische Informationen eine später erfolgende systematische Verarbeitung verzerren. Weiterhin wird eine sog. Additivitätshypothese genannt, nach der heuristische und systematische Prozesse unabhängig voneinander einen gleichgerichteten Einfluss auf die Einstellung ausüben (vgl. Chen und Chaiken 1999, S. 75). Beide Hypothesen werden hier nicht betrachtet.

Was passiert bei der Anwendung von Heuristiken? Menschen nutzen Heuristiken, um Beurteilungsprozesse zu erleichtern. Wenn sie mit einer Frage konfrontiert werden, die nicht so leicht zu beantworten ist, stellen sich Menschen anstelle dieser Frage eine andere, leichter zu beantwortende Frage. Dieser Prozess wird als „attribute substitution" (Kahneman und Frederick 2002, S. 53) bezeichnet und meint, dass die Beurteilung nicht auf den eigentlich relevanten Eigenschaften des Meinungsgegenstandes basiert, sondern auf einer leichter zu beurteilenden Eigenschaft.

Welchen Quellen entstammen Heuristiken? Chen und Chaiken (1999, S. 87ff) unterscheiden zwischen Heuristiken, die auf externen oder internen Quellen beruhen. In ähnlicher Weise unterscheiden Kahneman und Frederick (2002, S. 54f) in solche Heuristiken, die gelernt werden müssen und solchen, die ohne einen Lernprozess zugänglich sind, weil sie nicht auf Wissen, sondern auf Erlebensprozessen basieren. Zusammengefasst ergibt dies die folgende Differenzierung:

- Externe Heuristiken sind solche, die im Zusammenhang mit *Eigenschaften des Reizes* entstehen. Hier trägt der zu beurteilende Reiz eine Eigenschaft, die in Verbindung mit einer gelernten und im Wissen gespeicherten Beurteilungsregel steht (vgl. Chen und Chaiken 1999, S. 74). Experten rufen bspw. die Heuristik „Dem Urteil von Experten kann man vertrauen" hervor, ein Foto kann die Heuristik „Bilder lügen nicht" auslösen. Dieses Wissen kann durch kurzfristige Reize gelernt werden (z.B. durch Priming) oder durch vielfache Wiederholungen Eingang in das langfristige Wissen erlangen (vgl. Kahneman und Frederick 2002, S. 55).

- Dagegen sind interne Heuristiken solche, die auf der Basis des (inneren) *Erlebens eines Reizes* entstehen (vgl. Chen und Chaiken 1999, S. 87). Dazu gehören z.B. Stimmung, Ähnlichkeit, Leichtigkeit des Abrufs aus dem Gedächtnis (vgl. Kahneman und Frederick 2002, S. 55). Wenn ein Reiz z.B. eine bestimmte Stimmung erzeugt, kann diese Stimmung selbst als Heuristik dienen („How-Do-I-Feel-About-It"-Heuristik, vgl. Schwarz 2002). Die Ähnlichkeit eines Reizes zu einem schon bekannten Reiz kann dazu führen, dass diese Bekanntheit umgedeutet wird („das habe ich schon gehört, das muss stimmen"). Die Leichtigkeit, mit der eine Information aus dem Gedächtnis abgerufen werden kann, kann ebenso als Heuristik für die Beurteilung des Reizes dienen („das kommt mir leicht in den Sinn – es muss ein schlüssiges Argument sein"). Im Gegensatz zu externen Heuristiken müssen interne Heuristiken nicht gelernt werden. Stattdessen können diese Erlebensprozesse durch Priming ausgelöst werden (vgl. Kahneman und Frederick 2002, S. 55, 58).

Sind Heuristiken bewusste Prozesse? Auch wenn die genannten Beispiele klingen, als würde der Konsument sich stets über die Wirkung der Heuristik im Klaren sein (z.B. „das kommt mir leicht in den Sinn – es muss ein schlüssiges Argument sein"), können sowohl die externen als auch die internen Heuristiken bewusst oder unbewusst vom Konsumenten eingesetzt werden.

In diesem Zusammenhang stellt sich die Frage nach der Charakterisierung von Bewusstheit und Unbewusstheit[43]. Wenn bereits die Wahrnehmung des Stimulus unbewusst erfolgt („preconscious processes", Bargh 1992b, S. 188), bleibt auch der nachfolgende, durch den Reiz ausgelöste Wirkungsprozess ein unbewusster Prozess (vgl. Chartrand und Jefferis 2004, S. 854). Für die Unbewusstheit mentaler Ereignisse ist nach Bargh (1992a, S. 240) jedoch weniger bedeutend, ob der Stimulus selbst unbewusst wahrgenommen wird. Das bedeutet, dass auch Reize, auf die Konsumenten ihre Aufmerksamkeit richten, gewisse Folgewirkungen auslösen, die sich der Konsument nicht bewusst macht/machen kann („postconscious processes", Bargh 1992b, S. 190). Hier laufen Prozesse im Gehirn ab oder es laufen Prozesse im Gehirn weiter, ohne dass der Konsument auf diese Prozesse aufmerksam wird (vgl. Bargh 1992a, S. 240, Chartrand und Jefferis 2004, S. 854). Hier bleibt unbewusst, auf welche Art und Weise die *Interpretation* des Stimulus zustande gekommen ist und Einfluss auf nachfolgende Beurteilungen und Verhaltensentscheidungen nimmt[44]. Im Zusammenhang mit dem HSM betrifft dies den bewussten oder unbewussten Einsatz von Heuristiken (vgl. Chen und Chaiken 1999, S. 87).

Von bewusster Nutzung von Heuristiken spricht man dann, wenn Konsumenten die erzeugte Heuristik als relevante Informationen für die Entscheidungsbildung wahrnehmen, sich bewusst auf die Anwendung dieser Heuristik beschränken und keine weitergehende systematische Analyse durchführen (vgl. Chen und Chaiken 1999, S. 86). Dies trifft häufig für die externen Heuristiken zu, da diese sich auf äußere, gut wahrnehmbare Reizeigenschaften beziehen. Chen und Chaiken (1999, S. 87) merken an, dass die Nutzung interner Heuristiken dagegen in den meisten Fällen unbewusste Prozesse darstellen. Hier ist sich der Konsument oft der Erlebnisausprägungen selbst, die die Heuristik hervorrufen, gar nicht bewusst, d.h. bemerkt nicht, dass der Reiz in ihm eine bestimmte Stimmung erzeugt hat, bekannt ist oder leicht abgerufen werden konnte. Zudem macht sich der Konsument oft nicht klar, dass Erlebnisse wie Stimmung, Bekanntheit oder Leichtigkeit des Abrufs von Informationen *überhaupt* einen Einfluss auf seine Beurteilung nehmen können. In der Folge bleibt auch die Nutzung der entsprechenden Heuristik unbewusst und kann missattribuiert werden. Missattribution kommt dadurch zustande, dass die Gründe für Beurteilung fehlgedeutet werden. Zum Beispiel kann die Tatsache, dass etwas leicht in den Sinn kommt, unbewusst als Vertrautheit empfunden werden, die sich in positiven Beurteilungen niederschlägt (vgl. Bargh 1992a, S. 242f).

---

[43] Unbewusstheit hat nach Bargh (1994) die vier Dimensionen „awareness", „intention", „efficiency" und „control". Viele Modelle fokussieren dabei auf die Dimension „awareness" (vgl. Chen und Chaiken 1999, S. 86). Dies soll hier übernommen werden. Im Folgenden sollen nur solche Reize betrachtet werden, bei denen Konsumenten die Möglichkeit zur bewussten Wahrnehmung haben (sog. „supraliminale Reize", Chartrand und Jefferis 2004, S. 854), da dies der Wahrnehmung von Medieninhalten entspricht. Subliminale Reize in Medieninhalten sind in Deutschland verboten.

[44] „Awareness of the stimulus event itself is not so important as awareness of the way that stimulus is interpreted and classified and awareness of its influence on subsequent judgments and behavioural decisions" (Bargh 1992a, S. 240).

Welche speziellen Heuristiken sind für fiktionale Nachwirkungen von Bedeutung? Die **Repräsentativitätsheuristik** (vgl. Kahneman und Tversky 1972, 1973) beschreibt, wie Konsumenten Ordnungen zwischen Wahrnehmungsobjekten vornehmen. Objekte werden auf der Basis ihrer salienten Eigenschaften bestimmten Kategorien zugeordnet. Dabei wird von der Ähnlichkeit zwischen dem Objekt und einem als typisch erachteten Vertreter (Repräsentant) der Kategorie auf die Zugehörigkeit des Objektes zu der Kategorie geschlossen (vgl. Gilovich und Savitsky 2002, S. 618). Oberflächliche Eigenschaften (Ähnlichkeit) werden verwendet, um auf tiefer gehende Eigenschaften (Bedeutungen) zu schließen. Beispielsweise wird vom Äußeren einer Person oder vom Wissen um deren Hobbies und Interessen darauf geschlossen, welchem Beruf diese Person nachgeht (vgl. Kahneman und Frederick 2002, S. 60ff). In Fiktionen wird dies genutzt, um das Verständnis der Geschichte zu erhöhen (prototypisches Verhalten von Figuren), aber auch um zum Nachdenken anzuregen (wenn z.b. eine bereits kategorisierte Person plötzlich in einem anderen Licht erscheint und offenbar wird, dass die erste Kategorisierung unzutreffend war) (vgl. Taylor und Tröhler 1999, S. 147; Keppler 1995, S. 89).

Auch nach der Rezeption spielen Heuristiken eine wesentliche Rolle. Konsumenten führen bei der Bewertung sozialer Stimuli nicht immer eine bewusste und aufwendige Suche nach Informationen durch, sondern nutzen im Gedächtnis *verfügbare* Informationen. Dies wird durch die **Verfügbarkeitsheuristik** („availability heuristic", Tversky und Kahneman 1973) beschrieben. Medien, insbesondere das Fernsehen und dort bestimmte häufig gesehene Fernsehbilder machen Informationen verfügbar. Dies können auch solche Reize und Informationen sein, mit denen der Konsument ohne den Medieninhalt (d.h. im „realen Leben") gar nicht in Kontakt gekommen wäre. In Situationen, in denen der Konsument Beurteilungen vornehmen muss, kann er die durch die Medien verfügbar gemachten Informationen nutzen (vgl. Shrum, Wyer und O´Guinn 1998, S. 448f).

Darüber hinaus nutzen Konsumenten nicht alle verfügbaren Informationen, sondern nur solche, die unter den im Gedächtnis verfügbaren Informationen besonders leicht zugänglich sind. Die **Zugänglichkeitsheuristik** („accessibility heuristic", Shrum 2002, S. 72) geht davon aus, dass die Information, die am schnellsten und am leichtesten in den Sinn kommt, die Information ist, die für die spätere Beurteilung genutzt wird. Dieses Prinzip macht man sich in Priming-Experimenten zunutze (auf den Begriff des Priming wurde bereits in Abschnitt 3.1.4 eingegangen). Übertragen auf den Medienbereich bezieht sich Priming auf Wirkungen des Medieninhalts als Bahnungsreiz auf spätere Wahrnehmung, Einstellungen und Verhalten von Konsumenten zu einem in dem Medieninhalt besprochenen Thema (Zielreiz) (vgl. Roskos-Ewoldsen, Roskos-Ewoldsen und Carpentier 2002, S. 97). Wenn fiktionale Bedeutungen leicht zugänglich sind, können sie zur Beurteilung von Objekten herangezogen werden, die außerhalb der Fiktion präsentiert werden.

4.2.1.3 Erklärung fiktionaler Nachwirkungen in der Kultivierungstheorie

Die sog. Kultivierungstheorie (vgl. Gerbner et al. 1977) nimmt an, dass die im Fernsehen dargestellte Welt sich in bestimmten Aspekten von der außerhalb des Fernsehens erlebbaren Welt unterscheidet. Inhaltsanalysen zeigen, dass Geschehnisse im TV häufig übertrieben, verzerrt oder idealisiert dargestellt werden. So sind Themen wie Gewalt und Verbrechen, im Vergleich zu ihrem realen Auftreten, im Fernsehen überrepräsentiert (vgl. Gerbner et al. 2002, S. 52). Weibliche „body images" sind in TV-Serien (vgl. Silverstein et al. 1986; Fouts und Burggraf 1999) im Vergleich zur realen Welt verzerrt dargestellt, indem sehr dünne Frauen über- und sehr dicke Frauen unterrepräsentiert sind. Diese Verzerrung/Übertreibung/Idealisierung von Geschehnissen kann als Botschaft zweiter Ebene, als sog. „Meta-Botschaft" (Appel 2008a, S. 63) bezeichnet werden. Gewaltdarstellungen bilden z.b. die Meta-Botschaft einer „beängstigenden Welt". Die Bevorzugung bestimmter Körpermaße erzeugt die Meta-Botschaft, dass bestimmte Schönheitsideale Gültigkeit hätten. Die Kultivierungshypothese besagt, dass häufiger Medienkonsum (sog. „Vielseher" im Vergleich zu „Wenigsehern") dazu führt, dass Konsumenten um so mehr glauben, die reale Welt sei so wie die medial dargestellte Welt. Insgesamt betrachtet, untersucht die Kultivierungstheorie daher den Einfluss des Fernsehens auf Wissensstrukturen und Denkweisen über die außermediale Welt. Nach Scholz (2006, S. 56) lässt sich dies auch bezeichnen als „Medien[botschaften] schaffen kulturelle Werte".

Die Messung von Kultivierungseffekten erfolgt auf zwei Stufen (vgl. Shrum 2004b, S. 328). Zum einen wird die Einschätzung von demographischen Maßen durch Probanden (z.B. Bevölkerungsanteile bestimmter Berufsgruppen, Anzahl an Gewaltverbrechen usw.) erhoben und mit vorliegenden statistischen (quasi objektiven) Daten verglichen (sog. Kultivierungseffekt erster Ordnung, vgl. Shrum 2004b, S. 328). Zum anderen wird untersucht, ob eine Übernahme der medialen Informationen in die *eigene* reale Welt des Konsumenten erfolgt, d.h. inwieweit Konsumenten eigene Einstellungen, Denk- und Verhaltensmuster ändern (sog. Kultivierungseffekt zweiter Ordnung, vgl. Shrum 2004b, S. 329).

Die Kultivierungsforschung hat zahlreiche empirische Studien hervorgebracht, deren Ergebnisse über verschiedene Studien hinweg jedoch nicht immer einheitlich sind (vgl. Appel 2008a, S. 72). In der Folge wurde die Kultivierungstheorie scharf kritisiert. Theoretische und empirische Arbeiten, die sich der Weiterentwicklung der Theorie verschrieben haben, diskutieren verschiedene Ursachen für die Uneinheitlichkeit der Befunde. Im Zusammenhang mit dieser Arbeit sind folgenden Aspekte relevant[45]: Berücksichtigung genre-spezifischer Effekte, theoretische Fundierung der zugrunde liegenden Prozesse, Kausalität.

---

[45] Daneben werden weitere Aspekte an Kultivierungsstudien diskutiert, z.B. die Messung des Ausmaßes des TV-Konsums als unabhängige Variable, der Einfluss von Drittvariablen oder die Größe der Effekte (vgl. dazu Shrum, Burroughs und Rindfleisch 2004, S. 179f).

Gesamt-TV-Konsum vs. genre-spezifische Effekte: Ein Grund für Inkonsistenzen zwischen den Ergebnissen verschiedener Kultivierungsstudien könnte sein, dass der Begriff „medial dargestellte Welt" traditionell das gesamte Fernsehprogramm umfasst („master text", Gerbner et al. 2002, S. 48). Je nach Stichprobe können die aufgenommenen Inhalte des Gesamtfernsehkonsums jedoch stark variieren[46]. Während frühere Kultivierungsstudien vorwiegend das Ausmaß des allgemeinen TV-Konsums als Einflussgröße betrachteten, berücksichtigen aktuelle Studien auch inhaltsspezifische (meist genre-spezifische) Effekte (vgl. Appel 2008a; Chory-Assad und Tamborini 2003; Segrin und Nabi 2002). Dabei werden unterschiedliche Zusammenhänge für unterschiedliche Programmformate angenommen und getestet (vgl. Appel 2008a, S. 76). Für die vorliegende Arbeit hat dies den Vorteil, dass sich darunter auch Studien finden lassen, die explizit die Wirkungen *fiktionaler* Medieninhalte untersuchen.

So konnte Appel (2008a) bspw. zeigen, dass die Gesamtdauer des TV-Konsums positiv mit den Vorstellungen von einer beängstigenden Welt korreliert (sog. „mean and scary world"), während die Häufigkeit der Nutzung fiktionaler Fernsehinhalte positiv mit dem Glauben an eine gerechte Welt (sog. „just world", in der jeder bekommt, was er verdient) korreliert. Begründet wird dies damit, dass die meisten fiktionalen Erzählungen die Welt als einen gerechten Ort mit Happy End darstellen, weil sie traditionell auf einer narrativen Struktur mit Problem und Problem*lösung* basieren und weil Konsumenten aufgrund des zugrunde liegenden Unterhaltungsmotivs ein gerechtes Ende erwarten und andernfalls frustriert wären (vgl. Appel 2008a, S. 64). Aus der Häufigkeit der Konfrontation mit derartiger „Gerechtigkeit" in fiktionalen Welten resultiert die Wahrnehmung der realen Welt als gerecht.

Segrin und Nabi (2002) untersuchten die Wirkungen des TV-Konsums auf Erwartungen von Konsumenten an die Ehe. Auch sie unterscheiden in den Gesamt-TV-Konsum und den Konsum fiktionaler Formate (und beschränken sich hier weiter auf Genres, in denen Romantik vermittelt wird, z.B. Romantik-Komödien). Grundlage ihrer Studie ist die Annahme, dass besonders fiktionale Medieninhalte idealistische Bilder darüber liefern, wie Ehen sein sollten: „portrayals that include (…) a great deal of romance, physical intimacy, passion, celebration, happiness, "love at first sight", physical beauty, empathy, and open communication (…) [and] at the same time (…) exclude or minimize conflict and mundane marital behaviors" (Segrin und Nabi 2002, S. 249). Die Ergebnisse zeigen, dass die Häufigkeit des Konsums fiktionaler Formate signifikant mit idealisierten Vorstellungen über die Ehe zusammenhängt, das Ausmaß des Gesamt-TV-Konsum jedoch nicht. Eine Studie von Shrum (1999) berichtet dagegen von einem negativen Einfluss des

---

[46] Zur Zeit der Aufstellung der Kultivierungshypothese durch Gerbner et al. (1977) gab es nur wenige TV-Sender, so dass Zuschauer ein recht einheitliches Fernsehbild hatten. Mit der Zunahme der Anzahl an TV-Kanälen und insbesondere durch deren Differenzierung in Spartenkanäle sowie durch die Möglichkeit des schnellen Umschaltens mit Fernbedienungen unterscheiden sich TV-Zuschauer in den aufgenommenen Inhalten heute sehr viel mehr als früher. Es ist daher nicht die Zeitdauer des TV-Konsums allein, sondern auch die Art der Inhalte, die als unabhängige Variable für Kultivierungseffekte herangezogen werden sollte (vgl. Rossmann und Brosius 2004, S. 382).

TV-Konsums auf Erwartungen an die Ehe. Hier wurde der fiktionale Medienkonsum durch den Konsum von Seifenopern operationalisiert. Vielseher von Seifenopern gaben signifikant häufiger als Wenigseher die Erwartung an, in einer späteren eigenen Ehe Eheprobleme zu bekommen. Dieses im Vergleich zur Studie von Segrin und Nabi (2002) widersprüchliche Ergebnis lässt sich damit begründen, dass in Seifenopern aufgrund der oft jahrelangen Fortschreibung der Geschichte irgendwann jedem Paar Eheprobleme „zugeschrieben" werden. Offenbar muss noch einmal innerhalb fiktionaler Formate differenziert werden.

Fiktionale Medieninhalte enthalten oft zahlreiche Hinweise auf (nicht markierte) Produkte und Dienstleistungen, die von den fiktionalen Charakteren konsumiert werden. Insbesondere in Seifenopern beziehen sich die Handlungen oft auf sehr vermögende Charaktere (vgl. O'Guinn und Shrum 1997). Einige Studien beschäftigen sich mit der Wirkung solcher medialen materiellen Reize auf die Einschätzung von Konsumenten bzgl. des Auftretens dieser materiellen Reize in der Realität. O'Guinn und Shrum (1997) zeigten, dass Vielseher von Seifenopern das Ausmaß an Besitzern von Produkten wie Swimming Pools oder Luxusautos in der amerikanischen Bevölkerung signifikant höher einschätzen als Wenigseher von Seifenopern. Shrum, Burroughs und Rindfleisch (2005) zeigten zudem, dass häufiger TV-Konsum auch die persönlichen materialistischen Wertevorstellungen von Konsumenten beeinflusst.

Theoretische Fundierung der zugrunde liegenden Prozesse: Aufgrund von Kritik (z.B. Hawkins und Pingree 1990) an der fehlenden theoretischen Fundierung der älteren Studien, beschäftigen sich aktuellere Arbeiten, besonders die der Forschungsgruppe um Shrum (z.B. O'Guinn und Shrum 1997; Shrum, Wyer und O'Guinn 1998), mit den zugrunde liegenden Prozessen und betonen die Wichtigkeit von Heuristiken bei der Erklärung von Kultivierungseffekten. Hier ist insbesondere die Verfügbarkeitsheuristik relevant. Sollen Konsumenten bspw. die Häufigkeit von Swimming Pool-Besitzern in den USA angeben, so haben sie die konkrete Antwort in der Regel nicht im Gedächtnis gespeichert, sondern müssen eine Schätzung vornehmen. In diesem Fall verlassen sie sich auf Informationen, die im Gedächtnis verfügbar sind. Diese Verfügbarkeit wird durch einen hohen TV-Konsum beeinflusst, d.h. viele Informationen nimmt der Konsument erst durch den TV-Konsum auf. Vielseher haben dadurch andere Informationen verfügbar als Wenigseher.

Neben der Verfügbarkeit spielt es auch eine Rolle, wie leicht die verfügbaren Informationen aus dem Gedächtnis abgerufen werden können – die Zugänglichkeitsheuristik[47]. Die Leichtigkeit des Abrufs von Informationen wird durch eine Reihe von Faktoren bestimmt: Je häufiger Konsumen-

---

[47] Man unterscheidet zwischen Verfügbarkeit (availability) und Zugänglichkeit (accessibility). Verfügbarkeit ist die Fähigkeit, Information zu erinnern: Information ist entweder verfügbar oder nicht verfügbar. Zugänglichkeit bezieht sich darauf, wie schnell verfügbare Informationen erinnert werden können. Wenn Informationen verfügbar sind, können sie leichter oder schwerer zugänglich sein als andere verfügbare Informationen (vgl. Higgins 1996, S. 134; Busselle 2001, S. 62).

ten bestimmten Informationen ausgesetzt sind („frequency"), desto eher sind diese Informationen zugänglich; dies spiegelt sich in der Kultivierungshypothese wider, die zwischen Vielsehern (häufiger TV-Konsum) und Wenigsehern unterscheidet (vgl. Shrum 2002, S. 80). Zudem sind erst kürzlich aufgenommene Informationen („recency") leichter zugänglich als Informationen, die vor längerer Zeit aufgenommen wurden. Bei Vielsehern liegt der letzte Kontakt mit dem Medieninhalt in der Regel weniger lange zurück als bei Wenigsehern. Je lebendiger und anschaulicher Ereignisse dargestellt werden („vividness"), desto eher sind diese Informationen zugänglich. Dieser Aspekt spiegelt sich in der Kultivierungshypothese dahingehend wider, als dass häufiger Fernsehkonsum dazu führt, dass auch solche Informationen leicht zugänglich sind, die im TV präsent, im Alltag jedoch selten anzutreffen sind (vgl. Appel 2008b, S. 326) bzw. durch dramatische Effekte im Fernsehen lebendiger dargestellt werden als sie im realen Leben erscheinen würden (vgl. Shrum 2002, S. 73). Bei Vielsehern sind die im Fernsehen in ihrer Häufigkeit verzerrt dargestellten Aspekte daher eher verfügbar und eher zugänglich als bei Wenigsehern. Je einfacher der Abruf, desto höher fällt die Schätzung aus, da der Konsument die Leichtigkeit des Abrufs als Zeichen höherer Verbreitung missattribuiert (vgl. Shrum, Burroughs und Rindfleisch 2004, S. 184). Im Ergebnis überschätzen Vielseher diese Aspekte hinsichtlich ihres Auftretens in der Realität.

Dieser Zugänglichkeitseffekt stellt sich sowohl für die Beurteilung von Häufigkeiten und Wahrscheinlichkeiten, für die Bildung von Einstellungen als auch für die Beurteilung von Personen ein (vgl. Shrum 2002, S. 74). Leicht zugängliche Elemente leiten die jeweilige Beurteilung, die Zugänglichkeit ist demnach ein Mediator für den Kultivierungseffekt. In der schon erwähnten Studie von O'Guinn und Shrum (1997, „Seifenopern und Swimming Pools"), wurde anhand von Reaktionszeitmessungen gezeigt, dass dieser Kultivierungseffekt auf einem Zugänglichkeitseffekt beruht.

Eine Studie von Busselle (2001) zeigt die Mediatorbeziehung auf: Wenn allen Personen Beispiele in gleichem Maße zugänglich gemacht werden, verschwindet der Zusammenhang zwischen Mediennutzung und tendenziösen Weltbild. Dazu wurden zwei Probandengruppen gebeten, die statistischen Häufigkeiten für z.B. Schießereien und außereheliche Affären zu schätzen (wie im gängigen Kultivierungsparadigma). Eine dieser Probandengruppen wurde zuvor jedoch gebeten, sich Beispiele für Schießereien und außereheliche Affären zu überlegen, egal ob aus der medialen oder realen Welt. Damit wurde in dieser Probandengruppe, die sowohl aus Viel- als auch aus Wenigsehern bestand, unabhängig vom TV-Konsum die Zugänglichkeit für Beispiele erhöht. Die andere Probandengruppe sollte erst die Auftretenshäufigkeiten in der realen Welt einschätzen und danach passende Beispiele nennen. Die Ergebnisse zeigen, dass der Kultivierungseffekt ausbleibt, wenn auch Wenigseher eine leichte Zugänglichkeit durch vorheriges Überlegen von Beispielen aufweisen (vgl. Busselle 2001, S. 55).

Die Ergebnisse von Busselle (2001) lassen auch die Erklärung zu, dass durch die Beispielsuche in der einen Probandengruppe eine sorgfältige Verarbeitung unterstützt wurde. Dadurch führt diese

Gruppe anschließend keine unsystematische, auf der Zugänglichkeitsheuristik basierende Beurteilung durch, sondern eine systematische Beurteilung, bei der Erinnerungen aus der Fernsehwelt für die Häufigkeitsschätzung „aussortiert" werden (vgl. Busselle 2001, S. 60; Appel 2008b, S. 327). Beide Erklärungen gehen einher mit den schon beschriebenen „Zwei-Prozess"-Modellen. In diesem Zusammenhang stellt Shrum (2002, S. 87f) daher ein „heuristic processing model of television effects" auf, das dem Pfad-Modell des HSM nachempfunden ist.

Kausalität: Kultivierungsstudien sind in der Regel keine experimentellen Studien; das Ausmaß des (genre-spezifischen) TV-Konsums, Häufigkeitsschätzungen bzw. Einstellungsangaben werden gemessen und in Beziehung zueinander gesetzt. In der Folge ist anfechtbar, ob der TV-Konsum tatsächlich die unabhängige Variable und die Häufigkeitsschätzung bzw. Einstellungsangabe tatsächlich die abhängige Variable bilden. Ergebnisse für Effekte fiktionaler Medieninhalte können daher jeweils in beiden Richtungen plausibel interpretiert werden: Die Wahrnehmung der Welt als „mean und scary" kann daher rühren, dass Konsumenten mit vielen schaurigen Medieninhalten in Berührung kommen und sie auf die reale Welt verallgemeinern (Kultivierungshypothese: TV-Konsum als uV → scary world-Einstellung als aV). Andererseits kann es sein, dass solche Konsumenten, die die Welt als angsterregend erleben (uV), mehr zu Hause bleiben und wegen der dort mehr verbrachten Zeit auch mehr fernsehen (TV-Konsum als aV) (vgl. van den Bulck 2004). Die Kausalität der Beziehung ist demnach in Frage gestellt.

Um auch kausale Schlüsse ziehen zu können[48], führen einige Kultivierungsstudien (z.B. Dixon und Maddox 2005; Shrum, Burroughs und Rindfleisch 2005) experimentelle Studien durch, in denen sie sich zunutze machen, dass sowohl der Kultivierungseffekt als auch Priming-Effekte auf der Zugänglichkeit als Wirkmechanismus basieren. Der TV-Konsum wird hier nicht erfragt, sondern durch Priming manipuliert. Die Nutzung von (Priming-)Experimenten hat allerdings den Nachteil, dass in ihrem Rahmen nur recht kurze Ausschnitte des TV-Programms präsentiert werden können, so dass die Langfristigkeit der Kultivierungseffekte (kumulative Aufnahme von Medienreizen) damit nicht erfasst werden kann (vgl. Shrum, Burroughs und Rindfleisch 2004, S. 180; Rossmann und Brosius 2004, S. 383). Die ursprüngliche Variable „Vielseher vs. Wenigseher" wird verändert zu „Seher vs. Nicht-Seher", was einem anderen Kultivierungsverständnis als dem traditionellen entspricht. Der Priming-Ansatz ist daher vor allem in der Lage, die psychologischen Prozesse des Kultivierungsphänomens zu belegen (vgl. Rossmann und Brosius 2004, S. 384f), die Langfristigkeit der Effekte bleibt zunächst fraglich[49].

---

[48] Rossmann und Brosius (2004) nennen weitere methodische Möglichkeiten, das Kausalitätsproblem in Kultivierungsstudien zu beheben, z.B. sequentielle Experimente (mehrmaliges Priming), soziale Experimente (z.B. durch Ländervergleiche) oder Zeitreihenanalysen. Alle Varianten haben jeweils eigene Vor- und Nachteile.

[49] Erste Studien (vgl. Appel und Richter 2007) zeigen jedoch, dass Priming-Effekte unter bestimmten Voraussetzungen auch langfristig bestehen bleiben. Transportation (vgl. Abschnitt 4.2.2) und Quellenvergessen können solche Voraussetzungen darstellen. Die Langfristigkeit derartiger Effekt wird hier nicht untersucht, vgl. dazu auch die Anmerkungen in Abschnitt 8.2.2.

4.2.2 Fiktionale Nachwirkungen durch Hineinversetzen in fiktionale Welten

Die Anwendung der Informationsverarbeitungsmodelle auf die Verarbeitung fiktionaler Informationen basiert auf einem Verständnis von Konsumenten als passive „Hinnehmer" von Fiktionen. Der zweite Erklärungsansatz, der in der Literatur hinsichtlich fiktionaler Nachwirkungen diskutiert wird, geht jedoch von einem anderen Verständnis des Fiktions-Konsumenten aus und fokussiert auf die aktive Rolle und Partizipation des Konsumenten beim Erleben fiktionaler Welten (vgl. Prentice und Gerrig 1999, S. 543). Nach diesem Verständnis konstruieren Konsumenten die fiktionale Welt über verschiedene Wege: Zum Beispiel stellen sie sich die geschilderten Ereignisse mental vor („imagery"), sie ergänzen fehlende Information durch eigene Ideen und Phantasie, sie „erwecken" Charaktere durch komplexe kognitive und emotionale Prozesse zum Leben (Identifikation, Empathie, etc.). Ein besonderes Augenmerk liegt dabei auf dem Hineinversetzen in fiktionale Welten – ein Prozess, der als „Transportation" (Green und Brock 2000) bezeichnet wird.

Nach Green (2004, S. 247) ist „Transportation" ein Schlüsselmechanismus narrativer Wirkungen und beschreibt „a convergent process, where all mental systems and capacities become focused on events occuring in the narrative" (Green und Brock 2000, S. 701). Transportation ist demnach ein Aufmerksamkeitsprozess, geht jedoch darüber hinaus und beinhaltet – was der Bezug zu „Transport" andeutet – zusätzlich den mentalen Prozess des sich Hineinversetzens in die Geschichte, verbunden mit dem Empfinden, „sich in der Geschichte zu verlieren" (vgl. Nell 1988). Teile der „realen Welt" des Lesers verlieren (für eine gewisse Zeit) an Bedeutung. Damit ist sowohl die physische Distanz (man bemerkt z.B. nicht, was um einen herum gerade passiert) als auch die psychische Distanz zur Realität gemeint. Letzteres beschreibt, dass der Leser Wissen über die eigene reale Welt hinten anstellt und sich auf die Ereignisse in der Geschichte einlässt (vgl. Green und Brock 2000, S. 702).

Ein starkes mentales Hineinversetzen in eine Geschichte geht einher mit einer starken mentalen Repräsentation der fiktionalen Elemente und Geschehnisse (vgl. Green, Garst und Brock 2004, S. 168), d.h. mit einem detaillierten mentalen Situationsmodell von der Geschichte. Wenn Konsumenten später Elemente beurteilen sollen, die (so oder ähnlich) in der Geschichte vorkamen, sind die Elemente aus dem Situationsmodell zugänglich und werden als Referenz benutzt: „A transported reader (...) treats the narrative as the frame of reference" (Green 2004, S. 248). Der Leser kehrt dadurch in einer gewissen Weise *verändert* von seiner „Reise in die fiktionale Welt" zurück in die „reale Welt" (vgl. Gerrig 1993, S. 10f; Green und Brock 2000, S. 702). Insofern kann ein starkes Ausmaß an Transportation dazu führen, dass Argumente aus den Geschichten Eingang in die Ansichten der Leser über die reale Welt erlangen und Einstellungsänderungen und Überzeugungswirkungen hervorrufen (vgl. Green 2004, S. 249; Green und Brock 2000).

Prentice und Gerrig (1999, S. 543f) argumentieren, dass Transportation als engagierte Verarbeitung fiktionaler Texte dazu führen kann, dass Konsumenten alle kognitiven Ressourcen auf das

Hineinversetzen in die fiktionale Welt verwenden, und damit keine Ressourcen für das Überdenken der enthaltenen Aussagen verfügbar sind. Damit lässt sich die Erklärung der Wirkungen von Transportation auf Einstellungen mit dem Ansatz der inhärenten Akzeptanz verbinden. Konsumenten sind dem Transportation-Ansatz zufolge während der Rezeption aktiv („starke Konzentration", Hineinversetzen, mentales „zum Leben Erwecken" der Charaktere). Diese Aktivität bindet Ressourcen, so dass die gleichzeitig mit der Repräsentation akzeptierten Aussagen nicht hinterfragt werden.

In empirischen Studien werden Transportation-Folgen untersucht, indem zunächst Geschichten präsentiert werden, die bestimmte Aussagen enthalten. Anschließend werden Aussagen-Stimuli in einer Testphase präsentiert. Dabei sollen die Probanden die Richtigkeit von Aussagen bewerten, die in genau dieser Form in der fiktionalen Geschichte enthalten waren. Diese Aussagen können – verglichen mit der „realen" Welt – wahr oder falsch sein. Die Unterschiede in der Zustimmung zu den Aussagen, werden durch das Ausmaß an Transportation bestimmt. Stark „transportierte" Konsumenten stimmten solchen Aussagen häufiger zu, die genauso in der Geschichte genannt wurden – selbst wenn die Aussagen verglichen mit der „realen Welt" falsch waren (vgl. Green und Brock 2000). Betrachtet man Transportation als Maß, das die Intensität und Detailliertheit des mentalen Situationsmodells der Geschichte bestimmt, dann stehen bei hohem Transportation genauere mentale Repräsentationen der Fiktion zu Verfügung, die bei einem späteren Stimuluskontakt leichter zugänglich sind als solche, die auf der Basis eines schwachen Transportation-Erlebnisses gebildet wurden. Dies führt dazu, dass bei der Beurteilung von Aussagen, die genauso in der Geschichte vorkamen (kongruent zur Geschichte waren), auch solche Aussagen als richtig beurteilt werden können, die verglichen mit der „realen" Welt falsch sind.

Geschichten und gerade fiktionale Geschichten werden von Konsumenten eben nicht mit dem Motiv der Information konsumiert, sondern meist aus Unterhaltungsmotiven. Insofern hat der Konsument hier nicht das Bedürfnis (die Motivation), die enthaltenen Aussagen zu analysieren und zu hinterfragen[50]. Stattdessen geht er implizit – oft aufgrund der Wahrnehmung der Werkkategorie – davon aus, dass es sich hier um Argumente mit geringem Wirklichkeitsanspruch handelt. Empirische Studien zeigen jedoch, dass diese Erwartungshaltung an die geringe Wirklichkeitsentsprechung nicht verhindern kann, dass Argumente aus Geschichten das „real-world-knowledge" beeinflussen. Studien zeigen, dass es keinen Unterschied macht, ob die Geschichte vorher als wahre Geschichte („fact") oder als erfundene Geschichte („fiction") ausgegeben wurde. Auch bei Konsumenten, die wussten, dass es sich um erfundene Geschichten handelte, zeigten sich Einflüsse der fiktionalen Informationen auf später erfasste Ansichten (vgl. Green und Brock 2000, S. 706; Gilbert, Tafarodi und Malone 1993; Prentice und Gerrig 1999).

---

[50] „Stories are treated differently from scientific or logical argument and may be held to different truth standards than rhetorical messages" (Green 2004, S. 252).

Warum ist das so? Die geringe Motivation zum Überdenken geht einher mit einer **Verminderung negativer kognitiver Reaktionen** (vgl. Green 2004, S. 249). Wenn Informationen leicht zugänglich sind, wie es bei starken Transportation-Erleben der Fall sein dürfte, deutet der Konsument dies als Zeichen für die Richtigkeit der Aussage. Negative Reaktionen sind vermindert. Daher werden solche Aussagen als richtig beurteilt, die Teil des mentalen Modells als Folge des starken Transportation-Erlebens sind, selbst wenn diese verglichen mit der „realen" Welt falsch sein sollten.

Ein zweites Wirkungsmuster kommt hinzu: Konsumenten fiktionaler Medieninhalte formen Repräsentationen dieser fiktionalen Welten, die bei starkem Transportation-Empfinden auch reich an räumlichen, zeitlichen, emotionalen und sonstigen Wahrnehmungsinformationen sind. Bei starkem Transportation-Empfinden gibt es eine Tendenz, dass sich diese fiktionalen Repräsentationen in ihrer Intensität den Repräsentationen von Ereignissen annähern, die im tatsächlichen Leben geschehen (Appel und Richter 2007, S. 117). Dieser **wahrgenommene Realismus** der gelesenen oder gesehenen Situation („narrative events seem more like personal experience", Green 2004, S. 251) geht wiederum einher mit der geringeren wahrgenommenen Notwendigkeit, Informationen anzuzweifeln. Dies führt zu einer erhöhten Wahrscheinlichkeit, dass Argumente in die eigene Lebenswelt übernommen werden.

Neben diesen eher kognitiven Argumenten für Transportation-Wirkungen werden **Emotionen, die Konsumenten den Charakteren entgegenbringen** (vgl. Green und Brock 2000, S. 702), als wesentlicher Wirkungsfaktor angesehen. Charakteren wird Sympathie oder Antipathie entgegengebracht, und abhängig davon wird mitgelacht, mitgeweint und mitgefiebert oder gehasst, geschimpft und Schadenfreude empfunden. Diese empfundenen Emotionen sind ebenfalls ein Teil der Repräsentation der Geschichte. Neben dem Mitfühlen für die Charaktere (Sympathie), ist auch ein Einfühlen in die durch die Charaktere erlebten Emotionen möglich, ein Prozess der als Empathie bezeichnet wird. Hier erlebt der Konsument die Emotionen so, als wäre er selbst in die Geschichte involviert (vgl. Escalas und Stern 2003; Busselle und Bilandzic 2009, S. 324). Je stärker die Emotionen empfunden werden, desto eher sind sie im Nachhinein zugänglich. Neben der oben beschriebenen recht kognitiven Wirkungsweise können daher auch Emotionen den Beurteilungsprozess leiten. Hier können auch Identifikationsprozesse (vgl. Cohen 2001) zum Tragen kommen.

4.3 Erkenntnisse für diese Arbeit

4.3.1 Zusammenfassung der Erkenntnisse

Die vorgestellten Ansätze liefern zusammengefasst folgende Erkenntnisse für die Anwendung auf die Wirkung fiktionaler Medieninhalte:

Repräsentations- und Akzeptanz-Ansätze: Alles in allem scheinen sich Menschen eher nach dem sog. Spinozanischen System zu verhalten, nach welchem Repräsentation und Akzeptanz von Aussagen gleichzeitig ablaufen und diese innewohnende Akzeptanz erst in einem folgenden Schritt – sofern die Motivation dazu besteht – korrigiert wird. Das mentale Situationsmodell ist die Repräsentation der fiktionalen Geschichte im Gehirn des Konsumenten. Der Ansatz der mentalen Situationsmodelle erklärt, wie Konsumenten Geschichten verstehen und ihnen Sinn verleihen. Aus dem Ansatz der inhärenten Akzeptanz lässt sich ableiten, dass das mentale Situationsmodell nicht nur die reine Repräsentation von fiktionalen Geschichten enthält, sondern dass diese fiktionalen Elemente zunächst auch akzeptiert wurden. Nur wenn der Konsument im Folgenden die Motivation aufbringt, den Aussagegehalt der fiktionalen Elemente anzuzweifeln, wird eine Korrektur dieser Akzeptanz erfolgen.

Fiktionale Nachwirkungen können aus der Perspektive der **unsystematischen Informationsverarbeitung** erklärt werden. Im Falle hoher Motivation schwächt sich der Einfluss der unsystematischen Verarbeitung (oft auf der Basis von Heuristiken) jedoch ab und die systematische Verarbeitung gewinnt an Bedeutung, mit der Folge eines kritischen Überdenkens des Meinungsgegenstands. Es wird davon ausgegangen, dass Heuristiken weitgehend unbewusst bei der Beurteilung fiktionaler Stimuli eingesetzt werden. Auch wenn fiktionale Medieninhalte selbst bewusst wahrgenommen werden können (Ebene: Reiz), kann der durch sie hervorgerufene Einfluss dem Konsumenten unbewusst bleiben (Ebene: Wirkung). Die Kultivierungsforschung betont den Einfluss der Verfügbarkeits- und Zugänglichkeitsheuristik, die Konsumenten wegen der oft geringen Motivation zur intensiven Informationsverarbeitung fiktionaler Medieninhalte anwenden. Kultivierungseffekte wurden traditionell in Bezug auf das Gesamt-TV-Programm untersucht. Neuere Studien berücksichtigen dagegen genre-spezifische Effekte. Damit können Effekte, die durch das fiktionale Programm hervorgerufen werden, gesondert betrachtet werden. Ergebnisse empirischer Studien geben erste Hinweise darauf, dass Elemente aus fiktionalen Medieninhalten einen Einfluss auf die Lebenswelt von Konsumenten nehmen.

Eine wesentliche Kritik an dem traditionellen Forschungsparadigma der Kultivierungsforschung ist die durch das korrelationale Design bedingte fehlende Kausalität der Zusammenhänge. Ein Großteil der Kultivierungsstudien bezieht sich nach wie vor auf Ergebnisse aus Korrelationsanalysen und weist – quasi als Einschränkung – jeweils darauf hin, dass die gefundenen Erkenntnisse noch durch experimentelle Designs bestätigt werden müssten (vgl. z.B. Appel 2008a, S. 77;

Segrin und Nabi 2002, S. 260; Rossmann 2003, S. 518). Als Reaktion auf diese Kritik wird in aktuellen Kultivierungsstudien auf das Paradigma des Priming[51] zurückgegriffen, das experimentelle Designs ermöglicht und zugleich – mit der Zugänglichkeitsheuristik – auf demselben Prozess beruht wie die Kultivierungseffekte.

Transportation als zweiter Erklärungsansatz für fiktionale Nachwirkungen beschreibt die Intensität des fiktionalen Erlebens, ist mit einem Prozess des sich Hineinversetzens in die Handlung verbunden und schlägt sich in der Genauigkeit des mentalen Situationsmodells der Geschichte nieder. Dieser Ansatz geht – im Gegensatz zu den Informationsverarbeitungsmodellen – von einem engagierten Fiktions-Konsumenten aus. Die dem Wirkungsprozess von Transportation zugrunde liegenden Ursachen (Verringerung negativer kognitiver Reaktionen, wahrgenommener Realismus, Emotionen gegenüber den Charakteren) lassen sich mit dem Ansatz der inhärenten Akzeptanz verknüpfen. Je stärker das Transportation-Erleben ist, desto eher werden Aussagen, die in der Geschichte vorkamen und anschließend beurteilt werden sollen, als wahr beurteilt, unabhängig davon, ob sie tatsächlich wahr sind.

Welche Erkenntnisse bieten diese Ansätze für die Untersuchung fiktionaler Nachwirkungen *in der Werbung*?

4.3.2 Implikationen für die Analyse von Werbung mit fiktionalem Bezug

Der Ansatz der mentalen Situationsmodelle nimmt an, dass bereits gebildete Situationsmodelle einen Einfluss darauf haben, wie neue Medieninformationen interpretiert werden und wie das Situationsmodell des neuen Medieninhalts aussieht. Verfügbare oder zugängliche fiktionale Elemente aus dem Situationsmodell können die Wahrnehmung und Beurteilung anderer Medieninhalte beeinflussen. Damit könnte in dieser Arbeit erklärt werden, ob und wie sich fiktionale Medieninhalte auf die Wahrnehmung und Beurteilung von Werbeinhalten auswirken, die ebenfalls Elemente der Fiktion verwenden. Dieser Ansatz wird herangezogen, um Einflüsse zwischen verschiedenen Medienformaten (fiktionaler Medieninhalt → Werbeinhalt) zu erklären.

Situationsmodelle können unterschiedlich abstrakt bzw. konkret sein und einzelne Elemente der Geschichte, z.B. die Charaktere, können das Situationsmodell prägen (vgl. Roskos-Ewoldsen et

---

[51] Anstelle eines Priming wäre auch möglich, fiktionale Einflüsse direkt bei den Konsumenten zu erfragen, wie es im Ansatz der wahrgenommenen Realität („perceived reality", vgl. für einen Überblick Rothmund, Schreier und Groeben 2001a; Shapiro und Chock 2003) erfolgt. In diesem Ansatz werden Skalen verwendet, auf denen die Probanden direkt angeben, in welchem Ausmaß ein Stimulus aus ihrer Sicht mit der von ihnen erlebten Realität übereinstimmt, z.B. „Wie hoch schätzen Sie die Realitätsnähe von X ein?". Diese Form der Operationalisierung birgt jedoch die Gefahr, Beurteilungen abfragen zu wollen, die ein Ausmaß an Introspektion erfordern, das Konsumenten normalerweise nicht aufweisen (vgl. Kahneman und Frederick 2002, S. 59; Busselle, Ryabovolova und Wilson 2004, S. 370). Zudem berücksichtigt diese Form der Messung nicht, dass die zugrunde liegenden Prozesse oft unbewusst ablaufen. Daher erscheint die Vorgehensweise der dargestellten Paradigmen aus dem Kultivierungsansatz oder dem Transportation-Ansatz besser geeignet, um fiktionale Nachwirkungen abzubilden. Hier wird der Konsument nicht direkt nach der Wahrnehmung der *Realitätsnähe* der fiktionalen Inhalte gefragt.

al. 2002, S. 113). Dabei beschränkt sich die Arbeit auf die Nachwirkung von fiktionalen Charakteren. Die Wirkung und Nachwirkung von fiktionalen Charakteren, wurde in der Kultivierungsforschung bisher eher kumulativ betrachtet, z.b. in der Untersuchung der Wahrnehmung ganzer Berufsgruppen (Ärzte, Anwälte, Polizisten, etc.). Die Wirkung einzelner spezieller Charaktere (z.b. Person „X", Arzt „Y" oder Anwalt „Z") wird in der Kultivierungsforschung nicht untersucht. Dies liegt daran, dass Kultivierungsstudien das Ausmaß des TV-Konsums insgesamt oder eines Genres betrachten, jedoch nicht die Wirkungen einzelner Elemente dieser Medieninhalte (vgl. Busselle, Ryabovolova und Wilson 2004). Mit Hilfe des Priming können, über die traditionelle Betrachtung einer „Meta-Botschaft" hinaus, jedoch auch einzelne Elemente fiktionaler Medieninhalte (z.b. die fiktionalen Charaktere) auf ihre Nachwirkungen hin untersucht werden (vgl. Rossmann und Brosius 2004, S. 385). Als abhängige Variable wird hier nicht die Alltagswelt des Konsumenten betrachtet, sondern die Wahrnehmung und Beurteilung der Werbeinhalte, insbesondere der Werbecharaktere.

Weiterhin ist auch bei der Wirkung von Werbung zu betrachten, wie das Erleben von „Transportation" die Werbewirkung beeinflusst. Hat die Intensität des Erlebens fiktionaler Welten einen Einfluss auf Werbung, die sich auf die Charaktere aus diesen Welten bezieht?

Inwieweit die aus „reinen" Medieninhaltsstudien bekannten Wirkungen **auf die Kombination von Medieninhalt und Werbung** übertragbar sind, soll im folgenden Kapitel 5 analysiert werden. Dazu sind Erkenntnisse zur inhärenten Akzeptanz relevant. Man kann vermuten, dass Konsumenten normalerweise wissen, dass Werbung das Ziel der Beeinflussung verfolgt („persuasion knowledge", Friestadt und Wright 1994). Ist aufgrund dieses Wissens bereits die Motivation zum Überdenken der gezeigten Inhalte beim Konsumenten erhöht? Die Gültigkeit des Spinozanischen Systems wurde jedoch inzwischen auch für Werbestimuli untersucht und bestätigt, beispielsweise bzgl. des Glaubens falscher Werbeaussagen (vgl. Koslow und Beltramini 2002), des Glaubens übertriebener Werbeaussagen (vgl. Cowley 2006) oder des Glaubens an ungesicherte Aussagen wie Gerüchte über Marken (vgl. Dimofte und Yalch 2005). Für Werbeaussagen mit fiktionalen Elementen liegen u.W.n. bisher keine Erkenntnisse vor.

Die geschilderten Ansätze liefern auch Hinweise für die **weitere methodische Vorgehensweise**, insbesondere zur Gestaltung der unabhängigen Variable.

- In Kultivierungsstudien, die das Priming-Paradigma anwenden, werden den Probanden Medieninhalte mit oder ohne bestimmte Meta-Botschaften präsentiert. Dadurch ist in einer Probandengruppe die Zugänglichkeit der Meta-Botschaft gegeben, in der anderen Probandengruppe dagegen nicht.

- In Transportation-Studien wird allen Probanden derselbe Medieninhalt präsentiert, jedoch das Ausmaß des Transportation-Erlebens gemessen. Dadurch werden Probanden mit reichhaltigen mentalen Situationsmodellen (erhöhte Zugänglichkeit) und solche mit wenig ausgeprägten Situationsmodellen (geringere Zugänglichkeit) unterschieden.

4.3 Erkenntnisse für diese Arbeit

- In den Studien der vorliegenden Arbeit werden Medieninhalte und Werbeinhalte präsentiert. Zu den Werbecharakteren sind einer Probandengruppe **kongruente fiktionale Charakterinformationen** aus dem Medieninhalt zugänglich, der anderen Probandengruppe dagegen **inkongruente fiktionale Charakterinformationen**. Auch dieser Untersuchungsaufbau orientiert sich demnach an der Zugänglichkeit von Medieninhalten (vgl. Tab. 1). Damit bestehen Parallelen im Experimentalaufbau zu den beiden Ansätzen der Medienforschung, so dass deren Erkenntnisse bei der Hypothesenableitung berücksichtigt werden können.

Tab. 1: Testvarianten fiktionaler Nachwirkungen
Quelle: Eigene Zusammenstellung

	Medienkontakt	Zugänglichkeit von Medieninhalten	Messung der aV
Kultivierungsforschung	Häufigkeit des TV-Konsums: „Vielseher" vs. „Wenigseher" Priming mit einem TV-Programm: „Seher" vs. „Nichtseher"	„Meta-Botschaft" (angsterregende Welt, gerechte Welt, immerwährende Liebe, Happy-End)	Schätzung des Vorkommens der Meta-Botschaft in der „Realität" (z.B. Anzahl an Gewaltverbrechen, Ehescheidungen) bzw. Messung von Einstellungen (eigene Angst, Erwartungen an die Ehe)
Transportation	Präsentation meist fiktionaler Texte; eingestreute Aussagen, die der Realität entsprechen oder konträr zur Realität sind	genaues/ungenaues mentales Modell durch höheres/geringeres Ausmaß an Transportation	Beurteilung der „Richtigkeit" der genannten Aussagen
Studien in dieser Arbeit	Priming mit fiktionalen TV-Inhalten + anschließende Werbung mit auf die fiktionalen Charaktere bezogenen Werbecharakteren (= Kongruenz) vs. nicht auf die fiktionalen Charaktere bezogenen Werbecharakteren (=Inkongruenz)	fiktionale Charakterinformationen	Beurteilung der im Werbeinhalt gezeigten Werbeperson

Maheswaran und Chaiken (1991) zeigten, dass Inkongruenz die Motivation zum kritischen Überdenken erhöht. Prentice, Gerrig und Bailis (1997) zeigten dies in einem Medienexperiment, in dem Probanden Geschichten lesen sollten. In den Geschichten diskutierten die fiktionalen Charaktere bestimmte Themen. Dabei waren die Aussagen in der einen Geschichte richtig (z.B. „Geisteskrankheiten sind meistens nicht ansteckend"), in der anderen Geschichte falsch (z.B.

„Geisteskrankheiten sind meistens ansteckend"); dies wurde über beide Geschichten hinweg ausbalanciert (vgl. Prentice, Gerrig und Bailis 1997, S. 417f). Nach dem Lesen beurteilten die Probanden die tatsächliche Richtigkeit der Aussagen. Dabei mussten sie entweder Aussagen beurteilen, die genauso im Text vorkamen, oder Aussagen beurteilen, die Gegenteile zu den im Text beschriebenen Aussagen darstellten. Als Ergebnis zeigte sich, dass nach dem Lesen sowohl richtige als auch falsche Aussagen eher akzeptiert wurden, wenn diese den Probanden in der Befragung genauso vorgelegt wurden wie in der Geschichte zuvor (Kongruenz zwischen Geschichte und Abfrage). Dies kann als geringes Ausmaß kritischen Überdenkens bei kongruenten Reizen interpretiert werden. Waren die Befragungsaussagen die Gegenteile der Geschichte (Inkongruenz zwischen Geschichte und Abfrage), wurden richtige und falsche Aussagen weniger akzeptiert. Hier trat wegen der Inkongruenz eher ein kritisches Überdenken auf. Zu ähnlichen Ergebnissen kommen Green und Brock (2000), begründen dies jedoch nicht mit der Motivation zum Überdenken, sondern mit dem Ausmaß an Transportation.

Können fiktionale Medieninhalte daher ihre Wirkung über die Rezeption der Fiktion hinaus auch in der Werbung entfalten, wenn diese kongruent zum Medienkontext gestaltet ist? Inwieweit wirkt sich ein intensives Hineinversetzen in die fiktionale Welt darauf aus, wie Charaktere aus der fiktionalen Handlung in Werbespots beurteilt werden? Mit diesen Fragen setzt sich Kapitel 5 in Bezug auf die Nachwirkung fiktionaler Charaktere in der Werbung auseinander.

5 Wirkung der Bezugnahme von Werbecharakteren auf fiktionale Mediencharaktere

Dieses Kapitel greift die in Abschnitt 3.3 formulierte Forschungsfrage auf – mit dem Ziel der Ableitung von Hypothesen zur Wirkung von Werbecharakteren, die im Umfeld von inhaltlich kongruenten vs. inkongruenten Mediencharakteren platziert werden. Dabei werden die Erkenntnisse aus Kapitel 4 zur Verarbeitung und Nachwirkung von fiktionalen Medieninhalten herangezogen und deren Übertragbarkeit auf die *Kombination* von Fiktion und Werbung untersucht. Berücksichtigt werden Werbewirkungsmaße, die sich auf die Werbung insgesamt beziehen (Aktivierungsreaktion, Einstellung zur Werbung), sowie Werbewirkungsmaße bzgl. der Werbecharaktere (Beurteilung der Kompetenz und Vertrauenswürdigkeit des Werbecharakters). Dadurch kann untersucht werden, ob bei der Beurteilung von Werbecharakteren auch Bedeutungen aus fiktionalen Medieninhalten, insbesondere Bedeutungen fiktionaler Mediencharaktere beteiligt sind.

5.1 Aktivierungswirkung von Werbung im Umfeld fiktionaler Mediencharaktere

5.1.1 Aktivierung durch Werbung

Aktivierung ist ein grundlegender psychophysiologischer Prozess, durch den ein Individuum in einen Zustand der Leistungsfähigkeit und Leistungsbereitschaft gerät (vgl. Gröppel-Klein 2004a, S. 30f). Aktivierung ist eng verbunden mit der Selektion von Reizen (vgl. Kroeber-Riel, Weinberg und Gröppel-Klein 2009, S. 61), d.h. der „Selektion von bestimmten Inhalten (die notwendig mit einer Deselektion von anderen Informationen einhergeht)" (Müller und Krummenacher 2008, S. 104). Aufgrund dieser Reizselektion ist „für bestimmte Reize (…) die Leistungsbereitschaft höher, für die übrigen Reize ist sie herabgesetzt" (vgl. Keitz 1983, S. 12). In der Folge werden „bestimmte Reize bevorzugt auf Kosten anderer verarbeitet" (vgl. Keitz 1983, S. 12).

In der Fernsehwerbung ist dies von großer Bedeutung, da Werbespots in der Regel nicht separat präsentiert werden, sondern zusammen mit anderen Werbespots innerhalb eines Blocks. Zudem konkurrieren Werbereize meist mit anderen Reizen, die den Konsumenten außerhalb des Mediums umgeben. Oft ignorieren Konsumenten den Werbeblock und beschäftigen sich währenddessen mit anderen Dingen, z.B. beginnen sich in der Werbepause zu unterhalten. Die Aktivierungskraft der einzelnen Werbespots bestimmt, welcher Werbespot sich innerhalb des Werbeblocks sowie gegen andere außermediale Reize durchzusetzen vermag (vgl. Keitz 1983, S. 27).

Dies entspricht der Betrachtung von *Aktivierung als abhängiger Variable*: Im Marketing stellt man sich die Frage, welche Variablen zu Aktivierung führen, d.h. wie Reize beschaffen sein müssen, damit sie eine hohe Aktivierungskraft aufweisen. Gröppel-Klein (2004a, S. 30) bezeichnet dies als „Prozess der Aktivierung", mit dem die Frage beantwortet werden kann, „wie durch die Kommunikationspolitik, insbesondere durch die Werbung (…) Aktivierung ausgelöst bzw. der Intensitätsgrad verfeinert werden kann" (Gröppel-Klein 2004a, S. 30). Aktivierung kann auch als *unabhängige Variable* von Interesse sein, wenn untersucht wird, welche Wirkung Aktivierung auf andere Variablen, z.b. auf andere Werbewirkungsmaße hat (vgl. Keitz 1983, S. 27). Außerdem wird häufig die moderierende Wirkung von Aktivierung in Werbewirkungsanalysen untersucht (z.b. Sanbonmatsu und Kardes 1988). Gröppel-Klein (2004a, S. 30) spricht vom „Zustand der Aktiviertheit und dessen Einfluß auf die Informationsverarbeitungsprozesse". Die vorliegende Arbeit beschäftigt sich vor allem mit der Aktivierung als abhängiger Variable.

5.1.2 Grundlagen der Aktivierungstheorie

Zur Aktivierung liegen Standardwerke (vgl. Boucsein 1992, zur Anwendung im Konsumentenverhalten vgl. Kroeber-Riel, Weinberg und Gröppel-Klein 2009, S. 60ff) oder Überblicksbeiträge (vgl. Gröppel-Klein 2004a) vor. Daher gehen die folgenden Ausführungen lediglich in kompakter Form auf die für die folgende Argumentation notwendigen Grundlagen ein und ergänzen sie um ein aktuelles Aktivierungsmodell.

Aktivierung kann sich einerseits in Änderungen des längerfristigen Aktivierungsniveaus (tonische Aktivierung), zum anderen in kurzfristigen Aktivierungsschwankungen in Reaktion auf spezielle Reize (phasische Aktivierung) niederschlagen (vgl. Gröppel-Klein 2004a, S. 30f). Die phasische Aktivierung gilt als Ausdruck der Intensität affektiver (emotionaler und motivationaler) Reizverarbeitung (vgl. Boucsein und Backs 2009, S. 35-3; Kroeber-Riel, Weinberg und Gröppel-Klein, 2009, S. 64ff).

Als Zentrum genereller Aktivierung wird der Gehirnbereich der Formatio Reticularis angesehen (vgl. Gröppel-Klein 2004a, S. 44f). Frühe Aktivierungsmodelle waren eindimensional, d.h. folgten der Vorstellung von Aktivierung als unspezifischer Reaktion auf jegliche Reizung und der Annahme, dass sich diese Aktivierung gleichzeitig in allen Körperreaktionen (Herzrate, Blutdruck, Hirnaktivität, Hautwiderstand, Muskeltätigkeit) widerspiegeln müsste und von der Formatio Reticularis gesteuert würde (vgl. Gröppel-Klein 2004a, S. 44). Da empirische Studien eine solche Korrelation nicht bestätigen konnten, wurden mehrdimensionale Aktivierungsmodelle[52] entwickelt (vgl. Boucsein und Backs 2009, S. 35-5). Sie unterscheiden neben der allgemeinen Aktivierung spezifische Aktivierungssysteme, die ganz bestimmte Funktionen des Organismus

---

[52] vgl. Boucsein und Backs (2009) für Quellen verschiedener Modelle

stimulieren. Ein mehrdimensionales Modell wird von Boucsein (1997) vorgeschlagen und unterscheidet drei Aktivierungssysteme:

- Das „allgemeine Aktivierungssystem" regelt die generelle Wachheit. Hier äußert sich Aktivierung in der Formatio Reticularis (vgl. Boucsein 1997, S. 310; Gröppel-Klein 2004a, S. 45).
- Das „Affect-Arousal"-System betrifft vor allem emotionale Erregungszustände. Ziel ist es, durch erhöhte Aktivierung und damit verbundene Orientierungsreaktionen einen Bereitschaftszustand für schnelle Reizabwehr („Verhaltenshemmung") herzustellen. Auslösende Reize wirken vor allem über die Amygdala und schlagen sich in phasischem Anstieg des Herzschlags und tonischer Schweißdrüsenaktivität nieder (vgl. Boucsein 1997, S. 310; Gröppel-Klein 2004a, S. 45; Sieglerschmidt 2008, S. 99).
- Ein weiteres System beschreibt motivationale Zustände und wird „Preparatory Activation"-System genannt. Erwartungen werden in erhöhte Reaktions- und Handlungsbereitschaft („Verhaltensaktivierung") umgesetzt. Der Organismus reagiert mit tonischem Anstieg des Herzschlags oder phasischem Anstieg der Schweißproduktion (vgl. Boucsein 1997, S. 310f, Gröppel-Klein 2004a, S. 45, Sieglerschmidt 2008, S. 99).

In einem aktuellen Beitrag weisen Boucsein und Backs (2009, S. 35-4) darauf hin, dass bisher wenig Anstrengungen unternommen wurden, die vorliegenden mehrdimensionalen Aktivierungsmodelle verschiedener Autoren zu integrieren. Das von ihnen vorgeschlagene vierdimensionale Aktivierungsmodell unternimmt diesen Versuch. Die drei oben beschriebenen Aktivierungssysteme finden sich dort wieder und werden mit Teilsystemen aus anderen Modellen verglichen (vgl. Boucsein und Backs 2009, S. 35-6). Die bereits aus dem dreidimensionalen Modell bekannten Systeme werden gleich benannt, jedoch umsortiert. Ein weiteres Aktivierungssystem kommt hinzu. Ziel ist es, mit der Anordnung der Systeme im Modell den strukturellen und funktionellen Aufbau des Gehirns widerzuspiegeln: Drei Aktivierungssysteme (1-3) regeln die Aktivierung auf spezifische Reize, das generelle Aktivierungssystem (4) bildet die Basis. Das Modell spiegelt zudem die Reaktionssequenz von der Stimulation über die Informationsverarbeitung bis zur Reaktionsvorbereitung wider (vgl. Boucsein und Backs 2009, S. 35-4). Diese Sequenz wird durch die drei spezifischen Aktivierungssysteme beschrieben.

- Wenn ein neuer Reiz auf das Individuum trifft, ist das Affect-Arousal-System (System 1) verantwortlich für die Fokussierung der Aufmerksamkeit, Orientierungsreaktionen und gegebenenfalls die schnelle Reizabwehr.
- Im Fall „ungefährlicher" Reize reagiert das Preparatory Activation System (System 3) auf die erhöhte Aufmerksamkeit mit erhöhter Bereitschaft des Gehirns, um entsprechende Verhaltensweisen, die auf positiver Erwartung basieren (vgl. Fowles 1980, dessen Modell damit in das Boucsein-Modell integriert wurde), zu aktivieren.

- Dazwischen liegt ein weiteres Aktivierungssystem (System 2, „Effort System"[53]), das den Unterschied zum dreidimensionalen Modell ausmacht und das „behavioral inhibition system" von Gray (1982, vgl. auch Gray und McNaughton 2000) integriert. Dieses System hat die Fähigkeit, die Verbindung zwischen System 1 und 3 zu unterbrechen und so die Durchführung unverzüglicher Reaktionen aufzuhalten, indem Gehirnbereiche aktiviert werden, die eine abwägende Informationsverarbeitung ermöglichen (vgl. Boucsein und Backs 2009, S. 35-7). Dieses System schaltet sich *nicht* ein, wenn es aufgrund vorheriger Erfahrungen abschätzen kann, was als nächstes passieren wird oder welche Reaktion angemessen ist (vgl. Boucsein und Backs 2009, S. 35-6). In diesem Fall wird die „Handlungsaktivierung" in System 3 ohne Hemmung durch System 2 ausgeführt, was Boucsein und Backs (2009, S. 35-7) als „rather straightforward chain of situation-reaction relationships" bezeichnen.

Hier soll Verhaltensaktivierung in Bezug auf konkrete Reize im Mittelpunkt stehen, d.h. das „preparatory activation system" des Boucsein-Modells ist hier relevant. Die Messung der Aktivierung erfolgt direkt als Messung der Körperreaktionen (z.b. Herzrate, Hirnaktivität, Hautwiderstand, Muskeltätigkeit). Damit kann Verhaltensbezug über physiologische und vom Konsumenten weitgehend unbeeinflussbare Maße ermittelt werden, so dass „underlying psychological processes cannot be faked, because psychophysiological responses are normally not under voluntary control" (Boucsein und Backs 2009, S. 35-1). Aktivierung kann im „Preparatory Activation System" mit Hilfe der phasischen elektrodermalen Aktivierungsreaktion, insbesondere mit Hilfe der Amplitude der elektrodermalen Aktivierungsreaktion gemessen werden (vgl. Boucsein und Backs 2009, S. 35-7; Kroeber-Riel, Weinberg und Gröppel-Klein 2009, S. 66). „Amplitudes of electrodermal responses (EDRs) reflect the amount of affective or emotional arousal elicited by a stimulus or situation" (Boucsein und Backs 2009, S. 35-3). In den Werbewirkungsstudien von Gröppel-Klein, Domke und Bartmann (2005) zeigte sich, dass die phasischen elektrodermalen Aktivierungsreaktionen von Konsumenten mit den Einstellungen von Konsumenten zur Werbung und zur Marke zusammenhängen. In Studien, die im Einzelhandel durchgeführt wurden, zeigte sich ein Zusammenhang zwischen Aktivierungsreaktionen und Kaufverhalten (vgl. Groeppel-Klein und Baun 2001; Groeppel-Klein 2005).

5.1.3 Aktivierungskraft von Werbecharakteren mit fiktionalem Bezug

Die erhöhte Aktivierung für den selektierten Reiz geht mit erhöhter Leistungsbereitschaft und Verhaltensaktivierung („Preparatory Activation System") einher. Von Interesse ist daher, unter welchen Bedingungen Werbung hohe Aktvierung erzeugen kann. Hier stellt sich die Frage, wie

---

[53] Das „Effort System" war auch im Vorgänger-Modell (Boucsein 1997) enthalten, dort jedoch dem System der allgemeinen Aktivierung untergeordnet (vgl. Boucsein 1997, S. 310). Das vier-dimensionale Modell trennt diese beiden Aktivierungssysteme (vgl. Boucsein und Backs 2009).

die Aktivierungskraft von Werbung mit Werbecharakteren im Kontext kongruenter Mediencharaktere im Vergleich zu inkongruenten Mediencharakteren ausgeprägt ist.

Als Auslöser von Aktivierung lassen sich nach der Systematik von Berlyne (1974, S. 217ff) affektive, intensive und kollative Reize unterscheiden (vgl. ausführlich Gröppel-Klein 2004a, S. 31f). Affektive Reize sind solche Reize, „die positiv oder negativ gerichtete Emotionen auslösen" (vgl. Keitz 1983, S. 30), wobei dies meist aufgrund von angeborenen Reiz-Reaktions-Mechanismen erfolgt (vgl. Gröppel-Klein 2004a, S. 32). Intensive Reize lösen Aktivierung aufgrund physikalischer Eigenschaften (Farbe, Größe, Lautstärke) aus. Kollative Reize sind Variablen des Vergleichs, die aufgrund ihrer Neuartigkeit, des Grads und der Plötzlichkeit von Veränderungen, durch Komplexität oder Überraschungsgehalt Aktivierung erzeugen (vgl. Keitz 1983, S. 28; Gröppel-Klein 2004a, S. 32). Da Aktivierung „eine Grunddimension aller Antriebsprozesse" (Kroeber-Riel, Weinberg und Gröppel-Klein 2009, S. 60) ist, steht sie mit verschiedenen psychologischen Prozessen in Verbindung. Um entstandene Aktivierung sinnvoll interpretieren zu können, müssen die spezifischen Bedingungen des jeweiligen Reizes betrachtet werden (vgl. Ravaja 2004, S. 213). Hinsichtlich der Aktivierungskraft von Werbung mit fiktionalem Bezug stellt sich die Frage nach der möglichen Einordnung dieser Werbeform in die genannten Reizkategorien. Werbung, deren Werbecharaktere sich auf vorab gesehene fiktionale Mediencharaktere beziehen, dürfte weniger durch physikalische Reizeigenschaften (wie bei intensiven Reizen) Aktivierung auslösen. Stattdessen kann deren Wirkung aus Sicht der affektiven (emotionalen) und kollativen Reize betrachtet werden.

Wenn der Konsument einen Schauspieler eben im Rahmen des Fernsehprogramms gesehen hat und ihn nun in der Werbung wiedersieht, könnte dieses Wiedersehen von einem (unbewussten) Empfinden von Vertrautheit begleitet sein. Das System 2 („Effort System", vgl. Boucsein und Backs 2009, S. 35-6) würde aufgrund dieser Vertrautheit nicht aktiviert werden, eine abwägende Informationsverarbeitung wäre „nicht notwendig". In diesem Fall könnte die Handlungsaktivierung im „Preparatory Activation System" (System 3, vgl. Boucsein und Backs 2009, S. 35-6) ohne Hemmung durch System 2 ausgeführt werden, was sich in einer erhöhten phasischen Aktivierungsreaktion (mit dem Indikator der phasischen Summenamplitude) zeigen sollte. Diese Reaktion lässt sich mit dem „mere repeated exposure"-Effekt (vgl. Zajonc 1968, S. 1, meist als Mere-Exposure-Effekt bezeichnet) erklären. Der Mere-Exposure-Effekt besagt, dass der bloße, wiederholte Kontakt mit einem Stimulus eine ausreichende Bedingung ist, um das Annäherungsverhalten des Probanden an diesen Stimulus zu verbessern (vgl. Zajonc 1968). Im Fall des inhaltlich inkongruenten Medienkontexts fehlt der Reiz, der dazu führen kann, dass der Werbeschauspieler als vertraute Person wahrgenommen wird. Durch fehlende Charakterinformationen, d.h. wenn der Schauspieler im inkongruenten Medienkontext *überhaupt nicht* auftritt, kann keine Vertrautheit entstehen. Die Handlungsaktivierung im „Preparatory Activation"-System könnte dadurch gehemmt werden.

Die Begründung derartiger Reaktionen mit dem Mere-Exposure-Effekt ist jedoch keine neue Erkenntnis. Die Vertrautheit könnte sich auch auf den wiederholten Kontakt mit dem Schauspieler selbst beziehen, unabhängig von dessen fiktionalen Rollen. Daher stellt sich die Frage, ob auch *über den Mere-Exposure-Effekt hinaus* Nachwirkungen der *fiktionalen Rollen* bestehen. Um dies zu analysieren, ist ein etwas anderes Verständnis von der Inkongruenz-Bedingunge notwendig. Die Inkongruenz sollte hier nicht nur auf den Schauspieler (Inkongruenz: Schauspieler tritt nur in der Werbung auf; Kongruenz: Schauspieler tritt sowohl im Film als auch in der Werbung auf), sondern zusätzlich auf die fiktionalen Rollen bezogen werden. Bei einem solchen Vergleich tritt ein Schauspieler als fiktionaler Mediencharakter sowohl im kongruenten als auch im inkongruenten Medienkontext auf und erscheint jeweils in der Werbung (wiederholtes Erscheinen in beiden Bedingungen). Jedoch wird der Schauspieler im konkruenten Medienkontext *in derselben fiktionalen* Rolle wie in der Werbung gezeigt, im inkongruenten Medienkontext dagegen in einer *anderen Rolle* als in der Werbung. Auch bzgl. dieses Inkongruenzverständnisses dürften die unpassenden fiktionalen Charakterinformationen zu einer geringer empfundenen Vertrautheit gegenüber dem fiktionalen Charakter führen. Der Konsument erkennt den Schauspieler wieder, jedoch in einer anderen Darstellung als er ihn kennengelernt hat. Die Handlungsaktivierung im „Preparatory Activation"-System könnte dadurch gehemmt werden.

Ein weiterer emotionaler Prozess, der insbesondere dann auftreten kann, wenn *Personen* den Stimulus bilden, ist Empathie. Empathie ist die Fähigkeit, sich in Gedanken, Gefühle oder Situationen anderer Personen hineinzuversetzen. Empathie ist von emotionalen Reaktionen begleitet, die über ein reines Verstehen der anderen Person oder der Situation hinausgehen und ein „Einfühlen" in die Gefühle anderer Personen oder Situation des Gesehenen ermöglichen (vgl. Escalas und Stern 2003). Neurophysiologische Studien zeigen, dass die Fähigkeit zu empathischen Reaktionen mit der neuronalen Aktivierung der Bereiche des ventromedialen präfrontalen Kortex in Zusammenhang steht (vgl. Shamay-Tsoory et al. 2003). Patienten, die Schädigungen dieses Gehirnbereichs aufwiesen, wurden mit Patienten mit Schädigungen anderer Bereiche sowie mit gesunden Probanden verglichen. In einer Studie von Shamay-Tsoory et al. (2003) wurde dazu eine Empathieskala genutzt, die aus zwei Subskalen besteht: 1) Items, die das Ausmaß des Hineinversetzens und des Übernehmens der Perspektive einer anderen Person messen, 2) Items, die die Tendenz messen, sich spontan in fiktionale Situationen hineinzuversetzen. Vergleiche mit den gesunden Probanden und den Patienten mit anderen Schädigungen zeigten, dass Probanden mit Schädigungen des ventromedialen präfrontalen Kortex nicht oder lediglich in geringerem Maße in der Lage sind, diese Reaktionen zu erleben und diese Prozesse durchzuführen. Die Aktivierung dieses Gehirnbereichs wird demzufolge als Indikator für empathische Reaktionen angenommen (vgl. Shamay-Tsoory et al. 2003). Mit Hilfe einer fMRI-Messung zeigten Critchley et al. (2000, S. 3037), dass die Aktivierung der ventromedialen präfrontalen Hirnregionen ebenfalls signifikant mit gleichzeitig gemessenen elektrodermalen Aktivierungsreaktionen kovariiert. Es liegt daher nahe anzunehmen, dass Aktivierung auch die Intensität empathischer Prozesse beschreibt.

5.1 Aktivierungswirkung von Werbung im Umfeld fiktionaler Mediencharaktere

In Bezug auf Aktivierungsreaktionen im fiktionalen Medienkontext lässt sich folgendes vermuten: Wird ein fiktionaler Mediencharakter in einem Werbespot erneut gezeigt, so kann aufgrund der vorherigen Erfahrung des Konsumenten mit der Situation, den Gedanken und Gefühlen der Filmfigur ein Einfühlen in die Person als spätere Werbeperson und in die in der Werbung gesehene Situation stärker ausgeprägt sein, als wenn ein solcher kongruenter Medienkontext fehlt. Dabei ist es wahrscheinlich, dass in einem kongruenten fiktionalen Medienkontext ein Hineinversetzen in die Werbeperson durch die Wahrnehmung des Mediencharakters beeinflusst wird. Dieser Prozess stellt als Einfühlen in die „Welt" der Werbeperson eine empathische Reaktion dar, die durch die vorherige Wahrnehmung der fiktionalen Filmperson gesteuert wird und sich als Aktivierungsreaktion zeigen sollte. Ein inkongruenter Medienkontext unterstützt diesen Einfühlungsprozess nicht und könnte ihn sogar stören. Die u.W.n. einzige bisherige Studie, die die elektrodermalen Aktivierungswirkungen von Medienkontext-Kongruenz untersucht (vgl. Sieglerschmidt 2008) konnte keine signifikanten Unterschiede in der Aktivierungsreaktion auf Werbespots feststellen, die im kongruenten versus inkongruenten Medienkontext platziert waren. Allerdings wurden als Werbestimuli in dem Experiment von Sieglerschmidt (2008) Spots verwendet, in denen Werbecharaktere keine oder keine tragende Rolle spielten. Dementsprechend entfällt die Möglichkeit zu emotionalen Prozessen wie Empathie. Möglicherweise ist dies ein Grund für die fehlenden Gruppenunterschiede bei Sieglerschmidt (2008) und gleichzeitig ein Unterschied zu der hier betrachteten Fragestellung.

Aus Sicht der kollativen Reize stellen Werbecharaktere, die der Konsument zuvor im fiktionalen Medienkontext gesehen hat, aufgrund der Wiederholungssituation *keine* neuartigen Reize dar. Dabei ist zu beachten, dass empirische Studien existieren, die gerade Unstimmigkeit und Kontrast, d.h. ähnliche Konzepte wie Inkongruenz, als aktivierungs*steigernde* Reizeigenschaften betonen (vgl. Heckler und Childers 1992; Kasprik 1992). Dies wäre ein Widerspruch zum oben beschriebenen Wirkungszusammenhang. Wie lassen sich diese Erkenntnisse zur Wirkung von Inkongruenz mit dem für die affektiven Reize beschriebenen Muster vereinbaren? Wenn der Konsument einen Schauspieler eben im Rahmen des Fernsehprogramms gesehen hat und ihn nun in der Werbung wiedersieht, könnte dieses unerwartete Wiedersehen einen überraschenden Effekt[54] auf den Konsumenten haben. Der kollative Aktivierungseffekt könnte hier demnach nicht durch den Werbespot allein, sondern durch die Kombination aus Medienkontext und Werbespot entstehen, die unerwartet ist (vgl. Sieglerschmidt 2008, S. 101). Allerdings ist dabei unwahrscheinlich, dass diese Situation den Konsumenten zu Prozessen der „Vorsicht" aktiviert[55], wie es

---

[54] Sieglerschmidt (2008, S. 101) merkt dazu an, dass dafür die bewusste Wahrnehmung der Kongruenz sowie eine Elaboration über deren Neuartigkeits- oder Überraschungswert notwendig ist. Dem wird hier nicht gefolgt. Aktivierungsreaktionen können für den Konsumenten unbewusst ablaufen (vgl. Behrens und Neumaier 2004).

[55] Reize, die Aktivierung aufgrund von „Gefahr" und „Vorsicht" erzeugen, werden ebenfalls in Medienwirkungsstudien berücksichtigt. So zeigten bspw. Hubert und de Jong-Meyer (1990) einer Probandengruppe einen Filmausschnitt mit Schlangen und Spinnen (*Indiana Jones – Jäger des verlorenen Schatzes*), einer anderen Probandengruppe einen Ausschnitt mit fröhlichen Figuren aus dem Cartoon *Peanuts*. Der negative Filmstimulus erzeug-

im „Affect Arousal"-System der Fall wäre (System 1 im vierdimensionalen Modell von Boucsein und Backs 2009). Stattdessen ist denkbar, dass diese auf einem kognitiven Vergleich basierenden Prozesse eng mit den oben beschriebenen emotionalen Prozessen verzahnt sind und die Überraschung eine „angenehme" Überraschung verbunden mit dem Empfinden von Vertrautheit ist.

Zusammenfassend betrachtet, sollte die erhöhte Vertrautheit, die Möglichkeit zum Einfühlen in den gezeigten Werbecharakter und die Möglichkeit eines unerwarteten Wiedersehens des fiktionalen Charakters die folgende in Hypothese H1 beschriebene Wirkungsbeziehung unterstützen:

H1: Wenn ein Werbespot mit einem Werbecharakter im Umfeld inhaltlich *kongruenter* fiktionaler Charakterinformationen platziert wird, dann erzeugt der Werbespot eine höhere phasische Aktivierungsreaktion, als wenn er im Umfeld inhaltlich *inkongruenter* fiktionaler Charakterinformationen platziert wird.

5.2 Transfer fiktionaler Charakterbedeutungen in die Werbung

5.2.1 Zugänglichkeit fiktionaler Charakterbedeutungen

Informationen, die aus dem Gedächtnis abgerufen werden, können verwandte Informationen zugänglich machen. Dieses Prinzip macht man sich in Priming-Experimenten zunutze. Wie in Abschnitt 3.1.4 erwähnt, bezieht sich Priming („Bahnung") auf die verbesserte Fähigkeit, Stimuli aufzudecken oder zu identifizieren, falls diese Stimuli in der gleichen, in ähnlicher oder assoziativer Form aus früheren Erfahrungen zugänglich sind (vgl. Kiefer 2008, S. 169). Psychologisch orientierte Experimente operationalisieren Zugänglichkeit meist durch die Reaktionsschnelligkeit von Probanden auf den Zielreiz. In solchen Experimenten werden Probanden gebeten, bestimmte Aufgaben hinsichtlich des Zielreizes möglichst schnell zu lösen. Ist der Zielreiz dem Bahnungsreiz ähnlich, hat dies schnelle Reaktionen zur Folge. Erfordert der Zielreiz eine andere Reaktion als der Prime, dann muss die voraktivierte Reaktion unterdrückt werden, was sich in einer Reaktionsverlangsamung ausdrückt (vgl. Kiefer 2008, S. 169).

Die Zielreize in Priming-Experimenten sind häufig mehrdeutige Reize, d.h. Reize, die verschiedene Interpretationen zulassen (vgl. Yi 1990a). Die jeweilige Priming-Variante führt dann dazu, dass der Stimulus entweder in Bezug zu der einen oder der anderen voraktivierten Richtung gesetzt wird. Würde man einen Konsumenten bitten, die Bedeutung des Wortes SATZ zu erklären, dann würden Probanden, mit denen man sich vorher über Tennis unterhalten hat, eine andere Erklärung geben, als Konsumenten, mit denen man sich vorher über Grammatik unterhalten hat.

---

te höhere *tonische* Aktivierungswerte (vgl. Hubert und de Jong-Meyer 1990, S. 87), was für eine Aktivierung des „Affect-Arousal"-Systems nach Boucsein (1997, S. 310) spricht.

Auch in der Werbung sind mehrdeutige Reize relevant. In einem Experiment von Yi (1990a, S. 41) findet sich ein Beispiel aus der Produktbeurteilung: Ein Auto, das als groß beschrieben wird, kann von Konsumenten entweder als sehr sicher oder als „Kraftstoff-Fresser" interpretiert werden. Es wurde vermutet, dass die Größe des Autos positiv bzw. negativ beurteilt werden würde, je nachdem ob bei Konsumenten der Sicherheitsaspekt (Größe positiv) oder der Benzinverbrauch (Größe negativ) voraktiviert wird. Die „Auswahl" zwischen diesen Interpretations- und damit Beurteilungsalternativen beim Konsumenten kann durch einen vorab geschalteten Medienkontext gesteuert werden. Das Priming wurde durchgeführt, indem vor Betrachten der Werbeanzeige eine Probandengruppe einen Zeitungsartikel über Sicherheit im Verkehr las, die andere Gruppe einen Artikel über steigende Ölpreise. Der jeweilige Medienkontext macht die Reaktion in die eine oder in die andere Richtung leichter – mit entsprechenden Folgen für die Einstellung zur Marke und Verhaltensabsichten (vgl. Yi 1990a, S. 46).

Auch in der sozialen Wahrnehmung existieren mehrdeutige Reize: Eine Person, die einem Freund während einer Prüfung etwas vorsagt, kann von anderen entweder als nett oder als unehrlich eingeschätzt werden (vgl. Yi 1990a, S. 41). Auch die Wahrnehmung von Schauspielern kann dieser Mehrdeutigkeit unterliegen. In Abschnitt 3.2.2 wurde beschrieben, dass Schauspieler nicht nur *ein* Bedeutungs-Set aufweisen. Stattdessen können neben dem Bild, das Konsumenten als „reales Selbst" des Schauspielers ausmachen, weitere innere Bilder bestehen, die sich durch die Charaktereigenschaften der durch den Schauspieler verkörperten Rollen ausbilden. Dabei können sich verschiedene fiktionale Rollen wiederum hinsichtlich der Charaktereigenschaften unterscheiden. Beispielsweise verkörpert der Schauspieler Hugh Laurie die Rolle des *Dr. House*, einen zynischen, mürrischen, seine Patienten hassenden, aber genialen Arzt. In dem Spielfilm *Stuart Little* spielt Laurie dagegen einen netten, aber vertrottelten Charakter. Die reale Person Hugh Laurie wird als sehr höfliche, lustige und intelligente Person beschrieben (vgl. Hofmann 2007, S. 13).

Fiktionale Charaktere sind mentale Modelle über die Schauspieler, d.h. Arten von Repräsentationen der Schauspieler, die durch den Kontakt mit den fiktionalen Medieninhalten entstehen (vgl. Oatley und Mar 2005, S. 189). Priming kann diese repräsentierten Bedeutungen zugänglich machen, wodurch nachfolgende Stimuli beeinflusst werden können.

Wie in Kapitel 4 erläutert, weisen Forschungsergebnisse darauf hin, dass sich fiktionale Informationen über den fiktionalen Medieninhalt hinaus aufrechterhalten lassen. Auch für fiktionale Charakterbedeutungen existieren Hinweise für solche Nachwirkungen. Beispielsweise zeigen die Kultivierungsstudien von Volgy und Schwarz (1980), Rossmann (2003) sowie Chory-Assad und Tamborini (2003), dass sich fiktionale Charakterdarstellungen in entsprechenden Erwartungen an reale Personen niederschlagen. In Arzt- bzw. Krankenhausserien (z.B. *Die Schwarzwaldklinik*, *Praxis Bülowbogen*) wird oft ein idealisiertes Arztbild mit einer „heilen Welt" und harmonischen Beziehungen zwischen Arzt und Patienten aufgebaut. TV-Ärzte haben immer ein offenes Ohr für ihre Patienten, geben neben medizinischem auch menschlichen Rat und nehmen sich viel Zeit. In der Folge haben Vielseher solcher TV-Serien (da diese Bedeutungen bei ihnen zugänglicher sind) an reale Ärzte positivere Erwartungen als Wenigseher (vgl. Volgy und Schwarz 1980, S. 153; Rossmann 2003, S. 512). Vielseher sind bei eigenen Krankenhausaufenthalten enttäuscht, weil sich ihre Erwartungen nicht erfüllen (vgl. Rossmann 2003). Bei Arztserien, die ein relativ negatives Arztbild (z.b. *Dr. House*) oder einen weniger harmonischen Krankenhausalltag (z.b. *Emergency Room – die Notaufnahme*) zeigen, haben Vielseher negativere Erwartungen an „reale" Ärzte als Wenigseher (vgl. Chory-Assad und Tamborini 2003, S. 109). Fiktionale Charakterbedeutungen „bahnen" diesen Studien zufolge die Wahrnehmung und Beurteilung von den realen Mitgliedern der entsprechenden Berufsgruppen.

In der vorliegenden Arbeit geht es nicht um die realen Mitglieder von Berufsgruppen, sondern um Schauspieler als Werbecharaktere, die ihre fiktionalen Rollen in der Werbung weiterspielen. Die fiktionalen Charakterbedeutungen werden im mentalen Situationsmodell repräsentiert und sind daher zugänglich. Wird Werbung gezeigt, in der der Werbecharakter in einer ähnlichen Rolle wie in der Fiktion auftritt (semantisches Priming), dann ist die Reaktion auf diesen Zielreiz erleichtert. Liegt durch den fiktionalen Medienkontext dagegen kein passendes Situationsmodell vor, sind entsprechende Bedeutungen weniger zugänglich. In der Folge sind die Reaktionen auf den nachfolgenden Werbecharakter, der keinen kongruenten Bezug zur Fiktion aufweist, weniger leicht als bei kongruenten Primes.

Wie wirken sich diese Prozesse auf die *Beurteilung* der Schauspieler als Werbepersonen aus? Um dies zu untersuchen, werden Prozesse der Personenbeurteilung betrachtet und auf Schauspieler und fiktionale Charaktere angewandt.

5.2.2 Prozesse der Personenbeurteilung bei Schauspielern und fiktionalen Charakteren

Bzgl. der Beurteilung von Personen wird in der Forschung eine Vielzahl an Modellen diskutiert (vgl. z.B. das Kapitel „Person perception" im Sammelband von Chaiken und Trope 1999). Innerhalb dieser Arbeit sollen zwei Forschungsstränge – die kategoriengeleitete Personenbeurteilung sowie die Attribution von Verhalten auf die Persönlichkeit – diskutiert werden, die für die Erklärung der Wirkung von Werbecharakteren, die sich auf fiktionale Mediencharaktere beziehen, wesentlich erscheinen.

5.2.2.1 Kategorien- vs. detailgeleitete Eindrucksbildung von Personen

Das kategoriengeleitete Model der Eindrucksbildung von Fiske et al. (1987)[56] fokussiert auf die Berücksichtigung von Vorwissen über Personeneigenschaften und bildet damit die „Brücke" zwischen den oben beschriebenen Zugänglichkeitseffekten und der Personenbeurteilung.

---

[56] Hier wird das Modell von Fiske et al. (1987) bzw. die aktualisierte Fassung von Fiske, Lin und Neuberg (1999) vorgestellt. Ein sehr ähnliches Model der Eindrucksbildung über Personen ist das Modell von Brewer (1988) bzw. Brewer und Harasty Feinstein (1999). Zu den Unterschieden vgl. Fiske, Lin und Neuberg (1999, S. 249).

Dieses Modell unterscheidet zwei Möglichkeiten, wie die Bildung von Eindrücken, die sich Menschen von anderen Menschen machen, erfolgt: Eine Variante besteht darin, dass Menschen anhand der einzelnen Eigenschaften der zu beurteilenden Person eine detaillierte Beurteilung vornehmen (sog. „piecemeal-based processing" bzw. „attribute-by-attribute processing", Fiske, Lin und Neuberg 1999, S. 233). Die andere Variante besteht darin, dass Menschen bei der Beurteilung anderer Menschen spontan auf Vorwissen über ähnliche Personen zurückgreifen. Dabei kommen soziale Kategorien (Schemata, Prototypen, Stereotypen, vgl. Fiske, Lin und Neuberg 1999, S. 232) zum Einsatz. Wenn die zu beurteilende Person einer bestehenden Kategorie entspricht (also z.B. in ein vorhandenes Schema passt), dann erfolgt die Beurteilung dieser Person auf der Basis der Beurteilung der gesamten sozialen Kategorie (sog. „category-based processing", Fiske, Lin und Neuberg 1999, S. 233) und nicht auf der Abwägung der einzelnen Persönlichkeitseigenschaften der Person. Dies entspricht der in Abschnitt 4.2.1.2 erwähnten Repräsentativitätsheuristik.

Fiske et al. (1987) sowie Fiske, Lin und Neuberg (1999) stellen diese beiden Wege der Eindrucksbildung über Personen in einem sog. Kontinuum-Modell dar. Dabei wird berücksichtigt, dass die Eindrucksbildung oft schnell erfolgen muss (Zeitaspekt) oder es sein kann, dass keine Motivation zur genauen Verarbeitung vorhanden ist (Motivationsaspekt). Fiske et al. (1987, 1999) nennen folgende Modellschritte:

- Gleichzeitig mit der ersten Wahrnehmung einer Person erfolgt eine schnelle Kategorisierung auf der Basis herausstechender Merkmale (Äußeres, prägnante Verhaltensweisen, etc.). Dies bildet den einen Pol des Kontinuums – die „primäre Kategorisierung" einer Person.

- Soll eine Beurteilung der Person erfolgen, nehmen Menschen weitere Informationen auf, um abzuschätzen, wie gut die Person in die gefundene Kategorie passt (vgl. Fiske et al. 1987, S. 403).

- Wenn die Kategorie als passend befunden wird („confirmatory categorization", vgl. Fiske, Lin und Neuberg 1999, S. 234), dann erfolgt die Beurteilung der Person auf der Basis der für die Kategorie gespeicherten Merkmale. „(…) once perceivers categorize the encountered individual, they automatically tend to feel, think, and behave toward that individual in the same way they tend to feel, think, and behave toward members of that social category more generally" (Fiske, Lin und Neuberg 1999, S. 234).

- Dieser Kategorisierungsschritt kann fehlschlagen, wenn die weiteren Personeninformationen derart inkonsistent zu der anfänglichen Kategorie sind, dass diese nicht bestätigt werden kann. In diesem Fall kann die Person nach einer passenderen Kategorie suchen („recategorization", Fiske, Lin und Neuberg 1999, S. 235) oder befinden, dass die Person nicht kategorisierbar ist und „Eigenschaft für Eigenschaft" beurteilt werden muss („attribute-by-attribute processing", Fiske, Lin und Neuberg 1999, S. 235). In letzterem Fall erfolgt eine systematische Personenbeurteilung, bei der die Eigenschaften der Person einzeln beurteilt, gewichtet und zu einem Gesamturteil zusammengefügt werden. Dies bildet den anderen Pol des Kontinuums.

Dieses Modell entspricht dem von Gilbert (1991) dargestellten Korrekturmodell (vgl. Abschnitt 4.1.2), hier angewandt auf Personenbeurteilungen (vgl. Gilbert 1999, S. 7). Der erste Schritt der Einordnung in eine Kategorie entspricht der Annahme der „Voreinstellung" in Gilberts Modell: „Perceivers tend toward category-based processes as default processes" (Fiske, Lin und Neuberg 1999, S. 243). Durch die nachfolgenden Schritte kann die einmal gebildete Beurteilung bestätigt oder korrigiert werden. Eine individualisierte Beurteilung erfolgt nur unter bestimmten Bedingungen. Dazu zählen die Aufmerksamkeit für Eigenschaften der Person sowie insbesondere die Motivation zur genauen Beurteilung (vgl. Fiske, Lin und Neuberg 1999, S. 234, 238f): „But depending on motivation (…), perceivers may end up anywhere on the impression formation continuum" (Fiske, Lin und Neuberg 1999, S. 243).

Die Leichtigkeit, mit der zuerst wahrgenommene Eigenschaften der Person in eine verfügbare Kategorie eingeordnet werden können, bestimmt, ob die Beurteilung auf Basis der ersten Kategorie bestehen bleibt oder ob die folgenden Schritte ablaufen. Damit wird auch die oben erwähnte Zugänglichkeitsheuristik berücksichtigt. Entscheidend für die Leichtigkeit der Einordnung ist die Passung („fit", Fiske, Lin und Neuberg 1999, S. 237; „match", Sujan, Bettman und Sujan 1987, S. 347) zwischen zu beurteilender Person und bestehender Kategorie, die hier bisher als „Kongruenz" bezeichnet wurde. Wenn mehrere passende Kategorien verfügbar sind, wird die am leichtesten zugängliche Kategorie zur Anwendung kommen (vgl. Aronson, Wilson und Akert 2004, S. 76).

Je weiter der Beurteilungsvorgang auf dem Kontinuum in Richtung „attribute-by-attribute"-Beurteilung fortschreitet, desto mehr wird der Einfluss der automatisch generierten Kategorisierung herabgesetzt, wie es die im HSM beschriebene „Abschwächungshypothese" postuliert (vgl. Chen und Chaiken 1999, S. 76; vgl. Abschnitt 4.2.1.1).

Wie lässt sich dies auf die hier vorliegende Thematik anwenden? Die zu beurteilende Person ist ein in der Werbung auftretender Schauspieler. Durch einen fiktionalen Medieninhalt werden fiktionale Charaktereigenschaften für den Schauspieler zugänglich gemacht. Aufgrund dieser Zugänglichkeit wird die erste Eindrucksbildung (d.h. die Einordnung des Werbecharakters in eine Kategorie) auf der Basis der fiktionalen Charakterinformationen erfolgen. Die Leichtigkeit mit der zuerst wahrgenommene Eigenschaften der Person in eine verfügbare Kategorie eingeordnet werden können, bestimmt, ob die Beurteilung auf Basis der ersten Kategorie bestehen bleibt oder ob die folgenden Korrekturschritte ablaufen. Wenn fiktionale Charakterinformationen und die Darstellung des Schauspielers in der Werbung aufeinander abgestimmt (kongruent) sind, dann sollte die für den Werbeschauspieler zuerst (auf Basis der Fiktion) gewählte Kategorie als passend befunden werden. Aufgrund der Kongruenz bestünde keine Notwendigkeit (Motivation) zum Überdenken der Zuordnung des Werbeschauspielers zur gewählten Kategorie (vgl. Maheswaran und Chaiken 1991). In der Folge, sollte die Beurteilung des Werbecharakters auf der Basis des Wissens um die Fähigkeiten und Eigenschaften des fiktionalen Mediencharakters erfolgen. Hier können weitgehend unbewusste Prozesse vermutet werden: Dass der Konsument die Personenbeurteilung des Werbeschauspielers auf der Basis der Kategorie zum fiktionalen Charakter aufbaut, sollte dem Konsumenten im jeweiligen Moment nicht klar sein.

5.2.2.2 Attributionsverzerrungen bei der Beurteilung von Schauspielern

Eine etwas andere Perspektive der Personenbeurteilung nehmen die Attributionstheorien ein. Hier wird auf die Ursachen des Verhaltens von Personen fokussiert. Menschen suchen häufig nach Gründen für das Verhalten anderer Menschen. Attribution bedeutet, dass der Beobachter eines Ereignisses von dem Ereignis auf die Ursache schließt, durch die das Ereignis seiner Meinung nach herbeigeführt wurde (vgl. Kroeber-Riel, Weinberg und Gröppel-Klein 2009, S. 345).

Die bekannte „klassische" Attributionstheorie von Kelley (1967) betrachtet einerseits Fälle, in denen dem Beobachter Informationen aus mehreren Quellen zur Verfügung stehen. Untersucht wird, welche dieser Informationen unter welchen Bedingungen herangezogen werden. Ein Ereignis wird auf die Bedingung zurückgeführt, mit der es über die Zeit kovariiert. Andererseits werden Fälle betrachtet, für die nur Einzelbeobachtungen vorliegen, so dass die Attribution auf der Basis kausaler Schemata durchgeführt wird (vgl. Eisend 2003, S. 77ff; Gröppel-Klein 2004b, S. 58). Das Modell von Kelley (1967) geht von der Annahme eines relativ rationalen Beobachters aus, während neuere Attributionsmodelle annehmen, dass Attributionen mit geringem kognitiven Aufwand, oftmals auch emotional oder motivgesteuert ablaufen können. Hier wird angenommen, dass Attributionsprozese Verzerrungen unterliegen und Menschen sog. „Attributionsfehler" begehen können (vgl. Eisend 2003, S. 84 für einen Überblick).

Eine wesentliche Unterscheidung bei solchen Attributionsverzerrungen bezieht sich auf die *dispositionellen* Ursachen für Verhalten (Persönlichkeit, z.B. Marie schrieb eine gute Klausur, weil sie intelligent ist) und die *situativen* Verhaltensursachen (z.B. Marie schrieb eine gute Klausur, weil die Klausur leicht war). Menschen zeigen die Tendenz zur Annahme, dass der Mensch auf eine bestimmte Art und Weise handelt, weil er eine bestimmte Art von Mensch ist, und nicht wegen der Situation, in der er sich befindet. Diese Tendenz zu folgern, dass das Verhalten des Handelnden seiner Persönlichkeit entspricht (korrespondiert) und dabei situative und soziale Einflüsse zu unterschätzen, wird als „Korrespondenzverzerrung" (Gilbert und Malone 1995) oder „Fundamentaler Attributionsfehler" (Ross 1977) bezeichnet.

Ein Grund für solche Attributionsverzerrungen ist die sog. perzeptuelle Salienz, die scheinbare Wichtigkeit einer bestimmten, im Mittelpunkt der Aufmerksamkeit stehenden Information. Oft ist dies die Person selbst, während Informationen über die situationsbedingten Ursachen des Verhaltens oft nicht verfügbar oder schwer zu interpretieren sind (vgl. Aronson, Wilson und Akert 2004, S. 121). Beispielsweise werden Prominente, die keine Interviews geben wollen, in den Medien schnell als arrogant abgestempelt (Attribution auf Persönlichkeit). Dass sie oft von zahlreichen Journalisten „belagert" werden und daher irgendwann in Ruhe gelassen werden wollen (situative Verhaltensursache) wird schnell übersehen (oder von den Medien nicht erwähnt).

Attributionsverzerrungen lassen sich mit den Annahmen des Spinozanischen Systems vereinbaren (vgl. Gilbert 1991, S. 112; Gilbert, Tafarodi und Malone 1993, S. 231): „Begonnen wird mit einer internalen Attribution in der Annahme, dass das Verhalten einer Person auf dispositionellen Faktoren beruht, also etwas mit der Person selbst zu tun hat. Dann wird der Versuch einer Anpassung unternommen unter Einbeziehung der situativen Faktoren. (…) Der erste Schritt (die internale Attribution) geschieht schnell und spontan, während der folgende Schritt (die situative Anpassung) mehr Anstrengung und bewusste Aufmerksamkeit erfordert" (Aronson, Wilson und Akert 2004, S. 123).

Es stellt sich die Frage, ob sich Attributionsverzerrungen nicht nur bei realen Personen, sondern auch im Zusammenhang mit fiktionalen Charakteren zeigen. In einer empirischen Studie untersuchten Tal-Or und Papirman (2007, S. 334ff) diese Frage. Sie zeigten zwei Gruppen von Probanden[57] Serienausschnitte, in denen derselbe Schauspieler einmal in einer positiven Rolle (Gruppe 1, Rolle eines fürsorglichen Vaters), einmal in einer negativen Rolle (Gruppe 2, Rolle eines seine Familie tyrannisierenden Vaters) auftrat. Nach dem Anschauen der Serien wurde in beiden Gruppen die Beurteilung des Schauspielers anhand von Persönlichkeitsitems gemessen. Die Gruppen wurden hinsichtlich dieser Persönlichkeitsbeurteilungen verglichen; dabei zeigte sich, dass die Probanden, die den Schauspieler in der positiven Rolle gesehen hatten, diesen nachher auch signifikant positiver beurteilten als die Probanden, die den Schauspieler in der negativen Rolle gesehen hatten (vgl. Tal-Or und Papirman 2007, S. 335). Dieser Effekt konnte in einer zweiten empirischen Studie repliziert werden (vgl. Tal-Or und Papirman 2007, S. 339). Die Autoren interpretieren dieses Ergebnis als „Fundamentalen Attributionsfehler" (vgl. Tal-Or und Papirman 2007, S. 336), in dem Sinne, dass Konsumenten die Ursachen für die *Persönlichkeit des Schauspielers* in den Eigenschaften und Verhaltensweisen des fiktionalen Charakters suchen und situative Einflüsse unterschätzen. In diesem Fall wäre die Tatsache, dass das gezeigte Verhalten den Vorgaben des Drehbuchs geschuldet ist, die situative Verhaltensursache, die von Probanden unterschätzt wird. Diese Ergebnisse können damit als ein Hinweis auf die Möglichkeit des Nachwirkens fiktionaler Charakterinformationen gedeutet werden.

In den Studien von Fleming und Darley (1993) wird zusätzlich das Konzept der Kongruenz aufgegriffen. Die Autoren zeigten Probanden zuerst einen Text mit einer Beschreibung eines Schauspielers, wobei einer Gruppe der Schauspieler (Rutger Hauer) als „sensitive and warm person"

---

[57] Bei den Probanden handelt es sich um 15- bis 17-jährige Jugendliche (High school students). Weitere Studien müssen zeigen, inwiefern sich die gefundenen Ergebnisse auf Erwachsene verallgemeinern lassen. Die Ergebnisse von Fleming und Darley (1993), die einen ähnlichen Experimentalaufbau wählten und die Studien mit Universitätsstudierenden durchführten, weisen zumindest darauf hin, dass die Effekte auch für Erwachsene gelten.

vorgestellt wurde, die andere Gruppe erhielt eine Beschreibung als „callous and cold type" (Fleming und Darley 1993, S. 373). Im Anschluss daran sahen die Probanden entweder einen Filmausschnitt, in dem der vorgestellte Schauspieler einen gefühlvollen, warmherzigen Mann spielt, oder einen Filmausschnitt, in dem er einen gefühllosen, brutalen Killer spielt. Mit Hilfe dieses Stimulusmaterials entstanden Gruppen, die kongruente Schauspieler-Charakter-Beschreibungen erhielten (d.h. sowohl positive bzw. negative Beschreibungen in Text und Film). Außerdem gab es Gruppen, die inkongruente Beschreibungen erhielten (d.h. im Text/Film positiv, aber im Film/Text negativ). Danach wurden die Probanden gebeten, „die wahre Persönlichkeit des Schauspielers" anhand von Persönlichkeitsskalen zu beurteilen. Die Ergebnisse zeigen, dass die Probanden, die kongruente negative Beschreibungen erhalten hatten, den Schauspieler signifikant negativer beurteilten als die Probanden mit den kongruenten positiven Beschreibungen. Die Beurteilungen der Probanden, die inkongruente (positive oder negative) Beschreibungen erhalten hatten, lagen zwischen diesen Werten und unterschieden sich nicht signifikant untereinander (vgl. Fleming und Darley 1993, S. 376). Dieser Effekt konnte in einer zweiten empirischen Studie repliziert werden (vgl. Fleming und Darley 1993, S. 386). Die Autoren begründen das Ergebnis damit, dass das verbal und bildlich beschriebene Verhalten (obwohl es sich teilweise um *gespieltes* Verhalten handelt) auf die Persönlichkeit des Schauspielers attribuiert wird. Kongruenz führt dazu, dass vom Probanden keine Notwendigkeit zum Überdenken einer spontan getroffenen Persönlichkeitseinschätzung gesehen wird. Dagegen führt Inkongruenz der Beschreibungen zu einem Schritt des Überdenkens, so dass auch situative Einflüsse (d.h. die Tatsache, dass es sich um *gespieltes* Verhalten handelt) berücksichtigt werden (vgl. Fleming und Darley 1993, S. 381).

Wie können diese Erkenntnisse für die hier behandelte Thematik genutzt werden? Der wichtigste Verknüpfungspunkt besteht darin, dass der Ansatz der Attributionsverzerrung den Aspekt der Kongruenz berücksichtigt, der – wie beschrieben wurde – hier als Mittel verwendet werden soll, um fiktionale Nachwirkungen zu untersuchen. Neben der Beurteilung von Schauspielern, zu denen fiktionale Rollen bekannt sind (wie wird der Schauspieler „als Mensch" beurteilt?), könnte der Ansatz auch erklären, wie die Beurteilung von aus fiktionalen Rollen bekannten Schauspielern *in der Werbung* ausfällt (d.h., wie wird der Schauspieler als Werbeperson beurteilt?). Auch hier können Kongruenz- bzw. Inkongruenzsituationen bestehen: Für den Schauspieler können durch einen fiktionalen Medienkontext zur Werberolle passende Charakterinformationen vorliegen (Kongruenz) oder nicht vorliegen (Inkongruenz). Tritt der Schauspieler sowohl in der Fiktion als auch in der Werbung in einer bestimmten Rolle auf (z.B. als Arzt), dann könnte dies bei der Beurteilung der Werbeperson dazu führen, dass im ersten Schritt (der internalen Attribution), eine schnelle und spontane Akzeptanz der aus der Fiktion bekannten Persönlichkeitseigenschaften erfolgt. Weil dieser Schritt eine Attribution auf dispositionelle Ursachen beinhaltet, würden in der Folge auch dem kongruenten Werbecharakter diese Persönlichkeitseigenschaften zugeordnet werden – selbst wenn diese „nur" fiktionale Eigenschaften sind. Aufgrund der Kongruenz bestünde keine Notwendigkeit (Motivation) zum Überdenken der Zuordnung der Eigenschaften.

Obwohl die Beschreibung dieses Prozesses eine bewusste Ursachenzuschreibung vermuten lässt, kann er weitgehend unbewusst für den Konsumenten ablaufen (vgl. Eisend 2003, S. 85f). Die Tatsache, dass der Konsument bei der Personenbeurteilung die situativen Umstände (hier: Drehbuch ist für nur gespieltes Verhalten verantwortlich) vernachlässigt, dürfte dem Konsumenten im jeweiligen Moment oft nicht bewusst sein.

Stimmen fiktionale Charakterinformationen und Darstellung des Werbecharakters dagegen *nicht* überein, so könnte diese Inkongruenz die Ursache zum Überdenken des Auftritts des Werbecharakters bilden. In der Folge könnte das fiktionale Geschehen in seiner Bedeutung für die Beurteilung der Werbeperson abgewertet und die Beurteilung relativiert werden.

5.2.3 Schlussfolgerungen für die Beurteilung von Werbecharakteren mit fiktionalem Bezug

5.2.3.1 Zusammenfassung der betrachteten Ansätze

Zusammenfassend lässt sich festhalten, dass verschiedene theoretische Ansätze für die Nachwirkung fiktionaler Charakterinformationen in der Werbung sprechen.

Wie in der Medienkontextforschung postuliert (vgl. Abschnitt 3.1.4), könnte die Nachwirkung fiktionaler Charakterinformationen in der Werbung auf Basis von **Priming-Effekten** erklärt werden. Weil bestimmte Informationen aus dem Medienkontext zugänglich sind, ist die Verarbeitung eines auf den Medieninhalt abgestimmten (kongruenten) Werbereizes erleichtert. In Medienkontextstudien finden sich jedoch diverse inkonsistente Ergebnisse, die teilweise von Kongruenzeffekten, teilweise von nicht signifikanten Ergebnissen, teilweise von Kontrasteffekten berichten. Zudem hat sich die Medienkontextforschung bisher nicht mit der Analyse von *Charakter*bedeutungen in Programm und Werbung beschäftigt. Daher wurden zwei Ansätze zur Personenbeurteilung (kategorienbasiertes Modell, Attributionsverzerrungen) herangezogen, für deren Anwendbarkeit auf fiktionale Personen zusammenfassend folgende Argumente sprechen:

- *Vereinbarkeit mit dem Spinozanischen System:* Fiktionale Einflüsse können auf der Basis des Spinozanischen Systems und dem dort beschriebenen Korrektur-Modell erklärt werden (vgl. Kapitel 3). Beide Ansätze zur Personenbeurteilung fügen sich gut in diese Modelle ein, was dafür spricht, dass sie sich auch für die Erklärung von Nachwirkungen fiktionaler Charakterinformationen eignen.

- *Berücksichtigung des Kongruenzaspekts*: Beide Ansätze berücksichtigen (theoretisch oder empirisch) den Aspekt der Kongruenz, der – wie in Abschnitt 4.3.2 beschrieben wurde – hier als Mittel verwendet wird, um fiktionale Nachwirkungen zu untersuchen. Durch Inkongruenz zwischen verschiedenen Personendarstellungen kann die Motivation entstehen, eine einmal gebildete Personenbeurteilung zu überdenken (vgl. Maheswaran und Chaiken 1991).

- *Bisherige Anwendung auf Aspekte fiktionaler Wirkungen:* Die Studien von Tal-Or und Papirman (2007) sowie von Fleming und Darley (1993) stellen Anwendungen der Attributionsverzerrungen auf den Bereich der Beurteilung von Schauspielern dar, zu denen fiktionale Rollen bekannt sind. Auf dieser Basis wurde versucht, Beurteilungen von Schauspielern *in der Werbung* zu erklären, die aus fiktionalen Rollen bekannt sind. Das kategorienbasierte Modell von Fiske et al. (1987) wurde bisher in verschiedenen Bereichen empirisch untersucht und bestätigt, z.B. für die Beurteilung politischer Kandidaten (vgl. Fiske 1982) oder bei der Eindrucksbildung über Verkaufspersonal im Einzelhandel (vgl. Sujan, Bettman und Sujan 1986). Für die Anwendung dieses Modells auf die Beurteilung von Werbepersonen im fiktionalen Medienkontext finden sich u.W.n. bisher keine empirischen Erkenntnisse in der Literatur. Durch die Berücksichtigung der Zugänglichkeit dafür, ob und welche Kategorie einer Person zugewiesen wird, fügt sich dieses Modell jedoch gut in die hier vorliegende Argumentation ein.

Die Anwendung des **kategorienbasierten Modells** auf die hier vorliegende Thematik ergab, dass Schauspieler auf der Basis von zugänglichem Vorwissen über fiktionale Charakterbedeutungen beurteilt werden können, sofern die Motivation zum Überdenken der Informationen fehlt. Es wurde argumentiert, dass bei Kongruenz zwischen fiktionalen Charakterbedeutungen und dem Werbecharakter diese Motivation gering ausgeprägt sein sollte. Inkongruenz kann diese Motivation jedoch erhöhen, was zu einer eigenschaftsbasierten Personenbeurteilung führen sollte, die die Beurteilung herabsetzt.

Die Anwendung des Ansatzes der **Attributionsverzerrungen** auf die hier vorliegende Thematik führt zu dem Schluss, dass Ursachen für Verhalten oft in der Persönlichkeit der Person gesucht werden und situative Gründe vernachlässigt werden. Insofern könnte das dargestellte Verhalten der fiktionalen Charaktere auf die Persönlichkeit des darstellenden Schauspielers attribuiert werden. Dieser Effekt tritt eher ein, wenn für den fiktionalen Charakter und den Schauspieler kongruente Bedeutungen vorliegen. Die Tatsache, dass es sich um Drehbuchvorgaben handelt (situative Verhaltensursache) wird unterschätzt. Ein kritisches Überdenken setzt jedoch ein, wenn für den fiktionalen Charakter und den Schauspieler inkongruente Bedeutungen vorliegen. Ein ähnlicher Effekt wird hier erwartet, wenn fiktionale Charaktere und Schauspieler als Werbecharaktere in Beziehung zueinander gesetzt werden.

5.2.3.2 Kompetenz und Vertrauenswürdigkeit von Werbecharakteren mit fiktionalem Bezug

Wie in Abschnitt 3.2.3 aufgezeigt, werden die Kompetenz und die Vertrauenswürdigkeit von Werbepersonen als bedeutende Einflussfaktoren auf die Effektivität der Werbung angesehen (vgl. Amos, Holmes und Strutton 2008). Welchen Einfluss haben die oben dargestellten Prozesse demnach für die Kompetenz und Vertrauenswürdigkeit von Werbecharakteren mit fiktionalem

Bezug? Kompetenz beschreibt die Beurteilung der *Fähigkeit* des Senders der Botschaft, gültige Aussagen treffen zu können, Vertrauenswürdigkeit beschreibt, inwieweit dem Sender der Botschaft zugeschrieben wird, dass er tatsächlich die *Absicht* verfolgt, gültige Aussagen zu treffen (vgl. Gröppel-Klein und Germelmann 2006, S. 124).

Stimmt die Darstellung zwischen fiktionalem Mediencharakter und Werbecharakter überein, dann würde der Werbecharakter aufgrund geringer Motivation zum Überdenken zu derselben Kategorie wie der fiktionale Mediencharakter zugeordnet werden. In der Folge würden dem Werbecharakter dieselben Eigenschaften wie Personen aus dieser Kategorie zugeschrieben werden (Argument des kategorienbasierten Modells) – ein Transfer fiktionaler Charaktereigenschaften auf die Werbung. Dem Werbecharakter würden Fähigkeiten des fiktionalen Charakters zugeschrieben werden (Argument des Ansatzes der Attributionsverzerrungen). Wird beispielsweise ein fiktionaler „Arzt" (Mediencharakter) in einem späteren Werbespot (Werbecharakter „Arzt") gezeigt, so sollten der Werbeperson die *Fähigkeiten* der fiktionalen Figur zugeschrieben werden. Hier wird vermutet, dass daraus eine *positivere Kompetenzbeurteilung des Werbecharakteres* durch den Konsumenten resultiert, sofern die Werbeperson für ein zum Mediencharakter passendes Produkt wirbt (z.B. für ein Gesundheitsprodukt). Die Kompetenz wird der Werbeperson auf der Basis des Wissens um die fiktionalen Fähigkeiten zugewiesen.

Stimmen fiktionale Charakterinformationen und Darstellung des Werbecharakters dagegen *nicht* überein, so könnte diese Inkongruenz die Ursache zum Überdenken des Auftritts des Werbecharakters bilden. Dieses Überdenken sollte sich entweder in einer Rekategorisierung (z.B. Kategorie „bekannter Schauspieler"), in einer eigenschaftsbasierten Beurteilung des Werbecharakters (Argumente des kategorienbasierten Modells) oder in einer Berücksichtigung situativer Umstände („nur gespieltes Verhalten", Argument des Ansatzes der Attributionsverzerrungen) äußern. Durch die systematische Beurteilung „Eigenschaft für Eigenschaft" oder durch die Berücksichtigung gespielten Verhaltens als Ursache sollte letztlich die Tatsache bewusst werden, dass es sich bei der Werbeperson um einen Schauspieler handelt, der „nur" einen fiktionalen Charakter spielt. Dies dürfte zu einer *kritischeren Kompetenzbeurteilung des Werbecharakters* führen, weil erkannt wird, dass nicht er, sondern der fiktionale Charakter die entsprechenden Fähigkeiten aufweist.

Insgesamt betrachtet, lassen sich für die abhängige Variable „Kompetenz des Werbecharakters" Argumente finden, die eine positivere Kompetenzbeurteilung in der Kongruenzbedingung bzw. eine kritischere Kompetenzbeurteilung in der Inkongruenzbedingung vermuten lassen. Dies lässt sich in folgender Hypothese zusammenfassen:

H2a: Wenn zu einem Werbecharakter durch einen Medienkontext inhaltlich *kongruente* fiktionale Charakterinformationen zugänglich sind, dann wird die Kompetenz des Werbecharakters positiver beurteilt, als wenn zu dem Werbecharakter durch den Medienkontext inhaltlich *inkongruente* fiktionale Charakterinformationen zugänglich sind.

Durch die Zugänglichkeit fiktionaler Charakterinformationen durch einen kongruenten Medienkontext, stehen diese Informationen über Fähigkeiten bei der Beurteilung der Kompetenz des Werbecharakters zur Verfügung, d.h. die Abstimmung ist vor allem für die *Kompetenz*beurteilung relevant. Daher erscheint es schwierig, Argumente für eine Verbesserung der *Vertrauenswürdigkeit* des Werbecharakters im inhaltlich kongruenten fiktionalen Medienkontext zu finden. Die Variable „Vertrauenswürdigkeit des Werbecharakters" dürfte jedoch im inkongruenten fiktionalen Medienkontext von Belang sein. Durch das Überdenken des Werbeauftritts, die systematische Beurteilung „Eigenschaft für Eigenschaft" und/oder durch die Berücksichtigung gespielten Verhaltens als Ursache dürfte dem Konsumenten die Tatsache bewusst werden, dass es sich „nur" um einen gespielten Charakter handelt. In der Folge könnte sich eine *kritischere Beurteilung der Vertrauenswürdigkeit* einstellen, weil die *Absicht* des Werbecharakters, das Produkt „tatsächlich" zu empfehlen, von Konsumenten geringer eingeschätzt wird, wenn ihnen der „Schauspielerstatus" bewusst geworden ist. Insgesamt gesehen, wird auch für die Vertrauenswürdigkeit ein Unterschied zwischen der Platzierung im kongruenten vs. inkongruenten fiktionalen Medienkontext vermutet, wofür die folgende Hypothese formuliert wird:

H2b: Wenn zu einem Werbecharakter durch einen Medienkontext inhaltlich *kongruente* fiktionale Charakterinformationen zugänglich sind, dann wird die Vertrauenswürdigkeit des Werbecharakters positiver beurteilt, als wenn zu dem Werbecharakter durch den Medienkontext inhaltlich *inkongruente* fiktionale Charakterinformationen zugänglich sind.

5.3 Einstellungswirkungen von Werbung im Umfeld fiktionaler Mediencharaktere

Neben der Intensität der affektiven Reaktionen (vgl. Abschnitt 5.1.3 zur Aktivierung) sind auch Einstellungswirkungen von Interesse, da sie die Valenz der Reaktion abbilden. Einstellungen sind „im Wesentlichen von der emotionalen (positiven oder negativen) Haltung gegenüber einem Gegenstand geprägt." (Kroeber-Riel, Weinberg und Gröppel-Klein 2009, S. 215). Bei der Bildung von Einstellungen sind jedoch sowohl affektive als auch kognitive Prozesse beteiligt, wobei Kroeber-Riel, Weinberg und Gröppel-Klein (2009, S. 214f) Einstellungen insgesamt zu den vorwiegend affektiven Prozessen zählen. Auch Eagly und Chaiken (2007, S. 583) betonen die Bedeutung emotionaler Prozesse. Danach ist Einstellung „eine psychologische (…) Tendenz, die sich dadurch ausdrückt, dass ein spezifisches Objekt mit einem bestimmten Grad des Gefallens oder Missfallens bewertet wird" (Eagly und Chaiken 2007, S. 585, Übersetzung aus Kroeber-Riel, Weinberg und Gröppel-Klein 2009, S. 215). Dieser Bewertung liegen kognitive, emotionale und konative Reaktionen zugrunde, die bewusst oder unbewusst ablaufen können (vgl. Eagly und Chaiken 2007, S. 583). Im Folgenden sollen daher sowohl affektive als auch kognitive Kriterien für die Bildung von Einstellungen zur Werbung mit fiktionalem Bezug betrachtet werden. Die folgenden Ausführungen beziehen sich auf die Einstellung zum Werbemittel (Werbeanzeige, Werbespot) als Einstellungsobjekt.

Werbung mit fiktionalem Bezug lehnt sich an eine fiktionale Welt an. Im speziell vorliegenden Fall übernimmt sie die Bedeutungen der fiktionalen Charaktere. Damit ist es möglich, den Aussagegehalt der Werbung zu erhöhen, ohne die Werbedauer erhöhen zu müssen. Die in audiovisuellen Medien präsentierten Fiktionen erzeugen i.d.R. sehr viel reichhaltigere Eindrücke (z.B. von den Charakteren) als es einem kurzen Werbespot gelingen könnte (vgl. Jenzowsky und Friedrichsen 1999, S. 269). Im Vergleich zu Werbung, für die keine fiktionalen Bedeutungen vorhanden ist, kann Werbung mit fiktionalem Bezug daher ebenfalls als „reichhaltiger" empfunden werden. Durch die Anlehnung an die fiktionale Geschichte kann Werbung mit fiktionalem Bezug „geschichten-ähnlich" wirken, ohne selbst eine Geschichte zu präsentieren, weil Konsumenten die in der Werbung „fehlenden" Informationen (oft unbewusst) durch in ihrem mentalen Situationsmodell gespeichertes Vorwissen der Fiktion ergänzen (vgl. Roskos-Ewoldsen et al. 2004, S. 352; Wyer und Radvansky 1999, S. 94; vgl. Abschnitt 4.1.1). Es kann vermutet werden, dass Werbung mit fiktionalem Bezug deshalb besser gefällt und besser beurteilt wird.

Im Rahmen des Abschnitts 3.1.4 zu den Medienkontextwirkungen wurde bereits eine Studie (Dahlén et al. 2008) angesprochen, die einen negativen Zusammenhang zwischen Kongruenz und Einstellungen zeigen konnte. Dies würde den oben genannten Argumenten widersprechen, so dass diese Studie hier genauer betrachtet werden soll. In der Studie von Dahlén et al. (2008) wird vermutet, dass Konsumenten bereits bestimmte Schemata über die Passung von Produkten zu Programmumfeldern gebildet haben („Autoanzeigen werden oft in Autozeitschriften geschaltet, Kosmetikanzeigen werden oft in Frauen- und Beauty-Zeitschriften geschaltet"). Konsumenten kennen diese Werbetechnik, so dass eine Platzierung im kongruenten Medienkontext wenig überraschend sein dürfte. Dahlén et al. (2008, S. 57f) vermuten, dass ein „Verstoß" gegen diese bekannte Kongruenzplatzierung (d.h. Inkongruenz, z.B. Auto-Anzeigen in Schönheitsmagazinen), den Erwartungen der Konsumenten widerspricht. Die Autoren zeigen, dass Konsumenten versuchen, die Inkongruenz aufzulösen, indem sie sich mehr mit der Anzeige beschäftigen. Der Spaß am Entschlüsseln und die wahrgenommene Freude über die erfolgreiche Entschlüsselung führen zu einer besseren Werbeeinstellung. Wie stehen diese Ergebnisse in Relation zur hier besprochenen Thematik?

In diesem Zusammenhang bietet es sich an, auf das Kongruenz-/Inkongruenzkonzept von Heckler und Childers (1992) zurückzugreifen, das neben den Ähnlichkeitsausprägungen der Stimuli auch subjektive Wirkungen berücksichtigt. Dort wird der „thematische Bezug" durch zwei Dimensionen definiert: Erwartung und Relevanz. Erwartung bezieht sich auf den Umstand, dass ein Reiz in ein vorbestimmtes Muster *des Konsumenten* fällt. Relevanz bezieht sich auf die Fähigkeit des Werbestimulus, nutzbare Informationen bzgl. der Werbebotschaft zur Verfügung zu stellen (vgl. Heckler und Childers 1992, S. 477).

Möglich und nach den Ergebnissen von Dahlén et al. (2008) auch wahrscheinlich ist es, dass Konsumenten Abstimmungsstrategien bzgl. der beworbenen Produkte und Zeitschriftengenres bereits kennen und daher erwarten. Ob ein Verstoß dagegen jedoch als „unerwartet" charakterisiert werden kann, bleibt fraglich. Zudem beziehen Dahlén et al. (2008) die Erwartungen auf die Abstimmung zwischen *Produkt* und Medieninhalt. Dagegen wird im vorliegenden Fall davon ausgegangen, dass die Abstimmung zwischen *Werbecharakteren* und fiktionalen Programmen als „plötzliches Wiedersehen" wirkt und den Konsumenten positiv überrascht (vgl. Abschnitt 5.1.3 zur Aktivierungswirkung). Dagegen kann vermutet werden, dass die Inkongruenzsituation in den Augen der Konsumenten einer „normalen" Werbeplatzierung entspricht. Lee und Mason (1999, S. 161) zeigten, dass unerwartete Werbereize dann zu besseren Einstellungen führen als erwartete Werbereize, wenn sie auch relevante Informationen enthalten. Werbung, die auf einem kongruenten fiktionalen Medieninhalt aufbaut, kann als Reiz mit einem höheren Grad an Relevanz bezeichnet werden als Werbung, der ein kongruenter Bezug fehlt. Die Abstimmung bzgl. der Charaktere stellt Hinweise auf die Werbebotschaft bereit und kann demnach als „relevant" zur Identifikation der Werbebotschaft charakterisiert werden. Insofern müsste im inhaltlich kongruenten fiktionalen Medienkontext platzierte Werbung besser beurteilt werden als im inhaltlich inkongruenten Medienkontext platzierte Werbung.

Auch der Aspekt der unsystematischen Informationsverarbeitung lässt sich zur Begründung von Einstellungswirkungen heranziehen. Das HSM (Chaiken 1980) als Einstellungsmodell berücksichtigt einen Pfad der Informationsverarbeitung, der nicht auf der systematischen Analyse der Informationen beruht, sondern auf der Nutzung von Heuristiken (vgl. Abschnitt 4.2.1.2). Die in H2 angenommene höhere Kompetenz von Werbecharakteren mit fiktionalem Bezug könnte eine solche Heuristik darstellen („Experten kann man trauen"). Auch unbewusst genutzte Heuristiken wie die Zugänglichkeitsheuristik (vgl. Abschnitt 4.2.1.2) können als Argument für eine vorteilhafte Einstellung zur Werbung im kongruenten Medienkontext gelten. Zugänglichkeit durch Priming erleichtert die Informationsverarbeitung. Für Werbecharaktere, die sich an fiktionale Mediencharaktere anlehnen, sind bereits mentale Repräsentationen angelegt, die zu einem schnelleren und besseren Verständnis der Werbung beitragen können. In der Folge sollte Werbung, die inhaltlich kongruente Werbecharaktere zeigt, besser beurteilt werden.

Zusammenfassend wird folgende Hypothese formuliert:

H3: Wenn ein Werbespot mit einem Werbecharakter im Umfeld inhaltlich *kongruenter* fiktionaler Charakterinformationen platziert wird, dann haben Konsumenten eine positivere Einstellung zum Werbemittel (Werbespot, Werbeanzeige), als wenn er im Umfeld inhaltlich *inkongruenter* fiktionaler Charakterinformationen platziert wird.

5.4 Intensität des Hineinversetzens in fiktionale Medieninhalte als Einflussfaktor auf die Werbewirkung

Bei der Ableitung der Hypothese H2 wurde vorwiegend auf der Basis der unsystematischen Informationsverarbeitung argumentiert. Als theoretische Begründungen wurden Priming-Effekte und die damit verbundene Zugänglichkeitsheuristik sowie Effekte mentaler Abkürzungsstrategien angeführt. Diese entsprechen dem ersten in Kapitel 3 beschriebenen Erklärungsmuster für fiktionale Nachwirkungen. Dort wurde neben der unsystematischen Verarbeitung von Informationen jedoch ein zweites grundsätzliches Erklärungsmuster für fiktionale Nachwirkungen vorgestellt – das Ausmaß des Hineinversetzens in die fiktionale Geschichte. Dies wird in der Literatur unter dem Begriff „Transportation" (Green und Brock 2000) diskutiert.

Transportation soll im Folgenden als Einflussfaktor auf die in Hypothese H2 vermuteten fiktionalen Nachwirkungen betrachtet werden. Im Unterschied zum Ansatz der unsystematischen Informationsverarbeitung berücksichtigt der Transportation-Ansatz einen engagierteren Fiktions-Konsumenten mit einem hohen Ausmaß an Transportation. Dabei wird davon ausgegangen, dass Konsumenten mit einem *geringen* Ausmaß an Transportation dem Verständnis des passiven Fiktions-Konsumenten entsprechen, der dem Ansatz unsystematischer Verarbeitung von Informationen zugrunde liegt (vgl. Schreier 2007, S. 9). Insofern werden für Konsumenten mit geringem Ausmaß an Transportation *keine* Veränderungen in der oben beschriebenen Hypothese H2 erwartet. Für Konsumenten mit einem *hohen* Ausmaß an Transportation lassen sich jedoch verschiedene Wirkungsvermutungen aufzeigen, die aus den Erkenntnissen der Transportation-Forschung abgeleitet werden können:

Ein hohes Ausmaß an Transportation ist gekennzeichnet durch ein genaues inneres Bild von den Handlungsabläufen und den Charakteren, eine starke Konzentration auf die Geschichte und Spannung bzgl. des Handlungsverlaufs, starke Emotionen gegenüber den Charakteren, Empathie als Hineinversetzen in die fiktionalen Charaktere[58] sowie ein „Vergessen" des räumlichen Umfelds (vgl. Green und Brock 2000, S. 702). Die „Intensität der mentalen Reise in die fiktionale

---

[58] Transportation ist damit ein sehr breites Kontrukt, das verschiedene Prozesse des Hineinversetzens beinhaltet (vgl. Green und Brock 2000). Insbesondere Empathie wurde auch im Rahmen der Aktivierungswirkung von Werbespots angesprochen (vgl. Abschnitt 5.1.3). Es ist zu beachten, dass Aktivierung als Reaktion auf einen Werbespot erfasst werden kann (vgl. Hypothese H1), jedoch auch Aktivierung in Reaktion auf einen Medieninhalt. Es ist denkbar, dass Empathie als Teil des Transportation-Erlebens eng mit dem Konzept der Aktivierung zusammenhängt (vgl. Zillmann 1991a). Auch ein anderes Konzept des Transportation-Erlebens, das Empfinden von Spannung (vgl. Green und Brock 2000), dürfte eng mit der Aktivierung von Konsumenten zusammenhängen (vgl. Zillmann 1991b). Insofern ist es denkbar, dass sich in Aktivierungswerten des Films auch physiologisch gemessene Transportation-Reaktionen (Empathiereaktionen und Spannungsempfinden) widerspiegeln. In den späteren Studien wird jeweils nur eines der beiden Konzepte verwendet, entweder Aktivierung oder Transportation. Vergleiche sind nicht Ziel dieser Arbeit, könnten jedoch ein interessantes zukünftiges Forschungsfeld darstellen (vgl. Abschnitt 8.2.2). Transportation selbst wird im empirischen Teil der Arbeit in Übereinstimmung mit Green und Brock (2000) mit Hilfe einer verbalen Skala erfasst, auch um die verschiedenen Dimensionen trennen zu können, die in Aktivierungswerten nicht unterscheidbar sind (vgl. Ravaja 2004, S. 213).

Welt" führt dazu, dass Leser die dort diskutierten Themen umso mehr als Beurteilungsreferenz für die reale Welt benutzen (vgl. Strange 2002). Die geschilderten Ergebnisse vorheriger empirischer Untersuchungen (z.b. Green und Brock 2000) zeigen, dass ein höherer Grad an Transportation ein Nachwirken von Aussagen begünstigt, die dem Leser aus der Unterhaltung der fiktionalen Charaktere bekannt sind.

→ Durch einen höheren Grad an Transportation wirken *Aussagen* der fiktionalen Charaktere über die fiktionale Handlung hinaus nach.

Tal-Or und Papirman (2007, S. 340) konnten zudem zeigen, dass das Ausmaß, Transportation zu erleben, und die Stärke des Fundamentalen Attributionsfehlers[59] (FAE) bei der *Beurteilung* von Schauspielern miteinander korrelieren. Je mehr sich ein Zuschauer in einen Serieninhalt hineinversetzt hat, desto eher zeigt er bei der späteren Beurteilung eines dort gesehenen Schauspielers die Tendenz, das Verhalten des fiktionalen Charakters auf die Persönlichkeit des Schauspielers zu attribuieren und situative Größen (z.b., dass das Verhalten durch ein Drehbuch vorgegeben war) zu vernachlässigen (und damit den FAE zu begehen).

→ Durch einen höheren Grad an Transportation wirken *Persönlichkeitseigenschaften* der fiktionalen Charaktere über die fiktionale Handlung hinaus nach.

Hinsichtlich der Verwendung fiktionaler Mediencharaktere als Werbepersonen stellt sich weiterhin die Frage, ob sich ein höherer Grad an Transportation *bis in die Werbung hinein* auf die Beurteilung von Persönlichkeitseigenschaften auswirkt. Empirische Studien haben gezeigt, dass Transportation (als Stärke des Hineinversetzens in eine fiktionale Welt) die Stärke des fiktionalen Einflusses außerhalb der Fiktion bestimmt. Folgt man diesen Ergebnissen, so könnte ein Konsument, der sich sehr intensiv in eine fiktionale Welt hineinversetzt hat (hoher Grad an Transportation) und damit ein klares mentales Modell der fiktionalen Charaktere entwickelt hat, über den Medieninhalt hinaus auch in der Werbung dieses mentale Modell leichter abrufen als ein Konsument mit einem schwächer ausgeprägten mentalen Modell (geringerer Grad an Transportation). Bei Konsumenten mit einem hohen Grad an Transportation müssten demnach die Nachwirkungen der fiktionalen Charakterinformationen stärker ausgeprägt sein als bei Konsumenten mit einem geringeren Grad an Transportation. Der Grad an Transportation verstärkt die im kongruenten fiktionalen Medienkontext präsentierten Werbeinformationen.

Im inkongruenten fiktionalen Medienkontext liegt eine Inkonsistenz zwischen dem durch Transportation starken mentalen Modell und den präsentierten Werbeinformationen vor. Bei star-

---

[59] Messung der Stärke des FAE bei Tal-Or und Papirman (2007, S. 334f, 344): Alle Probanden lasen zunächst eine Kurzbeschreibung über den Schauspieler. Ein Pretest dieser Kurzbeschreibung hatte ergeben, dass dadurch eine neutrale Baseline erzeugt wurde (mittlere Beurteilung des Schauspielers von 3,96 auf einer Skala von 1-7). Dann sahen die Probanden die Serie mit dem Schauspieler in der positiven vs. negativen Rolle und beurteilten den Schauspieler anschließend auf einem Semantischen Differential (Wertebereich: 1-7). Die Stärke des FAE wurde als Differenz des Wertes auf dem Semantischen Differential vom theoretischen Mittelwert 4 berechnet.

kem Transportation-Erleben sollte diese Inkonsistenz als umso größer wahrgenommen werden als bei schwachem Transportation-Erleben. Die für eine Inkongruenzsituation vermutete Abwertung der Werbeinformationen sollte demnach für Konsumenten mit einem hohen Grad an Transportation stärker ausfallen als für Konsumenten mit einem schwachen Grad an Transportation, was ebenfalls eine Verstärkung des in H2a vermuteten Effekts bedeutet.

Mit diesen Vermutungen lässt sich folgende Hypothese aufstellen:

H4: Wenn zu einem Werbecharakter durch einen Medienkontext inhaltlich *kongruente* fiktionale Charakterinformationen zugänglich sind, dann wird die Kompetenz des Werbecharakters positiver beurteilt, als wenn zu dem Werbecharakter durch den Medienkontext inhaltlich *inkongruente* fiktionale Charakterinformationen zugänglich sind. (Haupteffekt analog zu H2a)

Dieser Zusammenhang ist stärker, wenn sich Konsumenten intensiv in die fiktionale Welt hineinversetzen („Transportation"). Der Zusammenhang wird nicht beeinflusst, wenn sich Konsumenten nur gering in die fiktionale Welt hineinversetzen (passiver Fiktions-Konsument). (Interaktionseffekt)

Allerdings muss berücksichtigt werden, dass bisherige Studien auch negative Effekte von Transportation auf die Beurteilung von Werbung gefunden haben. Wang und Calder (2006) untersuchten den Einfluss von Transportation auf Werbung, die im Umfeld eines Medieninhalts platziert wurde, in den sich Konsumenten mehr oder weniger stark hineinversetzt hatten. Sie zeigten, dass das Hineinversetzen in eine Geschichte die Beurteilung von Werbung im Umfeld dieser Geschichte positiv oder negativ beeinflussen kann. Ob dabei eine positive oder eine negative Beurteilung erfolgt, hängt von der Platzierung der Werbung ab. Ist Werbung innerhalb der Geschichte platziert, dann stellt sie eine Unterbrechung der Medienrezeption dar. Konsumenten, die sich stark in die Geschichte hineinversetzt hatten, beurteilten diese Unterbrechung als besonders störend, während Konsumenten, die sich weniger stark in die Geschichte hineinversetzt hatten, die Unterbrechung als weniger störend empfanden. Bei einer Platzierung am Ende der Geschichte wird Werbung dagegen von beiden „Transportation"-Gruppen als wenig störend empfunden (vgl. Wang und Calder 2006, S. 154).

Dieses Wirkungsmuster ist auch aus der Medienkontextforschung bekannt. Wenn Konsumenten wissen wollen, wie die fiktionale Geschichte weitergeht („desire for continuation", Schumann und Thorson 1989, S. 7), kann die Unterbrechung durch die Werbung als störender Reiz wahrgenommen und dadurch negativ beurteilt werden. Es kann vermutet werden, dass der Wunsch nach Fortsetzung der Geschichte (wie im Modell von Schumann und Thorson (1989) berücksichtigt) mit der Konzentration auf die Geschichte und Spannung bzgl. des Handlungsverlaufs (wie im Transportation-Ansatz berücksichtigt, vgl. Green und Brock 2000) korreliert, so dass sich diese Ergebnisse mit dem Transportation-Erleben verbinden lassen.

Werbung dürfte bei Berücksichtigung dieser Erkenntnisse durch einen *geringen* Grad an Transportation in ihrer Wirkung kaum verändert werden. Durch das geringe Ausmaß an Transportation wird die Unterbrecher-Werbung nicht als Störung empfunden, es entsteht keine negative Stimmung, die ein Überdenken des Werbeinhalts auslösen könnte. Hier kann angenommen werden, dass die Wirkungen des inhaltlich kongruenten vs. inkongruenten fiktionalen Medienkontexts in ähnlicher Weise verlaufen, wie in Hypothese H2 vermutet. Dagegen könnte sich der Konsument bei starkem Hineinversetzen in die fiktionale Geschichte in seinem Mediengenuss gestört fühlen, was negative Folgen für die Beurteilung der Werbung nach sich ziehen könnte. Erkenntnisse der Medienkontextforschung zur Kongruenz zeigen jedoch auch, dass derartige negative Wirkungen in geringerem Maße oder gar nicht eintreten, wenn die Werbung zum Medieninhalt passt (vgl. Bello, Pitts und Etzel 1983; Coulter 1998), da diese dann als eine Art „Fortsetzung" des Programmerlebens wahrgenommen, als weniger störend und damit positiver beurteilt wird[60]. Da im Rahmen dieser Arbeit gerade die Abstimmung zwischen Medieninhalt und Werbung untersucht wird, wird hier der in H4 beschriebene *positive* Einfluss eines hohen Ausmaßes an Transportation auf die Beurteilung eines kongruent zum fiktionalen Mediencharakter dargestellten Werbecharakters vermutet.

5.5 Valenz fiktionaler Charakterbedeutungen als Einflussfaktor auf die Werbewirkung

Bisher wurden *assoziative* Verknüpfungen zwischen dem Prime (Medienkontext) und dem Zielreiz (Werbung) betrachtet. Für die Wirkungsweise dieser Verknüpfung wurde vermutet, dass die *Zugänglichkeit* von fiktionalen Charakterattributen Einfluss auf die Beurteilung nachfolgender Werbecharaktere nimmt. Dabei wurde angenommen, dass zur Werbung inhaltlich kongruente Medieninformationen einen positiveren Einfluss auf die Beurteilung der Werbeperson ausüben als zur Werbung inhaltlich inkongruente Medieninformationen. Neben diesen assoziativen Prozessen (semantisches Priming) kann der Medienkontext auch eine bestimmte affektive Tönung aufweisen, indem er positive oder negative Argumente enthält. Werden Medienumwelten, die sich in dieser Art unterscheiden, als Prime genutzt, so lässt sich dies als *affektives Priming* bezeichnen (vgl. Abschnitt 3.1.4).

In der bereits erwähnten Studie von Yi (1990a, S. 43) wurde neben dem semantischen auch affektives Priming durchgeführt. Zeitungsberichte wurden derart manipuliert, dass Artikel zu einer Thematik einmal positiv und einmal negativ „getönt" wurden. Im speziellen Beispiel wurde in einem Beitrag über Flugsicherheit darüber berichtet, dass Fluglinien die finanziellen Mittel erhö-

---

[60] Zudem ist es möglich, dass im Verlauf des Werbeblocks der „anfängliche Ärger" über die Unterbrechung verfliegt. Dies setzt jedoch voraus, dass der Zielspot in einigem Abstand zum Programm platziert wird. Dies wird in den hier verwendeten Experimentaldesigns in allen Vergleichsgruppen konstant berücksichtigt.

hen, die in die Flugsicherheit investiert werden (positive Valenz). In einem anderen Beitrag über Flugsicherheit wurde über die zunehmende Anzahl an Flugkatastrophen aufgrund schlechter Pilotenausbildung berichtet (negative Valenz). Im Umfeld der Berichte wurde eine Anzeige platziert. Die Ergebnisse der Studie zeigen, dass die Einstellung zur Anzeige in einem Medienumfeld mit positiven Informationen signifikant positiver ausfällt als in einem Umfeld mit negativen Informationen (vgl. Yi 1990a, S. 45).

Auch in fiktionalen Medieninhalten können den Konsumenten positive oder negative Informationen präsentiert werden. Diese Möglichkeit des affektiven Priming durch fiktionale Medieninhalte soll im Folgenden berücksichtigt werden. Dabei wird hier jedoch nicht die durch das fiktionale Programm vermittelte Stimmung im Mittelpunkt stehen. Stattdessen soll hier von Interesse sein, inwiefern die Valenz der dem fiktionalen Charakter attribuierten Charaktereigenschaften (z.B. Kompetenz vs. Inkompetenz des fiktionalen Charakters) einen Einfluss auf die Beurteilung der nachfolgend präsentierten Werbecharaktere nimmt.

Relevanz erlangt dieser Aspekt, wenn man einen Blick auf die Celebrity Endorser-Forschung wirft, die sich mit negativen Informationen über (reale) Prominente auseinandersetzt[61]. Hier wird untersucht, wie sich die Werbewirkung von Stars, die ursprünglich ein positives Image aufweisen[62], verändert, wenn diese plötzlich mit Skandalen in Verbindung gebracht werden (z.B. Jan Ullrichs Dopingaffäre, O.J. Simpsons Mordprozess). Till und Shimp (1998, S. 72, 75) konnten zeigen, dass die Einstellung zur Marke, die ein Prominenter bewirbt, sinkt, wenn für den Prominenten negative Informationen auftauchen. Daher stellt sich die Frage, ob sich negative Informationen über einen *fiktionalen* Charakter negativ in der Beurteilung eines darauf abgestimmten Werbecharakters auswirken.

In der bereits erwähnten Studie von Tal-Or und Papirman (2007, vgl. dazu Abschnitt 5.2.2.2) zur Nachwirkung fiktionaler Charaktereigenschaften wurden auch positive und negative Charakterinformationen präsentiert. Es zeigte sich, dass Probanden, die den Schauspieler vorab in einer negativen Rolle gesehen hatten, bei der späteren Beurteilung des Schauspielers eine stärkere Tendenz für die Attributionsverzerrung aufwiesen (d.h. stärker von der neutralen Beurteilung abwichen) als die Probanden, die den Schauspieler in einer positiven Rolle gesehen hatten (vgl. Tal-Or und Papirman 2007, S. 339f, Studie 2). Negative Rollen scheinen demnach stärkere fiktionale Nachwirkungen aufzuweisen.

---

[61] Dieser Aspekt wird in der Meta-Analyse von Amos, Holmes und Strutton (2008) als wichtigster Einflussfaktor auf die Effektivität der Werbung hervorgehoben.

[62] Allerdings ist hier anzumerken, dass diese Erkenntnisse aus der Celebrity Endorser-Forschung solche Stars betreffen, die eigentlich ein positives Image anstreben, jedoch ungewollt in die Negativschlagzeilen geraten. Forschungsarbeiten zu solchen Stars, die absichtlich ein Image des „bad boy/bad girl" anstreben, stehen noch aus (vgl. Amos, Holmes und Strutton 2008, S. 229). Dementsprechend ist bei der Übertragung von bisherigen Erkenntnissen auf den fiktionalen Bereich zu beachten, ob die Charaktere grundsätzlich „gute" Charaktere sind und lediglich in einigen Charaktereigenschaften in weniger positivem Licht erscheinen, oder ob diese grundsätzlich die „bösen" Charaktere sind, die die Widersacher der Helden in der Geschichte darstellen.

Begründen könnte man dies damit, dass Menschen negativen Informationen bei der Eindrucksbildung mehr Gewicht geben als positiven Informationen (vgl. Ito et al. 1998; Baumeister et al. 2001; Taylor 1991). Eine Begründung dafür ist, dass die Konsequenzen aus einer Fehleinschätzung schwerer wiegen als die Gewinne aus einer richtigen Einschätzung (vgl. Ito et al. 1998, S. 887). Menschen denken zudem, dass negative Ereignisse ihr Leben stärker beeinflussen können als positive Ereignisse (vgl. Baumeister et al. 2001, S. 333). Zudem ist die Intensität negativer Ereignisse oft höher als die positiver Ereignisse (vgl. Taylor 1991, S. 69).

In dieser Arbeit soll untersucht werden, ob affektives Priming den oben beschriebenen Kongruenzeffekt überlagert. Wenn Konsumenten einen Werbecharakter im Umfeld eines kongruenten fiktionalen Mediencharakters sehen (z.B. „Arzt" im Film und „Arzt" in der Werbung), dann wurde eine höhere Kompetenzbeurteilung vermutet als bei einer Inkongruenzsituation, in der Medien- und Werbecharakter nicht zusammen passen. Die Ergebnisse zur stärkeren Gewichtung negativer Informationen legen die Vermutung nahe, dass sich im Fall negativer Informationen über einen fiktionalen Charakter der positive Kongruenzeffekt abschwächt. Neben der stärkeren Gewichtung negativer Informationen lässt sich die Vermutung auch damit begründen, dass Konsumenten, die mit negativen Ereignissen konfrontiert werden, kritischer sind und weniger kategoriengeleitet, sondern eher detailgeleitet beurteilen (vgl. Sujan, Bettmann und Sujan 1986). Damit würden die in Abschnitt 5.2.2.1 geschilderten Prozesse des Modells von Fiske, Lin und Neuberg (1999) greifen.

Wenn für den Werbecharakter lediglich inkongruente Charakterinformationen aus dem Medienkontext zugänglich sind, dann wurde bereits eine schlechtere Kompetenzbeurteilung erwartet. Hier kann vermutet werden, dass die negativen Informationen keinen bedeutenden Einfluss auf die Beurteilung des Werbecharakters aufweisen, da die fiktionalen Charakterinformationen (egal ob positiv oder negativ) aufgrund ihrer Inkongruenz keine Relevanz für die Beurteilung der Werbeperson haben. Dazu lässt sich folgende Hypothese zusammenfassen:

H5: Wenn zu einem Werbecharakter durch einen Medienkontext inhaltlich *kongruente* fiktionale Charakterinformationen zugänglich sind, dann wird die Kompetenz des Werbecharakters positiver beurteilt, als wenn zu dem Werbecharakter durch den Medienkontext inhaltlich *inkongruente* fiktionale Charakterinformationen zugänglich sind. (Haupteffekt analog zu H2a)

In einem kongruenten Medienkontext sind die Beurteilungen des Werbecharakters positiver, wenn der zuvor präsentierte Mediencharakter *positiv dargestellt* wurde, als wenn der Mediencharakter *negativ dargestellt* wurde. In einem inkongruenten Medienkontext wird dagegen keine Veränderung der Beurteilung des Werbecharakters durch die positive/negative Darstellung des Mediencharakters erwartet. (Interaktionseffekt)

6 Zusammenfassung der theoretischen Überlegungen und Hypothesenüberblick

Elemente aus fiktionalen Medienwelten werden häufig in Marketingmaßnahmen verwendet und umgekehrt werden „reale" Geschehnisse, Personen, Ereignisse und Orte in fiktionalen Medieninhalten platziert. Als Ziele lassen sich die Erregung von Aufmerksamkeit durch die Nutzung aktueller und/oder bekannter fiktionaler Elemente, die Nutzung des Unterhaltungswerts der Fiktionen sowie des Vorwissens über fiktionale Geschichten und ein Bedeutungstransfer zwischen Fiktion und Marketingobjekt nennen. Diese Arbeit untersucht eine Form dieser Vermischungen zwischen Marketingmaßnahmen und Fiktionen – die Nutzung von fiktionalen Mediencharakteren in der Werbung. Psychologische Studien zeigen, dass fiktionale Informationen Einfluss auf die Wahrnehmung und Beurteilung der außermedialen Welt des Konsumenten nehmen können und sich Konsumenten „ihre Wirklichkeit" auch unter Zuhilfenahme fiktionaler Bedeutungen „konstruieren". In der vorstehenden theoretischen Abhandlung wurde untersucht, ob fiktionale Informationen auch Einfluss auf die Wahrnehmung und Beurteilung von *Werbestimuli* nehmen können. Erwachsene Konsumenten wissen normalerweise, dass Werbung das Ziel verfolgt, „reale" Verhaltensweisen zu beeinflussen. Daraus ergibt sich die Frage, ob fiktionale Charakterbedeutungen, die in der Werbung aufgegriffen werden, dort in ähnlicher Weise wie in der Fiktion empfunden werden, oder ob Konsumenten Elemente der Fiktion und Elemente der Werbung trennen.

Um dies zu untersuchen, wurden zunächst verschiedene Forschungsstränge der Werbewirkungsliteratur herangezogen. Die Betrachtung von Host-Selling-Formaten im Kinderprogramm führte zum Ansatz der Medienkontextforschung und zur Kongruenz zwischen Medieninhalten und Werbung. Die Tatsache, dass fiktionale Charaktere von Schauspielern dargestellt werden, verlangte nach einer Betrachtung der Wirkung prominenter Werbepersonen (Celebrity Endorser). Die Erkenntnisse aus diesen Forschungsbereichen zeigen, dass bisher implizit von einer Übertragung *fiktionaler* Bedeutungen in die Werbung hinein ausgegangen wurde, ohne dass dies empirisch belegt ist (vgl. Abschnitt 3.3).

Die Analyse der psychologischen Prozesse, die dem Glauben von Aussagen im Allgemeinen und von fiktionalen Aussagen im Besonderen zugrunde liegen, führte zu zwei „großen" Erklärungsmustern fiktionaler Einflussnahme,

- einem Ansatz, der einen passiven Fiktionskonsumenten unterstellt und fiktionale Einflüsse durch unsystematische Informationsverarbeitungsprozesse erklärt sowie
- einem Ansatz, der einen engagierteren Fiktionskonsumenten unterstellt, der sich aktiv in die fiktionale Geschichte hineinversetzt.

Die wesentliche Erkenntnis aus der Analyse dieser beiden Ansätze besteht darin, dass Bedeutungen aus fiktionalen Medieninhalten über den Kontakt mit der Fiktion hinaus erhalten bleiben können. Zudem wurden Gründe und Voraussetzungen für diese Nachwirkungen (geringe Motivation zum Überdenken, heuristische Verarbeitung, Unterhaltungsmotiv, Bindung von Ressourcen an Prozesse des Hineinversetzens) herausgearbeitet (vgl. Abschnitt 4.3).

Eine starke Strömung innerhalb des ersten Erklärungsansatzes ist die Kultivierungsforschung. Hier werden Effekte mit der Zugänglichkeitsheuristik (Priming-Effekte) erklärt, d.h. mit heuristischen, unsystematischen Prozessen. Die in Kultivierungsstudien gefundenen Ergebnisse zu fiktionalen Nachwirkungen in der Lebenswelt von Konsumenten sind jedoch als vorläufig zu betrachten und verlangen nach einer experimentellen Untersuchung. Dies legt nahe, fiktionale Nachwirkungen *in der Werbung* mittels Priming zu untersuchen. Charakterinformationen aus dem fiktionalen Medienkontext bilden den inhaltlich kongruenten bzw. inkongruenten Bahnungsreiz für eine anschließende Zielwerbung.

Bei der Analyse der Wirkungen derartiger Kontext-Werbe-Abstimmungen wurden die eingangs formulierten Ziele von Unternehmen, die sich fiktionaler Elemente in der Werbung bedienen, berücksichtigt. Dazu wurde zunächst auf Aktivierungswirkungen (Hypothese H1, vgl. Abschnitt 5.1) als abhängige Variable eingegangen. Der Schwerpunkt lag auf der Untersuchung des Transfers fiktionaler Charakterbedeutungen in die Werbung und der Beurteilung der Kompetenz und Vertrauenswürdigkeit von Werbecharakteren, die sich an fiktionale Mediencharaktere anlehnen (Hypothese H2, vgl. Abschnitt 5.2). Zudem waren Wirkungen auf die Einstellung zum Werbemittel (Hypothese H3, vgl. Abschnitt 5.3) von Interesse.

Mit Hilfe des zweiten Erklärungsansatzes („Transportation") wurde analysiert, wie sich die Einflüsse fiktionaler Charakterinformationen auf die Beurteilung von kongruenten Werbecharakteren verändern, wenn die Intensität des Hineinversetzens in eine fiktionale Geschichte berücksichtigt wird (Hypothese H4, vgl. Abschnitt 5.4).

Darüber hinaus beschäftigt sich die Medienkontextforschung mit dem sog. affektiven Priming, das die Valenz (positive/negative Tönung) des Bahnungsreizes berücksichtigt. Auch in der Celebrity Endorser-Forschung finden sich Hinweise auf die Bedeutung negativer Informationen über Prominente. Daher wurde untersucht, wie sich die Valenz fiktionaler Charakterinformationen auf die Beurteilung eines daran angelehnten Werbecharakters auswirkt (Hypothese H5, vgl. Abschnitt 5.5).

Die abgeleiteten Hypothesen sind zusammenfassend in Tabelle 2 aufgeführt. Im folgenden Kapitel 7 werden empirische Studien vorgestellt, mit deren Hilfe diese Hypothesen empirisch überprüft wurden.

Tab. 2: Überblick über die Hypothesen

	Hypothese
H1	Wenn ein Werbespot mit einem Werbecharakter im Umfeld inhaltlich *kongruenter* fiktionaler Charakterinformationen platziert wird, dann erzeugt der Werbespot eine höhere **phasische Aktivierungsreaktion**, als wenn er im Umfeld inhaltlich *inkongruenter* fiktionaler Charakterinformationen platziert wird.
H2a	Wenn zu einem Werbecharakter durch einen Medienkontext inhaltlich *kongruente* fiktionale Charakterinformationen zugänglich sind, dann wird die **Kompetenz des Werbecharakters** positiver beurteilt, als wenn zu dem Werbecharakter durch den Medienkontext inhaltlich *inkongruente* fiktionale Charakterinformationen zugänglich sind.
H2b	Wenn zu einem Werbecharakter durch einen Medienkontext inhaltlich *kongruente* fiktionale Charakterinformationen zugänglich sind, dann wird die **Vertrauenswürdigkeit des Werbecharakters** positiver beurteilt, als wenn zu dem Werbecharakter durch den Medienkontext inhaltlich *inkongruente* fiktionale Charakterinformationen zugänglich sind.
H3	Wenn ein Werbespot mit einem Werbecharakter im Umfeld inhaltlich *kongruenter* fiktionaler Charakterinformationen platziert wird, dann haben Konsumenten eine positivere **Einstellung zum Werbemittel** (Werbespot, Werbeanzeige), als wenn er im Umfeld inhaltlich *inkongruenter* fiktionaler Charakterinformationen platziert wird.
H4	Wenn zu einem Werbecharakter durch einen Medienkontext inhaltlich kongruente fiktionale Charakterinformationen zugänglich sind, dann wird die Kompetenz des Werbecharakters positiver beurteilt, als wenn zu dem Werbecharakter durch den Medienkontext inhaltlich inkongruente fiktionale Charakterinformationen zugänglich sind. (Haupteffekt analog zu H2a) Dieser Zusammenhang ist stärker, wenn sich Konsumenten intensiv in die fiktionale Welt hineinversetzen („**Transportation**"). Der Zusammenhang wird nicht beeinflusst, wenn sich Konsumenten nur gering in die fiktionale Welt hineinversetzen (passiver Fiktions-Konsument). (Interaktionseffekt)
H5	Wenn zu einem Werbecharakter durch einen Medienkontext inhaltlich *kongruente* fiktionale Charakterinformationen zugänglich sind, dann wird die Kompetenz des Werbecharakters positiver beurteilt, als wenn zu dem Werbecharakter durch den Medienkontext inhaltlich *inkongruente* fiktionale Charakterinformationen zugänglich sind. (Haupteffekt analog zu H2a) In einem kongruenten Medienkontext sind die Beurteilungen des Werbecharakters positiver, wenn der zuvor präsentierte **Mediencharakter positiv dargestellt** wurde, als wenn der **Mediencharakter negativ dargestellt** wurde. In einem inkongruenten Medienkontext wird dagegen keine Veränderung der Beurteilung des Werbecharakters durch die positive/negative Darstellung des Mediencharakters erwartet. (Interaktionseffekt)

7 Empirische Untersuchungen

7.1 Herausforderungen bei der empirischen Untersuchung fiktionaler Nachwirkungen

Diese Arbeit verfolgt das Ziel zu untersuchen, ob sich fiktionale Charakterbedeutungen über den fiktionalen Medieninhalt hinaus aufrechterhalten und in die Werbung übertragen lassen. Hier kommt es demnach darauf an, „einen Werbeeffekt ohne Störgrößen zu erfassen" (vgl. Germelmann und Gröppel-Klein 2009, S. 248), um sicherzustellen, dass mögliche gefundene Effekte tatsächlich als fiktionale Nachwirkungen in der Werbung interpretiert werden können und nicht andere Größen für mögliche Effekte verantwortlich sind. Die Herausforderung dieser empirischen Untersuchung besteht daher in der Sicherung der internen Validität der durchgeführten Studien.

Germelmann und Gröppel-Klein (2009, S. 230) stellen fest, dass die überwiegende Mehrheit der Werbewirkungsstudien sog. Forced exposure-Studien sind. Hier werden in Labor- oder Experimentalsituationen Stimuli so präsentiert, dass die Probanden in jedem Fall mit den Stimuli konfrontiert werden („erzwungene Konfrontation"). Die Vorteile von Forced exposure liegen in der Forschungsökonomie; derartige Experimente erfordern weniger Rekrutierungsaufwand, weil durch die Sicherstellung des Stimuluskontakts der Großteil der Datensätze verwendbar ist. Zudem kann die Dauer des Stimuluskontakts standardisiert werden, um vergleichbare Bedingungen über alle Probanden hinweg zu gewährleisten. Bei Priming-Experimenten hat Forced exposure den Vorteil, dass die Reihenfolge der Stimuli vorgegeben werden kann (vgl. Germelmann und Gröppel-Klein 2009, S. 236f). Diesen Vorteilen, die Forced exposure-Studien für die interne Validität bieten, stehen jedoch auch verschiedene Nachteile dieses Paradigmas gegenüber, die ebenfalls die interne Validität betreffen.

„Weil Forced exposure die Probanden „mit der Nase auf die Werbestimuli stößt", birgt diese Prozedur die Gefahr, dass Probanden (…) damit beginnen, sich Gedanken über die im Experiment untersuchten Zusammenhänge zu machen („Hypothesenraten")" (Germelmann und Gröppel-Klein 2009, S. 238). Ein Erkennen der dem Experiment zugrunde liegenden Hypothese(n) kann dazu führen, dass sich die Versuchspersonen nicht mehr natürlich verhalten und verzerrte Antworten auf Fragen abgeben. Das Messinstrument misst dann nicht den Effekt, den es zu messen beabsichtigt. Ist dies der Fall, bezeichnet man dies als **„Demand-Artefakte"**[63], da der Proband

---

[63] Als Artefakte werden in der Statistik experimentelle Kunstprodukte bezeichnet, d.h. Ergebnisse, die nicht aufgrund der experimentellen Manipulation, sondern durch Verzerrungen im Experimentaldesign entstanden sind (vgl. Rosenthal und Rosnow 1993, S. 217).

sich zu den von ihm durch den Experimentalleiter erwarteten Reaktionen konform oder inkonform verhält (vgl. Sawyer 1975, S. 20). Dies kann zu falschen positiven Ergebnissen führen, wenn die Hypothesen aufgrund des verzerrten Antwortverhaltens der „guten" Probanden und nicht aufgrund der Manipulation der uV bestätigt wurden. Auf der anderen Seite kann dies auch zu falschen negativen Ergebnissen führen, wenn Demand-Artefakte wegen Reaktanz eine ansonsten gültige Hypothesenbeziehung unterdrücken. Falsche negative Ergebnisse können auch dadurch entstehen, dass Demand-Artefakte die Fehlervarianz erhöhen und die statistische Power verringern (vgl. Perrien 1997, S. 267).

Grundsätzlich ist jedes Experiment, in dem Menschen als Versuchspersonen mitwirken, anfällig für Demand-Artefakte (vgl. Perrien 1997, S. 267). In der Konsumentenverhaltensliteratur werden jedoch einige Experimentalparadigmen als besonders anfällig für Demand-Artefakte herausgestellt. Dazu gehören insbesondere solche Experimente, die den Probanden *Stimuli in wiederholter Weise präsentieren* und den Effekt dessen auf die Einstellungsänderung messen (vgl. Sawyer 1975, S. 21). Dies betrifft insbesondere Priming-Experimente (vgl. Chartrand und Jefferis 2004, S. 854). Durch die wiederholte Präsentation eines Stimulus wird die Aufmerksamkeit des Probanden auf diesen Umstand gelenkt und ein Nachdenken über die Gründe der wiederholten Präsentation *kann* einsetzen (vgl. Sawyer 1975, S. 22). Insbesondere in Medienkontextexperimenten, in denen die Möglichkeit der abgestimmten Gestaltung zwischen Medienkontext und Werbung getestet wird, ist daher eine erhöhte Wahrscheinlichkeit der Entdeckung des Untersuchungszwecks durch den Probanden gegeben. Auch der spätere Bezug in der Befragung auf vorab präsentierte Stimuli kann zu Demand-Artefakten führen (vgl. Sawyer 1975, S. 26), was wiederum insbesondere bei solchen Fragestellungen hinderlich ist, in denen man eine subtile, eher unbewusste Wirkung dieser Stimuli vermutet.

Um mit dem Problem der Demand-Artefakte in Experimenten umzugehen, werden zunächst Möglichkeiten (*sowie kursiv: die in den vorliegenden Studien verwendeten Maßnahmen*) betrachtet, wie Demand-Artefakte *a priori* vermieden werden können.

Grundsätzlich ist zu vermeiden, dass Probanden Hinweise auf den Untersuchungszweck erhalten. Dies betrifft insbesondere die Verhinderung von Mund-zu-Mund-Propaganda über das Forschungsvorhaben und Weitererzählen zwischen Probanden verschiedener Versuchszeiten, Vermeidung von Hinweisen, die während der Probandenansprache gegeben werden, Vermeidung von Hinweisen durch unbewusste Verhaltensweisen des Versuchsleiters (vgl. Orne 1962, S. 779) sowie Vermeidung von Probanden, die sich inhaltlich mit dem Untersuchungsgegenstand auskennen können (vgl. Shrum 2002, S. 89). *Die Instruktionen wurden hier standardisiert und waren in allen Versuchsbedingungen dieselben. In allen Studien wurden schriftliche Befragungen durchgeführt, um keine Hinweise auf den wahren Untersuchungszweck durch den Experimentalleiter zu verursachen. Schriftliche Befragungen können durch größere Anonymität (vgl. Rosnow und Rosenthal 1997, S. 81) zudem die Motivation der Probanden verringern, in die Rolle der „guten Versuchsperson" zu schlüpfen, Reaktanz zu zeigen oder sozial erwünschte Antworten zu geben (vgl. Weber und Cook 1972, S. 275). Sofern Studierenden-Samples gezogen wurden, wurden die Rekrutierer angewiesen, keine Marketing-Studierenden als Probanden zu rekrutieren.*

Eine weit verbreitete Möglichkeit ist die Tarnung des Untersuchungszwecks, bei der dem Probanden während der Instruktion ein anderer als der tatsächliche Untersuchungszweck genannt wird (vgl. Perrien 1997, S. 268). Dies wird häufig durch eine sog. Coverstory unterstützt, in der der scheinbare Untersuchungszweck durch Ablenkungsreize und Ablenkungsfragen bekräftigt wird. *Hier wird in Anlehnung an bisherige Medienkontextstudien, die Coverstories einsetzten (z.B. Wang und Calder 2006; Germelmann und Gröppel-Klein 2007), die Aufmerksamkeit der Probanden während der Instruktion auf die „Untersuchung des Medieninhalts" gelenkt. Den Probanden wird vorgegeben, es handele sich um eine Studie zur Beurteilung von Medieninhalten und deren Eigenschaften. Dadurch kann verschleiert werden, dass es in dem Experiment um die Verbindung zwischen Medieninhalt und Werbung geht, ohne dass bei der Instruktion der Probanden die Verbindung explizit geleugnet wird. In Studie 4 wird eine besonders starke Coverstory verwendet.* Wichtig ist dabei, dass die Coverstory auch bei der späteren Befragung weitergeführt wird, um zu verhindern, „that measurement at the end of an experiment may be the cue that finally alerts the subject to the experimenter's hypothesis" (Sawyer 1975, S. 26). *Dies wird hier durch Fragen realisiert, die im Fragebogen zu dem Medieninhalt eingestreut sind. Diese dienen gleichzeitig als Kontrollvariablen.*

Tarnungen des wahren Experimentalzwecks werden aus forschungsethischen Gründen häufig auch mit Vorsicht betrachtet (z.B. Toy, Wright und Olson 2001). Neben der Rechtfertigung solcher Tarnungen aufgrund des wissenschaftlichen Interesses an der Fragestellung[64] wird gefordert, die Probanden nach der Teilnahme über den wahren Untersuchungszweck und die Notwendigkeit der Tarnung aufzuklären (sog. „debriefing") (vgl. Rosnow und Rosenthal 1997, S. 122). Allerdings steht dem die Gefahr des Weitererzählens des Untersuchungszwecks zwischen Probanden verschiedener Teilnahmezeiten als „demand characteristic" gegenüber (vgl. Orne 1962, S. 779; Toy, Wright und Olson 2001, S. 697), was wiederum das Auftreten von Demand-Artefakten steigert. *Um ein Weitererzählen zu verhindern, erfolgte hier die Aufklärung der Probanden nach Abschluss der jeweiligen gesamten Datenerhebung (per Email oder durch die jeweiligen Rekrutierer).*

Zusätzlich dazu werden *a posteriori*-Maßnahmen empfohlen, damit ermittelt werden kann, ob dennoch Nachfrageverzerrungen im erhobenen Datensatz enthalten sind.

---

[64] In Marketingexperimenten (vgl. Toy, Wright und Olson 2001, S. 696) stehen den Tarnungen auch keine extremen Risiken der Probanden (wie z.B. in medizinischen Studien, Placebo-Studien) oder Verletzungen seiner Privatsphäre (wie z.B. in soziologischen Feldstudien, wo Experimentalleiter sich z.T. als andere Person ausgaben, um in bestimmten sozialen Gruppen „undercover" forschen zu können) gegenüber (vgl. Rosnow und Rosenthal 1997, S. 119).

Inwieweit ein Hypothesen-Erkennen stattgefunden hat, wird meist durch Befragung am Ende des Versuchsdurchgangs ermittelt (PEI = post-experimental inquiry[65]), in der der Proband angeben soll, was seiner Meinung nach der Untersuchungszweck gewesen ist. Zusätzlich kann gezielt gefragt werden, welche „Rolle" der Konsument eingenommen hat (vgl. Allen 2004, S. 64). Allerdings ist auf eine Schwäche dieses Instruments besonders hinzuweisen: „A principal concern has been that by asking them pointed questions about their participation, subjects who had not previously discerned the purpose of the research will do so post hoc, and falsely report demand awareness" (Allen 2004, S. 70). *Um dies zu vermeiden, wurde hier auf die detaillierte Abfrage von eingenommenen Rollen verzichtet. Stattdessen wurde jeweils mit einer offenen Frage das Erkennen des Untersuchungszwecks erfasst.*

Einigkeit scheint in der Literatur darüber zu herrschen (vgl. Allen 2004, S. 64), dass für die Einstufung als Demand-Artefakt eine Enkodierung eines Hinweisreizes nicht ausreicht (bzw. eine zu geringe Wahrscheinlichkeit dafür darstellt, dass es sich tatsächlich um eine Nachfrageverzerrung handelt), sondern auch (mindestens) eine Bewusstwerdung der Hypothese (bzw. darüber hinaus ein bewusstes Reagieren darauf) notwendig ist. Insofern stellt auch das reine Bemerken der Wiederholung des jeweiligen Stimulus (z.B. Schauspieler in dem Film ist derselbe wie der in der Werbung) zwar einen Hinweisreiz und damit eine notwendige Bedingung, jedoch keine ausreichende Bedingung für eine Nachfrageverzerrung dar. Erst wenn der Proband erkennt, dass *der Einfluss* dieses Zusammenhangs auf seine Reaktion untersucht werden soll, handelt es sich um eine Nachfrageverzerrung (vgl. Perrien 1997; Shimp, Hyatt und Snyder 1991, 1993; Rosnow und Rosenthal 1997, S. 79f). *In den vorliegenden Studien werden solche Antworten als nachfrageverzerrt angesehen, in denen Probanden konkrete Vermutungen über den Einfluss der jeweiligen Kontextsituation anstellten.*

Versuchspersonen, deren Antworten auf diese Weise als nachfrageverzerrt isoliert werden können, können dann aus dem Datensatz entfernt werden (vgl. Sawyer 1975, S. 23). Der Ausschluss der Demand-Artefakte führt dazu, dass der Datensatz um Störgrößen bereinigt wird, da andernfalls verschiedene Versuchspersonen mit unterschiedlichen Annahmen über das Experiment (vgl. Darley und Lim 1993, S. 491) im Datensatz enthalten wären (ähnlich als hätte man sie unterschiedlich instruiert). *Demand-Artefakte wurden hier aus der jeweils auszuwertenden Stichprobe entfernt.*

Neben Demand-Artefakten weisen Germelmann und Gröppel-Klein (2009, S. 239) auf die Gefahr von Forced exposure hin, dass Probanden ihre **Aufmerksamkeit in unrealistischer Weise auf die Werbestimuli** richten, d.h. der Werbung Beachtung schenken, obwohl sie dies unter realisti-

---

[65] Häufig wird die post-experimentelle Befragung als Teil des Debriefings gesehen (z.B. Toy, Wright und Olson 2001, S. 693). In dieser Arbeit sollen die beiden Begriffe jedoch getrennt voneinander verwendet werden: PEI als Abfrage des Erkennens des Untersuchungszwecks, Debriefing als Aufklärung des Probanden über den wahren Untersuchungszweck.

schen Umständen nicht oder in geringerem Ausmaß getan hätten. Die oben erwähnten Coverstories können dieses Problem abmildern. Dabei ist auch die Instruktion der Probanden von Bedeutung (vgl. Germelmann und Gröppel-Klein 2009, S. 240). In einigen Studien (z.b. Wang und Calder 2006) wird trotz der Betonung, dass es sich um eine Studie zur Untersuchung des Medieninhalts handele, vor dem Ansehen des Stimulusmaterials auf die eingestreute Werbung hingewiesen. Bei dieser Methode besteht die Gefahr, dass durch die Aufmerksamkeit der Probanden für die Werbung „der kognitive Aufwand bei der Beurteilung der Botschaften unrealistisch erhöht wird" (Germelmann und Gröppel-Klein 2007, S. 221). *Daher wird hier vorab nicht auf das Vorhandensein von Werbung hingewiesen und stattdessen in der späteren Befragung die Werbung als „natürlicher Teil" des Medieninhalts behandelt, zu dem „einige zusätzliche Fragen gestellt würden". Bei den hier durchgeführten TV-Studien bot sich den Probanden wenig Gelegenheit, die gezeigte Werbung nicht anzusehen. In der in Studie 4 durchgeführten Internetstudie hatten die Probanden jedoch eher die Möglichkeit, die Werbung auch zu ignorieren.*

Um eine zu starke Aufmerksamkeit auf die Werbestimuli zu verhindern, empfehlen Germelmann und Gröppel-Klein (2009, S. 240) die Einbettung der Werbestimuli in ein möglichst realistisches Medienumfeld. Dadurch muss sich die Aufmerksamkeit zwischen Medienkontext und Werbung aufteilen – wie es auch unter realen Bedingungen der Fall ist. *Die Realitätsnähe der vorliegenden Untersuchung wurde gesteigert, indem in den Studien 1-3 reale Medien- und Werbestimuli (TV-Serien, Werbespots) verwendet wurden. Zusätzlich wurden die Teststimuli in reale Umfeldstimuli eingebettet, die als zusätzliche Ablenkungsreize dienten (andere Beiträge aus dem TV-Programm, andere Werbespots). In Studie 4 wurde die Aufmerksamkeit von den eigens kreierten Werbestimuli abgelenkt, indem die Werbung in eine Internet-Homepage mit mehreren Seiten eingebettet wurde. Die Medienstimuli in Studie 4 waren wiederum reale Ausschnitte aus TV-Serien. Allerdings gehen Ablenkungsreize zu Lasten der Effektivität der Datenerhebung bzgl. Beurteilungsabfragen, da ein Teil der Probanden sich später nicht bewusst an die Werbung erinnert und daher Fragen zur Beurteilung der Werbung nicht beantworten kann.*

Um sicherzustellen, dass mögliche gefundene Effekte tatsächlich als fiktionale Nachwirkungen in der Werbung interpretiert werden können und **nicht andere Größen für mögliche Effekte verantwortlich sind**, muss versucht werden, andere mögliche Erklärungen auszuschließen. Experimente ermöglichen die kontrollierte Erfassung von Variablen, von denen die Gefahr der Konfundierung ausgeht. Als Konfundierung wird „jeder Unterschied, der zwischen den Treatmentbedingungen besteht, der nicht auf die manipulierte Variable zurückzuführen ist" (Pospeschill 2006, S. 18) bezeichnet. Solche Störvariablen bilden alternative Erklärungen für die Effekte und können zu einem „Verlust des Nachweises einer Ursache-Wirkungs-Beziehung" (Pospeschill 2006, S. 18) führen. Um alternative Erklärungen für die Ergebnisse auszuschließen, können Störvariablen gemessen und dadurch kontrolliert werden (vgl. Pospeschill 2006, S. 18). Störvariablen werden dann zu **Kontrollvariablen** (vgl. Bortz und Döring 2006, S. 3).

Hinweise auf mögliche alternative Erklärungen finden sich in der Medienkontextforschung. Im Rahmen dieser Arbeit wurde auf die Kongruenz zwischen Medienkontext und Werbung fokussiert. Demgegenüber finden sich innerhalb der Medienkontextforschung auch zahlreiche Studien, die annehmen, dass sich Eigenschaften des Medienkontextes bzw. Prozesse, die durch den Medienkontext ausgelöst werden, auf die Werbung übertragen, selbst wenn keine Abstimmung zwischen beiden besteht. In bisherigen Medienkontextstudien wurde z.b. auch untersucht, inwieweit die Werbewirkung durch die erzeugte Aktivierung des vorher gesehenen Films beeinflusst wird (vgl. z.b. Broach, Page und Wilson 1995; Mattes und Cantor 1982; Mundorf, Zillmann und Drew 1991; Newell, Henderson und Wu 2001). Ähnlich wie bei den Kongruenzwirkungen des Medienkontexts, zeigen sich auch für Aktivierungswirkungen des Kontexts auf die Werbung keine einheitlichen Ergebnisse (vgl. Moorman 2003, S. 29). Es existieren zwei verschiedene theoretische[66] Ansichten: Einerseits die Vermutung, dass Konsumenten wegen einer starken Aktivierung durch den Film von der Werbung abgelenkt werden (negative Wirkung); andererseits die Vermutung, dass die durch den Film erzeugte Aktivierung die Leistungsfähigkeit bei der Spotverarbeitung positiv beeinflusst (vgl. Moorman 2003, S. 28). Zum Teil sind die Ergebnisse nicht signifikant (Recall als aV: Mattes und Cantor 1982; Newell, Henderson und Wu 2001), zum Teil widersprechen sich die Ergebnisse für die Einstellung zum Werbemittel (positiver Zusammenhang bei Mattes und Cantor 1982; negativer Zusammenhang bei Broach, Page und Wilson 1995). Für die Erinnerung als aV wurden sowohl negative Einflüsse der Aktivierungswirkung des Films gefunden (vgl. Mundorf, Zillmann und Drew 1991; Pavelchak, Antil und Munch 1988) als auch eine umgekehrte-U-Beziehung[67] (vgl. Park und McClung 1986; Tavassoli, Shultz und Fitzsimons 1995). *Aufgrund dieser unklaren bisherigen Erkenntnisse soll dieses Konzept in dieser Arbeit empirisch berücksichtigt werden. Die Aktivierungsreaktionen auf den Medienkontext werden aus dem interessierenden Kongruenzeffekt „herauspartialisiert", um feststellen zu können, welcher Anteil der erklärten Streuung auf den Kongruenzeffekt und welcher Anteil auf andere Effekte zurückgeht. In ähnlicher Form wird mit Variablen umgegangen, die eine Beurteilung des Films (z.B. Gefallen des Films) abbilden bzw. die sich auf Aspekte der Beurteilung des Schauspielers beziehen (z.B. Fan des Schauspielers, Sympathie gegenüber dem Schauspieler), um diese als alternative Erklärungen auszuschließen.* In bisherigen Studien finden sich wiederum Hinweise auf positive Effekte zwischen der Beurteilung des Medienkontexts und der Werbewirkung (z.B. Coulter 1998; Murry, Lastovicka und Singh 1992), aber auch Hinweise auf nicht-signifikante Ergebnisse (z.B. Lord, Lee und Sauer 1994; Norris und Colman 1994).

---

[66] Auch methodisch unterscheiden sich die Studien, Aktivierung wird oft auch mit Hilfe verbaler Skalen erfasst.
[67] Entsprechend der Lambda-Hypothese der Aktivierungsforschung, vgl. dazu und auch zur Diskussion um dieses Konzept Gröppel-Klein (2004a, S. 37ff). Die umgekehrte U-Beziehung zeigt sich in einer vorteilhaften Erinnerungsleistung an die Werbung bzw. Einstellung zur Werbung, solange die Aktivierungswirkung des Kontexts bis zu einem moderaten Grad ansteigt; die Aktivierungswirkung des Kontexts hat jedoch negative Auswirkungen, wenn sie einen gewissen Punkt überschreitet und hohe Grade annimmt.

Um die Validität von Experimenten zu ermitteln, können Experimente auch wiederholt werden. Die Studien 2, 3 und 4 bauen in der Art aufeinander auf, dass die grundlegende Fragestellung (der Haupteffekt) jeweils dieselbe bleibt (d.h. kongruente vs. inkongruente fiktionale Rolle als Prime für spätere Werbeperson) und sich die Studien durch zusätzliche Fragestellungen (zusätzliche Moderatoren etc.) unterscheiden. Zeigen sich konsistente Ergebnisse an verschiedenen Stichproben, dann kann dies als Validitätshinweis gewertet werden.

7.2 Übersicht über die durchgeführten Studien

Die theoretisch abgeleiteten Hypothesen wurden mit vier empirischen Studien untersucht, die experimentelle bzw. quasi-experimentelle Designs verwenden. Alle Studien folgen dem grundsätzlichen Aufbau eines Medien-Priming-Experiments. Dabei wird den Probanden in allen Gruppen/Bedingungen zunächst ein fiktionaler Medieninhalt (der Prime) präsentiert. Im Anschluss daran sehen die Probanden einen Werbespot (den Zielreiz). Die vorhandene vs. fehlende Abstimmung (Kongruenz vs. Inkongruenz) zwischen dem fiktionalen Medienkontext und dem Werbespot stellt die unabhängige Variable dar. Diese Abstimmung bezieht sich in allen Studien auf das Erscheinen eines Schauspielers als fiktionaler Charakter und als Werbecharakter. Mit anderen Worten: Der Medienkontext und Werbespot passen hinsichtlich des gezeigten fiktionalen Charakters zueinander (Bedingung 1: zur Werbung kongruenter fiktionaler Medienkontext) oder passen hinsichtlich des gezeigten fiktionalen Charakters nicht zueinander (Bedingung 2: zur Werbung inkongruenter fiktionaler Medienkontext) (vgl. Abb. 9).

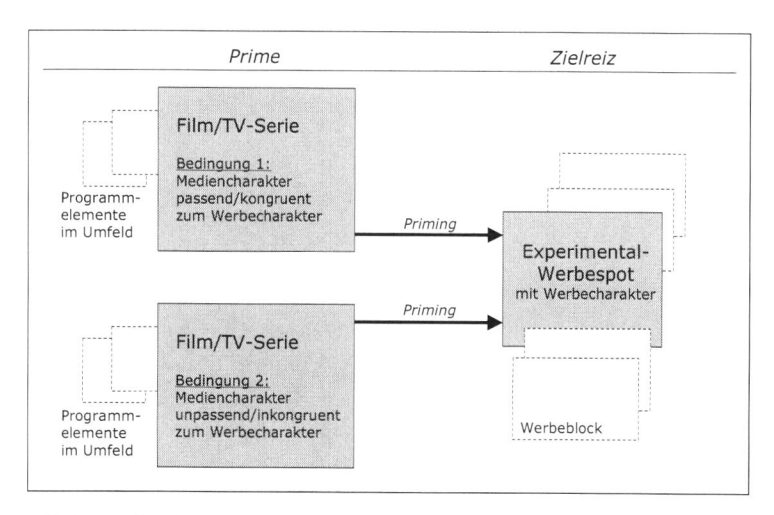

Abb. 9: Aufbau der Medien-Priming-Experimente in dieser Arbeit
Quelle: Eigene Darstellung

Alle Studien basieren auf bestimmten Berufsschemata der fiktionalen Charaktere, wobei als Bedeutungsgeber fiktionale Ärzte oder Polizisten/Kommissare verwendet wurden. Die Arzt- und Kommissar-Rollen eignen sich für die Zwecke dieser Arbeit besonders, da für diese Rollen entsprechende Kompetenz- und Vertrauenswürdigkeitswerte erfasst werden können.

Die vier Studien bauen in folgenden Aspekten aufeinander auf:

- Es werden verschiedene Abstimmungsvarianten untersucht: Studie 1 ist angelehnt an das durch die Berücksichtigung von Priming angepasste Kultivierungsparadigma; hier kennzeichnet sich der inkongruente fiktionale Medienkontext dadurch, dass der in der Werbung auftretende Schauspieler im Medienkontext *nicht* erscheint. In den weiteren Studien (2-4) ist die Inkongruenz in Bedingung 2 dadurch gekennzeichnet, dass der in der Werbung auftretende Schauspieler zwar im fiktionalen Medienkontext erscheint, jedoch in einer zum Werbespot unpassenden fiktionalen Rolle. Dies wird hier als Rollen-Inkongruenz bezeichnet. Aus praktischer Sicht ist die Unterscheidung zwischen diesen Medienkontextvarianten aus der Perspektive von Platzierungsentscheidungen von Interesse. Aus theoretischer und methodischer Sicht kann mit dieser Unterscheidung geprüft werden, ob es sich bei den in Studie 1 gefundenen Effekten – wie vermutet – um die Nachwirkung fiktionaler Charakterbedeutungen handelt und nicht um einen Mere-Exposure-Effekt.

- Die Wirkung auf die elektrodermale Aktivierungsreaktion (H1) wird in den Studien 1 und 2 untersucht. In allen Studien wird die kognitive Werbewirkung auf die Kompetenz und Vertrauenswürdigkeit des Werbecharakters untersucht (H2). In allen Studien werden Einstellungsgrößen (H3) als „klassische" Werbewirkungsvariablen getestet. Dabei beziehen sich die Studien auf die Einstellung zum Werbemittel (Werbespot, Werbeanzeige). Zudem werden Daten zur Einstellung zur Marke betrachtet. Auf die Analyse von Erinnerungsdaten wurde verzichtet, da es sich weitgehend um Forced exposure-Situationen handelt, so dass die Erinnerung an die Werbestimuli nicht verzerrungsfrei gemessen werden kann.

- Die in den Abschnitten 5.4 und 5.5 abgeleiteten Hypothesen zu Moderatoren fiktionaler Nachwirkungen werden in den Studien 3 und 4 geprüft. Studie 3 widmet sich dem Konstrukt Transportation (H4). Studie 4 beschäftigt sich mit den Charaktervalenzen (H5) als möglichen Moderatoren.

- Die Studien 1 bis 3 verwenden Werbespots als Stimulusmaterial, die in einer Fernsehsituation präsentiert werden. Da die Fragestellung in Studie 4 (Priming von Charaktervalenzen im passenden und unpassenden Medienkontext) besondere Anforderungen an das Stimulusmaterial stellt, wurden hier Werbestimuli (Werbeanzeigen) und Tarnstimuli für die Coverstory kreiert und in einem Internetumfeld präsentiert. Studie 4 verwendet eine Coverstory, die im Vergleich zu den anderen Studie „stärker" ist und räumt die Schwäche des Aufmerksamkeitsfokus´ (vgl. Abschnitt 7.1) der anderen Studien aus.

7.2 Übersicht über die durchgeführten Studien

Tabelle 3 zeigt eine Übersicht über die hier durchgeführten empirischen Studien.

Tab. 3: Überblick über die durchgeführten empirischen Studien

Studieninhalte		**Stichprobe**
Studie 1		
Bahnung durch kongruente und inkongruente Mediencharaktere, EDR-Messung, 2 Fallbeispiele (A, B)		n_A= 135 n_B= 102
Studie 1	H1: Aktivierungshypothese	
	H2: Transferhypothese: Einfluss auf Kompetenz (H2a) und Vertrauenswürdigkeit (H2b) des Werbecharakters	
	H3: Einstellungshypothese	
Studie 2		
Bahnung durch kongruente und inkongruente Charakterbedeutungen, EDR-Messung, Validierung von Studie 1 durch Ausschluss eines Mere-Exposure-Effekts		
Pretest S2	**Pretest Spotmaterial**, Manipulationstest	n = 40
Studie 2	**Haupttest**	n = 127
	H1: Aktivierungshypothese	
	H2: Transferhypothese: Einfluss auf Kompetenz (H2a) und Vertrauenswürdigkeit (H2b) des Werbecharakters	
	H3: Einstellungshypothese	
Studie 3		
Bahnung durch kongruente und inkongruente Charakterbedeutungen, Messung von „Transportation"		
Pretest S3	**Pretest Serienmaterial**, Kompetenz und Vertrauenswürdigkeit der Serienfigur	n = 72
Studie 3	**Haupttest**	n = 117
	H4: Moderation durch Transportation	
	H3: Einstellungshypothese	
Studie 4		
Bahnung durch kongruente und inkongruente Charakterbedeutungen und positive/negative Charaktervalenzen, Verringerung von Demand-Artefakten und Aufmerksamkeitsfokus durch starke Coverstory		
Pretest S4-1	**Pretest Serienmaterial**, Kompetenz und Vertrauenswürdigkeit der Serienfigur	n = 155
Pretest S4-2	**Pretest Anzeigenmaterial**, Manipulationstest	n = 51
Pretest S4-3	**Pretest Tarnstimulus**	n = 28
Studie 4	**Haupttest**	n = 205
	H5: Moderation durch Charaktervalenzen	
	H3: Einstellungshypothese	

7.3 STUDIE 1: Bahnung durch kongruente vs. inkongruente fiktionale Mediencharaktere

7.3.1 Ziele von Studie 1

Studie 1 testet, ob sich bei Kongruenz zwischen fiktionalem Medienkontext und Werbung in Bezug auf die gezeigten Charaktere die Reaktionen von Konsumenten im Vergleich zu einer Inkongruenzsituation unterscheiden. Dabei wird vermutet, dass eine Abstimmungssituation in positiveren affektiven Werbewirkungen (elektrodermale Aktivierung (H1), Einstellung zum Werbemittel (H3)) resultiert als eine Mediensituation, in der fiktionaler Medieninhalt und Werbung bzgl. der gezeigten Charaktere nicht aufeinander abgestimmt sind. Zudem wird angenommen, dass sich die in einer Abstimmungssituation „gebahnten" Charakterinformationen in die Werbung hinein übertragen lassen und zu einer höheren Kompetenz und Vertrauenswürdigkeit der Werbeperson führen (H2).

In Studie 1 wird die Kongruenz zwischen fiktionalem Medienkontext und Werbung folgendermaßen operationalisiert:

- zur Werbung kongruenter fiktionaler Medienkontext: Der in der Werbung gezeigte Werbecharakter (ein Schauspieler) erscheint *auch* in dem vorab präsentierten fiktionalen Medieninhalt (Film/TV-Serie). Dabei ähneln sich die in der Werbung und im Film/TV-Serie durch den entsprechenden Schauspieler dargestellten Rollen.
- zur Werbung inkongruenter fiktionaler Medienkontext: Der in der Werbung gezeigte Werbecharakter (ein Schauspieler) erscheint *nicht* in dem vorab präsentierten fiktionalen Medieninhalt (Film/TV-Serie).

Ziel der Studie 1 ist es außerdem, zu überprüfen, ob sich mögliche Effekte über unterschiedliches Stimulusmaterial hinweg zeigen lassen. Daher sollen die Hypothesen an zwei verschiedenen Stimulus-Sets mit unterschiedlichen Schauspielern in unterschiedlichen Werbespots geprüft werden.

7.3.2 Stimulusmaterial

Als Programm-Stimuli wurden fiktionale Medieninhalte verwendet, die im tatsächlichen Fernsehprogramm gelaufen sind. Als Fallbeispiele wurden eine Arztserie sowie ein Kriminalfilm ausgewählt, die als fiktionale Medienkontexte für Werbespots dienten. Im Fallbeispiel „Arzt" wurde Material verwendete, das den Schauspieler Rainer Hunold in einer TV-Serie und in der Werbung in der Rolle des Arztes zeigt. Für den Kriminalfilm als fiktionalem Medienkontext wurde Material verwendet, das den Schauspieler Til Schweiger im Film und Werbung in der Rolle eines Kommissars zeigt. In beiden Fallbeispielen bildete eine fiktionale Politikserie die Vergleichsbedingung; in dieser Serie spielte der jeweilige Schauspieler (Rainer Hunold bzw. Til Schweiger) nicht mit.

Damit konnte die Zugänglichkeit der Charakterbedeutungen manipuliert werden: In der Bedingung „zum Spot kongruenter Medienkontext" (Arztserie bzw. Kriminalfilm) sind passende Charakterbedeutungen aus dem fiktionalen Medienkontext für die Wahrnehmung des Werbespots zugänglich. In der Bedingung „zum Spot inkongruenter Medienkontext" (Politikserie) sind keine passenden Charakterbedeutungen zugänglich, da es sich hier um ein Programm mit völlig anderem Inhalt handelt.

7.3.2.1 Fallbeispiel „Arzt"

Werbespot: In einem TV-Werbespot für das Produkt MAGNESIUM VERLA agiert der Schauspieler Rainer Hunold als Werbeperson. Dieser Schauspieler spielt in einer TV-Serie einen Arzt, so dass mit Hilfe dieses TV-Spots und dieser TV-Serie eine Kongruenzsituation erzeugt werden konnte. Der Werbespot weist Ähnlichkeiten zu der Rolle des Schauspielers in der TV-Serie auf (blaues Hemd und braune Wildlederjacke als Kleidung der Werbeperson – auch der TV-Arzt trägt diese Kleidung, Werbeperson sitzend an einem Schreibtisch mit einem großen Glasgefäß mit Tee – hier sind Assoziationen zu einer Arztpraxis wahrscheinlich, Präsentation der Werbeperson mit Motorradhelm an einem Motorrad – auch der TV-Arzt ist begeisterter Motorradfahrer, vgl. Das Erste 2004, S. 9).

Abb. 10: Experimentalstimulus in Studie 1: Werbespot für Verla

Der Spot enthält folgende Szenen (vgl. Abb. 10): (1) Rainer Hunold mit einem Motorrad-Helm in der Hand aus dem Haus kommend, trifft eine Frau, die mit ihrem Hund spazieren geht und spricht sie an: „Hallo! Fit sein und immer in Bewegung!", (2) Hunold wendet sich zum Zuschauer: „Muskelverspannungen und Krämpfe müssen nicht sein", (3+4) Einblendung einer bewegten

Abbildung eines Körpermodells und erklärende Stimme aus dem Off: „Magnesiummangel führt oft zu Muskelverspannungen und Krämpfen. Magnesium Verla gleicht diesen Mangel aus und wirkt so gegen Verspannungen und Krämpfe. Dragee-Qualität ist unsere Stärke", (5) Hunold am Schreibtisch sitzend: „Magnesium Verla: das blau-gelbe Magnesium aus Ihrer Apotheke" (6) Stimme aus dem Off und Tafel: „Zu Risiken und Nebenwirkungen lesen Sie die Packungsbeilage und fragen Sie Ihren Arzt oder Apotheker."

Zum Spot kongruenter fiktionaler Medienkontext: Die TV-Serie *Dr. Sommerfeld – Neues vom Bülowbogen*[68] mit Rainer Hunold in der Titelrolle des *Dr. Peter Sommerfeld* bildet den kongruenten Medienkontext für den ausgewählten Werbespot. Für das letztlich verwendete Stimulusmaterial wurden 6:14 Minuten einer Folge ausgewählt, in denen die Handlung der Folge gut nachvollziehbar war. Bei der Auswahl der Szenen wurde darauf geachtet, die Hauptfigur *Dr. Sommerfeld* vor allem im beruflichen und nur zum Teil im privaten Kontext zu zeigen.

Die ausgewählte Folge handelt von einem scheinbar glücklichen Ehepaar. Als der Ehemann seiner Frau ein Verhältnis mit einer anderen Frau gestehen will, treten bei ihm plötzlich Lähmungserscheinungen in der Hand auf und Dr. Sommerfeld wird gerufen. Nach gründlichen Untersuchungen berät sich Dr. Sommerfeld ausführlich mit einem Assistenten über die Ergebnisse der Tests und mögliche Ursachen dieser Beschwerden. Bei einem weiteren Versuch des Ehemanns, seiner Frau das Verhältnis zu gestehen, teilt sie ihm freudestrahlend ihre Schwangerschaft mit. Eine erneute Lähmungsattacke tritt auf, der Ehemann wird zu Dr. Sommerfeld gebracht und dieser muss sich beeilen, die Ursachen herauszufinden, denn die Lähmungen werden zunehmend bedrohlicher (vgl. Das Erste 2004, S. 22).

Zum Spot inkongruenter fiktionaler Medienkontext: Als Vergleichskontext wurde eine Folge der ZDF-Serie *Kanzleramt* verwendet, aus der 5:16 Minuten Filmmaterial ausgewählt wurden. In der Folge geht es um die Reaktionen einer fiktionalen deutschen Regierung auf Wirtschaftsprozesse. Ein ausländisches Konsortium erwirbt die Aktienmehrheit eines großen deutschen Traditionsunternehmens, was den Inhaber dazu bringt, sich das Leben zu nehmen. Aufgrund dieser feindlichen Übernahme besteht die Befürchtung, dass große Unternehmensteile ins Ausland verlagert werden und dadurch Tausende deutsche Arbeitsplätze verloren gehen. Offiziell mischt sich die fiktionale deutsche Bundesregierung nicht ein, inoffiziell mischt sie jedoch mit (vgl. o.V. 2009b).

Abbildung 11 fasst das Experimentaldesign des Fallbeispiels „Arzt" zusammen:

---

[68] Die Serie hat folgenden generellen Inhalt: „Dr. Sommerfeld hat mitten in einem Berliner Kiez seine Praxis und ist bei seinen Patienten sehr beliebt. Neben dem medizinischen hat er auch mal einen menschlichen, ganz persönlichen Rat parat. Notfälle werden nicht nur während der Sprechstunden, sondern auch in der Freizeit behandelt, selbst wenn diese knapp bemessen ist. Sein Privatleben ist ihm lieb und teuer, aber er schafft es nur in seltenen Fällen, seinen Beruf aus dem Familienalltag heraus zu halten." (Das Erste 2004, S. 9).

Abb. 11: Experimentaldesign in Studie 1: Arztserie

7.3.2.2 Fallbeispiel „Kommissar"

Werbespot: Für die Dienstleistungen des Unternehmens T-MOBILE existiert ein Werbespot, in dem der Schauspieler Til Schweiger nicht als „Til Schweiger" für die Leistungen wirbt, sondern die Rolle eines Kommissars spielt, der in verschiedenen Situationen gezeigt wird, in denen er mobile Kommunikationsleistungen verwendet.

Der Spot zeigt folgende Geschichte (vgl. Abb. 12): Der Kommissar ist im Auto unterwegs und erhält eine Nachricht über einen Einbruch (2). Sein Handy zeigt ihm mittels Navigationsfunktion den schnellsten Weg zum Tatort, einem Bürogebäude, und der Kommissar nimmt den schnellsten Weg dorthin (3). Eine Einbrecherin will Computerdaten stehlen (4). Der Kommissar beobachtet sie (5) und zeichnet mit seinem Handy eine Videosequenz von ihr auf (6). Dabei bemerkt die Diebin ihn (7). Das Video sendet der Kommissar über die Handy-Datenverbindung sofort an sein Team (8), die Diebin kann mit Hilfe der Videosequenz identifiziert werden (9). Sie versucht über einen gläsernen Fahrstuhl zu fliehen (10), der Kommissar springt auf das Fahrstuhldach, welches unter seinem Gewicht zerbricht (11), so dass er der Diebin Auge in Auge gegenübersteht. Es kommt – hollywood-like – zu einer romantischen Szene (12). Etwas später erhält der Einsatzleiter über sein Handy die neuesten Nachrichten (13), die berichten, dass die Diebin entkommen sei (14). Auch der Kommissar empfängt eine Videonachricht (15) – von der Diebin, die ihm kess mitteilt, dass er seine Sonnenbrille „vergessen" habe (16).

Abb. 12: Experimentalstimulus in Studie 1: Werbespot für T-Mobile

Zum Spot passender fiktionaler Medienkontext: Der Schauspieler Til Schweiger ist in den Anfangsszenen des Films *Adrenalin* in der Rolle eines Polizisten zu sehen, die der Rolle in der oben beschriebenen Spot-Geschichte – mit Ausnahme der romantischen Szene – sehr ähnelt. Aus dem Film wurden 5:59 Minuten verwendet, die folgende Ereignisse zeigen: Die Polizei hat ermittelt, dass Einbrecher in einer Bank versuchen werden, Computer zu knacken und die Daten zu stehlen. Polizisten eines Sondereinsatzkommandos sitzen vor dem Bankgebäude im Einsatzfahrzeug; einer der Polizisten (*Stephen Renner* alias Til Schweiger) hat mit dem Anführer der Diebe eine persönliche Rechnung offen, denn dieser hat einst die Ehefrau des Polizisten ermordet. Als die Diebe auftauchen, stürmt die Polizei das Gebäude, die Diebe werden von den einzelnen Polizisten verfolgt, es fallen Schüsse. Auf dem Dach des Gebäudes stellt Polizist Renner den Anführer.

Zum Spot unpassender fiktionaler Medienkontext: Als Vergleichskontext wurde wiederum die schon beschriebene Folge der ZDF-Sendung *Kanzleramt* verwendet (vgl. Fallbeispiel „Arzt").

7.3.2.3 Zusätzliche Umfeldstimuli in beiden Fallbeispielen

Die entsprechenden Stimuli wurden den Probanden in einem Umfeld anderen Filmmaterials gezeigt, um die Fernsehsituation möglichst realitätsnah zu gestalten (vgl. Tab. 4). Dafür wurde eine Sequenz aus verschiedenen Programmelementen zusammengestellt, um einen Ausschnitt eines typischen Fernsehabends zu simulieren. Die Szenenauswahl ist für jede der vier Gruppen in Tabelle 4 zusammengestellt. Die Sequenzen unterscheiden sich hinsichtlich des betreffenden Films und des betreffenden Experimentalspots; die übrigen Sequenzbestandteile wurden konstant gehalten. Alle Sequenzen wurden so geschnitten, dass der Film jeweils *vor* dem betreffenden Werbespot lief, um die Zugänglichkeit der Charakterbedeutungen zu manipulieren.

Tab. 4: Experimentalstimuli in Studie 1: Stimulus-Sequenzen

Kontextbedingung	Fallbeispiel „Arzt"		Fallbeispiel „Kommissar"	
	kongruenter fiktionaler Medienkontext	inkongruenter fiktionaler Medienkontext	kongruenter fiktionaler Medienkontext	inkongruenter fiktionaler Medienkontext
Umfeld	Interview	Interview	Interview	Interview
	Werbejingle	Werbejingle	Werbejingle	Werbejingle
	0. Weihenstephan	0. Weihenstephan	0. Weihenstephan	0. Weihenstephan
	Werbejingle	Werbejingle	Werbejingle	Werbejingle
Experimental-Stimulus: Programm	Szene aus „Dr. Sommerfeld" (6:14 min)[69]	Szene aus „Kanzleramt" (5:16 min)	Szene aus „Adrenalin" (5:59 min)	Szene aus „Kanzleramt" (5:16 min)
	Werbejingle	Werbejingle	Werbejingle	Werbejingle
Umfeld	1. Provinzial	1. Provinzial	1. Provinzial	1. Provinzial
	2. EDEKA	2. EDEKA	2. EDEKA	2. EDEKA
Experimental-Stimulus: Werbespot	3. Magnesium Verla (0:32 min)	3. Magnesium Verla (0:32 min)	3. T-Mobile (1:03 min)	3. T-Mobile (1:03 min)
	4. Bon Aqua	4. Bon Aqua	4. Bon Aqua	4. Bon Aqua
Umfeld	5. Flensburger	5. Flensburger	5. Flensburger	5. Flensburger
	Werbejingle	Werbejingle	Werbejingle	Werbejingle
	Szene aus „Quizshow"	Szene aus „Quizshow"	Szene aus „Quizshow"	Szene aus „Quizshow"

Jede Sequenz begann mit dem Einstieg in ein laufendes Interview, welches die Probanden dann bis zum Schluss ansahen. Dieser Teil diente vor allem als „Eisbrecher"-Phase, um die Probanden an die TV-Präsentation zu gewöhnen. Wie im realen Fernsehen wurde das Programm dann durch einen Werbespot unterbrochen. Dazu wurde zunächst ein Werbejingle gezeigt, um das Programm realistisch vom Werbespot abzugrenzen. Ein weiterer Werbejingle beendete die Kurzunterbrechung und der Programmstimulus begann. Dieser Teil war der längste Teil in der Sequenz, um die Relationen zwischen Programm und Werbung relativ realistisch zu gestalten. Danach folgte wieder ein Werbejingle, um einen Werbeblock mit insgesamt fünf weiteren Spots (je ca. 0:25 Minuten) einzuleiten. Darunter war der jeweilige Experimentalspot, der an dritter Stelle im Werbeblock lief, um Primacy- oder Recency-Effekte (vgl. Haugtvedt und Wegener 1994; Furnham, Bergland und Gunter 2002) auszuschließen. Die übrigen Werbespots betrafen jeweils andere Pro-

---

[69] Die in den Gruppen verwendeten Serien- bzw. Filmausschnitte unterscheiden sich hinsichtlich der Länge. Vgl. dazu Abschnitt 7.3.3.4.4 (Kontrollvariablen).

duktkategorien (Versicherungen, Einzelhandel, Getränke) als die des jeweiligen Experimentalspots. Ein letzter Werbejingle beendete den Werbeblock. Schließlich folgten einige Ausschnitte einer Quizshow. Die Sequenzen hatten insgesamt eine Länge von durchschnittlich ca. 11-12 Minuten.

7.3.3 Methodisches Vorgehen

7.3.3.1 Durchführung der Untersuchung

Die Untersuchung fand im Juni/Juli 2005 in Form eines Laborexperiments in einem Seminarraum der Europa-Universität Viadrina in Frankfurt (Oder) statt. Die Probandenansprache und -gewinnung erfolgte durch die Teilnehmer der Empirischen Marktforschungsübung im SS 2005, die mit Probanden Termine für die Teilnahme am Experiment vereinbarten. An dem jeweiligen Termin kamen die Probanden in Gruppen von bis zu fünf Teilnehmern in einen als Labor gestalteten Seminarraum der Universität. Dort stand ein TV-Gerät mit ca. 70 cm Bildschirmdiagonale. Alle Teilnehmer konnten das TV-Bild gleich gut sehen.

Die Probanden wurden begrüßt und der folgende Ablauf vorgestellt. Ihnen wurde mitgeteilt, dass die Wirkung des Fernsehprogramms untersucht werden solle. Dazu würde sogleich ein Ausschnitt aus dem Fernsehprogramm gezeigt werden, der eine Mischung aus TV-Serie (bzw. Film), Werbung, Interview, Quizshow sein würde –ganz so, wie man es auch im normalen Programm finden könne. Ein/e Proband/in der Gruppe wurde zufällig ausgewählt, um bei ihm/ihr die elektrodermale Reaktion zu messen. Dem EDA-Probanden wurden die EDA-Elektroden auf die Innenseite der Handfläche geklebt und er/sie wurde bzgl. der Messung instruiert[70]. Alle Probanden wurden gebeten, ihre Handys stumm zu schalten, um Störungen der Messung zu vermeiden. Die EDA-Messung wurde gestartet. Danach wurde das Video gestartet. Zu Beginn der einzelnen Programmelemente wurde jeweils ein Zeitmarker gesetzt, um die einzelnen Elemente (Programm, Werbung) in der späteren Auswertung auseinander halten zu können. Nach der TV-Sequenz wurde die Messung gespeichert, das Video angehalten und die EDA-Elektroden entfernt.

Damit im Labor sofort der nächste Durchgang beginnen konnte, wurden die Probanden in einen anderen Raum gebeten, wo eine schriftliche Befragung durchgeführt wurde. Um den Untersuchungszweck jedoch nicht offensichtlich zu machen, wurde den Probanden vorgegeben, dass in einer Art Lotterie (vgl. Gröppel-Klein, Domke und Bartmann 2005, S. 44) der nun zu beurteilende Spot ausgelost würde: „Wir interessieren uns für mehrere der gezeigten Spots. Damit die Befragung jedoch nicht allzu lange dauert, losen wir jetzt einen Spot aus, und die folgenden Fragen zu Spot oder Produkt beziehen sich nur noch auf diesen ausgelosten Spot." Der ausgeloste Spot

---

[70] Aspekte wie „nicht auf die Elektroden drücken", „Hände am besten in den Schoß legen" etc.

war immer der MAGNESIUM VERLA- bzw. T-MOBILE-Spot. Danach erhielten die Probanden einen weiteren Fragebogen, wurden gebeten, den „ausgelosten" Spot zu vermerken und beantworteten Fragen zur Einstellung zum Werbespot, Einstellung zur Marke, Beurteilung der Werbeperson, Gefallen des Films sowie zu Kontrollvariablen und soziodemographischen Größen. Die durchschnittliche Dauer eines Experimentdurchlaufs inklusive Befragung betrug 35 Minuten. Alle Teilnehmer nahmen als Dankeschön an einer Verlosung von Kinogutscheinen teil.

Wie erwähnt, wurde bei jeweils nur einem Probanden der Teilnehmergruppe des jeweiligen Termins die elektrodermale Aktivierung gemessen. Das beschriebene Vorgehen erklärt sich durch die beabsichtigte Effizienz während der Untersuchung. Berücksichtigt man, dass nur ein Messgerät zur Verfügung stand und dass ein Mess-Durchlauf ca. 20 Minuten dauerte, hätte die Stimuluspräsentation vor jeweils einzelnen Probanden mit anschließender Befragung eine nur kleine Stichprobe im Verhältnis zur aufgewendeten Zeit ergeben. Mit dem hier gewählten Vorgehen konnte eine für die EDA-Auswertung ausreichende Stichprobengröße erreicht werden. Darüber hinaus konnten zusätzliche Fragebogendaten generiert werden, um für die nicht auf EDR bezogenen Hypothesen eine größere Stichprobe zu erzielen. Des Weiteren wurde mit diesem Vorgehen angestrebt, auch Abnutzungseffekte in der Probandengewinnung und das mögliche „Herumsprechen" des Untersuchungszwecks unter den Probanden durch eine schnelle Durchführung zu mindern.

7.3.3.2 Stichprobe und Fallausschlüsse

Am Experiment nahmen 237 Personen teil. Davon entfallen 135 Probanden auf das Fallbeispiel „Arzt" und 102 Probanden auf das Fallbeispiel „Kommissar". Alle Probanden waren Studierende der Europa-Universität Viadrina in Frankfurt (Oder).

Das Erkennen des wahren Untersuchungszwecks wurde im Rahmen einer offenen Frage erhoben, in der die Probanden die hier interessierende Werbeperson möglichst detailliert beschreiben sollten und alles notieren sollten, was ihnen zu der Person im Zusammenhang mit diesem Experiment einfällt. Anhand der Äußerungen kategorisierten zwei unabhängige Kodierer das Erkennen des Untersuchungszwecks. Die Übereinstimmung zwischen den Kodierern lag bei 82,3%. Unstimmigkeiten wurden durch Diskussion gelöst. Nach dieser Kategorisierung wurden 15 Fälle (6,3%) als Fälle identifiziert, die den Untersuchungszweck erkannt hatten. Die Antworten dieser Probanden sind in Anhang 1 aufgelistet.

Signifikant mehr Probanden des Fallbeispiels „Arzt" (n = 14) als Probanden des Fallbeispiels „Kommissar" (n = 1) haben den Untersuchungszweck erkannt, χ^2 (1, n = 237) = 8,641, p = 0,003. Bei separater Untersuchung der beiden Fallbeispiele zeigt sich jedoch, dass keine signifikanten Unterschiede in der Anzahl der „Erkenner" des Untersuchungszwecks zwischen den manipulierten Gruppen (kongruenter vs. inkongruenter fiktionaler Medienkontext) bestehen. Im Fallbeispiel „Arzt" hatten 10 von 81 Probanden der Gruppe 1 (kongruenter fiktionaler Medienkontext) und 4 von 54 Probanden der Gruppe 2 (inkongruenter fiktionaler Medienkontext) den Untersuchungszweck erkannt. Unter Berücksichtigung dieser Gruppengrößen ergibt sich für den Chi-Quadrat-Test folgendes Ergebnis: χ^2 (1, n = 135) = 0,850, p = 0,357. Ein Chi-Quadrat-Test für das Fallbeispiel „Kommissar" war wegen nicht erfüllter Voraussetzungen (erwartete Häufigkeiten < 5) nicht möglich; hier hatte lediglich 1 Proband (Gruppe 1: passender fiktionaler Medienkontext) den Untersuchungszweck erkannt. Dass auch Probanden der Gruppe 2 den Untersuchungszweck erkannt hatten, obwohl hier keine zur Werbung passenden Programminhalte gezeigt wurden, begründet sich damit, dass diese Probanden den Schauspieler bereits vorher kannten und dadurch einen Bezug zwischen der ihnen bekannten Arztrolle und dem Werbespot herstellten. Dabei ist jedoch zu beachten, dass in *beiden* Medienkontext-Bedingungen die „Erkenner" den Schauspieler überwiegend schon vorher kannten ($n_{bekannt}$ = 14, $n_{unbekannt}$ = 1). Die identifizierten 15 Fälle wurden aus der Stichprobe ausgeschlossen.

Des Weiteren wurde festgestellt, dass im Fallbeispiel „Kommissar" alle bis auf einen Probanden die im Experimentalspot beworbene Marke (T-Mobile) kannten; dieser Einzelfall wurde ebenfalls aus der Analyse ausgeschlossen. Dadurch ergibt sich eine im Folgenden zu analysierende Stichprobe von n = 221. Davon entfallen 121 Probanden auf das Fallbeispiel „Arzt" ($n_{Gruppe1}$ = 71, $n_{Gruppe2}$ = 50) und 100 Probanden auf das Fallbeispiel „Kommissar" ($n_{Gruppe1}$ = 62, $n_{Gruppe2}$ = 38). Ein zusammenfassendes Profil der Studie 1 findet sich in Tabelle 5.

Tab. 5: Profil der Studie 1

Studie 1		
Design	2 Fallbeispiele (A, B) mit jeweils 2 Gruppen	Gruppe A1: Arztserie „Dr. Sommerfeld" Gruppe A2: Politikserie „Kanzleramt" → jeweils: + Werbespot mit Rainer Hunold Gruppe B1: Krimi „Adrenalin" Gruppe B2: Politikserie „Kanzleramt" → jeweils: + Werbespot mit Til Schweiger
Stichprobenumfang	n = 237	$n_{GruppeA1}$ = 81, $n_{GruppeA2}$ = 54 $n_{GruppeB1}$ = 64, $n_{GruppeB2}$ = 38
Erhebungspersonen	2 Betreuer der EDA-Messung	
Stichprobenauswahl	studentische Probanden, Auswahl nicht-zufällig, durch Teilnehmer der der empirischen Marktforschungsübung der Europa-Universität Viadrina, Frankfurt (Oder), SS 2005	
Ort der Erhebung	Seminarraum der Europa-Universität Viadrina, Frankfurt (Oder)	
Durchführung	Präsentation des Filmmaterials auf einem TV-Gerät, anschließende schriftliche Befragung	

Fallausschlüsse	n = 15 wegen Bemerken des Untersuchungszwecks;
	 n = 1 als einziger Fall ohne Markenkenntnis in Fallbeispiel 2;
	 n = 5 *teilweiser* Ausschluss bzgl. EDR-Analysen (Artefakt, Ausreißer, technische Probleme)	

analysierte Stichprobe	n = 221	$n_{GruppeA1}$ = 71, $n_{GruppeA2}$ = 50 $n_{GruppeB1}$ = 62, $n_{GruppeB2}$ = 38

Die Stichprobe umfasst n = 143 (65%) weibliche und n = 77 (35%) männliche Probanden. Es handelt sich um eine Stichprobe aus Studierenden im Alter von 18 bis 33 Jahren; der Altersmittelwert liegt bei M = 23,13 (SD = 2,428). Die Fallbeispiele unterscheiden sich nicht signifikant hinsichtlich Alter (t(219) = 0,953, p = 0,342) und Geschlecht (χ^2 (1, n = 220) = 0,725, p = 0,394).

7.3.3.3 Fallbeispielbetrachtung

Bezüglich personengebundener Variablen (vgl. Bortz und Döring 2006, S. 524) bestehen Unterschiede zwischen den Fallbeispielen:

- Bemerken des Untersuchungszwecks: Warum sich die beiden Stimuli trotz identischer Instruktionen im Erkennen des Untersuchungszwecks unterscheiden, lässt sich nur vermuten. Vielleicht erscheint den Probanden die sehr starke Passung[71] zwischen Produkt und Medien-/Werbecharakter im Fallbeispiel „Arzt" als sehr auffällig, während die Produkt-Charakter-Passung im „Kommissar"-Fall geringer ist und der Zusammenhang zwischen Film und Werbung trotz des gleichen Schauspielers daher vielleicht weniger ins Auge sticht.

- Fan des Schauspielers: Im Fallbeispiel „Kommissar" agierte Til Schweiger als Werbeperson, der die Präferenzen der studentischen Probanden anscheinend besser trifft als der Schauspieler Rainer Hunold aus dem Fallbeispiel „Arzt". Dies äußert sich in einem signifikanten Unterschied zwischen den Fallbeispielen hinsichtlich der Beurteilung des Statements „Ich bin ein großer Fan dieses Schauspielers": t(153,068) = -8,175, p < 0,001.

- Vorherige Markenkenntnis: Die Marke T-MOBILE im Fallbeispiel „Kommissar" kannten alle Probanden, bis auf einen. Dieser Einzelfall wird aus der Analyse ausgeschlossen. Im Fallbeispiel „Arzt" wurde ein Spot der Marke VERLA verwendet, die signifikant weniger Probanden kannten als die Marke T-MOBILE des anderen Fallbeispiels (χ^2 (1, n = 221) = 174,563, p < 0,001).

Aufgrund dieser Unterschiede wurden die beiden Fallbeispiele getrennt voneinander ausgewertet. Sollten sich *in*konsistente Ergebnisse zwischen den Fallbeispielen zeigen, so hat die hier gewähl-

---

[71] In einem Pretest wurden Probanden offen gefragt, welche Produkte jeweils von einem Arzt bzw. einem Polizisten als Werbefigur glaubhaft beworben werden könnten. Als am häufigsten genannte fünf Produkte ergaben sich für den Arzt die Produkte Diätprodukt, Medikament, Fitnessstudio, Hygieneprodukte, Erholungsreise; für den Polizisten die Produkte Auto, Alarmanlage, Handy, Kaffee, Kindersitz. Aufgrund dieser Ergebnisse wurden die ausgewählten Werbespots als geeignet befunden. Im Rahmen des Haupttests wurden die Probanden gebeten, die jeweiligen fünf Produkte hinsichtlich ihrer Passung zu dem Berufsbild (Arzt bzw. Polizist) in eine Rangfolge zu bringen. Während das Medikament sich signifikant von den vier anderen zu einem Arzt passenden Produkten in der Passung abhebt (Friedman-Test für 5 Produkte: χ^2 (4, n = 135) = 354,967, p < 0,001; Wilcoxon-Test$_{Medikament/Diätprodukt(2. Rang)}$: Z = -9,566, p < 0,001), zeigt sich für das Handy als Produkt für einen Polizisten ein vierter Rang, der sich zudem signifikant von den beiden am besten passenden Produkten (Alarmanlage, Auto) unterscheidet (Friedman-Test für 5 Produkte: χ^2 (4, n = 102) = 138,254, p < 0,001; Wilcoxon-Test$_{Auto/Handy}$: Z = -4,673, p < 0,001; Wilcoxon-Test$_{Alarmanlage/Handy}$: Z = -6,561, p < 0,001). Obwohl die Passung aufgrund des ordinalen Skalenniveaus hier nicht direkt *zwischen den Fallbeispielen* getestet werden kann, lässt sich daraus ein vorsichtiger Hinweis auf einen Unterschied zwischen den Fallbeispielen ableiten.

te Vorgehensweise allerdings den Nachteil, dass sich dann aufgrund der mehrfachen Unterschiede nicht eindeutig erkennen lässt, welcher Faktor für die differierenden Ergebnisse verantwortlich war.

7.3.3.4 Operationalisierung und Dimensionierung der Variablen

Auf die Operationalisierung der unabhängigen Variablen (Bedingungen des fiktionalen Medienkontexts) wurde bereits in Abschnitt 7.3.2 bei der Vorstellung des Stimulusmaterials eingegangen. In diesem Abschnitt soll die Operationalisierung und Dimensionierung der abhängigen Variablen und der erhobenen Kontrollvariablen beschrieben werden.

7.3.3.4.1 Elektrodermale Aktivierung

Für die Aufzeichnung der elektrodermalen Aktivierung (EDA) wurde ein exosomatischer Ansatz verwendet, der auf Gleichstrom (0,4V) und der Hautleitfähigkeit basiert. Die technische Ausrüstung umfasste einen 12-Bit analog-digital Konverter. Es wurden zwei Ag/AgCl Elektroden für die EDA-Aufzeichnung verwendet, die jeweils mit einer 0,5% NaCl Elektrodencreme gefüllt waren. Die Elektroden wurden in jeweils gleichem Abstand voneinander bei Rechtshändern an der linken Handfläche, bei Linkshändern an der rechten Handfläche angeschlossen (vgl. Gröppel-Klein 2004a, S. 46). Aus den gemessenen Daten wurden die Parameter (vgl. ausführlich Gröppel-Klein 2004a, S. 47) für die *phasische* elektrodermale Reaktion (EDR) verwendet, wobei die Amplitude von besonderer Relevanz ist. Die Amplitude beschreibt die Stärke jeder phasischen Aktivierungsreaktion als Reaktion auf einen Reiz[72] (vgl. Boucsein und Backs 2009, S. 35-3). Nach Steiger (1988, S. 54) kann die Intensität der wahrgenommenen Aktivierung über einen gewissen Zeitraum durch Aufsummieren aller einzelnen Amplituden bestimmt werden. Diese sog. Summenamplitude ist der wichtigste Parameter für die phasische Aktivierung in Experimenten (vgl. Kroeber-Riel, Weinberg und Gröppel-Klein 2009, S. 69) und wird hier als abhängige Variable verwendet. Die Summenamplitude als Reaktion auf den jeweiligen Experimentalspot wird im Folgenden in µS (MikroSiemens) angegeben.

Ein zweiter Parameter elektrodermaler Aktivierung ist die sog. Frequenz, die die Anzahl der Reaktionen angibt. Jede Hautleitreaktion demonstriert die besondere Aufmerksamkeit einer Person in Richtung eines Objekts (vgl. Steiger 1988; Gröppel-Klein 2004a, S. 47), eine sog. Orientierungsreaktion. Im Unterschied zur Aktivierungsmessung am Point-of-Sale (vgl. Groeppel-Klein

---

[72] Um die Amplituden zu berechnen, wurde ein Minimalamplitudenkriterium von 0,05 µs gewählt, um die Aufnahme von Artefakten durch das Signal-Rausch-Verhältnis auszuschließen (vgl. Boucsein 1992; Venables und Christie 1980). Während der Messung der EDR kann die Überlappung von Amplituden auftreten, d.h., eine zweite Amplitude folgt einer ersten, obwohl das Ausgangsniveau noch nicht erreicht worden ist. Bei überlappenden Amplituden wurde für die Datenanalyse das Ausgangsniveau jeder Amplitude für sich als Basis gewählt, ohne Rücksicht auf die Erholungszeit der vorangegangenen Amplitude (vgl. Boucsein 1992; Kroeber-Riel, Weinberg und Gröppel-Klein 2009, S. 69).

und Baun 2001), ist die Frequenz in Forced exposure-Experimenten von geringerer Bedeutung. Da die Probanden durch den Experimentalaufbau explizit dazu aufgefordert werden, ihre Aufmerksamkeit auf das TV-Material zu richten, sind Veränderungen in der Hinwendung des Probanden zum Objekt (hier: Fernsehgerät) durch die Experimentalsituation beeinflusst (vgl. Kroeber-Riel, Weinberg und Gröppel-Klein 2009, S. 69). Auf Darstellungen zur Frequenz wird daher hier verzichtet.

Die Amplituden wurden anhand der in den EDR-Kurven gesetzten Zeitmarker für die Seriensequenzen und für den jeweiligen Experimentalspot selektiert. Die Probanden wurden (ohne dies zu bemerken) während des Anschauens des Stimulusmaterials vom Experimentator beobachtet, um die Erzeugung von Artefakten wie z.B. durch Druck auf die Elektroden zu bemerken. Vor der Analyse der EDR-Daten wurden die entsprechenden Teile aus den EDR-Kurven herausgeschnitten. Bei einer Probandin wurde vermerkt, dass sie auch während des Ansehens des *Experimentalspots* mehrfach die Elektroden festdrückte; dieser Fall wurde aus der Stichprobe entfernt. Des Weiteren konnten zwei EDR-Datensätze nicht verwendet werden, da sich die Daten aufgrund einer Vielzahl von Artefakten in den Kurven technisch bedingt nicht zu Parametern verdichten ließen.

Weiterhin wurde untersucht, ob hinsichtlich der Summenamplitude des Experimentalspots Ausreißer bestehen. Eine explorative Datenanalyse (getrennt nach Fallbeispielen) ergab zwei Ausreißer für die Summenamplitude, die aus der Stichprobe entfernt wurden. In die Analyse der durch den Experimentalspot hervorgerufenen elektrodermalen Aktivierungsreaktion gingen $n_{„Arzt"} = 62$ Fälle bzw. $n_{„Kommissar"} = 58$ Fälle ein. Diese im Vergleich zur Gesamtstichprobe reduzierte Stichprobengröße entsteht, wie in Abschnitt 7.3.3.1 beschrieben, weil jeweils nur bei einem Probanden des jeweiligen Testdurchgangs die elektrodermale Aktivierung gemessen und von den zusätzlichen Probanden lediglich Fragebogendaten erhoben wurden. Die EDR-Messung bei nur einem Probanden in Anwesenheit weiterer Probanden könnte allerdings die EDR-Werte beeinflusst haben (und somit eine untersuchungsbedingte Störvariable bilden, vgl. Bortz und Döring 2006, S. 528). Eine Varianzanalyse zeigte jedoch, dass dies nicht der Fall war: Die EDR-Werte der Probanden, die den Test allein durchführten, unterscheiden sich nicht signifikant von den EDR-Werten der Probanden, die den Test zusammen mit einem bzw. mit mehreren weiteren Probanden durchliefen (ANOVA für die Summenamplitude des Experimentalspots, $F(2, 117) = 0,465$, $p = 0,629$). Des Weiteren wurde die Händigkeit der Probanden vermerkt (bei Rechtshändern werden die Elektroden links, bei Linkshändern rechts angebracht); auch hier zeigten sich keine Einflüsse auf die relevanten EDR-Werte (nichtparametrischer[73] Test für die Summenamplitude des Experimentalspots, Mann-Whitney-U-Wert = 206,000, $p = 0,744$).

---

[73] Wegen der sehr ungleichen Gruppengrößen (deutlich mehr Rechtshändern als Linkshänder) wurde ein nichtparametrischer Test (Mann-Whitney-Test) durchgeführt.

7.3.3.4.2 Beurteilung der Werbeperson

Die Beurteilung der Werbeperson wurde anhand von Items zur Kompetenz und Vertrauenswürdigkeit der Werbefigur gemessen. In Anlehnung an Ohanian (1990) wurden die Items „sachkundig", „erfahren", „erfolgreich" (operationalisierte Items zur Kompetenz) sowie „aufrichtig" und „glaubhaft" (operationalisierte Items zur Vertrauenswürdigkeit) verwendet, anhand derer die Probanden die Person beurteilen sollten, die im jeweiligen Experimentalspot das Produkt vorstellt. Dazu wurde eine fünfstufige Ratingskala[74] mit den Polen 1 = „stimme überhaupt nicht zu" und 5 = „stimme vollkommen zu" verwendet.

Die Items gingen in Hauptkomponentenanalysen ein, die separat für die Fallbeispiele durchgeführt wurden. In beiden Hauptkomponentenanalysen (vgl. Anhang 2) vermischten sich die Items der Kompetenz und Vertrauenswürdigkeit und bildeten einen gemeinsamen Faktor. Zudem war die durch den jeweiligen Faktor erklärte Varianz nur sehr gering (erklärte Varianz$_{,,Arzt"}$ = 56,429, erklärte Varianz$_{,,Kommissar"}$ = 46,578 %). Daher wurden für die folgenden Tests die Einzelitems verwendet.

7.3.3.4.3 Einstellung zum Werbemittel

In Anlehnung an Edell und Burke (1987, S. 425) wurden folgende Items zur Einstellung zum Werbespot operationalisiert: „überzeugend", „informativ", „wertvoll", „langweilig", „irritierend", „einzigartig", „erinnerungswürdig", „begeisternd" und „beruhigend". Die Probanden beurteilten den jeweiligen Experimentalspot (MAGNESIUM VERLA bzw. T-MOBILE) anhand dieser Items auf einer fünfstufigen Ratingskala (Zustimmen). Die Dimensionierung der Items erfolgte separat für die Fallbeispiele.

Fallbeispiel „Arzt": In einer ersten Hauptkomponentenanalyse über die Items zeigten sich für mehrere Items geringe MSA-Werte (MSA$_{langweilig}$ = 0,407, MSA$_{irritierend}$ = 0,389, MSA$_{beruhigend}$ = 0,564). Mit einem ebenfalls operationalisierten Außenkriterium zur Einstellung zum Werbespot („Alles in allem gefällt mir der Werbespot sehr gut") wurde geprüft, welche der Items valide Einstellungskomponenten abbilden. Diese Rechnung bestätigte, dass für die Items, die geringe MSA-Werte aufweisen, keine signifikanten Korrelationen mit dem Außenkriterium vorliegen ($r_{langweilig}$ = -0,092, p = 0,326; $r_{irritierend}$ = -0,063, p = 0,501; $r_{beruhigend}$ = 0,079, p = 0,401). Diese Items wurden aus der Variablenauswahl entfernt. Die endgültige Hauptkomponentenanalyse (n = 116) mit den verbliebenen Items ergab eine Lösung mit zwei Komponenten (vgl. Tab. 6), die als Einstellungsdimensionen „Begeisterungspotential des Werbespots" und „Informationsgehalt des Werbespots" bezeichnet wurden.

---

[74] Alle im Folgenden verwendeten Ratingskalen sind fünfstufig. Dabei sind geringe Werte stets Ausprägungen der geringen Zustimmung/Zutreffen/Wahrscheinlichkeit. Hohe Werte sind stets hohe Ausprägungen der Zustimmung/Zutreffen/Wahrscheinlichkeit. Im Folgenden wird auf die wiederholte Nennung der Pol-Bedeutungen verzichtet.

7.3 STUDIE 1: Bahnung durch kongruente vs. inkongruente fiktionale Mediencharaktere

Tab. 6: Studie 1 „Arzt": Hauptkomponentenanalyse „Einstellung zum Werbespot"

Item	MSA	Kommu-nalität	Rotierte Komponenten	
			1	2
begeisternd	0,720	0,690	**0,829**	0,051
erinnerungswürdig	0,752	0,637	**0,784**	0,149
einzigartig	0,767	0,575	**0,738**	-0,172
wertvoll	0,741	0,674	0,617	0,541
überzeugend	0,627	0,681	0,057	**0,823**
informativ	0,629	0,662	-0,045	**0,813**
KMO	0,716			
Eigenwert			2,426	1,493
Varianzanteil			40,432 %	24,881 %
Interpretation			„Begeisterungspotential"	„Informationsgehalt"
Extraktionsmethode: Hauptkomponentenanalyse, Rotation: Varimax, 3 Iterationen				

Die rotierte Faktorladungsmatrix zeigt für ein Item eine Doppelladung. Dieses Item wurde in der Variablenauswahl belassen, da sich ohne es die Gütemaße (KMO, Cronbachs Alpha, R^2 bei Korrelation mit Außenkriterium) deutlich verschlechterten. Die beiden Komponenten korrelieren signifikant mit dem Außenkriterium: $r_{Begeisterung}$ = 0,560, p < 0,001; $r_{Information}$ = 0,380, p < 0,001. Die Faktorwerte der beiden Komponenten gehen in die Hypothesentests ein.

Fallbeispiel „Kommissar": Für dieses Fallbeispiel wurden dieselben Items wie für das Fallbeispiel „Arzt" verwendet, um annähernd gleiche Konstrukte zu erhalten.

Tab. 7: Studie 1 „Kommissar": Hauptkomponentenanalyse „Einstellung zum Werbespot"

Item	MSA	Kommu-nalität	Rotierte Komponenten	
			1	2
erinnerungswürdig	0,745	0,749	**0,848**	0,174
begeisternd	0,734	0,741	**0,830**	0,228
einzigartig	0,808	0,571	**0,755**	-0,037
wertvoll	0,857	0,489	**0,545**	0,438
informativ	0,601	0,797	-0,065	**0,890**
überzeugend	0,750	0,676	0,402	**0,717**
KMO	0,755			
Eigenwert			2,899	1,123
Varianzanteil			48,324 %	18,714 %
Interpretation			„Begeisterungspotential"	„Informationsgehalt"
Extraktionsmethode: Hauptkomponentenanalyse, Rotation: Varimax, 3 Iterationen				

Die Hauptkomponentenanalyse (n = 99) ergab eine Lösung mit zwei Komponenten (vgl. Tab. 7), die ebenfalls als „Bgeisterungspotential" und „Informationsgehalt" interpretiert wurden. Die beiden Komponenten korrelieren signifikant mit dem Außenkriterium ($r_{Begeisterung}$ = 0,643, p < 0,001; $r_{Information}$ = 0,296, p < 0,003). Die Komponenten gehen mit ihren Faktorwerten in die Hypothesentests ein.

7.3.3.4.4 Kontrollvariablen

Es wurden Kontrollvariablen berücksichtigt, die sich auf den Film (durch Film induzierte EDR, Gefallen des Films), den Schauspieler im Werbespot (Fan des Schauspielers) und auf die beworbene Marke (vorherige Kenntnis der Marke) beziehen.

Durch den fiktionalen Medienkontext hervorgerufene elektrodermale Aktivierung: Neben den EDR-Werten für den jeweiligen Experimentalspot wurden auch die EDR-Werte (Summenamplitude) für die Seriensequenzen in beiden Medienkontextbedingungen selektiert. Die Messung erfolgte wie in Abschnitt 7.3.3.4.1 beschrieben. Allerdings ergibt sich in beiden Fallbeispielen das Problem, dass die Aktivierungswerte für die Medieninhalte der beiden Experimentalserien (Arztserie bzw. Krimi) nicht direkt mit denen der Vergleichsserie („Kanzleramt") vergleichbar sind, da sie jeweils eine unterschiedliche Länge aufweisen (Dauer$_{Arztserie}$ = 6:14 min, Dauer$_{Krimi}$ = 5:59 min, Dauer$_{Vergleichsserie}$ = 5:16 min). Somit ist es wahrscheinlich, dass allein aufgrund der längeren Dauer des Anschauens eine höhere Aktivierung durch den jeweils passenden fiktionalen Medienkontexts entstanden ist. Daher kann die Aktivierungsreaktion auf den Medienkontext hier lediglich als nominale Variable verwendet werden. Dazu wurden die Werte der Summenamplituden innerhalb der einzelnen Medienkontextgruppen standardisiert und in eine nominale Variable überführt (geringe Aktivierung vs. hohe Aktivierung)[75]. Diese Variable wird im Folgenden für die Summenamplitude des Medienkontexts verwendet.

Gefallen der Serie/des Films: Operationalisiert wurden drei Statements in Anlehnung an Gröppel-Klein, Domke und Bartmann (2005): „Es war ein großes Vergnügen, die Serie anzuschauen", „Die Serie war fesselnd und spannend", „Die Personen in der Serie haben meine volle Aufmerksamkeit erobert". Die Probanden beurteilten die Serie/den Film auf einer fünfstufigen Ratingsskala (Zutreffen). Eine Hauptkomponentenanalyse über beide Fallbeispiele hinweg (n = 221) ergab eine Ein-Komponenten-Lösung (KMO = 0,745, alle MSA $\geq$ 0,723, alle Kommunalitäten $\geq$ 0,793, Eigenwert = 2,473, erklärte Varianz = 82,417 %). Die Komponente wurde als „Gefallen des Programms" interpretiert und wird mit ihren Faktorwerten in den weiteren Analysen verwendet.

Fan des Schauspielers: Dieser Aspekt wurde mit dem Statement „Ich bin ein großer Fan dieses Schauspielers" operationalisiert, für das die Probanden ihre Zustimmung auf einer fünfstufigen Ratingskala angeben sollten. Bei dem Fallbeispiel „Arzt" fällt auf, dass sich die Antworten bei den geringen Werten konzentrieren und eine schmal-gipfelige Verteilung erzeugen (Kurtosis = 5,450). 77,7% der Probanden gaben an, überhaupt kein Fan des Schauspielers (Rainer Hunold) zu sein. Auch die verbleibenden Probanden konzentrieren sich auf die geringen Werte (Wert 2 = 18,2%; kumulierte Werte 1 und 2 = 95,9 %)[76]. Wegen der starken Schiefe und der derart geringen

---

[75] Für die EDR-Werte der jeweiligen *Experimentalspots* war eine Transformation nicht notwendig, da hier die Aktivierung auf den jeweils identischen Spot in zwei verschiedenen Kontextbedingungen verglichen wurde. Hierfür wird die metrische Variable beibehalten.

[76] Der Wert 3 wurde viermal, der Wert 4 einmal, der Wert 5 wurde überhaupt nicht angegeben.

Streuung wurde diese Variable in den weiteren Tests des Fallbeispiels „Arzt" nicht verwendet. Bei dem Fallbeispiel „Kommissar" traten diese Probleme nicht auf (der Schauspieler Til Schweiger spricht die studentischen Probanden anscheinend mehr an als der Schauspieler Rainer Hunold). Hier häufen sich die Werte nicht, es handelt sich um eine recht flache Verteilung (Kurtosis = -0,661). Die Variable wurde in diesem Fallbeispiel verwendet.

Markenkenntnis: Die vorherige Markenkenntnis wurde mit einer direkten Frage gemessen: „Kannten Sie die Marke schon vorher?" (nominale Variable: ja/nein).

7.3.3.5 Analyse von Kontrollvariablen

Die erläuterten Kontrollvariablen wurden erhoben, um alternative Erklärungen für mögliche Effekte (vgl. Pospeschill 2006, S. 18; Bortz und Döring 2006, S. 3) weitgehend ausschließen zu können. Alle Kontrollvariablen wurden auf signifikante Zusammenhänge mit einer der abhängigen Variablen (elektrodermale Aktivierungsreaktion auf den Experimentalspot, Einstellung zum Werbemittel, Einzelitems zur Kompetenz und Vertrauenswürdigkeit) getestet (vgl. Bortz und Döring 2006, S. 544). Dabei ist zu beachten, dass im Rahmen der Kontrolle von Störvariablen *nicht*-signifikante Unterschiede und Zusammenhänge wünschenswert sind. Statistisch entspricht dies einer Annahme der Nullhypothese. Der dabei mögliche Fehler wird als Beta-Fehler oder Fehler II. Art bezeichnet und beschreibt den Irrtum, wenn zugunsten der H_0 entschieden wird, obwohl die H_1 gilt (vgl. Bortz und Döring 2006, S. 498). Bortz und Döring (2006, S. 651) empfehlen, das Signifikanzniveau auf $\alpha = 0{,}10$ zu setzen, wenn die Nullhypothese „die Wunschhypothese" ist. „Bei diesem α-Fehler-Niveau[77] hat der Signifikanztest eine höhere Teststärke [definiert als 1- β] (…), d.h. das β-Fehler-Risiko ist bei diesem α-Fehler-Niveau kleiner als bei den konventionellen Signifikanzschranken" (Bortz und Döring 2006, S. 651). Im Folgenden wird dieser Empfehlung gefolgt und signifikante Unterschiede bzw. Zusammenhänge bzgl. der Kontrollvariablen ab $\alpha = 0{,}10$ angenommen. Bei signifikanten Zusammenhängen mit einer abhängigen Variablen wurde die jeweilige Kontrollvariable in den späteren Test der Hypothesen einbezogen[78].

Für nominal skalierte Kontrollvariablen eignet sich dann eine Aufnahme als Kontrollfaktor in ein mehrfaktorielles Modell[79] (vgl. Bortz und Döring 2006, S. 536). Damit ist derjenige Varianzanteil der abhängigen Variablen, der auf den Kontrollfaktor bzw. auf eine Interaktion zwischen uV und Kontrollfaktor zurückgeht, varianzanalytisch bestimmbar, und die zwischen den Bedin-

---

[77] Das α-Fehler-Niveau (oder Fehler I. Art) beschreibt den Irrtum, wenn zugunsten von H_1 entschieden wird, obwohl H_0 gilt (vgl. Bortz und Döring 2006, S. 498).

[78] Allerdings sollte eine Maximalzahl an Kontrollvariablen nicht überschritten werden. Dieses Maximum errechnet sich als (0,1 x Stichprobe) – (Gruppenzahl – 1). Die Maximalzahl wird in keinem der folgenden Hypothesenmodelle dieser Arbeit überschritten (vgl. Eschweiler, Evanschitzky und Woisetschläger 2009, S. 371).

[79] Bortz und Döring (2006, S. 536) weisen darauf hin, dass, obwohl mehrfaktorielle Untersuchungspläne simultan verschiedene Hypothesen testen (Haupteffekte, Interaktionseffekte), nicht alle Hypothesen im Vorfeld explizit theoretisch formuliert sein müssen. Stattdessen steht häufig nur eine Hypothese im Vordergrund, die übrigen werden nur zu Kontrollzwecken eingefügt.

gungen der uV registrierten Unterschiede sind von dem Kontrollfaktor unabhängig (vgl. Bortz und Döring 2006, S. 536) und können auf die manipulierte uV zurückgeführt werden.

Für metrisch erfasste Kontrollvariablen wird die Aufnahme als Kovariaten empfohlen, die in einer kovarianzanalytischen Auswertung statistisch kontrolliert werden. Während der Hypothesenprüfung kann der Einfluss einer Kovariaten auf die abhängige Variable statistisch mittels Partialkorrelation „eliminiert" werden (vgl. Bortz und Döring 2006, S. 544).

Die Tests auf Zusammenhänge der Kontrollvariablen mit den abhängigen Variablen ergaben einige signifikante Ergebnisse (konservatives $\alpha = 0,10$). Eine Übersicht über *alle* durchgeführten Tests des Fallbeispiels „Arzt" ist in Anhang 3 aufgeführt. Zusammenfassend führt Tabelle 8 nur die *signifikanten* Zusammenhänge auf, die zu der Aufnahme der jeweiligen Variablen als Kontrollvariablen in die Hypothesenmodelle führen.

Tab. 8: Studie 1 „Arzt": Kontrollvariablen in den Hypothesentests

Hypothese	aV	zusätzlich aufzunehmende Kontrollvariablen/Kovariaten	Zusammenhänge mit aV
H1	Summenamplitude des Experimentalspots	Summenamplitude der Serie	$U = 77,000$, $p < 0,001$
H2	Werbecharakter: sachkundig, erfahren, erfolgreich, aufrichtig	jeweils keine sign. Einflüsse der erfassten Kontrollvariablen	
H2	Werbecharakter: glaubhaft	Markenkenntnis	$U = 428,000$, $p = 0,079$
H3	Einstellung zum Werbespot: Begeisterungspotential	keine sign. Einflüsse der erfassten Kontrollvariablen	
H3	Einstellung zum Werbespot: Informationsgehalt	keine sign. Einflüsse der erfassten Kontrollvariablen	

Anhang 4 zeigt die Ergebnisse aller für das Fallbeispiel „Kommissar" durchgeführten Tests der Kontrollvariablen. In Tabelle 9 sind wiederum nur die signifikanten (konservatives $\alpha = 0,10$) Einflussvariablen abgebildet, die später als Kontrollvariablen oder Kovariaten in die Hypothesenmodelle aufgenommen werden.

Tab. 9: Studie 1 „Kommissar": Kontrollvariablen in den Hypothesentests

Hypothese	aV	zusätzlich aufzunehmende Kontrollvariablen/Kovariaten	Zusammenhänge mit aV
H1	Summenamplitude des Experimentalspots	Summenampl. des Films Gefallen des Films	$U = 68,000$, $p < 0,001$ $r = 0,265$, $p = 0,046$
H2	Werbecharakter: sachkundig, erfolgreich, aufrichtig	jeweils keine sign. Einflüsse der erfassten Kontrollvariablen	
H2	Werbecharakter: erfahren	Fan des Schauspielers	$r = 0,181$, $p = 0,073$
H2	Werbecharakter: glaubhaft	Fan des Schauspielers	$r = 0,235$, $p = 0,019$
H3	Einstellung zum Werbespot: Begeisterungspotential	Gefallen des Films	$r = 0,242$, $p = 0,016$
H3	Einstellung zum Werbespot: Informationsgehalt	keine sign. Einflüsse der erfassten Kontrollvariablen	

7.3.4 Ergebnisse von Studie 1

7.3.4.1 Ergebnisse der Hypothesenprüfung

7.3.4.1.1 Ergebnisse zur elektrodermalen Aktivierungsreaktion

Die Hypothese H1 postuliert einen Einfluss der Kongruenz des fiktionalen Medienkontexts (uV) auf die Aktivierung durch den Spot (aV, gemessen durch die Summenamplitude). Die Hypothesenprüfung erfolgt getrennt für die beiden Fallbeispiele.

Fallbeispiel „Arzt"

Wie die Ergebnisse in Abschnitt 7.3.3.5 gezeigt haben, empfiehlt es sich, bei der Hypothesenprüfung für das Fallbeispiel „Arzt" die durch die Serie induzierte Aktivierungsreaktion als Kontrollvariable (nominale Variable, vgl. Abschnitt 7.3.3.4.4) in das Modell aufzunehmen. Die Hypothese wurde mit einer zweifaktoriellen Varianzanalyse geprüft. Das Modell ist hochsignifikant (F(3, 58) = 20,332, p < 0,001).

Test für H1: Für den hier interessierenden Einfluss der Bedingungen des fiktionalen Medienkontexts (kongruent vs. inkongruent) auf die Aktivierung durch den Experimentalspot zeigt sich ein signifikanter Haupteffekt: F (1, 58) = 6,237, p = 0,015. Die Summenamplitude des Spots ist im kongruenten fiktionalen Medienkontext signifikant höher (angepasstes Mittel[80] = 4.580,479 µS, M = 3.789,306 µS, SD = 4.137,903, n = 34) als im inkongruenten fiktionalen Medienkontext (angepasstes Mittel = 2.882,817 µS, M = 2.229,642 µS, SD = 2.517,427, n = 28). Die Ergebnisse für das Fallbeispiel „Arzt" unterstützen demnach die Hypothese H1.

Ergebnisse zur Kontrollvariable: Die durch die Serie erzeugte Aktivierung (gering vs. hoch) beeinflusst die Aktivierung durch den Spot (in Form der Summenamplitude) hochsignifikant und liefert in Form des Haupteffekts einen wesentlichen Erklärungsbeitrag: F(1, 58) = 53,588, p < 0,001. Bei geringer Aktivierung durch die Serie ist die Aktivierung durch den Spot ebenfalls gering (angepasstes Mittel = 1.243,598 µS, M = 1.308,286 µS, SD = 1.934,989, n = 40). Bei hoher Aktivierung durch die Serie ist die Aktivierung durch den Spot ebenfalls hoch (angepasstes Mittel = 6.219,699 µS, M = 6.315,223 µS, SD = 3.596,621, n = 22). Die Interaktion zwischen Kontextkongruenz und Summenamplitude des Medienkontexts ist nicht signifikant: F(1, 58) = 0,353, p = 0,555.

Zu beachten ist jedoch, dass die Annahme der Varianzhomogenität verletzt ist: Levene F(3, 58) = 14,970, p < 0,001. Daher wurde ein nicht-parametrischer Test gerechnet (auch wegen der unterschiedlichen Gruppengrößen), der weniger anfällig für die Verletzung dieser Annahme ist. Der

---

[80] Angepasste Mittelwerte sind Gruppenmittelwerte, bei denen der Einfluss der Kontrollvariablen berücksichtigt worden ist (vgl. Field 2005, S. 369).

Mann-Whitney-Test zeigt ein Ergebnis, dass tendenziell signifikant ausfällt: Mann-Whitney-U-Wert = 128,500, p = 0,058.

Tab. 10: Studie 1: Ergebnisse der Prüfung der Hypothese H1

aV	angepasste Mittelwerte je Medienkontext-Bedingung	Teststatistiken (ANCOVA)	Hypothese
Fallbeispiel „Arzt"			
Summenamplitude Experimentalspot (µS)	kongruent: 4.580,479	Haupteffekt Kongruenz: $F\,(1,\,58) = 6{,}237,\ p = 0{,}015$	H1 ✓
		Haupteffekt SA_Serie: $F(1,\,58) = 53{,}588,\ p < 0{,}001$	
	inkongruent: 2.882,817	Interaktion Kongruenz x SA_Serie: $F(1,\,58) = 0{,}353,\ p = 0{,}555$	
Fallbeispiel „Kommissar"			
Summenamplitude Experimentalspot (µS)	kongruent: 7.023,830	Haupteffekt Kongruenz: $F(1,\,54) = 4{,}938,\ p = 0{,}030$	H1 ✓
		Haupteffekt SA_Film: $F(1,\,54) = 42{,}408,\ p < 0{,}001$	
	inkongruent: 4537,641	Interaktion Kongruenz x SA_Film: $F(1,\,54) = 0{,}155,\ p = 0{,}695$	

✓ Unterstützung für die Hypothese, ✗ Ablehnung der Hypothese

Fallbeispiel „Kommissar"

In die Hypothesenprüfung für das Fallbeispiel „Kommissar" geht die durch den Film hervorgerufene Aktivierung in Form der nominalen Kontrollvariable ein (vgl. Abschnitt 7.3.3.5). Auf die Aufnahme der Variable „Gefallen des Films" als Kovariate wurde aus Gründen der Multikollinearitätsgefahr verzichtet[81]. Die Hypothese wird mittels zweifaktorieller Varianzanalyse überprüft. Das Modell ist hochsignifikant mit $F(3,\,54) = 17{,}476,\ p < 0{,}001$.

Test für H1: Es zeigt sich ein signifikanter Haupteffekt der Kongruenz des fiktionalen Medienkontexts auf die Aktivierungsreaktion während des Werbespots: $F(1,\,54) = 4{,}938,\ p = 0{,}030$. Die Präsentation des Werbespots im kongruenten fiktionalen Medienkontexts führt zu einer höheren Summenamplitude des Werbespots (angepasstes Mittel = 7.023,830 µS, M = 6.204,381 µS, SD =

---

[81] Für die beiden Kontrollvariablen besteht eine schwache, jedoch nicht signifikante Korrelation: r = 0,243, p = 0,068. Trotz dieser Nicht-Signifikanz wurde das Gefallen des Films als Kovariate entfernt, um Multikollinearität wirksam auszuschließen. Ein Modell mit beiden Kontrollvariablen führt jedoch zu ähnlichen Ergebnissen wie den hier berichteten, da in diesem alternativen Modell der Einfluss der Kovariate „Gefallen des Films" nicht signifikant ist: $F(1,\,52) = 0{,}109,\ p = 0{,}743$. Alle anderen Effekte sind den hier berichteten sehr ähnlich.

5.900,903) als die Präsentation des Werbespots in einem inkongruenten fiktionalen Medienkontext (angepasstes Mittel = 4.537,641 μS, M = 3.305,453 μS, SD = 4.477,127). Diese Ergebnisse des Fallbeispiels „Kommissar" unterstützen ebenfalls die Hypothese H1.

Ergebnisse zu den Kontrollvariablen: Wie im Fallbeispiel „Arzt" übt die durch den Film erzeugte Aktivierung einen hochsignifikanten Einfluss auf die abhängige Variable aus ($F(1, 54) = 42,408$, $p < 0,001$). Bei geringer Aktivierung durch den Film ist auch die Aktivierung durch den Spot gering (angepasstes Mittel = 2.137,807 μS, M = 2.220,745 μS, SD = 3.298,939); bei hoher Aktivierung durch den Film ist auch die Aktivierung durch den Werbespots hoch ausgeprägt (angepasstes Mittel = 9.423,664 μS, M = 9.772,064 μS, SD = 5.287,618). Die Interaktion zwischen Aktivierungsreaktion auf den Film und Medienkontext-Kongruenz ist nicht signifikant ($F(1, 52) = 0,445$, $p = 0,508$). Tabelle 10 gibt einen Überblick über die Ergebnisse.

Auch für dieses Fallbeispiel ist zu beachten, dass die Annahme der Varianzhomogenität verletzt ist: Levene $F(3, 54) = 6,446$, $p = 0,001$. Auch hier wurde zusätzlich ein nicht-parametrischer Test gerechnet, der ein signifikantes Ergebnis erbrachte: Mann-Whitney-U-Wert = 102,000, $p = 0,039$.

7.3.4.1.2 Ergebnisse zur Beurteilung der Werbeperson

In Hypothese H2 wurde ein signifikanter Unterschied zwischen den Medienkontextbedingungen in der Beurteilung der Werbeperson als kompetent (H2a) und vertrauenswürdig (H2b) angenommen. Als abhängige Variablen wurden die operationalisierten Einzelitems in z-standardisierter Form verwendet. Die Hypothesenprüfung erfolgt getrennt nach Fallbeispielen.

Fallbeispiel „Arzt"

Kompetenz: T-Tests mit den drei zur Kompetenz operationalisierten Items als abhängigen Variablen zeigen für die Items „sachkundig" und „erfolgreich" signifikante Unterschiede zwischen den Medienkontextbedingungen. Der Werbecharakter wird als signifikant sachkundiger ($t(112,329) = 3,638$, $p < 0,001$) und erfolgreicher ($t(92,161) = 2,560$, $p = 0,012$) beurteilt, wenn zu ihm kongruente fiktionale Charakterbedeutungen vorliegen. Für das Item „erfahren" weisen die Mittelwerte auf ein ähnliches Muster hin, der Unterschied zwischen den Medienkontextbedingungen ist hier jedoch auf dem 5%-Niveau nicht signifikant: $t(113) = 1,873$, $p = 0,064$.

Vertrauenswürdigkeit: Für den Test des Items „glaubhaft" sollte die Markenkenntnis als Kontrollvariable aufgenommen werden (vgl. Abschnitt 7.3.3.5). Die dazu gerechnete zweifaktorielle Varianzanalyse zeigte jedoch, dass die Zellen für die Bedingung Markenkenntnis „ja" nur sehr gering besetzt waren (n = 6). Daher wurde auf die Aufnahme dieser Variablen verzichtet und stattdessen ein t-Test[82] gerechnet. Es zeigt sich kein signifikanter Einfluss der Kontextkongruenz auf die Beurteilung des Werbecharakters als glaubhaft (t(112) = 0,822, p = 0,413). Für das Item „aufrichtig" zeigte sich ebenfalls kein signifikanter Unterschied zwischen den Medienkontextbedingungen: t(112) = 1,303, p = 0,195. Insgesamt betrachtet, zeigt sich für die zur „Vertrauenswürdigkeit" operationalisierten Items im Fallbeispiel „Arzt" kein Einfluss des fiktionalen Medienkontexts. Der Werbecharakter wird im kongruenten fiktionalen Medienkontext nicht signifikant vertrauenswürdiger beurteilt als im inkongruenten fiktionalen Medienkontext.

Fallbeispiel „Kommissar"

Kompetenz: Ein t-Test mit dem Item „sachkundig" führte zu einem signifikanten Ergebnis. Der Werbecharakter wird als signifikant sachkundiger (t(67,760) = 3,941, p < 0,001) beurteilt, wenn zu ihm kongruente fiktionale Charakterbedeutungen vorliegen. Für das Item „erfahren" wurde eine Kovarianzanalyse[83] gerechnet, um den Einfluss der Variable „Fan des Schauspielers" auszupartialisieren. Nach Kontrolle der Kovariate zeigt sich ein signifikanter Einfluss der Medienkontextkongruenz auf die Beurteilung des Werbecharakters als erfahren: Haupteffekt Kongruenz mit F(1, 96) = 11,515, p < 0,001. Der Zusammenhang zwischen der Kovariate und der abhängigen Variable ist in diesem Modell nicht signifikant. Für das dritte zur Kompetenz operationalisierte Item „erfolgreich" weisen die Mittelwerte für die Kontextbedingungen in die jeweils erwarteten Richtungen, der Unterschied ist jedoch auf dem 5%-Niveau nicht signifikant: t(98) = 1,865, p = 0,065.

Vertrauenswürdigkeit: Für das Item „glaubhaft" wurde eine Kovarianzanalyse[84] durchgeführt. Hier zeigt sich ein signifikanter Zusammenhang zwischen der Kovariate „Fan des Schauspielers" und der Beurteilung des Werbecharakters als glaubhaft. Je mehr ein Konsument sich als Fan des Schauspielers sieht, desto besser wird dieser Schauspieler beurteilt, wenn er als Werbecharakter auftritt (Regressionskoeffizient = 0,239). Der Einfluss der Kongruenz des fiktionalen Medienkontexts deutet sich in den Mittelwerten an; hier zeigen sich bessere Beurteilungen des Werbecharakters als glaubhaft im kongruenten Medienkontext. Allerdings ist der Unterschied auf dem 5%-Niveau nicht signifikant: Haupteffekt Kongruenz mit F(1, 96) = 3,217, p = 0,076. Die Beurteilung des Werbecharakters als „aufrichtig" unterscheidet sich signifikant zwischen den Medienkontextbedingungen. Der Werbecharakter wirkt aufrichtiger, wenn zu ihm kongruente fiktionale Charakterbedeutungen vorliegen (t(97) = 2,138, p = 0,035).

---

[82] Das zweifaktorielle Varianzmodell kommt jedoch zu ähnlichen Ergebnissen bzgl. des Effekts der Kongruenz wie der t-Test. Das Modell ist nicht signifikant: F(3, 110) = 1,444, p = 0,234. Beide Haupteffekte und auch der Interaktionseffekt sind nicht signifikant.

[83] Item „erfahren": signifikantes Gesamtmodell: F(2, 96) = 7,582, p < 0,001, Varianzhomogenität jedoch nicht gegeben mit Levene F(1, 97) = 5,865, p = 0,017. Nicht-parametrischer Test: Mann-Whitney-U-Wert = 745,000, p = 0,001.

[84] Item „vertrauenswürdig": signifikantes Gesamtmodell: F(2, 96) = 4,503, p = 0,014, Varianzhomogenität gegeben mit Levene F(1, 97) = 0,424, p = 0,516

7.3 STUDIE 1: Bahnung durch kongruente vs. inkongruente fiktionale Mediencharaktere

Tab. 11: Studie 1: Ergebnisse der Prüfung der Hypothese H2

aV	Mittelwerte (SD) je Medienkontext-Bedingung	Teststatistik (t-Test bzw. ANOVA, zweiseitig)	Hypothese
Fallbeispiel „Arzt"			
Werbecharakter „sachkundig"	kongruent: 0,255 (1,055) inkongruent: -0,369 (0,786)	**t(112,329) = 3,638, p < 0,001**	H2a ✓
Werbecharakter „erfahren"	kongruent: 0,143 (1,022) inkongruent: -0,207 (0,938)	t(113) = 1,873, p = 0,064	H2a ✗
Werbecharakter „erfolgreich"	kongruent: 0,199 (0,930) inkongruent: -0,284 (1,036)	**t(92,161) = 2,560, p = 0,012**	H2a ✓
Werbecharakter „glaubhaft"	kongruent: 0,064 (1,030) inkongruent: -0,092 (0,958)	t(112) = 0,822, p = 0,413	H2b ✗
Werbecharakter „aufrichtig"	kongruent: 0,100 (1,015) inkongruent: -0,147 (0,968)	t(112) = 1,303, p = 0,195	H2b ✗
Fallbeispiel „Kommissar"			
Werbecharakter „sachkundig"	kongruent: 0,302 (0,855) inkongruent: -0,486 (1,032)	**t(67,760) = 3,941, p < 0,001**	H2a ✓
Werbecharakter „erfahren"	kongruent: 0,266 (0,818) inkongruent: -0,416 (1,135)	**Haupteffekt Kongruenz:** **F(1, 96) = 11,515, p < 0,001** Kovariate Fan des Schauspielers: F(1, 96) = 2,886, p = 0,093	H2a ✓
Werbecharakter „erfolgreich"	kongruent: 0,235 (0,943) inkongruent: -0,144 (1,056)	t(98) = 1,865, p = 0,065	H2a ✗
Werbecharakter „glaubhaft"	kongruent: 0,156 (0,980) inkongruent: -0,230 (1,001)	Haupteffekt Kongruenz: F(1, 96) = 3,217, p = 0,076 **Kovariate Fan des Schauspielers:** **F(1, 96) = 5,253, p = 0,024**	H2b ✗
Werbecharakter „aufrichtig"	kongruent: 0,160 (1,005) inkongruent: -0,273 (0,941)	**t(97) = 2,138, p = 0,035**	H2b ✓

✓ Unterstützung für die Hypothese, ✗ Ablehnung der Hypothese

Die in Tabelle 11 zusammengefassten Ergebnisse zur Hypothese H2 zeigen in beiden Fallbeispielen zumindest für einzelne Items signifikante Unterschiede. Allerdings sind die Unterschiede nur für das Item „sachkundig" konsistent zwischen den Fallbeispielen.

7.3.4.1.3 Ergebnisse zu Einstellungswirkungen

Die Hypothese H3 vermutet eine bessere Einstellung zum Werbespot, wenn dieser im kongruenten vs. im inkongruenten fiktionalen Medienkontext präsentiert wird. In jedem Fallbeispiel wird die Hypothese einmal mit dem Faktor „Einstellung zum Werbespot: Begeisterungspotential" und einmal mit dem Faktor „Einstellung zum Werbespot: Informationsgehalt" als abhängiger Variable untersucht.

Fallbeispiel „Arzt"

Den Tests der Kontrollvariablen entsprechend (vgl. 7.3.3.5) werden bei diesem Fallbeispiel keine Kontrollvariablen in die Hypothesenmodelle aufgenommen und t-Tests für den Vergleich der beiden Kongruenzgruppen gerechnet. Für beide Einstellungsdimensionen zeigen sich keine signifikanten Unterschiede zwischen der Platzierung des Spots im kongruenten vs. inkongruenten fiktionalen Medienkontext: $t_{Begeisterungspotential}(70,932) = -1,019$, $p = 0,311$; $t_{Informationsgehalt}(114) = 0,423$, $p = 0,673$. Hypothese H3 muss demnach für dieses Fallbeispiel abgelehnt werden. Einen Überblick über die Ergebnisse gibt Tabelle 12.

Fallbeispiel „Kommissar"

Für die Einstellungsdimension „Begeisterungspotential des Werbespots" als aV wurde eine Kovarianzanalyse mit dem Medienkontext als uV und der Kovariate Gefallen des Films gerechnet. Das Kovarianzmodell ist auf dem 5%-Niveau nicht signifikant: $F(2, 96) = 2,893$, $p = 0,054$. Die Annahme der Varianzhomogenität ist erfüllt: Levene $F(1, 97) = 0,357$, $p = 0,552$. Auch hier zeigt sich für die hier interessierende Kontextvariable kein signifikanter Zusammenhang zur abhängigen Variable ($F(1, 96) = 0,030$, $p = 0,863$). Das Gefallen des Films als Kovariate steht dagegen in einem signifikanten Zusammenhang zum Begeisterungspotential des Werbespots: $F(1, 96) = 5,446$, $p = 0,022$. Je besser den Probanden der Film gefallen hat, desto besser wird auch der Werbespot hinsichtlich seines Begeisterungspotentials beurteilt (Regressionskoeffizient = 0,229).

Für die Einstellungdimension „Informationsgehalt des Werbespots" wurde ein t-Test gerechnet, da hier keine Kontrollvariablen berücksichtigt werden mussten. Hier zeigt sich ebenfalls kein signifikanter Unterschied zwischen den Kontextbedingungen: $t(97) = 1,639$, $p = 0,104$. Konsumenten, die den Spot im kongruenten fiktionalen Medienkontext gesehen haben, beurteilen den Informationsgehalt des Spots nicht signifikant besser Konsumenten, als Konsumenten, die den Spot im inkongruenten fiktionalen Medienkontext gesehen haben. Hypothese H3 muss auch für dieses Fallbeispiel abgelehnt werden. Einen Überblick über die Ergebnisse gibt Tabelle 12.

Tab. 12:   Studie 1: Ergebnisse der Prüfung der Hypothese H3

aV	Mittelwerte (SD) je Medienkontext-Bedingung	Teststatistik (t-Test bzw. ANOVA)	Hypothese
Fallbeispiel „Arzt"			
Einstellung zum Werbemittel: Begeisterungspotential	kongruent: -0,086 (0,761) inkongruent: 0,122 (1,126)	t(70,932) = -1,019, p = 0,311	H3 ✘
Einstellung zum Werbemittel: Informationsgehalt	kongruent: 0,033 (0,942) inkongruent: -0,046 (1,084)	t(114) = 0,423, p = 0,673	H3 ✘
Fallbeispiel „Kommissar"			
Einstellung zum Werbemittel: Begeisterungspotential	kongruent: 0,059 (1,013) inkongruent: -0,094 (0,984)	Haupteffekt Kongruenz: F(1, 96) = 0,030, p = 0,863 **Kovariate Gefallen des Films: F(1, 96) = 5,446, p = 0,022**	H3 ✘
Einstellung zum Werbemittel: Informationsgehalt	kongruent: 0,128 (1,030) inkongruent: -0,206 (0,924)	t(97) = 1,639, p = 0,104	H3 ✘

✓ Unterstützung für die Hypothese, ✘ Ablehnung der Hypothese

7.3.4.2   Weitere Erkenntnisse aus Studie 1

Zusammenhänge zwischen den abhängigen Variablen: Zusätzlich stellt sich die Frage, wie die hier betrachteten abhängigen Variablen untereinander sowie mit der Einstellung zur Marke[85] zusammenhängen. In Tabelle 13 sind die Korrelationen nach Pearson (zweiseitige Signifikanz) für das Fallbeispiel „Arzt" angegeben. Die durch den Spot induzierte Summenamplitude und das Begeisterungspotential des Werbespots korrelieren mit keiner der anderen Variablen signifikant.

Die Items zur Beurteilung der Kompetenz und Vertrauenswürdigkeit der Werbeperson stehen jedoch in einem positiven Zusammenhang zum Informationsgehalt des Werbespots. Darüber hinaus zeigen die Ergebnisse signifikante Zusammenhänge von vier Beurteilungsitems zur Einstellung zur Marke sowie einen Zusammenhang des Informationsgehalts des Werbespots zur Einstellung zur Marke. Daher wurde geprüft, ob der Informationsgehalt des Werbespots als Mediator zwischen der Beurteilung der Werbeperson und der Einstellung zur Marke fungiert. Mediatoranalysen[86] (vgl. Anhang 5) zeigen, dass der Effekt der Beurteilung der Werbeperson auf die Einstel-

---
[85]   Die Einstellung zur Marke wurde mit einem Statement erfasst: „Die beworbene Marke gefällt mir sehr gut" (fünfstufige Ratingskala, Zustimmen).
[86]   Dazu wurden die bei Baron und Kenny (1986) geforderten Regressionsanalysen berechnet: Regressionen des Informationsgehalts auf die Einzelitems zur Beurteilung (Schritt 1: x→M), Regressionen der Einstellung zur Marke auf die Einzelitems der Beurteilung (Schritt 2: x→y) sowie Regressionen der Einstellung zur Marke auf

lung zur Marke komplett durch den Informationsgehalt des Werbespots interveniert wird (totaler Mediatoreffekt). Der direkte Zusammenhang zwischen Beurteilung der Werbeperson und Einstellung zur Marke ist nach Kontrolle des Mediators nicht mehr signifikant; dieses Ergebnis zeigt sich für alle getesteten Einzelitems der Beurteilung der Werbeperson im Fallbeispiel „Arzt". Die Effekte der Beurteilung der Werbeperson werden daher *über den besser beurteilten Informationsgehalt* des Werbespots an die Einstellung zur Marke weitergegeben.

Tab. 13: Studie 1: Korrelationen zwischen abhängigen Variablen, Fallbeispiel „Arzt"

	Summenamplitude Werbespot	Begeisterungspotential des Werbepots	Informationsgehalt des Werbespots	Einstellung zur Marke
Begeisterungspotential des Werbepots	r = 0,194 p = 0,178			
Informationsgehalt des Werbespots	r = 0,190 p = 0,187	unabhängige Dimensionen		
Einstellung zur Marke	r = 0,084 p = 0,555	r = 0,173 p = 0,068	**r = 0,466** **p < 0,001**	
Werbecharakter „sachkundig"	r = 0,051 p = 0,723	r = -0,041 p = 0,671	**r = 0,296** **p = 0,002**	**r = 0,277** **p = 0,003**
Werbecharakter „erfahren"	r = 0,007 p = 0,962	r = -0,050 p = 0,604	**r = 0,209** **p = 0,027**	**r = 0,229** **p = 0,015**
Werbecharakter „erfolgreich"	r = 0,128 p = 0,379	r = 0,003 p = 0,978	**r = 0,193** **p = 0,042**	r = 0,086 p = 0,368
Werbecharakter „aufrichtig"	r = 0,018 p = 0,900	r = -0,084 p = 0,383	**r = 0,265** **p = 0,005**	**r = 0,226** **p = 0,017**
Werbecharakter „glaubhaft"	r = 0,182 p = 0,210	r = -0,107 p = 0,266	**r = 0,424** **p < 0,001**	**r = 0,331** **p < 0,001**

Auch im Fallbeispiel „Kommissar" (vgl. Tab. 14) stehen die Items zur Beurteilung der Werbeperson (mit Ausnahme des Items „erfolgreich") in einem signifikanten Zusammenhang zum Informationsgehalt des Werbespots. Dieser korreliert wiederum signifikant mit der Einstellung zur Marke. Allerdings besteht hier lediglich für das Item „aufrichtig" auch ein direkter Zusammenhang zwischen Beurteilung der Werbeperson und Einstellung zur Marke. Ein Mediatoreffekt kann daher nur für dieses Item geprüft werden (vgl. Baron und Kenny 1986; Urban und Mayerl

die Beurteilungsitems *und* den Informationsgehalt (x *und* M→y). Ein Mediatoreffekt liegt vor, wenn sich ein im zweiten Schritt signifikanter Effekt im dritten Schritt (d.h. bei Kontrolle des Mediators) zur Nicht-Signifikanz verändert (totale Mediation) oder zwar noch signifikant ist, aber sich im Regressionskoeffizienten abschwächt (partielle Mediation) (vgl. Urban und Mayerl 2007, S. 10). Dieser indirekte Effekt wurde auf Signifikanz geprüft (Sobel-Test, vgl. Urban und Mayerl 2007, S. 6ff).

2007, S. 10). Als Ergebnis der Mediatoranalyse zeigt sich, dass der indirekte Effekt von der Beurteilung der Werbeperson als „aufrichtig" über den Informationsgehalt des Werbespots auf die Einstellung zur Marke nicht signifikant ist (Sobel-Test). Auch nach Kontrolle des Informationsgehalts beeinflusst die Beurteilung der Werbeperson als „aufrichtig" die Einstellung zur Marke auf direktem Weg positiv (vgl. Anhang 5).

Tab. 14: Studie 1: Korrelationen zwischen abhängigen Variablen, Fallbeispiel „Kommissar"

	Summenamplitude Werbespot	Begeisterungspotential des Werbepots	Informationsgehalt des Werbespots	Einstellung zur Marke
Begeisterungspotential des Werbepots	$r = 0{,}089$ $p = 0{,}509$			
Informationsgehalt des Werbespots	$r = -0{,}004$ $p = 0{,}974$	unabhängige Dimensionen		
Einstellung zur Marke	$r = 0{,}068$ $p = 0{,}620$	**$r = 0{,}213$** **$p = 0{,}035$**	**$r = 0{,}239$** **$p = 0{,}018$**	
Werbecharakter „sachkundig"	$r = 0{,}192$ $p = 0{,}152$	$r = 0{,}082$ $p = 0{,}422$	**$r = 0{,}355$** **$p < 0{,}001$**	$r = 0{,}157$ $p = 0{,}123$
Werbecharakter „erfahren"	$r = 0{,}097$ $p = 0{,}475$	$r = 0{,}001$ $p = 0{,}999$	**$r = 0{,}411$** **$p < 0{,}001$**	$r = 0{,}055$ $p = 0{,}587$
Werbecharakter „erfolgreich"	$r = 0{,}175$ $p = 0{,}193$	$r = 0{,}118$ $p = 0{,}246$	$r = 0{,}170$ $p = 0{,}092$	$r = 0{,}027$ $p = 0{,}790$
Werbecharakter „aufrichtig"	$r = 0{,}092$ $p = 0{,}500$	$r = 0{,}013$ $p = 0{,}903$	**$r = 0{,}255$** **$p = 0{,}011$**	**$r = 0{,}284$** **$p = 0{,}005$**
Werbecharakter „glaubhaft"	$r = 0{,}033$ $p = 0{,}806$	**$r = 0{,}214$** **$p = 0{,}034$**	**$r = 0{,}341$** **$p < 0{,}001$**	$r = 0{,}191$ $p = 0{,}059$

7.3.5 Validität und Reliabilität der Ergebnisse

Externe Validität liegt vor, wenn die Ergebnisse einer Untersuchung „über die besonderen Bedingungen der Untersuchungssituation und über die untersuchten Personen hinausgehend generalisierbar sind" (Bortz und Döring 2006, S. 53). Die Untersuchung wurde mit Studierenden als Probanden durchgeführt, eine Übertragbarkeit der Ergebnisse auf andere Personen mit anderen soziodemographischen und anderen personengebundenen Eigenschaften bleibt eine Frage, die die vorliegende Studie nicht beantworten kann. Die Untersuchung von zwei Fallbeispielen gibt jedoch Hinweise auf die Gültigkeit der Ergebnisse für verschiedene Werbestimuli. Dabei zeigte sich, dass die beiden Fallbeispiele bzgl. der Hypothesen H1 und H3 zu konsistenten Ergebnissen gekommen sind. Bzgl. der Hypothese H2 bestehen jedoch Unterschiede zwischen den verwendeten Werbereizen in den Fallbeispielen. Externe Validität war jedoch nicht das vorrangige Ziel dieser Studie (und dieser Arbeit insgesamt). Stattdessen sollte untersucht werden, ob eine Übertragung fiktionaler Charakterinformationen in die Werbung *überhaupt* möglich ist. Dazu steht hier die interne Validität der Untersuchung im Vordergrund.

„Eine Untersuchung ist intern valide, wenn ihre Ergebnisse kausal eindeutig interpretierbar sind. Die interne Validität sinkt mit wachsender Anzahl plausibler Alternativerklärungen für die Ergebnisse" (Bortz und Döring 2006, S. 53). In der vorliegenden Studie wurde versucht, diesem Aspekt mit ausführlichen Tests bzgl. möglicher Konfundierungsvariablen zu begegnen. Beeinflusste eine Kontrollvariable eine abhängige Variable, so wurde die Kontrollvariable in den Hypothesentests berücksichtigt, um ihren Einfluss statistisch zu „neutralisieren". Dabei wurden Kontrollvariablen bzgl. des fiktionalen Medienkontexts, des Schauspielers und des beworbenen Produkts berücksichtigt. Dadurch konnten diese Variablen als alternative Erklärungen für die gefundenen Effekte ausgeschlossen. Hinsichtlich der durchgeführten Kovarianzanalysen ist jedoch darauf hinzuweisen, dass bei verschiedenen Hypothesenmodellen die Annahme der Varianzhomogenität nicht erfüllt wurde.

Eine wesentliche Störgröße bei Medien- und Werbewirkungsuntersuchungen sind Antwortverzerrungen, die entstehen, wenn Elemente des Experiments (z.b. der Zusammenhang zwischen Medieninhalt und Werbung) für die Probanden sog. „demand characteristics" bilden. Durch einen Ausschluss von Probanden, die den Untersuchungszweck bemerkt haben und damit eventuell deshalb hypothesenkonform bzw. hypothesenkonträr geantwortet haben, wurde versucht, die interne Validität der Untersuchung zu erhöhen.

Denkbar sind auch Artefakte durch die Experimentalsituation und das Anlegen der Elektroden bei den Probanden, bei denen die elektrodermale Reaktion gemessen wurde. Möglich ist hier, dass EDR-Probanden umso mehr bewusst geworden sein könnte, Teilnehmer einer wissenschaftlichen Untersuchung zu sein, was wiederum das Antwortverhalten verändert haben könnte (sog. „Hawthorne-Effekt", vgl. Bortz und Döring 2006, S. 504). Um derartige Artefakte auszuschließen, wurden die Werte der per Fragebogen erhobenen abhängigen Variablen zwischen den EDR-Probanden und den Probanden, bei denen keine elektrodermale Reaktion gemessen wurde, verglichen (vgl. Kroeber-Riel, Weinberg und Gröppel-Klein 2009, S. 72). Die entsprechenden t-Tests sind nicht signifikant (vgl. Anhang 6). Verzerrungen durch diesen Aspekt der Experimentalsituation können daher weitgehend ausgeschlossen werden.

Eine Voraussetzung für die Validität einer Untersuchung ist deren Reliabilität (vgl. Bortz und Döring 2006, S. 503), d.h. deren Grad der Messgenauigkeit. Für die analysierten Konstrukte (vgl. Tab. 15) zeigten sich weitgehend zufrieden stellende Reliabilitätsmaße (vgl. Cortina 1993). Für die Einstellungsdimension „Informationsgehalt" des Werbespots in beiden Fallbeispielen liegen die Cronbachs Alpha-Koeffizienten jedoch deutlich unter dem empfohlenen Wert von 0,70 (vgl. Cortina 1993). Hier muss die Operationalisierung in weiteren Studien angepasst werden.

Tab. 15: Studie 1: Reliabilität der Messung der Konstrukte

Konstrukt	Fallbeispiel „Arzt": Cronbachs α (Itemanzahl)	Fallbeispiel „Kommissar": Cronbachs α (Itemanzahl)
Einstellung zum Werbespot: Begeisterungspotential	α = 0,739 (4 Items)	α = 0,780 (4 Items)
Einstellung zum Werbespot: Informationsgehalt	α = 0,638 (3 Items)	α = 0,584 (2 Items)
Gefallen der Serie/des Films	α = 0,893 (3 Items)	

Für die Messung der Kompetenz und Vertrauenswürdigkeit der Werbeperson wurden die Einzelitems in den Hypothesentests verwendet, da die Dimensionierung der Variablen zu den übergordneten Konstrukten fehlschlug. In den folgenden Studien muss die Itemanzahl erhöht werden, um die Zweidimensionalität des zugrunde liegenden „source credibility"-Modells (vgl. Hovland und Weiss 1951-1952) abbilden zu können. Die Ergebnisse der Tests der Einzelitems weisen zumindest für das Fallbeispiel „Arzt" darauf hin, dass sich die Kongruenz des Medienkontexts nicht einheitlich auf die Kompetenz und Vertrauenswürdigkeit auswirkt. Mit einer Verbesserung der Reliabilität der Messung des Konstruktes könnte untersucht werden, inwiefern sich die gefundenen Effekte auf beide Beurteilungsaspekte beziehen, oder ob sich Unterschiede zwischen den Ergebnissen für die Dimension Kompetenz vs. Vertrauenswürdigkeit ergeben. Damit könnte die interne Validität weiter erhöht werden.

Hinsichtlich der Reliabilität der Studie wurde auch untersucht, ob unterschiedliche Erhebungszeiten oder Experimentleiter Einfluss auf die Daten genommen haben können. Um auf Zeiteinflüsse hinsichtlich der Uhrzeit der Befragung zu testen, wurden die Daten zum Beginn der Befragung mit Hilfe eines Mediansplits zu zwei Kategorien verdichtet. Die anschließenden t-Tests für die abhängigen Variablen (Summenamplitude des Werbespots, die beiden Dimensionen der Einstellung zum Werbespot, Einzelitems zur Beurteilung der Werbeperson) fallen in beiden Fallbeispielen nicht signifikant aus (vgl. Anhang 7).

Die Präsentation des Stimulusmaterials und die simultane EDR-Messung wurde bei einem Großteil der Stichprobe (n = 210) von demselben Experimentbetreuer (#1) geleitet. In n = 11 Fällen ($n_{„Arzt"}$ = 1, $n_{„Kommissar"}$ = 10) musste dieser jedoch vertreten werden (Experimentbetreuer #2). Wegen $n_{\#2}$ = 1 im Fallbeispiel „Arzt" wurde auf einen Test verzichtet. Aufgrund der stark unterschiedlichen Fallzahlen wurden aus dem Probandenpool des Experimentbetreuers 1 für das Fallbeispiel „Kommissar" drei Zufallsstichproben (n = 10) gezogen, die dann jeweils mittels nichtparametrischer Tests mit den Daten verglichen wurden, die der Experimentbetreuer 2 erhoben hatte. In den drei Mann-Whitney-Tests zeigten sich keine signifikanten Unterschiede (vgl. Anhang 8) in den abhängigen Variablen zwischen den beiden Experimentbetreuern. Die Erhebung der Daten mittels Fragebogen fand durch Ausfüllen eines *schriftlichen* Fragebogens durch den Probanden selbst statt; hier sind demnach keine Interviewereinflüsse zu erwarten.

7.3.6 Diskussion der Ergebnisse von Studie 1

Studie 1 nutzt den Ansatz der Medienkontextforschung, um zu untersuchen, ob sich fiktionale Charakterbedeutungen aus fiktionalen Medieninhalten in die Werbung hinein übertragen lassen. Zunächst wurden Probanden einem fiktionalen Medienprogramm ausgesetzt, das als Prime für einen im folgenden Werbeblock eingefügten Experimental-Werbespot diente. Untersucht wurde, ob unterschiedliche fiktionale Medienkontexte zu unterschiedlichen Werbewirkungen führen. Da die anderen den Experimental-Werbespot umgebenden Werbespots (der sog. werbliche Medienkontext) in allen Gruppen konstant gehalten wurden, können die gefundenen Unterschiede auf die Eigenschaften des fiktionalen Programms zurückgeführt werden. Zudem wurden relevante Kontrollvariablen gemessen und in die Analysen einbezogen, um auszuschließen, dass diese für die gefundenen Effekte verantwortlich sind.

Die theoretische Basis der erfolgten Manipulation bildet die inhaltliche Zugänglichkeit von Charakterinformationen. In Bedingung 1 ging dem Werbecharakter im Werbespot ein zur Rolle passender fiktionaler Medienkontext voran. In dieser Bedingung waren daher passende Charakterbedeutungen zugänglich. In Bedingung 2 enthielt der vorab gezeigte Medienkontext keine passenden Charakterbedeutungen für die im Werbeblock nachfolgende Werbeperson, da ein fiktionales Medienprogramm mit einem gänzlich anderen Inhalt präsentiert wurde (vgl. Spilski und Groeppel-Klein 2008b). Das hier gewählte Design – die Berücksichtigung einer Vergleichsbedingung ohne passendes Priming (im Sinne einer Kontrollgruppe, vgl. Roskos-Ewoldsen et al. 2002, S. 98) orientiert sich an vorhandenen Kultivierungsstudien, die sich der Methode des Priming bedienen („Seher" vs. „Nicht-Seher", vgl. Abschnitte 4.2.1.3. und 4.3.2).

Die Ergebnisse der Varianzanalysen lassen vermuten, dass die Zugänglichkeit fiktionaler Bedeutungen einen Einfluss auf die Wahrnehmung und Beurteilung eines nachfolgenden, kongruenten Werbespots und der dort gezeigten Werbeperson ausübt. Für die elektrodermale Reaktion als Indikator für die phasische Aktivierung der Probanden durch den Werbespot konnte eine Vorteilhaftigkeit der Platzierung des Spots in einem kongruenten fiktionalen Medienkontext in beiden Fallbeispielen bestätigt werden (Bestätigung der Hypothese H1). Die Einstellung zum Werbespot (sowohl das Begeisterungspotential des Spots als auch der Informationsgehalt des Spots) werden dagegen durch die Kongruenz/Inkongruenz des fiktionalen Medienkontexts in beiden Fallbeispielen nicht beeinflusst (Ablehnung der Hypothese H3).

Hinsichtlich der Hypothese H2 konnten signifikante Unterschiede zwischen den Medienkontextbedingungen bzgl. einzelner Items ermittelt werden. Eine Werbeperson, für die durch den Medienkontext zum Werbespot passende fiktionale Charakterbedeutungen vorliegen, wird in beiden Fallbeispielen als sachkundiger beurteilt als eine Werbeperson, für die keine passenden Charakterbedeutungen vorliegen. Die Mittelwerte für alle zur Kompetenz operationalisierten Items weisen zwar in die vermutete Richtung, die Unterschiede sind jedoch nicht für alle Items signifikant. Insgesamt gesehen, kann mit den Ergebnissen nicht auf eine Bestätigung oder Ablehnung der

Hypothese H2a geschlossen werden. Im Fallbeispiel „Arzt" bestehen hinsichtlich der Vertrauenswürdigkeit des Werbecharakters keine signifikanten Unterschiede zwischen dem kongruenten vs. inkongruenten fiktionalen Medienkontext. Im Fallbeispiel „Kommissar" fanden sich dafür zumindest für ein Item signifikante Unterschiede. Daher kann auch für die Hypothese H2b die Bestätigung oder Ablehnung nicht eindeutig getroffen werden. Wie bereits erwähnt, sollte die Messung dieser Konstrukte in den folgenden Studien verbessert werden, um die Aussagekraft der Ergebnisse zu erhöhen.

Im Zusammenhang mit der Aktivierungskraft von Werbespots stellt sich die Frage nach der Vereinbarkeit mit den bisher angesprochenen theoretischen Vermutungen zur Minderung fiktionaler Einflüsse bei höherer Motivation zur Informationsverarbeitung. Wie bereits angesprochen, ist Aktivierung als Leistungsbereitschaft und Leistungsfähigkeit definiert (vgl. Kroeber-Riel, Weinberg und Gröppel-Klein 2009, S. 60). Erhöhte Aktivierung stellt demnach eine erhöhte Leistungsbereitschaft dar, die den Ablauf weiterer psychologischer Prozesse beeinflusst. Diese Verarbeitung kann sich auf die erwähnten emotionalen und motivationalen Prozesse beziehen, aber auch eine erhöhte kognitive Informationsverarbeitung nach sich ziehen (vgl. den oft untersuchten Zusammenhang zwischen Aktivierung und Erinnerung). Stellt eine solche erhöhte Verarbeitung gleichzeitig eine Motivation dar, eine mögliche fiktionale Einflussnahme zu überdenken? Entscheidend ist hier, welchen Elementen der Werbung die erhöhte Aktivierung zugute kommt. Keitz (1983, S. 11) weist darauf hin, dass sich die erhöhte Aktivierung zunächst nur auf die Aufnahme und Verarbeitung der Elemente bezieht, die die erhöhte Aktivierung ausgelöst haben. Ob Konsumenten aufgrund der erhöhten Aktivierung den Schritt weiter gehen und die Werbung an sich als Beeinflussungsversuch erkennen und überdenken, kann damit nicht direkt abgeleitet werden. Jedoch kann versucht werden, sich dieser Frage mit empirischen Daten zu nähern. Falls erhöhte Aktivierung mit einer verstärkten Motivation zum Hinterfragen des Werbezwecks einhergeht, müsste sich dies in weniger positiven Beurteilungen des Werbecharakters zeigen, d.h. in einer negativen Korrelation zwischen phasischen Aktivierungswerten und den Einzelitems zur Kompetenz und Vertrauenswürdigkeit. Falls diese Konstrukte in keinem signifikanten Zusammenhang zueinander stehen sollten, ist es wahrscheinlich, dass eine erhöhte Aktivierung anderen Prozessen als dem Überdenken des Werbezwecks zugute kommt. Hier zeigen sich keine signifikanten Zusammenhänge (vgl. Tab. 14). Man kann daraus vorsichtig schließen, dass eine erhöhte Aktivierung *nicht* dem Überdenken des *Werbezwecks* zugute kommt.

Die durch den Werbespot hervorgerufene Summenamplitude steht hier auch mit keiner anderen abhängigen Variablen in Beziehung (vgl. Tab. 14). Allerdings haben bisherige Studien – entgegen den hier gefundenen nicht-signifikanten Korrelationen – signifikante Zusammenhänge der Aktivierung mit Einstellungsvariablen (vgl. Gröppel-Klein, Domke und Bartmann 2005, S. 48) oder mit Kaufverhaltenswahrscheinlichkeiten (vgl. Gröppel-Klein, Domke und Bartmann 2005, S. 48; Groeppel-Klein und Baun 2001) gefunden. Warum dies hier nicht der Fall ist, kann nicht endgültig geklärt werden. Eine mögliche Erklärung ist, dass die erzeugte Aktivierung nicht den

Beurteilungsprozessen zugute kommt, sondern anderen Prozessen, die hier nicht gemessen wurden.

Allerdings muss eingeräumt werden, dass für die gefundenen Unterschiede zwischen den Medienkontextbedingungen neben der inhaltlichen Zugänglichkeit eine weitere mögliche Erklärung denkbar ist. In der hier verwendeten Kongruenzbedingung tritt der Schauspieler sowohl im Medienkontext als auch in der Werbung in einer zueinander kongruenten Rolle auf. Hier könnte man von semantischer Kongruenz und gleichzeitiger perzeptueller Kongruenz sprechen. Diese Begriffe entstammen der Priming-Forschung. Beim semantischen Priming stehen Bahnungsreiz und Zielreiz in einer *inhaltlichen* Beziehung zueinander. Dies trifft hier auf die dargestellten Rollen zu. Beim perzeptuellen Priming stehen Bahnungsreiz (hier: Mediencharakter) und Zielreiz (hier: Werbecharakter) durch eine *physisch* wahrnehmbare Ähnlichkeit in Beziehung zueinander. Im vorliegenden Fall bedeutet dies, dass dem Konsumenten ein Mediencharakter präsentiert wurde, der mit dem Werbecharakter physisch übereinstimmt. Dies trifft zu, weil Mediencharakter und Werbecharakter durch denselben Schauspieler repräsentiert werden. Die Kongruenzsituation lässt sich demnach nicht nur durch die inhaltliche Kongruenz (ähnliche Rolle), sondern auch durch die perzeptuelle Kongruenz (gleicher Schauspieler) beschreiben. Die Inkongruenzbedingung zeigte den Schauspieler in der Werbung in einer bestimmten Rolle; der vorab präsentierte fiktionale Medieninhalt zeigt jedoch keine dazu kongruenten Charakterinformationen durch diesen Schauspieler. Stattdessen treten hier andere Schauspieler auf, die auch andere Rollen verkörpern. Die Inkongruenzsituation besteht hier demnach sowohl als semantische Inkongruenz (andere Rolle) als auch als perzeptuelle Inkongruenz (anderer Schauspieler).

Es ist daher möglich, dass die perzeptuelle Kongruenz und nicht – wie hier angenommen – die inhaltliche Kongruenz zu den Nachwirkungen des Medienkontexts geführt haben. Mit anderen Worten: Handelt es sich bei den gefundenen Effekte tatsächlich um eine Nachwirkung fiktionaler Charakterbedeutungen in die Werbung hinein (inhaltlicher Effekt), oder handelt es sich bei den erhaltenen Effekten um einen Effekt durch perzeptuelle Kongruenz des Schauspielers (vgl. Spilski und Groeppel-Klein 2008a)?

Effekte durch perzeptuelle Ähnlichkeit werden als Mere-Exposure-Effekte bezeichnet. Der Mere-Exposure-Effekt geht auf Zajonc (1968) zurück und besagt, dass der bloße, wiederholte Kontakt mit einem – bewusst oder unbewusst wahrgenommenen – Stimulus eine ausreichende Bedingung ist, um das Annäherungsverhalten (positivere Einstellungen und Präferenz) des Probanden an diesen Stimulus zu verbessern. Zajonc (1968) berichtet von einem Test, in dem kaligraphische Zeichen als Stimuli verwendet wurden, die wie chinesische Schriftzeichen aussahen, jedoch inhaltlich keine Bedeutung hatten. Den Probanden wurden die Schriftzeichen vorgeführt, wobei sich die Häufigkeit der Präsentation der einzelnen Zeichen zwischen den Probanden unterschied. Den Probanden wurde gesagt, dass sich das Experiment mit dem Erlernen einer Fremdsprache beschäftigen würde, wobei die Schriftzeichen für bestimmte Adjektive stehen würden, deren Bedeutung die Probanden nun erraten sollten. Dann wurde für jedes Schriftzeichen erhoben, zu welchem Ausmaß die Probanden dachten, dass es sich um eine positive Wortbedeutung handeln würde. Als Ergebnis zeigte sich, dass den Schriftzeichen, die die Probanden häufiger betrachtet hatten, eine positivere Bedeutung zugesprochen wurde, als den weniger häufig gesehenen Zeichen (vgl. Zajonc 1968, S. 15). Dasselbe Experiment wurde mit Porträtfotos von Personen durchgeführt. Auch hier zeigte sich eine positivere Beurteilung der Gesichter für die häufiger vs. weniger häufig betrachteten Fotos (vgl. Zajonc 1968, S. 19). In diesen und späteren Experimenten konnte der Mere-Exposure-Effekt für bewusst und unbewusst wahrgenommene Reize, für abstrakte und bedeutungsvolle Reize, in positiven und negativen Kontexten, in Labor- und Feldstudien gezeigt werden (vgl. Harmon-Jones und Allen 2001 für einen Überblick). Es scheint sich demnach um einen sehr robusten Effekt zu handeln.

Verschiedene Modelle in der Literatur versuchen, den Mere-Exposure-Effekt zu erklären. Alle Modelle basieren auf der Annahme, dass – bewusst oder unbewusst wahrgenommene – Stimuli wenigstens eine kurze mentale Repräsentation erzeugen. *Affektive Theorien* (vgl. Harmon-Jones und Allen 2001 für einen Überblick) führen den Effekt darauf zurück, dass bekannte Reize wegen ihrer Vertrautheit zu positiveren affektiven Reaktionen führen. Unbekannte Reize seien aus evolutionärer Sicht heraus für das Individuum zunächst eine potentielle Bedrohung und würden daher negativer beurteilt als bekannte Reize. Durch wiederholten Kontakt erhöht sich die Vertrautheit mit dem Stimulus und verringert sich die „potentielle Gefahr". *Kognitive Theorien* (vgl. Lee 2001 für einen Überblick) führen den Effekt auf eine schnellere Informationsaufnahme, Enkodierung und Verarbeitung bei bekannten vs. unbekannten Reizen zurück (perceptual fluency), da bereits eine mentale Repräsentation angelegt ist. Mit wiederholten Kontakten wird die Informationsverarbeitung verbessert, dadurch werden empfundenes Risiko, Unsicherheit und Konflikte reduziert und positivere Einstellungen sind die Folge.

Der Mere-Exposure-Effekt als mögliche Erklärung lässt sich nur durch ein verändertes experimentelles Design endgültig ausschließen. Dies kann dadurch erreicht werden, dass sich die Vergleichsbedingungen in der inhaltlichen Kongruenz unterscheiden, jedoch die perzeptuelle Kongruenz in beiden Bedingungen gegeben ist (gleicher Schauspieler in beiden Vergleichsbedingungen). Tritt der Schauspieler, der in der Werbung eine bestimmte Rolle verkörpert, in beiden zu vergleichenden Medienkontextbedingungen, jedoch in unterschiedlichen Rollen auf, besteht Inkongruenz lediglich in Bezug auf die fiktionale Rolle. Spielt der Werbecharakter z.B. in der Werbung den *Arzt* und tritt im fiktionalen Programm ebenfalls als *Arzt* auf, besteht perzeptuelle Kongruenz (derselbe Schauspieler) und semantische Kongruenz (dieselbe Rolle). Spielt er in der Werbung den *Arzt* und tritt im fiktionalen Programm als *Anwalt* auf, dann besteht zwar perzeptuelle Kongruenz (derselbe Schauspieler), jedoch semantische Inkongruenz (unterschiedliche Rollen). In beiden Vergleichsbedingungen bestünde perzeptuelle Kongruenz, jedoch nur in einer der beiden Bedingungen bestünde inhaltliche Kongruenz. Die perzeptuelle Kongruenz und damit der Mere-Exposure-Effekt wären so als alternative Erklärung für mögliche Effekte ausgeschlossen. Eine solche Kongruenz-/Inkongruenz-Konstellation ist u.W.n. bisher noch nicht empirisch untersucht worden. Hier setzt die im folgenden Abschnitt beschriebene Studie 2 an.

Einschränkend muss auch bemerkt werden, dass der in Fallbeispiel 1 verwendete Werbespot nicht nur in Bezug auf den Schauspieler zur vorab präsentierten Serie 1 passt (derselbe Schauspieler in der Arztserie und im Werbespot), sondern auch in Bezug auf das im Spot beworbene Produkt (Arztserie und Medikament). Es könnte daher sein, dass die gefundenen Effekte durch die Abstimmung zwischen Serieninhalt und Produkt – unabhängig vom Celebrity Endorser – verursacht wurden. Dieser Kritikpunkt kann innerhalb dieser Studie nicht vollständig ausgeräumt werden. Bisherige Studien zur Medienkontextforschung (vgl. zusammenfassend Moorman 2003; Sieglerschmidt 2008) zeigen unterschiedliche Ergebnisse zur Vorteilhaftigkeit der Kongruenz zwischen Thema des Medienkontexts und in der Werbung dargestelltem Produkt. Hier wird jedoch selten Bezug zu fiktionalen Medieninhalten genommen. Ein Hinweis darauf, dass die Produktkongruenz nicht allein für die gefundenen Effekte verantwortlich ist, liefert das Fallbeispiel 2 („Kommissar"), in der nicht eine solch starke Produktkongruenz zum Medienkontext vorlag (Mobilfunkunternehmen und Krimiserie) wie in Fallbeispiel 1. Dass sich in Fallbeispiel 2 trotzdem ähnliche Effekte für die Kompetenzbeurteilung ergeben haben, könnte ein Hinweis darauf sein, dass die Rollenkongruenz von Bedeutung für die gefundenen Effekte war. Eine andere Variante zu untersuchen, inwieweit die Kongruenz zwischen fiktionaler Rolle und Rolle der Werbeperson für die Effekte verantwortlich ist, wäre der Vergleich von Werbespots ohne den Bezug auf die fiktionale Rolle, aber mit zum Medienkontext passendem Produkt. Hier müsste untersucht werden, ob die bloße Kongruenz zwischen Produkt und Medieninhalt (thematische Kongruenz) zu signifikanten Unterschieden im Vergleich zu einer Inkongruenzsituation führt. Wäre dies *nicht* der Fall, so müsste für die hier gefundenen Ergebnisse ein anderer Grund ursächlich gewesen sein, z.B. die Rollenkongruenz zwischen fiktionalem Medien- und Werbecharakter. Dies soll ebenfalls in Studie 2 berücksichtigt werden.

7.4 STUDIE 2: Bahnung durch kongruente vs. inkongruente fiktionale Rollen eines Schauspielers

7.4.1 Ziele von Studie 2

Das Hauptziel dieser Studie besteht darin, auszuschließen, dass es sich bei den in Studie 1 gefundenen Effekten um Mere-Exposure-Effekte handelt. Daher wird das Design so verändert, dass durch *beide* Konditionen fiktionale Bedeutungen für den in der Werbung zu sehenden Schauspieler zugänglich gemacht werden. Sollte der Werbeschauspieler von den Probanden, die ihn vorab in einer zur Werbung passenden Rolle (Rollen-Kongruenz) gesehen haben, besser beurteilt werden, als von den Probanden, die ihn vorab in einer zur Werbung unpassenden Rolle (Rollen-Inkongruenz) gesehen haben, dann würde dies ein Hinweis auf die Nachwirkungen fiktionaler Bedeutungen sein. Es würde sich dann nicht um einen Mere-Exposure-Effekt handeln, da beide Probandengruppen vor dem Sehen der Werbung mit dem Schauspieler konfrontiert wurden – nur in verschiedenen Rollen. Unterschiede in der Werbebeurteilung bzw. in der elektrodermalen Aktivierungsreaktion ließen sich daher auf die unterschiedlichen fiktionalen Bedeutungen zurückführen.

Getestet werden die Hypothesen H1 (aV Aktivierungswirkung des Werbespots), H2 (aV Beurteilung der Werbeperson) und H3 (aV Einstellung zum Werbespot), die jeweils Unterschiede zwischen den Kongruenzbedingungen (Rollenkongruenz vs. Rolleninkongruenz zwischen Programm und Werbung) vermuten. Um einen Mere-Exposure-Effekt auszuschließen, lassen sich die im theoretischen Teil abgeleiteten Hypothesen wie folgt spezifizieren ($H_{spez.}$):

$H_{spez.}$: Wenn zu einem Werbecharakter durch einen Medienkontext *perzeptuell und inhaltlich kongruente* fiktionale Charakterinformationen zugänglich sind, dann erzeugt der Werbespot eine höhere phasische Aktivierungsreaktion (H1), dann wird der Werbecharakter als kompetentere und vertrauenswürdigere Werbeperson beurteilt (H2) und dann ist die Einstellung zum Werbemittel positiver ausgeprägt (H3), als wenn zu dem Werbecharakter durch den Medienkontext *perzeptuell kongruente, jedoch inhaltlich inkongruente* fiktionale Charakterinformationen zugänglich sind.

Es soll zudem versucht werden, die thematische Kongruenz (bzgl. Thema des Medienkontexts und Produktkategorie) als alleinigen Hintergrund der in Studie 1 gefundenen Effekte auszuschließen. Diese Frage wird hier aufgegriffen, indem zwei weitere Werbespots geprüft werden, die bzgl. des Produkts zur Serie 1 (Arztserie) passen, jedoch keinen Bezug zu fiktionalen Charakteren aufweisen. Diese sind Spots für Nahrungsergänzungsmittel bzw. Medikamente und werden im Umfeld der thematisch kongruenten vs. inkongruenten TV-Serie platziert – als uV dient demnach auch die Kongruenz des Produktes zum Medienkontext. Es wird geprüft, ob die Abstimmung zwischen Serieninhalt und Produkt – unabhängig von einer Abstimmung bzgl. des Schauspielers – *überhaupt* Unterschiede im Vergleich zur nicht erfolgten Abstimmung erbringt (insofern besteht eine Anlehnung an bisherige Medienkontextstudien mit thematischer Kongruenz, hier jedoch bezogen auf fiktionale Medienkontexte). Da dieser Aspekt eine zusätzliche Fragestellung darstellt und aufgrund der Länge des Fragebogens keine umfassende Werbewirkungsuntersuchung für die zusätzlichen Spots angestrebt wurde, beschränkt sich diese Studie auf die Untersuchung der elektrodermalen Aktivierung, die durch diese Spots ausgelöst wird. Weitere Werbewirkungsmaße wurden für die zusätzlichen Spots nicht erhoben.

7.4.2 Stimulusmaterial

Als Experimentalspot wurde der schon in Studie 1 verwendete MAGNESIUM VERLA-Spot verwendet, der den Schauspieler Rainer Hunold als Werbeperson zeigt. Für eine Beschreibung dieses Spots sei auf Studie 1 verwiesen.

Den kongruenten fiktionalen Medienkontext bildete wiederum ein Ausschnitt aus der TV-Serie *Dr. Sommerfeld – Neues vom Bülowbogen*, in der Rainer Hunold einen Arzt spielt. Da der Werbespot in enger Anlehnung an die Arzt-Rolle aus der TV-Serie gestaltet worden ist, kann hier von Rollenkongruenz gesprochen werden.

Der Ausschnitt der Arztserie[87] handelt von einem älteren Ehepaar. Der Ehemann hat zunehmend mit Vergesslichkeit zu kämpfen. Bei einem Besuch in der Praxis von Dr. Sommerfeld teilt dieser ihnen mit, dass Tests ergeben hätten, die Vergesslichkeit wäre zu großer Wahrscheinlichkeit auf die Krankheit Alzheimer zurückzuführen. Die Handlung zeigt weiter, wie Dr. Sommerfeld dem Ehepaar hilft, mit den Folgen dieser Krankheit besser umgehen zu können.

Als inkongruenter fiktionaler Medienkontext wurde eine andere TV-Serie (im Folgenden als Krimi-Serie bezeichnet) verwendet, in der Rainer Hunold ebenfalls die Hauptrolle spielt, jedoch diesmal einen Staatsanwalt (in der gleichnamigen TV-Serie *Der Staatsanwalt*). Zusammen mit der Darstellung Hunolds im MAGNESIUM VERLA-Spot, der im Umfeld dieser Serie gezeigt wurde, kann von Rollen*in*kongruenz gesprochen werden.

Der Ausschnitt der Krimi-Serie beginnt damit, dass ein junger Mann mutwillig überfahren wird. *Staatsanwalt Reuther* klagt ein Mitglied des Freundeskreises des Opfers an. Es folgen Gerichtsszenen, in denen der Freundeskreis des jungen Mannes verhört wird, niemand ist jedoch bereit

---

[87] Der Wechsel der Folge dieser Arztserie im Vergleich zur Studie 1 hatte pragmatische Gründe. In Studie 2 sollte das Stimulusmaterial für die neue Vergleichsgruppe (*Der Staatsanwalt*) digital geschnitten werden. Das aus Studie 1 vorhandene Stimulusmaterial zur Arztserie lag jedoch nur im VHS-Format vor und eine Digitalisierung hätte eine ungenügende Qualität des Materials zur Folge gehabt. Daher wurde eine andere zu der Zeit im TV laufende Folge derselben Arztserie aufgezeichnet und digital weiterverarbeitet. Die Elemente der beiden Arztserienfolgen (Studien 1 und 2) ähneln sich jedoch sehr stark. Patienten kommen in die Praxis des fiktionalen Arztes, er nimmt sich Zeit für ein ausführliches Gespräch und besucht die Patienten auch zu Hause. In beiden Folgen wurde den Probanden nur ein Ausschnitt gezeigt, inmitten der Handlung wurde die Werbung eingespielt.

auszusagen. Auch der Kronzeuge, der ebenfalls aus dem Umfeld des Opfers stammt, zieht sich mit einem Trick aus dem Prozess zurück. Der mutmaßliche Täter wird freigesprochen, die Polizei und der Staatsanwalt versuchen jedoch weiterhin, Hinweise für seine Schuld zu finden. Dann geschieht ein zweiter Mord, der ursprüngliche Kronzeuge ist das Opfer. Seine ehemalige Freundin zögert zunächst, ist später jedoch bereit, dem Staatsanwalt wichtige Hinweise auf die Täter zu geben (vgl. o.V. 2009a).

Abb. 13: Experimentaldesign in Studie 2

Zusätzliche thematisch kongruente/inkongruente Werbespots: Wie in Abschnitt 7.3.6 beschrieben, soll untersucht werden, ob die thematische Kongruenz (Filmthema – Produktkategorie) die Erklärung für die gefundenen Aktivierungsergebnisse darstellt. Würden sich hierfür *keine* signifikanten Ergebnisse zeigen, dann könnten die signifikanten Unterschiede zwischen den Medienkontextbedingungen auf die inhaltliche Kongruenz (Mediencharakter – Werbecharakter) zurückgeführt werden. Um dies zu prüfen, enthielt das Stimulusmaterial zwei weitere Werbespots, die bzgl. des beworbenen Produkts (Gesundheitsprodukt CALCIUM SANDOZ, Medikament MOBILAT) zum Medienkontext (Arztserie) passen. Einer dieser zusätzlichen Spots enthält ebenfalls einen Celebrity Endorser, der andere zusätzliche Spot enthält keine Werbeperson. Im CALCIUM SANDOZ-Spot tritt die Schauspielerin Senta Berger als Werbeperson auf, wird tanzend auf einer Party gezeigt und berichtet aus dem Off von ihren guten Erfahrungen mit dem Produkt. Die Werbeperson Senta Berger war in keinem der beiden Medienkontexte zu sehen. Im MOBILAT-Spot wurden keine Celebrity Endorser gezeigt, stattdessen enthält der Spot mehrere steife Puppen, die verdeutlichen sollen, wie man sich mit Verspannungen fühlt (vgl. Anhang 9 für eine Beschreibung der Spots). Auf ein Ausbalancieren der Reihenfolge der verschiedenen Gesundheitsspots im Werbeblock wurde verzichtet, da diese *nicht miteinander* verglichen, sondern jeweils pro Werbespot Unterschiede *zwischen den Medienkontextgruppen* untersucht werden sollen.

Zusätzliche Umfeldstimuli: Wie in Studie 1 wurden die Experimentalstimuli in zusätzliche Programm- und Werbebeiträge eingebaut, um die Fernsehsituation möglichst realitätsnah zu gestalten und vom eigentlichen Experimentalzweck abzulenken. In beiden Gruppen wurden die gleichen Umfeldstimuli verwendet, das Stimulusmaterial der Gruppen unterscheidet sich nur hinsichtlich der fiktionalen Medienkontexte für den (ebenfalls konstanten) Experimentalwerbespot (vgl. Tab. 16).

Tab. 16: Studie 2: Stimulus-Sequenzen

Kontextbedingung	kongruenter fiktionaler Medienkontext	inkongruenter fiktionaler Medienkontext
Umfeld	Werbung: Konzertankündigung	Werbung: Konzertankündigung
	Werbejingle	Werbejingle
Experimentalstimulus: Programm	Szene aus „Dr. Sommerfeld" 12:20 min	Szene aus „Der Staatsanwalt" 12:20 min
Umfeld	Werbejingle	Werbejingle
	1. Mobilat (0:26 min)	1. Mobilat (0:26 min)
	2. Deutsche Post	2. Deutsche Post
Experimentalstimulus: Werbespot	3. Magnesium Verla 0:32 min	3. Magnesium Verla 0:32 min
Umfeld	4. Calcium Sandoz (0:28 min)	4. Calcium Sandoz (0:28 min)
	5. Easy Credit	5. Easy Credit
	Werbejingle	Werbejingle
	Programmvorschau	Programmvorschau

Die jeweilige TV-Sequenz begann mit Szenen (Werbespot, Werbejingle), die als „Eisbrecher" dienten, um den EDR-Probanden Zeit zu geben, sich an die Elektroden zu gewöhnen. Die Serienausschnitte wurden vor den Werbeblock geschnitten, um ein Priming durch die fiktionalen Charakterinformationen zu ermöglichen. Der Werbeblock bestand aus 5 Spots, der Experimentalspot lief an dritter Stelle. In Studie 2 wurden die Serienausschnitte so geschnitten, dass sie die gleiche Dauer aufweisen. In beiden Gruppen hatte die gezeigte TV-Sequenz (Serien, Werbeblock, zusätzliche Programmelemente) eine Länge von 15:54 min. Damit kann auch die Summenamplitude der Serie als metrische Variable verwendet werden.

7.4.3 Manipulationstest

Um zu überprüfen, ob sich die angenommene (In-)Kongruenz zwischen der jeweiligen Serie und dem Experimental-Werbespot (MAGNESIUM VERLA) sowie den zusätzlichen Spots (CALCIUM SANDOZ, MOBILAT) auch empirisch bestätigen lässt, wurde ein Manipulation Check mit n = 40 (2 x 20) Probanden durchgeführt. Befragt wurden Studierende der Universität des Saarlandes ($n_{weiblich}$ = 21, $n_{männlich}$ = 19, M_{Alter} = 24,55). Dazu wurden von beiden Serien Storyboards angefertigt, die jeweils vier Szenen als Fotografien aus dem Serienausschnitt zeigten. Die Probanden in jeder der beiden Gruppen wurden gebeten, sich das jeweilige Storyboard anzusehen. Anschließend wurde ihnen ein Foto der Szene des MAGNESIUM VERLA-Werbespots gezeigt, in der der Schauspieler Rainer Hunold (am Tisch sitzend, das Produkt präsentierend) zu sehen ist. Die Probanden wurden gebeten zu beurteilen (fünfstufige Ratingskala), wie gut das Foto die Rolle des Schauspielers in der Serie widerspiegelt.

Da das Zeigen eines Storyboards nur eine verkürzte Form der Präsentation des FilmStimulusmaterials ist, wurde kontrolliert, ob die Probanden die fiktionale Rolle richtig erkannt hatten. Diese Kontrolle fand am Ende des Pretests statt, um den Manipulation Check nicht zu verzerren. Die Probanden erhielten ein Portrait-Foto des Hauptdarstellers beider Serien (Rainer Hunold). Das Foto zeigte ihn in neutraler Darstellung und nahm keinen Bezug zu einer der beiden Rollen. Die Probanden wurden nun gebeten, die Rolle zu benennen, die dieser Schauspieler in der Serie spielt. Alle Probanden der „Arzt"-Bedingung konnten diese Frage richtig beantworten. In der „Staatsanwalt"-Bedingung nannten 65% der Probanden die Rolle „Anwalt" (keine Differenzierung zwischen Rechts- bzw. Staatsanwalt), 25% „Rechtsanwalt" und 10% „Staatsanwalt" (die richtige Antwort). Es kann vermutet werden, dass Rechts- und Staatsanwälte sich in der Passung zu Medikamenten nicht wesentlich voneinander unterscheiden. Zudem werden im Haupttest keine Fotos, sondern Filmausschnitte gezeigt, in denen die Rollen eindeutig benannt werden. Hier kann jedoch der Hinweis abgeleitet werden, auch im Haupttest zu kontrollieren, ob die Rollen richtig erinnert wurden. In die Auswertung des Manipulation Checks gingen dennoch alle Fälle ein, da keine völlig anderen Rollen erinnert wurden. Ein t-Test zeigte einen hochsignifikanten Unterschied zwischen den beiden Storyboard-Gruppen an: t(38) = 11,332, p < 0,001. Die Probanden, die den Schauspieler als fiktionalen Arzt gesehen hatten, gaben an, dass die Werberolle die fiktionale Rolle signifikant besser widerspiegelt (M = 4,50, SD = 0,688), als die Probanden, die den Schauspieler in der Rolle des Staatsanwalts gesehen hatten (M = 1,70, SD = 0,865).

Für den Test der Kongruenz zwischen den beworbenen Produkten und dem fiktionalen Medienkontext wurden Produktabbildungen des Experimentalspots sowie der beiden zusätzlichen Spots (CALCIUM SANDOZ, MOBILAT) gezeigt. Jeder Proband sollte beurteilen, wie gut diese Produkte zum vorher gesehenen Storyboard passen. Jeder beurteilte Proband das Produkt des Experimentalspots (MAGNESIUM VERLA) und eines der beiden Produkte der zusätzlichen Spots. Zudem wurde die Reihenfolge der Produktpräsentation rotiert. Weil jeder Proband entweder das passende oder das unpassende Storyboard gesehen hatte, können Vergleiche zwischen beiden Medienkontexten in der Passung der Produkte untersucht werden. Die t-Tests zeigen, dass die drei Produkte als signifikant passender zum Medienkontext „Arztserie" (Mittelwerte $\geq 4{,}33$) als zum Medienkontext „Krimiserie" (Mittelwerte $\leq 1{,}85$) beurteilt werden: $t_{Verla}(38) = 9{,}094$, $p < 0{,}001$; $t_{Sandoz}(12{,}301) = 9{,}101$, $p < 0{,}001$; $t_{Mobilat}(18) = 7{,}048$, $p < 0{,}001$. Die Produkte untereinander unterscheiden sich nicht in der Passung: $t(19) \leq 1{,}00$, $p > 0{,}330$, t-Tests für verbundene Stichproben[88].

7.4.4 Methodisches Vorgehen

7.4.4.1 Durchführung der Untersuchung

Die Untersuchung fand im Januar/Februar 2007 in Form eines Laborexperiments am Institut für Konsum- und Verhaltensforschung (IKV) an der Universität des Saarlandes statt. Die Teilnehmer an dem Experiment waren Studierende der Universität. Die Probandenrekrutierung erfolgte durch die Teilnehmer der Übung zum Marketing im WS 2006/2007, die mit Studierenden Termine für die Teilnahme am Experiment vereinbarten. An dem jeweiligen Termin kamen die Probanden in Gruppen von bis zu fünf Teilnehmern in das Labor. Das Labor des IKV ist einem Wohnzimmer ähnlich eingerichtet, mit Vitrinen, einer Kommode, Sofas und einem Couchtisch. Die Probanden nahmen auf den Sofas Platz und blickten während der Stimuluspräsentation auf einen auf dem Couchtisch platzierten PC-Bildschirm, der für alle Teilnehmer gleichermaßen gut einsehbar war.

Tab. 17: Profil der Studie 2

Studie 2		
Erhebungsdesign	2 Gruppen	Gruppe 1: Arztserie „Dr. Sommerfeld" Gruppe 2: Krimiserie „Der Staatsanwalt" → jeweils: + Werbespot mit Rainer Hunold
Stichprobenumfang	n = 127	$n_{Gruppe1} = 61$, $n_{Gruppe2} = 66$
Erhebungspersonen		1 Betreuer der EDA-Messung, 28 Betreuer der schriftlichen Befragung (Teilnehmer der Übung zum Marketing der Universität des Saarlandes, WS 2006/2007)
Stichprobenauswahl		studentische Probanden, Auswahl nicht-zufällig, durch Teilnehmer der Marktforschungsübung an der Universität des Saarlandes, WS 2006/2007
Ort der Erhebung		Labor des Instituts für Konsum- und Verhaltensforschung
Durchführung		Präsentation des Filmmaterials per PC, anschließende schriftliche Befragung
Fallausschlüsse		n = 2 (keine Studierenden) n = 13 wegen Bemerken des Untersuchungszwecks
analysierte Stichprobe	n = 112	$n_{Gruppe1} = 50$, $n_{Gruppe2} = 62$

---

[88] Gerechnet für die Paarungen „Verla-Sandoz" bzw. „Verla-Mobilat". Die dritte Paarung „Sandoz-Mobilat" konnte nicht verglichen werden, da die Probanden entweder das Sandoz-Produkt oder das Mobilat-Produkt in der Passung zum Medienkontext beurteilt hatten.

Nach der Begrüßung wurde den Teilnehmern mitgeteilt, dass es sich um eine Untersuchung zum Thema „Fernsehen" handelt und sie nun einen Ausschnitt aus dem Fernsehprogramm sehen würden. „Das wird eine Mischung aus TV-Serie, Werbung, Vorschau sein – eben ganz so, wie man es auch im normalen Programm findet." Vor dem Ansehen des Stimulusmaterials wurden die Probanden gebeten, einen kurzen Fragebogen zum Thema „Fernsehen" auszufüllen. Ihnen wurde mitgeteilt, dass im Anschluss an die TV-Sequenz ebenfalls ein Fragebogen auszufüllen sei.

Das Institut für Konsum- und Verhaltensforschung besitzt zwei EDA-Messgeräte, so dass bei zwei Probanden simultan die elektrodermale Aktivierung erfasst werden konnte. Die beiden Probanden der Gruppe wurden mit den Messgeräten verbunden, indem ihnen die EDA-Elektroden auf die Innenseite der Handfläche (links bei Rechtshändern, rechts bei Linkshändern) geklebt wurden. Um Messartefakte zu vermeiden, wurde(n) die EDA-Testperson(en) instruiert, nicht auf die Elektroden zu drücken. Alle Probanden wurden zusätzlich gebeten, ihre Handys auszuschalten. Die EDA-Messung wurde gestartet. Nachdem die TV-Sequenz auf dem Rechner begann, wurden jeweils zu Beginn der einzelnen Programmelemente Marker gesetzt, um die einzelnen Elemente (Programm, Werbung) in der späteren Auswertung voneinander unterscheiden zu können. Nach Beendigung der TV-Sequenz wurde die Messung gespeichert und die EDA-Elektroden entfernt.

Damit im Labor sofort der nächste Durchgang beginnen konnte, wurden die Probanden in einen anderen Raum gebeten, wo eine schriftliche Befragung durchgeführt wurde, die von jeweils einem der Teilnehmer der Übung zum Marketing betreut wurde. Um während der Befragung den Untersuchungszweck nicht offensichtlich zu machen, wurde den Probanden vorgegeben, dass in jedem Fragebogen ein anderer Werbespot beurteilt werden würde und in ihrem Fragebogen dafür der Spot der Marke MAGNESIUM VERLA ausgewählt worden sei. Der Betreuer der Befragung achtete darauf, dass sich die Probanden nicht gegenseitig austauschten, so dass diese voneinander nicht wussten, dass der „ausgewählte" Spot immer der MAGNESIUM VERLA-Spot war. Die Probanden beantworteten Fragen zur Einstellung zum Werbespot, Einstellung zur Marke, Beurteilung der Werbeperson, Einstellung zum Film sowie zu Kontrollvariablen und sozioökonomischen Größen. Die durchschnittliche Dauer eines Experimentdurchlaufs inklusive Befragung betrug 28 Minuten. Alle Teilnehmer erhielten Süßwaren als Dankeschön.

Wie in Studie 1 wurden neben den EDA-Probanden auch weitere Teilnehmer berücksichtigt, von denen „nur" Fragebogendaten erhoben wurden. Dadurch konnte für die EDA-irrelevanten Hypothesen eine größere Stichprobe erzielt werden. Des Weiteren konnten auch Abnutzungseffekte in der Probandengewinnung und das mögliche „Herumsprechen" des Untersuchungszwecks unter den Probanden durch eine schnelle Durchführung vermindert werden.

7.4.4.2 Stichprobe und Fallausschlüsse

Am Experiment nahmen 127 Personen teil. Davon sahen n = 61 Probanden den Werbespot im kongruenten, n = 66 Probanden im inkongruenten Medienkontext. Die Stichprobe besteht aus Studierenden der Universität des Saarlandes. Zwei Probanden wurden aus der Untersuchung ausgeschlossen, da sie keine Studierenden waren[89].

Das Bemerken des Untersuchungszwecks wurde im Rahmen einer offenen Frage erhoben, in der die Probanden alle Gedanken angeben sollten, die sich bei ihnen zum Experimentalspot ergeben haben. Anhand der Äußerungen kategorisierten zwei unabhängige Kodierer das Erkennen des Untersuchungszwecks. Die Übereinstimmung zwischen den beiden Kodierern lag bei 85,4%. Unstimmigkeiten wurden durch Diskussion gelöst. Die Analyse der freien Antworten ergab 13 Fälle (10,2 %; $n_{Gruppe1}$ = 10, $n_{Gruppe2}$ = 3), die den Untersuchungszweck erkannt hatten[90]. In Anhang 10 sind die Antworten der Probanden aufgelistet. Die identifizierten Fälle wurden aus der Stichprobe ausgeschlossen. Dadurch ergibt sich eine im Folgenden zu analysierende Stichprobe von n = 112, die sich mit $n_{Gruppe1}$ = 50 auf den kongruenten und $n_{Gruppe2}$ = 62 auf den inkongruenten Medienkontext verteilt.

Der auswertbaren Stichprobe gehören n = 58 weibliche und n = 52 männliche Probanden an (zwei fehlende Werte). Die Probanden sind im Alter von 18 bis 32 Jahren, der Altersmittelwert beträgt M = 23,69 (SD = 2,537; zwei fehlende Werte).

7.4.4.3 Operationalisierung und Dimensionierung der Variablen

7.4.4.3.1 Elektrodermale Aktivierung

Die Messung der elektrodermalen Aktivierung erfolgt wie in Studie 1 (vgl. Abschnitt 7.3.3.4.1), mit der Ausnahme, dass in Studie 2 zwei Messgeräte zur Verfügung standen. Dadurch konnten die EDR-Werte simultan an zwei Probanden erfasst werden. Durch Setzen von Zeitmarkern konnten wiederum die verschiedenen Elemente der TV-Sequenz im EDR-Datensatz unterschieden werden. Selektiert wurden die Daten der phasischen elektrodermalen Aktivierungsreaktion für den Experimentalspot (MAGNESIUM VERLA), die zusätzlichen Medikamenten-Spots (CALCIUM SANDOZ, MOBILAT) sowie für die jeweils gezeigte Serie. Dabei beschränkt sich die Auswertung wie in Studie 1 auf die Summenamplitude als wichtigstem Parameter in Medienexperimenten (vgl. Kroeber-Riel, Weinberg und Gröppel-Klein 2009, S. 69). In Studie 2 wurden alle zu vergleichenden Elemente hinsichtlich der Zeitdauer konstant gehalten (identische Spots in beiden

---

[89] Beide wichen deutlich von dem übrigen Altersmittelwert der übrigen Stichprobe ab. Aus Gründen der Streuungsreduktion wurden beide Fälle aus der Stichprobe entfernt.

[90] Der Unterschied im Erkennen des Untersuchungszwecks zwischen den Gruppen ist signifikant (χ^2 (1, n = 127) = 4,843, p = 0,028).

Gruppen, gleiche Dauer für die beiden Serien). Die EDR-Werte werden in µS (MikroSiemens) angegeben.

Die Probanden wurden während der Messung unbemerkt beobachtet, um Artefakte, z.B. durch Drücken auf die Elektroden, zu bemerken. Eine Probandin drückte während der Messung mehrfach die Elektroden fest, ein weiterer Proband unterhielt sich während der Messung mit einem anderen Probanden. Diese Fälle wurden aus der EDR-Stichprobe entfernt. Bei zwei EDR-Messungen gab es technische Probleme, diese EDR-Datensätze konnten nicht verwendet werden. In die Analyse gingen n = 83 EDR-Datensätze ($n_{Gruppe1}$ = 41; $n_{Gruppe2}$ = 42) ein.

Wie in Studie 1 wurden auch hier EDR-Messungen bei Probanden in Anwesenheit anderer Probanden durchgeführt, bei denen keine Aktivierung gemessen wurde. Daher wurde geprüft, ob die Anwesenheit weiterer Probanden die EDR-Messungen beeinflusst haben könnte. Eine Varianzanalyse zeigte, dass sich die Summenamplitude des Experimentalspots nicht signifikant zwischen verschiedenen Teilnehmergruppengrößen (Messung allein, Messung in Anwesenheit eines weiteren EDR-Probanden, Messung an zwei Probanden in Anwesenheit weiterer Nicht-EDR-Probanden) unterschied: $F(2, 80) = 1,065$, $p = 0,350$. Auch die Händigkeit (Rechtshänder mit Elektroden an linker Hand, Linkshänder mit Elektroden an rechter Hand) hatte keinen signifikanten Einfluss auf die Summenamplitude des Experimentalspots: $U = 368,000$, $p = 0,707$.

7.4.4.3.2 Beurteilung der Werbeperson

Die Beurteilung der Werbeperson wurde mit Items zur Kompetenz und Vertrauenswürdigkeit operationalisiert. Aufgrund der Erfahrungen aus Studie 1 und der dort aufgetretenen Vermischung zwischen den Dimensionen Kompetenz und Vertrauenswürdigkeit, wurden in dieser Studie mehr Items der Skala von Ohanian (1990) verwendet: „verlässlich", „aufrichtig", „ist ein Experte", „unerfahren" (negativ kodiert), „seriös", „kompetent", „vertrauenswürdig" und „sachkundig". Die Probanden wurden gebeten, die Werbeperson aus dem Magnesium Verla-Spot anhand dieser Items zu beurteilen. Dazu wurde eine fünfstufige Ratingskala (Zutreffen) verwendet.

Zur Verdichtung der Items wurde eine Hauptkomponentenanalyse durchgeführt. Ein erster Durchgang zeigte geringe Kommunalitäten für die Items „unerfahren" (0,427) und „seriös" (0,485) an, die daraufhin aus der Variablenauswahl entfernt wurden. Die verbliebenen Items konnten mit einer erneuten Hauptkomponentenanalyse (n = 91) zu zwei Komponenten (Eigenwerte > 1, erklärte Varianz = 77,122 %) mit zufriedenstellenden Gütemaßen (vgl. Tab. 18) verdichtet werden.

Die Ladungen der Items auf den Komponenten folgen den vermuteten Dimensionen und wurden als „Kompetenz" bzw. „Vertrauenswürdigkeit der Werbeperson" interpretiert. Die entsprechenden Faktorwerte werden in den Hypothesentests verwendet.

Tab. 18: Studie 2: Hauptkomponentenanalyse zur Beurteilung der Werbeperson

Item	MSA	Kommu-nalität	Rotierte Komponenten 1	2
sachkundig	0,752	0,790	**0,887**	0,052
ist ein Experte	0,749	0,758	**0,866**	0,091
kompetent	0,802	0,764	**0,828**	0,278
aufrichtig	0,693	0,829	0,108	**0,904**
verlässlich	0,672	0,803	0,013	**0,896**
vertrauenswürdig	0,841	0,684	0,386	**0,731**
KMO	0,751			
Eigenwert			3,065	1,563
Varianzanteil			51,078 %	26,044 %
Interpretation			Kompetenz der Werbeperson	Vertrauenswürdigkeit der Werbeperson

Extraktionsmethode: Hauptkomponentenanalyse, Rotation: Varimax, 3 Iterationen

7.4.4.3.3 Einstellung zum Werbemittel

Die Probanden wurden gebeten, den Werbespot anhand von Items auf fünfstufigen Ratingskalen zu beurteilen. Die drei Items „überzeugend", „informativ", „einfallsreich" wurden mittels Hauptkomponentenanalyse auf eine übergeordnete Komponente (1 Eigenwert > 1, Eigenwert = 1,757) verdichtet, die als „Einstellung zum Werbespot" interpretiert wurde. Obwohl die Gütemaße der Hauptkomponentenanalyse (n = 99) weniger vorteilhaft ausfallen als in den vorhergehenden Analysen (KMO = 0,574, alle MSA ≥ 0,549, zwei Kommunalitäten ≥ 0,572, Kommunalität$_{,,einfallsreich"}$ = 0,448, alle Faktorladungen > 0,669), erklärt die erhaltene Komponente mit 58,557 % mehr als die Hälfte der Varianz. Der erhaltene Faktor wurde zudem auf Außenkriteriumsvalidität hin geprüft. Es zeigte sich eine signifikante mittlere Korrelation (r = 0,408, p < 0,001) zwischen den Faktorwerten und den Werten des Außenkriteriums („Alles in allem gefällt mir der Werbespot sehr gut", fünfstufige Ratingskala, Zustimmen). Daher wird die Komponente mit ihren Faktorwerten in den folgenden Analysen verwendet.

7.4.4.3.4 Kontrollvariablen

Operationalisiert wurden Kontrollvariablen, die sich auf die Serie, den Schauspieler und das im Spot beworbene Produkt beziehen.

Durch die Serie induzierte elektrodermale Aktivierung: Wie in Abschnitt 7.4.4.3.1 beschrieben, wurde auch die Summenamplitude der Serie aus den EDR-Kurven selektiert. Die beiden Serienausschnitte weisen die gleiche Länge auf. Die EDR-Werte werden in µS (MikroSiemens) angegeben. Auch hier wurde geprüft, ob die Anwesenheit weiterer Probanden die EDR-Messungen beeinflusst haben könnte. Eine Varianzanalyse zeigte, dass sich die Summenamplitude des jeweiligen Films nicht signifikant zwischen verschiedenen Teilnehmergruppengrößen (Messung allein, Messung in Anwesenheit eines weiteren EDR-Probanden, Messung an zwei Probanden in Anwesenheit weiterer Nicht-EDR-Probanden) unterschied: $F_{Film}(2, 42,690) = 0,543$, p = 0,585 (Welch-Test wegen fehlender Varianzhomogenität). Auch die Händigkeit hatte keinen signifikanten Einfluss auf die Summenamplitude des Films: $U_{Film} = 271,000$, p = 0,228.

Das Gefallen der Serie wurde mit 5 Items („sehenswert", „einprägsam", „langweilig" (negativ kodiert), „sympathisch", „unterhaltsam") gemessen, anhand derer die Probanden die Serie mittels fünfstufiger Ratingskalen (Zutreffen) beurteilen sollten. Eine Hauptkomponentenanalyse zeigte zufrieden stellende Gütemaße (KMO = 0,858, alle MSA-Werte ≥ 0,819, alle Kommunalitäten ≥ 0,525, erklärte Varianz = 71,873 %) und ergab einen Faktor (1 Eigenwert > 1, Eigenwert = 3,594, alle Faktorladungen > 0,724), der als „Gefallen der Serie" interpretiert und mit den Faktorwerten in den weiteren Tests verwendet wurde. Der Faktor korreliert sehr stark mit einem Außenkriterium („Die Serie, die ich gesehen habe, hat mir insgesamt sehr gut gefallen", fünfstufige Ratingskala, Zustimmen): r = 0,890, p > 0,001.

Beurteilung der Serienfigur: In Studie 2 wurden die Hauptrollen in der jeweiligen Serie (Arzt bzw. Staatsanwalt) von demselben Schauspieler verkörpert. Die Beurteilung der jeweiligen Serienfigur wurde als zusätzliche Kontrollvariable erhoben, um statistisch zu ermitteln (und im Idealfall ausschließen zu können), ob beobachtete Effekte Carry-Over-Effekte[91] oder Effekte durch Kongruenz darstellen. Die Beurteilung der Serienfigur wurde mit den gleichen Items gemessen wie die Beurteilung der Werbeperson. Hier zeigten die Gütemaße der Hauptkomponentenanalyse jedoch keine Notwendigkeit zum Entfernen von Variablen. Alle operationalisierten Variablen gingen in die Verdichtung ein.

Tab. 19: Studie 2: Hauptkomponentenanalyse zur Beurteilung der Serienfigur

Item	MSA	Kommu-nalität	Rotierte Komponenten	
			1	2
sachkundig	0,898	0,773	**0,788**	0,391
ist ein Experte	0,907	0,726	**0,770**	0,364
seriös	0,912	0,749	**0,745**	0,441
kompetent	0,877	0,727	**0,728**	0,444
unerfahren	0,880	0,522	**-0,720**	-0,051
aufrichtig	0,851	0,798	0,221	**0,865**
verlässlich	0,836	0,821	0,302	**0,854**
vertrauenswürdig	0,909	0,673	0,311	**0,759**
KMO	0,884			
Eigenwert			4,865	0,925
Varianzanteil			60,813 %	11,565 %
Interpretation			Kompetenz der Serienfigur	Vertrauenswürdigkeit der Serienfigur
Extraktionsmethode: Hauptkomponentenanalyse, Rotation: Varimax, 3 Iterationen				

---

[91] Bei Carry-Over-Effekten wird die Reaktion auf den Medienkontext zur Werbung „weitergetragen", unabhängig davon, ob es sich um kongruente oder inkongruente Medienkontexte handelt (vgl. Abschnitt 3.1.2).

Ein erster Verdichtungsversuch ergab eine Komponente mit einem Eigenwert größer als Eins (4,865). Aufgrund theoretischer Überlegungen (Analogie zum source credibility-Modell) und aufgrund der geringen Differenz des zweitgrößten Eigenwert (0,925) zu Eins wurde eine Hauptkomponentenanalyse mit der Extraktionskriterium „2 Faktoren" durchgeführt. Die Ergebnisse dieser endgültigen Hauptkomponentenanalyse zeigt Tabelle 19. Extrahiert wurden zwei Faktoren (erklärte Varianz = 72,378 %), die als „Kompetenz" bzw. „Vertrauenswürdigkeit der Serienfigur" interpretiert wurden. Allerdings lädt das Item „seriös" nicht wie erwartet auf dem Faktor „Vertrauenswürdigkeit", sondern wurde der Komponente „Kompetenz" zugeordnet. In die weitere Analyse gehen die Faktorwerte beider Komponenten ein.

Sympathie gegenüber dem Schauspieler: Wie in Studie 1 wurde auch hier die Variable „Ich bin ein sehr großer Fan des Schauspielers" verwendet, für die sich ähnliche Ergebnisse zeigen wie in Studie 1. Auf einer fünfstufigen Ratingskala (Zutreffen) gaben 91,8 % der Befragten die Werte 1 oder 2 an. Der Wert 5 wurde überhaupt nicht vergeben. Aufgrund dieser (erwarteten) starken Schiefe der Verteilung, wurde zusätzlich eine Variable „Der Schauspieler ist mir sehr sympathisch" verwendet, für die sich eine gleichmäßigere Verteilung zeigte ($n_{\text{„überhaupt nicht"}} = 2$, $n_{\text{„weniger"}} = 16$, $n_{\text{„etwas"}} = 38$, $n_{\text{„ziemlich"}} = 42$, $n_{\text{„vollkommen"}} = 12$). Diese Variable wurde anstelle der Fan-Variable für die folgenden Analysen verwendet.

Vorherige Kenntnis der Serie: Da sich die Serien in ihrer bisherigen Laufzeit im TV unterscheiden (*Dr. Sommerfeld* läuft bereits seit einigen Jahren, *Der Staatsanwalt* war zum Zeitpunkt der Erhebung relativ neu), wurde erfasst, ob die Probanden die jeweilige Serie bereits vor der Präsentation im Experiment kannten. Die vorherige Kenntnis der Serie wurde nominal skaliert gemessen: „Kannten Sie die Serie schon vorher?" (nominal skaliert: ja/nein).

Produktinvolvement: Die drei operationalisierten Items „nützlich", „unwichtig" und „wertvoll" (fünfstufige Ratingskala, Zutreffen; spätere Umkodierung von „unwichtig" zu „wichtig") wurden mittels Hauptkomponentenanalyse zu einem Faktor verdichtet. Die Hauptkomponentenanalyse ergab zufrieden stellende Gütemaße (KMO = 0,696, alle MSA-Werte ≥ 0,654, alle Kommunalitäten ≥ 0,668, erklärte Varianz = 72,384 %). Der extrahierte Faktor (1 Eigenwert > 1, Eigenwert = 2,172, alle Faktorladungen > 0,818) wurde als „Produktinvolvement" interpretiert und mit seinen Faktorwerten in den folgenden Analysen verwendet.

Vorherige Markenkenntnis: Diese Größe wurde direkt abgefragt: „Kannten Sie die beworbene Marke schon vorher?" (nominal skaliert: ja/nein).

7.4.4.4 Analyse von Kontrollvariablen

Für die beschriebenen Kontrollvariablen wurde berechnet, ob die jeweilige Variable die für die Hypothesentests relevanten abhängigen Variablen beeinflusst. Anhang 11 zeigt die Ergebnisse aller Tests der Kontrollvariablen bzgl. möglicher Einflüsse auf die abhängigen Variablen Summenamplitude des Spots, Einstellung zum Werbemittel sowie Beurteilung der Werbeperson (jeweils separat für die Dimensionen „Kompetenz" und „Vertrauenswürdigkeit"). Tabelle 20 führt die *signifikanten* Zusammenhänge zwischen Kontrollvariablen und abhängigen Variablen auf. Es bestehen jedoch auch signifikante Korrelationen zwischen den Kontrollvariablen selbst: „Schauspieler ist sympathisch" und „Produktinvolvement" ($r = 0{,}220$, $p = 0{,}026$) sowie „Schauspieler ist sympathisch" und „Vertrauenswürdigkeit der Serienfigur" ($r = 0{,}253$, $p = 0{,}005$). Um Multikollinearität in den folgenden Hypothesentest zu vermeiden, wurde die Variable „Schauspieler ist sympathisch" beim Test der Hypothesen H2b und H3 außen vor gelassen.

Tab. 20: Studie 2: Kontrollvariablen in den Hypothesentests

Hypothese	aV	zusätzlich aufzunehmende Kontrollvariablen/Kovariaten	Zusammenhänge mit aV
H1	Summenamplitude des Experimentalspots (VERLA)	Summenamplitude der Serie Kompetenz der Serienfigur	$r = 0{,}679$, $p < 0{,}001$ $r_{FilmKompetenz} = 0{,}191$, $p = 0{,}086$
H2a	Kompetenz der Werbeperson	Kompetenz der Serienfigur Produktinvolvement	$r_{FilmKompetenz} = 0{,}214$, $p = 0{,}042$ $r = 0{,}205$, $p = 0{,}051$
H2b	Vertrauenswürdigkeit der Werbeperson	(Schauspieler sympathisch)* Vertrauensw. der Serienfigur	$r_{Vertrauen} = 0{,}311$, $p = 0{,}003$ $r_{FilmVertrauen} = 0{,}493$, $p < 0{,}001$
H3	Einstellung zum Werbemittel	(Schauspieler sympathisch)* Produktinvolvement	$r = 0{,}235$, $p = 0{,}019$ $r = 0{,}386$, $p < 0{,}001$

* aufgrund signifikanter Korrelation mit anderer Kontrollvariable im Folgenden außen vor gelassen.

7.4.5 Ergebnisse von Studie 2

7.4.5.1 Ergebnisse der Hypothesenprüfung

7.4.5.1.1 Ergebnisse zur elektrodermalen Aktivierungsreaktion

Die Hypothese H1 wurde mit einer Kovarianzanalyse geprüft, in die die Kovariaten „Kompetenz der Serienfigur" und die durch die Serie hervorgerufene Summenamplitude als Kovariaten eingefügt wurden. Das Modell insgesamt ist hochsignifikant ($F(3, 76) = 30{,}117$, $p < 0{,}001$). Beide Kovariaten üben einen signifikanten Einfluss auf die für den Werbespot gemessene Summenamplitude aus. Je stärker die Serie aktiviert, desto höher fällt auch die Aktivierungsreaktion auf den Werbespot aus: $F(1, 76) = 77{,}977$, $p < 0{,}001$. Je kompetenter die Serienfigur beurteilt wird, desto besser wird auch die Kompetenz der Werbeperson beurteilt: $F(1, 76) = 8{,}939$, $p = 0{,}004$. Nach Kontrolle dieser Einflüsse erweist sich der in der Hypothese H1 vermutete Effekt als signifikant: $F(1, 76) = 6{,}840$, $p = 0{,}011$.

Der Werbespot erzeugt eine höhere Summenamplitude, wenn er im kongruenten fiktionalen Medienkontext präsentiert wird (angepasstes Mittel = 3.139,968, M = 2.981,107, SD = 3.078,676), als wenn er im inkongruenten fiktionalen Medienkontext präsentiert wird (angepasstes Mittel = 1.943,688, M = 2.102,548, SD = 2.736,030). Allerdings ist die Annahme der Varianzhomogenität auf einem konservativen 20%-Niveau nicht erfüllt: Levene F(1, 78) = 2,649, p = 0,108. Aufgrund gleicher Fallzahlen in den Gruppen (jeweils n = 40) sind hier jedoch nur geringe Verzerrungen zu erwarten (vgl. Bortz 2005). Die Hypothese H1 lässt sich anhand dieser Ergebnisse empirisch bestätigen.

Tab. 21: Studie 2: Ergebnisse der Prüfung der Hypothese H1

aV	angepasste Mittelwerte je Medienkontext-Bedingung	Teststatistiken (ANCOVA)	Hypothese
Summenamplitude Experimentalspot (µS)	kongruent: 3.139,968	Haupteffekt Kongruenz: $F(1, 76) = 6,840$, $p = 0,011$	H1 ✓
		Kovariate SA_Serie: $F(1, 76) = 77,977$, $p < 0,001$	
	inkongruent: 1.943,688	Kovariate Kompetenz der Serienfigur: $F(1, 76) = 8,939$, $p = 0,004$	

✓ Unterstützung für die Hypothese, ✗ Ablehnung der Hypothese

7.4.5.1.2 Ergebnisse zur Beurteilung der Werbeperson

Kompetenz der Werbeperson (H2a): Das Kovarianzmodell mit den Kovariaten „Beurteilung der Kompetenz der Serienfigur" und „Produktinvolvement" ist signifikant ($F(3, 87) = 5,254$, $p = 0,002$). Allerdings ist die Annahme der Varianzhomogenität nicht erfüllt (Levene $F(1, 89) = 5,599$, $p = 0,020$).

Das Modell zeigt einen signifikanten Einfluss der Kovariate „Beurteilung der Serienfigur" ($F(1, 87) = 6,557$, $p = 0,012$). Je besser die Kompetenz der Serienfigur beurteilt wird, desto besser wird auch die Kompetenz der Werbeperson beurteilt (Regressionskoeffizient = 0,262). Der Einfluss des Produktinvolvements auf die abhängige Variable ist nicht signifikant: $F(1, 87) = 2,426$, $p = 0,123$.

Für die Hypothese ist jedoch von größerer Bedeutung, dass sich nach Kontrolle des Einflusses der Kovariaten ein signifikanter Haupteffekt für die Kongruenz des Medienkontexts ergibt: $F(1, 87) = 7,456$, $p = 0,008$. Die Werbeperson wird als kompetenter beurteilt, wenn vorher kongruente fiktionale Rollenbedeutungen gezeigt wurden (angepasstes Mittel = 0,312, M = 0,266, SD = 1,107), als wenn vorher inkongruente fiktionale Rollenbedeutungen gezeigt wurden (angepasstes Mittel = -0,245, M = -0,208, SD = 0,861). Bzgl. der Kompetenz der Werbeperson unterstützen die Ergebnisse die Hypothese H1.

Vertrauenswürdigkeit der Werbeperson (H2b): Hier wurde eine Kovariate in das Modell aufgenommen, das insgesamt hochsignifikant ausfällt: $F(2, 88) = 14,609$, $p < 0,001$. Die Annahme der Varianzhomogenität ist erfüllt (Levene $F(1, 89) = 0,022$, $p = 0,881$). Die Kovariate „Vertrauenswürdigkeit der Serienfigur" zeigt einen signifikanten Einfluss auf die Beurteilung der Vertrauenswürdigkeit der Werbeperson. Je besser die Vertrauenswürdigkeit der Filmperson beurteilt wird, desto besser wird auch die Vertrauenswürdigkeit der Werbeperson beurteilt ($F(1, 88) = 27{,}773$, $p < 0{,}001$, Regressionskoeffizient $= 0{,}516$). Nach Kontrolle dieser Kovariaten zeigt sich jedoch, dass der erwartete Effekt der Rollenkongruenz zwischen Medienkontext und Werbung nicht signifikant ausfällt: $F(1, 88) = 0{,}757$, $p = 0{,}387$. Hypothese H2b wird abgelehnt.

Tab. 22: Studie 2: Ergebnisse der Prüfung der Hypothese H2

aV	angepasste Mittelwerte je Medienkontext-Bedingung	Teststatistiken (ANCOVA)	Hypothese
Kompetenz der Werbeperson	kongruent: 0,334	Haupteffekt Kongruenz: **$F(1, 88) = 8{,}513$, $p = 0{,}004$**	H2a ✓
	inkongruent: -0,262	Kovariate Kompetenz der Serienfigur: **$F(1, 88) = 4{,}445$, $p = 0{,}008$**	
Vertrauenswürdigkeit der Werbeperson	kongruent: 0,090	Haupteffekt Kongruenz: $F(1, 88) = 0{,}757$, $p = 0{,}387$	H2b ✗
	inkongruent: -0,071	Kovariate Vertrauensw. der Serienfigur: **$F(1, 88) = 27{,}773$, $p < 0{,}001$**	

✓ Unterstützung für die Hypothese, ✗ Ablehnung der Hypothese

7.4.5.1.3 Ergebnisse zur Einstellung zum Werbemittel

Die Hypothese H3 wurde mittels Kovarianzanalyse unter Einbezug der Kovariate „Produktinvolvement" geprüft. Das Kovarianzmodell ist signifikant ($F(3, 93) = 6{,}055$, $p = 0{,}001$). Die Annahme der Varianzhomogenität ist erfüllt: Levene $F(1, 95) = 0{,}852$, $p = 0{,}358$. Die Kovariate übt einen signifikanten Einfluss auf die Einstellung zum Werbemittel aus: $F(1, 94) = 16{,}319$, $p < 0{,}001$. Je höher das Produktinvolvement, desto besser ist die Einstellung zum Werbespot (Regressionskoeffizient $= 0{,}186$). Nach Kontrolle dieser Variable zeigt sich für die interessierende unabhängige Variable „Rollenkongruenz zwischen Medienkontext und Werbung" jedoch kein Zusammenhang: $F(1, 94) < 0{,}001$, $p = 0{,}985$. Hypothese H3 kann demnach mit den vorliegenden Daten nicht bestätigt werden. Die Einstellung zur Werbung wird von der Rollenkongruenz nicht direkt beeinflusst.

Tab. 23: Studie 2: Ergebnisse der Prüfung der Hypothese H3

aV	angepasste Mittelwerte je Medienkontext-Bedingung	Teststatistiken (ANCOVA)	Hypothese
Einstellung zum Werbemittel	kongruent: 0,040	Haupteffekt Kongruenz: $F(1, 94) < 0,001$, $p = 0,985$	H3 ✘
	inkongruent: -0,038	Kovariate Produktinvolvement: $F(1, 94) = 16,319$, $p < 0,001$	

✓ Unterstützung für die Hypothese, ✘ Ablehnung der Hypothese

7.4.5.2 Weitere Erkenntnisse aus Studie 2

Transfer von Bedeutungen: Bisher wurde argumentiert, dass sich ein Transfer fiktionaler Bedeutungen von der Serienfigur auf die Werbeperson darin zeigt, dass mit kongruenten fiktionalen Rollen gebahnte Probanden eine bessere Beurteilung für die Werbeperson angeben sollten als mit inkongruenten Rollen gebahnte Probanden – ein Ergebnis, für das für die Dimension „Kompetenz der Werbeperson" in H2a Unterstützung gefunden wurde. Ein solcher Transfer kann jedoch auch durch die Betrachtung von Differenzen der Eigenschaftsbeurteilungen zwischen Serienfigur und Werbeperson untersucht werden. Bei Konsumenten, die einen Transfer fiktionaler Bedeutungen herstellen, sollten sich dann die Beurteilungen der Serienfigur und der Werbeperson stärker gleichen als bei Probanden, die einen solchen Transfer nicht oder weniger stark herstellen. Mit anderen Worten: Die Differenz zwischen den Beurteilungen der Serienfigur und Werbeperson sollte in der Gruppe 1 (Priming kongruenter Rollenbedeutungen) signifikant geringer ausfallen als in der Gruppe 2 (Priming inkongruenter Rollenbedeutungen).

Um dies zu untersuchen, wurden für die verwendeten Items die entsprechenden Differenzen berechnet (die einzelnen Mittelwerte finden sich in Anhang 12) und in t-Tests auf Signifikanz zwischen den Gruppen geprüft. Die Ergebnisse in Tabelle 24 zeigen, dass die Gruppe 1 in allen Items eine geringere Differenz (d.h. eine größere Ähnlichkeit) bei der Beurteilung der Serienfigur und Werbeperson aufweist (vgl. Mittelwerte und negative t-Werte) als die Gruppe 2. Signifikant ist dieser Unterschied für alle Items zur Kompetenz sowie für das Item „vertrauenswürdig" der Dimension „Vertrauenswürdigkeit". Diese Ergebnisse mit einer direkteren Messung des Transfers von Bedeutungen zwischen Serien- und Werbeperson bestätigen daher die bereits im Hypothesentest gefundenen Ergebnisse.

Tab. 24: Studie 2: Direkte Messung des Bedeutungstransfers

aV	uV: Kontext-bedingungen	Mittelwert der Differenzen*	Teststatistik
Items der Dimension „Kompetenz" (vgl. Tab. 18)			
Filmperson-Werbeperson: *sachkundig*	Kongruenz	1,15	t(89) = -2,459 , p = 0,016
	Inkongruenz	1,73	
Filmperson-Werbeperson: *Experte*	Kongruenz	1,38	t(81,475) = -3,357, p = 0,001
	Inkongruenz	2,14	
Filmperson-Werbeperson: *kompetent*	Kongruenz	0,85	t(88,999) = -3,007, p = 0,003
	Inkongruenz	1,49	
Items der Dimension „Vertrauenswürdigkeit" (vgl. Tab. 18)			
Filmperson-Werbeperson: *aufrichtig*	Kongruenz	0,65	t(89) = -0,996, p = 0,322
	Inkongruenz	0,82	
Filmperson-Werbeperson: *verlässlich*	Kongruenz	0,63	t(89) = -0,475, p = 0,636
	Inkongruenz	0,71	
Filmperson-Werbeperson: *vertrauenswürdig*	Kongruenz	0,53	t(89) = -2,747, p = 0,007
	Inkongruenz	1,04	

* Je kleiner der Wert, desto ähnlicher werden Film- und Werbeperson beurteilt. Die Mittelwerte der einzelnen Beurteilungen, aus denen diese Differenzmittelwerte errechnet wurden, finden sich in Anhang 12.

Abwertung der Werbeperson im Vergleich zur Filmfigur: Die positiven Differenzen in Tabelle 24 deuten bereits an, dass die Werbeperson in allen Kompetenz- und Vertrauenswürdigkeitsitems schlechter beurteilt wird als die Filmfigur. T-Tests für verbundene Stichproben zeigen für beide Gruppen, dass diese „Abwertung" der Werbeperson, d.h. der Beurteilungsunterschied zwischen Serienfigur und Werbeperson repräsentiert durch mittlere Differenzen, für alle Items signifikant ist (mit t-Werten ≥ 3,787 und p jeweils ≤ 0,001, vgl. Anhang 12). Der oben beschriebene Transfer darf daher nicht insofern missverstanden werden, als dass Konsumenten in der Werbeperson *vollständig* die Serienfigur sehen. Stattdessen werden *Teile* der fiktionalen Bedeutungen transferiert, und dies geschieht bei kongruenten Serienfiguren (Gruppe 1) in einem stärkeren Ausmaß als bei inkongruenten Serienfiguren (Gruppe 2).

Höhere Aktivierung allein durch die passende Produktkategorie? Wie oben bereits angemerkt, liegt hier Kongruenz zwischen fiktionalem Medieninhalt und Werbung nicht nur in der Abstimmung des Schauspieler und seiner Rollen vor, sondern auch in der Abstimmung zwischen fiktionalem Medieninhalt und Produktkategorie. Innerhalb von Studie 2 soll daher zunächst geprüft werden, ob die Abstimmung zwischen Serieninhalt und Produkt – unabhängig von einer Abstimmung bzgl. des Schauspielers – *überhaupt* Unterschiede im Vergleich zur nicht erfolgten Abstimmung erbringt. Dazu wird die elektrodermale Aktivierungsreaktion auf zwei weitere Werbespots geprüft, die über das Produkt zur Serie 1 (Arztserie) passen. Diese Werbespots (für MOBILAT und SANDOZ) sind ebenfalls Medikamentenspots.

Die Summenamplitude für diese beiden Spots wurde analog zur oben beschriebenen Vorgehensweise ermittelt. Auch hier wurde geprüft, ob die Anwesenheit weiterer Probanden die EDR-Messungen beeinflusst haben könnte. Eine Varianzanalyse zeigte, dass sich die Summenamplitude des jeweiligen Spots nicht signifikant zwischen verschiedenen Teilnehmergruppengrößen (Messung allein, Messung in Anwesenheit eines weiteren EDR-Probanden, Messung an zwei Probanden in Anwesenheit weiterer Nicht-EDR-Probanden) unterschied: $F_{MOBILAT}(2, 80) = 0,977$, $p = 0,381$; $F_{SANDOZ}(2, 78) = 0,970$, $p = 0,384$. Auch die Händigkeit hatte keinen signifikanten Einfluss auf die Summenamplitude der zusätzlichen Spots: $U_{MOBILAT} = 323,000$, $p = 0,327$; $U_{SANDOZ} = 337,500$, $p = 0,513$.

Wie bereits in Abschnitt 7.4.4.4 für die Summenamplitude des MAGNESIUMVERLA-Spots beschrieben, wurde auch für die durch die zusätzlichen Spots hervorgerufene Summenamplitude als aV geprüft, ob diese durch Kontrollvariablen beeinflusst wird. Dabei zeigte sich, dass die durch die jeweilige TV-Serie hervorgerufene Summenamplitude signifikant mit den Summenamplituden der Spots korreliert ($r_{MOBILAT} = 0,717$, $p < 0,001$, $r_{SANDOZ} = 0,709$, $p < 0,001$) – ein Ergebnis, dass sich auch schon für den Experimentalspot MAGNESIUM VERLA gezeigt hatte[92]. Für die übrigen Kontrollvariablen zeigten sich keine signifikanten Zusammenhänge mit den abhängigen Variablen. In den Test geht daher auch hier jeweils die Serien-Summenamplitude als Kovariate ein. Beide Kovarianzanalysen erbringen signifikante Modelle ($F_{SANDOZ}(2, 76) = 39,390$, $p < 0,001$; $F_{MOBILAT}(2, 78) = 41,649$, $p < 0,001$). In beiden Modellen ist die Annahme der Varianzhomogenität erfüllt (jeweils $F \leq 0,621$, $p \geq 0,433$). Allerdings kommt diese Signifikanz des Gesamtmodells jeweils durch den Einfluss der Serien-Aktivierung auf die Spot-Aktivierung zustande ($F_{SANDOZ}(1, 76) = 78,478$, $p < 0,001$; $F_{MOBILAT}(1, 78) = 83,081$, $p < 0,001$). Nach Kontrolle der jeweiligen Serien-Summenamplitude zeigen sich keine signifikanten Unterschiede zwischen den Kontextgruppen hinsichtlich der Aktivierung durch die Medikamentenspots: $F_{SANDOZ}(1, 76) = 0,982$, $p = 0,325$; $F_{MOBILAT}(1, 78) = 0,477$, $p = 0,492$. Die Mittelwerte weisen zwar jeweils eine höhere Summenamplitude im kongruenten Medienkontext auf, dies ist jedoch nicht signifikant (vgl. Tab. 25).

Im Hinblick auf den Experimentalspot lassen sich diese Ergebnisse als ein *vorsichtiger* Hinweis darauf interpretieren, dass nicht die passende Produktkategorie allein für die in Hypothese H3 gefundenen Effekte verantwortlich ist. Wenn lediglich das Produkt (Medikament) zur Serie passt (Arztserie) versus nicht passt (Krimi), erzeugt dies keine signifikanten Aktivierungsunterschiede. Stattdessen scheint, wie erwartet, die Kongruenz der fiktionalen *Rollen* zwischen Medieninhalt

---

[92] Bei diesem Effekt handelt es sich offensichtlich um einen Carry-Over-Effekt, d.h. die Aktivierungsreaktion auf den Medienkontext wird in die Werbung weitergetragen – unabhängig davon, ob Medienkontext und Werbung zusammenpassen. Dies bestätigt sich, wenn man diesen Zusammenhang für die beiden weiteren Werbepots aus dem hier verwendeten Werbeblock (DEUTSCHE POST, EASY CREDIT) überprüft, die beide überhaupt nichts mit der Thematik der Serie gemeinsam hatten (weder Schauspieler noch Produkt passten). Hier zeigen sich ebenfalls signifikante Effekte der Serien-Summenamplitude auf die Summenamplitude des Werbespots (POST: $F(1, 78) = 82,252$, $p < 0,001$; EASY CREDIT: $F(1, 78) = 39,121$, $p < 0,001$). Die Effekte des Kontexts sind jeweils nicht signifikant (POST: $F(1, 78) = 0,646$, $p = 0,424$; EASY CREDIT: $F(1, 78) = 1,779$, $p = 0,186$).

und Werbespot bedeutsam zu sein, d.h. der Medien*charakter* und der Werbe*charakter* müssen aufeinander abgestimmt sein, um Aktivierungsunterschiede zu sehen.

Tab. 25: Studie 2: Tests zusätzlicher Werbespots

aV	angepasste Mittelwerte je Medienkontext-Bedingung	Teststatistiken (ANCOVA)
Summenamplitude *CALCIUM SANDOZ* (mit Celebrity Endorser) (μS)	thematisch kongruent: 1.968,112	Haupteffekt Kongruenz: $F(1, 76) = 0{,}982$, $p = 0{,}325$
	thematisch inkongruent: 1.630,790	Kovariate SA_Serie: **$F(1, 76) = 78{,}478$, $p < 0{,}001$**
Summenamplitude *MOBILAT* (ohne Celebrity Endorser) (μS)	thematisch kongruent: 4.021,073	Haupteffekt Kongruenz: $F(1, 78) = 0{,}477$, $p = 0{,}492$
	thematisch inkongruent: 3.586,678	Kovariate SA_Serie: **$F(1, 78) = 83{,}081$, $p < 0{,}001$**

Korrelationen zwischen abhängigen Variablen: Mittels Korrelationsanalysen wurde untersucht, wie die betrachteten abhängigen Variablen zusammenhängen (vgl. Tab. 26). Zusätzlich wurde die Einstellung zur Marke berücksichtigt, die mit Hilfe des Statements „Die beworbene Marke gefällt mir sehr gut" (fünfstufige Ratingskala, Zustimmen) gemessen wurde. Die Ergebnisse zeigen eine signifikante Beziehung zwischen der durch den Spot hervorgerufenen Aktivierungsreaktion der Konsumenten und ihrer Einstellung zur im Spot beworbenen Marke.

Die Beurteilung der Kompetenz der Werbeperson steht in einem signifikanten Zusammenhang sowohl zur Einstellung zum Werbemittel als auch zur Einstellung zur Marke. Da auch Einstellung zum Werbemittel und Einstellung zur Marke signifikant korrelieren, wurde eine Mediatoranalyse durchgeführt[93]. Die Ergebnisse (vgl. Anhang 13) zeigen, dass die Einstellung zum Werbespot die Beziehung zwischen Kompetenz der Werbeperson und Einstellung zur Marke komplett mediiert. Nach Kontrolle der Einstellung zum Werbespot ist der direkte Effekt der Kompetenz auf die Einstellung zur Marke nicht mehr signifikant. Der positive Effekt der Kompetenz wird an die Einstellung zum Werbespot abgegeben, diese beeinflusst die Einstellung zur Marke positiv.

---

[93] Vgl. zur Vorgehensweise Studie 1, Abschnitt 7.3.4.2.

Tab. 26: Studie 2: Korrelationen zwischen abhängigen Variablen

	Summen-amplitude Werbespot	Kompetenz der Werbeperson	Vertrauens-würdigkeit der Werbeperson	Einstellung zum Werbemittel
Kompetenz der Werbeperson	r = 0,152 p = 0,234 n = 63			
Vertrauens-würdigkeit der Werbeperson	r = -0,082 p = 0,523 n = 63	unabhängige Dimensionen aus Faktorenanalyse		
Einstellung zum Werbemittel	r = 0,075 p = 0,535 n = 71	r = 0,297 p = 0,004 n = 90	r = 0,177 p = 0,095 n = 90	
Einstellung zur Marke	r = 0,234 p = 0,034 n = 82	r = 0,241 p = 0,021 n = 91	r = 0,046 p = 0,663 n = 91	r = 0,377 p < 0,001 n = 99

7.4.6 Validität und Reliabilität der Ergebnisse

Die Untersuchung wurde mit Studierenden als Probanden durchgeführt, eine Übertragbarkeit der Ergebnisse auf Personen mit anderen Eigenschaften (und damit die externe Validität) bleibt eine offene empirische Frage. Hinsichtlich der internen Validität wurden zahlreiche Kontrollgrößen erfasst, um möglichst viele alternative Erklärungen für die gefundenen Effekte ausschließen zu können. Diese Kontrolle umfasst die Ermittlung von Probanden, die den Untersuchungszweck erkannt haben und bei denen demnach die Gefahr von Demand-Verzerrungen besteht, als auch die Messung von weiteren Konstrukten wie des Gefallens des Programms, der dem Schauspieler entgegengebrachten Sympathie etc. Im Falle eines signifikanten Einflusses auf die abhängigen Variablen wurden die Kontrollvariablen in die Hypothesenmodelle aufgenommen, so dass der Effekt der hier interessierenden Variable (Rollenkongruenz) von diesen Einflüssen bereinigt abgebildet werden konnte.

Zudem wurde berücksichtigt, dass Probanden durch die EDR-Messung die Erhebung in umso stärkerem Maße als Experiment wahrnehmen können, was die Antworten der im Fragebogen erhobenen Items beeinflusst haben könnte. Ein Vergleich der wichtigsten abhängigen Variablen zwischen EDR-Probanden und Probanden, die ohne vorherige EDR-Messung befragt wurden, zeigt für eine Variable (Faktor: Vertrauenswürdigkeit der Filmperson) einen signifikanten Unterschied (t(107) = -2,046, p = 0,043). Hier beurteilen die EDR-Probanden die Filmperson signifikant negativer als die Probanden ohne EDR-Messung. Für alle anderen Variablen zeigten sich keine signifikanten Unterschiede (t-Werte $\leq$ 1,294, ps $\geq$ 0,201) (vgl. Anhang 14).

Die gemessenen Konstrukte weisen größtenteils zufrieden stellende Konstruktreliabilitäten auf (vgl. Cortina 1993, vgl. Tab. 27). Die beiden Beurteilungsdimensionen „Kompetenz" und „Vertrauenswürdigkeit" der Werbeperson konnten in Studie 2 extrahiert werden und weisen jeweils zufrieden stellende Alpha-Koeffizienten auf.

Tab. 27: Studie 2: Reliabilität der Messung der Konstrukte

Konstrukt	Cronbachs α (Itemanzahl)
Kompetenz der Werbeperson	0,847 (3 Items)
Vertrauenswürdigkeit der Werbeperson	0,829 (3 Items)
Einstellung zum Werbespot	0,641 (3 Items)
Serienfigur: Kompetenz	0,874 (5 Items)
Serienfigur: Vertrauenswürdigkeit	0,848 (3 Items)
Gefallen der Serie	0,901 (5 Items)
Produktinvolvement	0,800 (3 Items)

Zur Reliabilität bzgl. der Erhebungszeit wurden Tests auf Einflüsse der Uhrzeit der Erhebung durchgeführt. Dazu wurde ein Mediansplit durchgeführt, um die Stichprobe in zwei Kategorien einzuteilen. Hinsichtlich zweier Kontrollvariablen zur Serie (Vertrauenswürdigkeit der Serienfigur": t(107) = -1,971, p = 0,051, Gefallen der Serie: t(104,941) = 2,431, p = 0,017) unterscheiden sich die vor- und nachmittags befragten Probanden. Allerdings lässt sich hier kein Muster erkennen: Während die Vertrauenswürdigkeit der Serienfigur von den Probanden besser beurteilt wird, die nachmittags befragt wurden, gefällt die Serie den Probanden besser, die vormittags befragt wurden (vgl. Anhang 15).

Die Präsentation des Stimulusmaterials wurde bei allen Probanden von demselben Experimentalleiter durchgeführt; Einflüsse durch diesen Experimentalleiter können demnach nicht geprüft werden. Die Befragung fand in schriftlicher Form durch Ausfüllen eines Fragebogens durch die Probanden statt. Hier sind Interviewereinflüsse daher unwahrscheinlich.

7.4.7 Diskussion der Ergebnisse von Studie 2

Das wichtigste Ziel dieser Studie war es, einen Mere-Exposure-Effekt als alternative Erklärung für die in Studie 1 gefundenen Effekte auszuschließen. Dazu wurde das Experimentaldesign aus Studie 1 derart verändert, dass in beiden Medienkontextbedingungen fiktionale Charakterinformationen von demselben Schauspieler präsentiert wurden (perzeptuelle Kongruenz in beiden Bedingungen). Die Medienkontextbedingungen unterscheiden sich durch die jeweils von diesem Schauspieler präsentierten fiktionalen Rollen (inhaltliche Kongruenz vs. Inkongruenz). Da der Schauspieler in beiden Medienkontextbedingungen auftrat, können die gefundenen Effekte demnach nicht auf den „reinen wiederholten Kontakt" („mere-repeated-exposure", Zajonc 1968) mit dem Schauspieler, sondern auf die Unterschiede in den fiktionalen Charakterbedeutungen zurückgeführt werden. Die Analyse von Kontrollgrößen schließt zudem verschiedene weitere alternative Erklärungen aus.

Die empirischen Ergebnisse zeigen, dass die Kompetenz der Werbeperson (als „Arzt" auftretend) höher eingeschätzt wird, wenn zu der Werbeperson kongruente fiktionale Charakterbedeutungen vorliegen (Seriencharakter „Arzt") als wenn inkongruente Charakterinformationen vorliegen (Seriencharakter „Staatsanwalt"). Dabei zeigte sich, dass die Beurteilung der Kompetenz der *Serienfigur* auch unabhängig von der Kontextkongruenz einen Einfluss auf die Beurteilung der Werbeperson ausübt (Kovariate). Bereinigt man die abhängige Variable jedoch um diesen Effekt, zeigt sich der signifikante Effekt der Kontextkongruenz weiterhin.

Eine zusätzliche Analyse des Zusammenhangs zwischen der Beurteilung des Seriencharakters und des Werbecharakters hat gezeigt, dass die Differenz beider Maße geringer ausgeprägt ist, wenn die Probanden dem kongruenten Medienkontext ausgesetzt waren. Dies kann als direktes Maß des fiktionalen Bedeutungstransfers interpretiert werden: Wenn zu dem Werbecharakter kongruente fiktionale Charakterinformationen vorliegen, dann werden Serien- und Werbecharakter signifikant ähnlicher beurteilt (geringere Differenz), als wenn zu dem Werbecharakter inkongruente Charakterinformationen vorliegen.

Von großer Bedeutung ist dabei jedoch, dass diese Ergebnisse zum Transfer fiktionaler Charakterbedeutungen nicht missverstanden werden dürfen: Konsumenten sehen in der Werbeperson *nicht vollständig* die Serienfigur, was sich in einer signifikanten Abwertung der Kompetenz und Vertrauenswürdigkeit der Werbeperson im Vergleich zur Serienfigur äußert. Transferiert werden *Teile* der fiktionalen Bedeutungen, was sich in der Kompetenzbeurteilung niederschlägt und bei kongruenten Seriencharakteren in stärkerem Maße auftritt als bei inkongruenten Seriencharakteren. Es handelt sich jedoch *nicht um eine Verwechslung* von Fiktion und Realität. Stattdessen könnte ein gewisses Ausmaß an „persuasion knowledge"[94] (Friestad und Wright 1995) vorliegen: Konsumenten beurteilen Werbecharaktere schlechter als Seriencharaktere.

Trotz dieser Abwertung scheint es einen Einfluss auf die Konsumenten zu haben, ob der Werbecharakter im kongruenten oder inkongruenten Medienkontext gezeigt wird: Obwohl im Vergleich zur Serienfigur abgewertet, wird der Werbecharakter, für den kongruente fiktionale Charakterbedeutungen vorliegen, kompetenter beurteilt (d.h. weniger abgewertet) als wenn für ihn inkongruente Charakterbedeutungen vorliegen. Auch Studien zum „persuasion knowledge" zeigen, dass sich Konsumenten dann intensiver Gedanken über Beeinflussungsstrategien machen, wenn Inkongruenz im Vergleich zu bekannten Situationen besteht (vgl. Friestad und Wright 1994, S.9).

Möglich ist demnach, dass es sich hier um Prozesse handelt, die dem Konsumenten nicht vollständig bewusst sind. Dies deckt sich mit theoretischen Erkenntnissen, dass selbst solche Aussagen Einfluss auf das Weltwissen haben, bei denen dem Konsumenten bewusst ist, dass sie fiktionaler Natur sind (vgl. Strange 2002, S. 274). Verschiedene Autoren (z.B. Chaiken, Liberman und Eagly 1989; Chen und Chaiken 1999) weisen zudem darauf hin, dass auch im Fall systematischer Verarbeitung unbewusste Prozesse relevant sind. Dies wird insbesondere für die Wirkung von Heuristiken angenommen: Auch wenn Reize systematisch verarbeitet werden, hat dies nicht im-

---

[94] „Persuasion knowledge" bezieht sich auf die Theorien und Annahmen, die Konsumenten zu Beeinflussungsversuchen haben (vgl. Friestad und Wright 1995).

mer eine korrekte Entscheidung bzw. Beurteilung zur Folge, da die systematische Verarbeitung auf der schnelleren, damit oft vorgelagerten und teilweise unbewusst ablaufenden heuristischen Verarbeitung aufbaut (vgl. Fiske, Lin und Neuberg 1999, S. 234). Dies könnte zu den hier gefundenen Effekten geführt haben.

Für die Vertrauenswürdigkeit der Werbeperson (als zweite Beurteilungsdimension) konnten jedoch keine Unterschiede zwischen den Kontextbedingungen nachgewiesen werden. Hier konnte lediglich gezeigt werden, dass eine höhere Vertrauenswürdigkeit der Serienfigur (unabhängig von Kontext) dazu führt, dass die folgende Werbeperson als vertrauenswürdiger beurteilt wird. Hier wird demnach die Vertrauenswürdigkeit des Arztes oder des Staatsanwaltes auf die anschließende Werbeperson übertragen. Ob es sich dabei um den fiktionalen Charakter des Arztes oder des Staatsanwaltes handelt, ist unerheblich. Betrachtet man auch hier die absoluten Ausprägungen, dann wird auch für die Vertrauenswürdigkeit deutlich, dass der Werbecharakter insgesamt schlechter beurteilt wurde als der Seriencharakter.

Diese Ergebnisse zeigen auch auf, dass sich die Hypothese H2 entgegen der Annahme nicht für beide Beurteilungsdimensionen aufrechterhalten lässt. Stattdessen scheinen fiktionale Charakterbedeutungen vor allem auf Kompetenzbeurteilungen der Werbeperson Einfluss zu nehmen. Kompetenz scheint demnach einem Beurteilungsprozess zu unterliegen, in dem vorheriges Wissen eine wichtige Rolle übernimmt. Solches Wissen um die Fähigkeiten einer Person kann dann durch einen vorherigen Medienkontext erworben werden. In solchen Fällen kann demnach ein Transfer fiktionaler Bedeutungen stattfinden. Dieser Kompetenzunterschied ist für die Werbewirkung besonders wichtig, zumal Kompetenz – wie die Daten zeigen – im Zusammenhang mit der Einstellung zum Werbespot und zur beworbenen Marke steht. Die Beurteilung von Vertrauenswürdigkeit scheint sich auf andere Maße zu stützen, die relativ unabhängig von dem vorherigen Wissen um Fähigkeiten der Person (und damit unabhängig vom Kontext) sind und stattdessen eher auf emotionalen Aspekten (z.B. generelles Vertrauen dem Schauspieler gegenüber, unabhängig von Rollenkongruenz) beruhen.

Hinsichtlich der phasischen Aktivierungsreaktion lässt sich das in Studie 1 gefundene Ergebnis (dortiges Fallbeispiel „Arzt") durch die in Studie 2 gefundenen Ergebnisse bestätigen. Wenn zu einem Werbespot kongruente fiktionale Bedeutungen zugänglich gemacht werden, dann erzeugt dieser Werbespot eine stärkere elektrodermale Aktivierungsreaktion als wenn inkongruente fiktionale Bedeutungen vorliegen. Dieses Ergebnis zeigt sich auch nach Kontrolle der durch das Programm erzeugten Aktivierung. Der in Studie 1 gefundene Effekt kann demnach nicht als Mere-Exposure-Effekt gesehen werden; stattdessen hat die inhaltliche Kongruenz der fiktionalen Rolle zum Werbecharakter einen Einfluss auf die Aktivierungsreaktion.

Untersucht wurde auch, inwieweit sich die gefundenen Effekte – zumindest teilweise – auf inhaltliche Kongruenz bzgl. der Charaktere zurückführen lassen; oder ob eine thematische Kongruenz zwischen Serienthema und Produktkategorie ausreicht, um die Aktivierung zu erhöhen. Für die hier getesteten Werbespots mit thematischer Kongruenz zwischen Serienthema und Produkt (jedoch ohne kongruente Schauspieler und Rollen) haben sich keine signifikanten Unterschiede zwischen den Medienkontextbedingungen gezeigt. Dies kann als Hinweis darauf gedeutet werden, dass sich die gefundenen Effekte tatsächlich auf die fiktionale Rollenkongruenz allein oder zumindest auf die Kombination zwischen Rollen- und Produktkongruenz, jedoch nicht allein auf die Kongruenz bzgl. des Produkts zurückführen lassen. Dies kann hier jedoch lediglich für die Aktivierung als abhängige Variable abgeleitet werden. Weitere Studien sollten dies durch veränderte experimentelle Designs endgültig ausschließen (vgl. Abschnitt 8.2.1 für eine Diskussion möglicher Designs), um auch die Kombination (Rolle, Produkt) auflösen zu können; und dies auch für andere abhängige Variablen untersuchen. Auch verschiedene Studien der Medienkontextforschung konnten keine Effekte der Kongruenz zwischen Produkt und Thema der Sendung ermitteln (z.b. Furnham, Bergland und Gunter 2002; Horn und McEven 1977; Sieglerschmidt 2008). Ein Grund dafür könnte sein, dass andere Kongruenzbezugspunkte stärkere Wirkungen erzielen als die Kongruenz zum Produkt allein. Ein anderer Grund könnte sein, dass die Kongruenz des Produkts zur Sendung allein nicht ausreicht und nur durch Kombination mit weiteren Kongruenzaspekten entsteht. Die Medienkontextforschung beginnt jedoch erst damit, einzelne Bezugspunkte von Kongruenz bzw. deren Kombinationen miteinander zu vergleichen. In einer aktuellen Studie beschäftigt sich Sieglerschmidt (2008, S. 157) mit einer solchen Aufschlüsselung von verschiedenen Bezugspunkten der Kongruenz. Dort wird bspw. untersucht, ob ein Produkt zum Thema der gesamten Sendung passen muss (z.B. Möbelhaus und Einrichtungsratgeber) oder ob die Kongruenz zwischen Produkt oder einer einzelnen Programmszene ausreicht (z.B. Möbelhaus und Sendung „Wer wird Millionär?", dort Quizfrage zu Möbeln). Gemessen wurde die elektrodermale Aktivierung; der Einfluss der Kongruenz erwies sich als nicht signifikant (vgl. Sieglerschmidt 2008, S. 198), was sich mit den hier gefundenen nicht-signifikanten Aktivierungsergebnissen zur Kongruenz zwischen Sendungsthema und Produkt deckt. Das Stimulusmaterial bei Sieglerschmidt (2008) unterscheidet sich demnach von den Stimuli der hier duchgeführten Studien vor allem darin, dass hier Werbecharaktere präsentiert wurden. Möglicherweise ist dies ein Hinweis auf die Relevanz von empathischen Prozessen für die Aktivierungsreaktion.

Für die abhängige Variable Einstellung zum Werbemittel konnten in Studie 2 keine signifikanten Unterschiede zwischen den Kontextbedingungen nachgewiesen werden. Hier ist das Produktinvolvement die entscheidene Einflussgröße auf die Einstellung zum Werbespot. Dieses Ergebnis ist konsistent zu den Ergebnissen in Studie 1, wo ebenfalls keine signifikanten Effekte der Medienkontextkongruenz auf die Einstellung zum Werbespot gefunden wurden. Zusätzlich durchgeführte Korrelationsanalysen haben jedoch gezeigt, dass die Kompetenz der Werbeperson in einem signifikanten – wenn auch schwachen – Zusammenhang zur Einstellung zum Werbemittel steht.

7.5 STUDIE 3: Einfluss von Transportation

7.5.1 Ziele von Studie 3

In Studie 3 soll die Hypothese H4 zum Einfluss von „Transportation" getestet werden. In den Studien 1 und 2 wurde jeweils ein Convenience-Sample mit Studierenden als Probanden verwendet. Die Ergebnisse der Studien 1 und 2 haben jedoch ergeben, dass sich Studierende von den verwendeten Serien weniger angesprochen fühlen und einige angaben, dass diese Serien eher eine ältere Zielgruppe hätten. In Studie 3 wird daher eine im Vergleich zu den vorangegangenen Studien ältere Stichprobe gezogen. Damit wird auch das Ziel verfolgt, das Konstrukt „Transportation" als Prozess des Hineinversetzens in eine fiktionale Handlung valide messen zu können. Dabei wird angenommen, dass es für die Möglichkeit des Hineinversetzens in eine Geschichte wichtig ist, dass die Geschichte den Konsumenten grundsätzlich interessiert. Zudem wurde die Erhebung nicht in einem Forschungslabor der Universität, sondern unter zum Fernsehen natürlicheren Bedingungen – bei den Probanden zu Hause – durchgeführt. Die Verwendung des gleichen Designs und Stimulusmaterials wie in Studie 2, jedoch an einer Stichprobe mit anderen Charakteristika, kann auch Hinweise auf die externe Validität der Ergebnisse geben. Sind die bisher gefundenen Effekte auch auf Stichproben anderer Zusammensetzung übertragbar?

In Studie 3 wurde wiederum das Design verwendet, das den betreffenden Schauspieler in beiden Medienkontextbedingungen zeigt, jedoch in unterschiedlichen Rollen (vgl. Studie 2). Damit kann – bei entsprechenden Ergebnissen – auch hier ein möglicher Mere-Exposure-Effekt ausgeschlossen werden.

Die Beurteilung der *Film*person wurde in Studie 2 als Kontrollvariable gemessen und (als Dimensionen Kompetenz bzw. Vertrauenswürdigkeit) als Kovariate in die Hypothesenmodelle eingefügt. Gleichzeitig zeigen die notwendigen Fallausschlüsse in Studie 2, dass relativ viele Probanden den Untersuchungszweck erkannt hatten. Ein möglicher Grund könnte darin bestehen, dass die Abfrage von Beurteilungen des Filmcharakters *und* des Werbecharakters den Untersuchungszweck offenbart hat. In den folgenden Studien wird daher auf die Erfassung dieser Kontrollgrößen innerhalb des Haupttests verzichtet. Stattdessen wird durch einen vorgelagerten Test versucht sicherzustellen, dass sich die verwendeten Filmcharaktere nicht in der Beurteilung der Kompetenz und Vertrauenswürdigkeit unterscheiden (vgl. Perdue und Summers 1986). Damit soll erreicht werden, dass sich eventuelle Einflüsse durch die Beurteilung der Serienfigur relativ gleichmäßig auf die Experimentalgruppen auswirken.

Aufgrund des erhöhten Rekrutierungs- und Erhebungsaufwands (Erhebung bei den Probanden zu Hause) wurde auf die Messung der elektrodermalen Aktivierungsreaktion verzichtet. Die Hypothese H1 wird in Studie 3 nicht getestet.

7.5.2 Pretest der Filmstimuli

Stimulusmaterial: Innerhalb dieser Studie sahen die Probanden das gleiche Serienmaterial wie die Probanden in Studie 2, d.h. einer Probandengruppe wurde die Arztserie *Dr. Sommerfeld – Neues vom Bülowbogen* gezeigt, einer zweiten Probandengruppe die Krimiserie *Der Staatsanwalt*. Beide Serien zeigen den Schauspieler Rainer Hunold in der jeweiligen Hauptrolle (*Dr. Sommerfeld* bzw. *Staatsanwalt Reuther*). Die Probanden sahen in diesem Pretest nur das Serienmaterial; die Werbespots wurden nicht gezeigt.

Durchführung des Pretests: Die Datenerhebung wurde von acht studentischen Interviewern durchgeführt, die Teilnehmer der Übung zum Marketing im WS 2007/2008 an der Universität des Saarlandes waren. Die Interviewer wurden anhand eines Durchführungsleitfadens geschult.

Befragt wurden n = 72 Personen. Die Probandenauswahl erfolgte durch die Interviewer. Als Vorgabe erhielten die Interviewer, dass die Probanden älter als 40 Jahre sein sollten, um eine für das verwendete Stimulusmaterial passendere Stichprobe als in Studie 2 zu testen. Es wurden männliche (n = 26) und weibliche (n = 46) Probanden im Alter von 40 bis 80 Jahren befragt (M = 52,78, SD = 8,298). Die Probanden verteilen sich gleichmäßig auf die beiden Gruppen: Jeweils 36 Probanden sahen die Arztserie vs. die Krimiserie. Die Gruppen unterscheiden sich nicht signifikant hinsichtlich des Alters (t(1, 65,621) = 1,226, p = 0,225) und des Geschlechts (χ^2 (1, n = 72) = 0,241, p = 0,806).

Der Pretest fand bei den Probanden zu Hause statt, wo diese das Stimulusmaterial auf einem von den Interviewern mitgebrachten Laptop anschauten und anschließend einen schriftlichen Fragebogen ausfüllten. Die Interviewer hielten sich im Hintergrund, standen jedoch bei Bedarf für Fragen zur Verfügung. Die Interviewer wurden instruiert, die Untersuchung möglichst jeweils mit einzelnen Probanden durchzuführen, nur in Ausnahmefällen mit mehreren Probanden, und dann maximal mit 2 Probanden, die gleichzeitig vor dem Laptop das TV-Material ansahen. Die Anzahl der Probanden in einem Durchgang (maximal 2, n = 8 Probanden hatten jeweils einen TV-Partner) unterscheidet sich nicht signifikant zwischen den Gruppen (χ^2 (1, n = 71, ein fehlender Wert) = 2,129, p = 0,260). Es zeigten sich keine signifikanten Interviewereinflüsse (ps ≥ 0,166) oder Einflüsse der Uhrzeit der Erhebung (ps ≥ 0,457).

Pretest-Ergebnisse zur Beurteilung der Haupt-Filmfigur: Analog zum „source credibility"-Modell wurden Items zu den Dimensionen „Kompetenz" (ist ein Experte, unerfahren, kompetent, sachkundig) und „Vertrauenswürdigkeit" (verlässlich, aufrichtig, seriös, vertrauenswürdig) operationalisiert und auf die Serienfigur bezogen[95]. Eine erste Faktorenanalyse[96] zeigte eine geringe

---

[95] Eingeleitet wurde dieser Fragenblock mit einer Erinnerungskontrolle: „Erinnern Sie sich noch an die Hauptfigur aus der Serie, den *Arzt Dr. Sommerfeld* (bzw. den *Staatsanwalt Reuther*)?" Wenn bejaht wurde, folgte die Bitte „Bitte rufen Sie sich diese Figur und ihre Eigenschaften noch einmal vor Ihr inneres Auge. Wie stark treffen die folgenden Eigenschaften auf diese Filmfigur zu (hier ist nicht der Schauspieler gemeint)?", gefolgt von den operationalisierten Items mit einer fünfstufigen Ratingskala (Zutreffen). Bei Verneinung der Erinnerung (n = 7) wur-

Kommunalität (0,441) für das Item „unerfahren" und eine Doppelladung für das Item „vertrauenswürdig", woraufhin diese Items aus der Analyse entfernt wurden. Eine weitere Faktorenanalyse ergab zufrieden stellende Werte: KMO = 0,801, alle MSA ≥ 0,733, alle Kommunalitäten ≥ 0,621, zwei Faktoren mit Eigenwerten > 1, erklärte Varianz = 78,383 %. Anhang 16 zeigt die Zuordnung der Items zu den beiden Dimensionen, die als „Kompetenz" (Cronbachs Alpha = 0,857) und „Verlässlichkeit" (Cronbachs Alpha = 0,840) interpretiert wurden.

Mit diesen beiden Faktoren wurde überprüft, inwieweit sich die beiden jeweils durch den Schauspieler Rainer Hunold verkörperten Filmfiguren in ihrer Kompetenz und Verlässlichkeit unterscheiden. Die Ergebnisse[97] zeigen keine signifikanten Unterschiede: $F_{Kompetenz}$ (1, 58) = 1,888, p = 0,175; $F_{Verlässlichkeit}$ (1, 58) = 0,088, p = 0,767 (vgl. Anhang 17). Diese Variablen werden daher im Haupttest nicht weiter berücksichtigt.

7.5.3 Methodisches Vorgehen im Haupttest

7.5.3.1 Durchführung des Haupttests

Der Haupttest verwendete die Experimental-Stimuli aus Studie 2. Auch hier wurde einer Probandengruppe ein zum Werbespot mit dem Schauspieler Rainer Hunold passender fiktionaler Medienkontext (TV-Programm: Rainer Hunold als fiktionaler Arzt „Dr. Sommerfeld"), der anderen Probandengruppe ein zu diesem Werbespot unpassender fiktionaler Medienkontext (TV-Programm: Rainer Hunold als fiktionaler Staatsanwalt) präsentiert. Um wie in Studie 1 und Studie 2 TV-Bedingungen zu simulieren und vom eigentlichen Untersuchungszweck abzulenken, wurden neben dem Experimentalspot weitere Werbespots sowie weitere umrahmende TV-Elemente gezeigt. Die umrahmenden TV-Elemente waren dieselben wie in Studie 2 (vorab: Konzertpräsentation, danach: Programmhinweis). Bei den Werbespots wurden folgende Änderungen vorgenommen: Da in dieser Studie nicht die Wirkungen im Vergleich zu anderen Spots derselben Produktkategorie untersucht werden sollte (vgl. Studie 2), wurden die beiden anderen Medikamentenspots entfernt. Der Werbeblock enthielt – in der angegebenen Reihenfolge – Spots der Marken Deutsche Post, Citroën, Magnesium Verla (Experimentalspot), Easy Credit. Insgesamt

---

de die Beurteilung übersprungen. Ein Proband hatte die Erinnerung verneint, aber dennoch die Beurteilung der Serienfigur vorgenommen. Dieser Fall wurde nicht in die Analyse einbezogen. Die Faktorenanalyse wurde mit n = 65 Fällen berechnet (paarweiser Fallausschluss).

[96] Werte dieses ersten Durchgangs: n = 65, paarweiser Fallausschluss (ein fehlender Wert für „unerfahren"), KMO = 0,825, alle MSA ≥ 0,763, zwei Faktoren mit Eigenwerten > 1, erklärte Varianz = 69,667%, Doppelladung „vertrauenswürdig" mit 0,595 auf Komponente 1 und 0,535 auf Komponente 2.

[97] In die Tests wurden das Gefallen des Programms sowie die vorherige Kenntnis der Serie als Kontrollvariablen aufgenommen. Die Haupteffekte dieser Variablen sind nicht signifikant (p > 0,325, vgl. Anhang 17). Allerdings zeigt sich für die „Verlässlichkeit der Serienfigur" ein signifikanter Einfluss durch die Kovariate „Gefallen des Programms" (F(1, 58) = 28,639, p < 0,001). Dies spricht wiederum dafür, diese Variable auch im Haupttest zu erheben.

hatte die gezeigte TV-Sequenz in beiden Gruppen eine Länge von 15:30 Minuten, wovon 12:20 Minuten auf den jeweiligen Serienausschnitt entfallen.

Tab. 28: Profil der Studie 3: Haupttest

Studie 3		
Erhebungsdesign	2 Gruppen	Gruppe 1: Arztserie „Dr. Sommerfeld" Gruppe 2: Krimiserie „Der Staatsanwalt" → jeweils: + Werbespot mit Rainer Hunold
Stichprobenumfang	n = 117	$n_{Gruppe1}$ = 60, $n_{Gruppe2}$ = 57
Erhebungspersonen	14 studentische Interviewer (Teilnehmer der Übung zum Marketing der Universität des Saarlandes im WS 2007/2008, studentische Hilfskräfte)	
Stichprobenauswahl	„ältere" Probanden, Auswahl nicht-zufällig, durch Interviewer	
Ort der Erhebung	bei den Probanden zu Hause	
Durchführung	Präsentation des Stimulusmaterials aufs Laptops, anschließende schriftliche Befragung	
Fallausschlüsse	n = 6 wegen Bemerken des Untersuchungszwecks	
ausgewertete Stichprobe	n_{gesamt} = 111	$n_{Gruppe\,1}$ = 57, $n_{Gruppe\,2}$ = 54

Als Rekrutierer und Interviewer fungierten Teilnehmer der Übung zum Marketing an der Universität des Saarlandes im WS 2007/2008 sowie zwei studentische Hilfskräfte, die das Stimulusmaterial erhielten und Probanden ansprachen. Die Erhebung selbst fand bei den Probanden zu Hause statt. Dort wurde darum gebeten, im Wohnzimmer des Probanden ein Laptop aufbauen zu dürfen, auf dem das Stimulusmaterial abgespielt wurde. Die Probanden sahen sich die jeweilige TV-Sequenz an und füllten danach einen schriftlichen Fragebogen aus. Die Rekrutierer hielten sich wiederum im Hintergrund, standen jedoch bei Bedarf für Fragen zur Verfügung.

Die Interviewer wurden wiederum instruiert, die Untersuchung möglichst jeweils mit einzelnen Probanden durchzuführen, nur in Ausnahmefällen mit mehreren Probanden, und dann maximal mit 2 Probanden, die gleichzeitig vor dem Laptop das TV-Material ansahen. Die Anzahl der Probanden in einem Durchgang (maximal 2, n = 14 Probanden hatten jeweils einen TV-Partner) kann wegen der nicht signifikanten Unterschiede zwischen den Gruppen als alternativer Einflussfaktor ausgeschlossen werden (χ^2 (1, n = 117) = 0,219, p = 0,640, exakter Test nach Fisher: p = 0,778).

7.5.3.2 Stichprobe und Fallausschlüsse

Befragt wurden n = 117 Personen. Die Probandenauswahl erfolgte durch die Interviewer. Die Interviewer erhielten die Vorgabe, dass die Probanden mindestens 40 Jahre alt sein sollten.

Die Stichprobe wurde in einem ersten Schritt dahingehend überprüft, ob die Probanden den eigentlichen Untersuchungszweck bemerkt hatten. Zu Beginn der Untersuchung wurde den Probanden folgendes mitgeteilt: „In der Untersuchung geht es um die Beurteilung von Fernsehprogrammen. Dazu zeigen wir Ihnen jetzt einen Ausschnitt aus dem Fernsehprogramm mit einer TV-Serie, ein bisschen Vorschau und auch etwas Werbung; ganz so wie man es auch im realen Leben sehen könnte." Das Bemerken des eigentlichen Untersuchungszwecks wurde mittels einer offenen Frage am Ende des Fragebogens abgefragt. In den Antworten wurde in n = 13 Fällen (11,4 %) auf den Zusammenhang zwischen Programm und Werbung hingewiesen. Die Antworten wurde anschließend ein zweites Mal dahingehend kategorisiert, ob der *spezielle* Zusammenhang – die Abstimmung von Serienschauspieler und Werbeperson – bemerkt wurde. Sechs Fälle wurden so als Demand-Artefakte kategorisiert. Die übrigen sieben Fälle bezogen sich auf andere Abstimmungsvarianten zwischen Programm und Werbung bzw. enthielten allgemeine Äußerungen zum Zusammenhang zwischen Programm und Werbung[98]. Anhang 18 zeigt die Antworten der als Demand-Artefakte kategorisierten Probanden auf die Frage nach dem Untersuchungszweck. Die Fälle verteilen sich gleichmäßig auf die beiden Gruppen. Die als Demand-Artefakte kategorisierten Fälle wurden aus der auszuwertenden Stichprobe ausgeschlossen. In die Auswertung gingen demnach n = 111 Fälle ein, wobei 57 Probanden die Arztserie und 54 Probanden die Krimiserie ansahen.

Die auswertbare Stichprobe enthält n = 60 weibliche und n = 50 männliche Probanden (ein fehlender Wert). Die Probanden sind im Alter von 40 bis 74 Jahren; der Altersmittelwert beträgt M_{Alter} = 52,52 (SD = 8,459).

7.5.3.3 Operationalisierung und Dimensionierung der Variablen

7.5.3.3.1 Abhängige Variablen

Bevor die Probanden Fragen zur Werbeperson, zum Werbespot und zur beworbenen Marke beantworteten, wurde mittels Recall- und Recognition-Tests ermittelt, ob Erinnerung an den Experimentalspot vorliegt. Die Probanden, die sich auch nach dem Recognition-Test nicht an den Magnesium Verla-Spot erinnerten (n = 12), übersprangen die Itembatterien zum Spot.

Beurteilung der Werbeperson: Die Messung der Beurteilung der Werbeperson erfolgt mit Items für die Kompetenz („ist ein Experte", „unerfahren" (negativ kodiert), „kompetent", „sachkundig") und Vertrauenswürdigkeit (Items „verlässlich", „aufrichtig", „seriös", „vertrauenswürdig"). Die Items wurden der Skala von Ohanian (1990) entnommen und ins Deutsche übersetzt. Die

---

[98] Dies waren folgende Äußerungen: „Kommt Werbung während eines Spielfilms gut an? Behält man sich die beworbenen Artikel?", „Wie wirkt Werbung während eines Films, wie einprägsam ist sie?", „Befragung zur Bestimmung der Wirkung einer Werbung, die zwischen einer Serie ausgestrahlt wird", „Passen die beworbenen Produkte zum gezeigten Film?", „Ich glaube eher, der Filmausschnitt war sekundär. Vielmehr sollte auf die beworbenen Produkte das Augenmerk gerichtet sein. Resümee: Bei langweiligen Serien ist der Werbeblock am einprägsamsten", „Ob der Film zu interessant war, dass man sich die Werbung gar nicht merken kann. Ob es sinnvoll ist, die Werbung vor dem Film abzuspielen", „Ich denke Sie wollen herausfinden, ob die gezeigten Werbespots nach dem Film geeignet sind", „Wie gut ich mich beim Fernsehen konzentrieren kann und wie sich das auf die Erinnerung an die Werbefilme auswirkt".

Probanden wurden gebeten, an die Person zu denken, die ihnen im Werbespot das Produkt vorstellt, und anschließend das Zutreffen der Items auf diese Werbeperson mit Hilfe einer fünfstufigen Ratingsskala zu beurteilen. Die Hauptkomponentenanalyse wurde mit n = 99 Datensätzen durchgeführt. Alle verwendeten Items erzielten gute MSA-Werte; das KMO-Maß zeigt ebenfalls einen guten Wert für die Gesamtauswahl. Der Bartlett-Test auf Sphärizität ist hochsignifikant. Allerdings ist die Kommunalität des negativ kodierten Items „unerfahren" mit 0,237 sehr gering; es lädt zwar auf dem erwarteten Faktor, jedoch nicht in ausreichender Stärke der Faktorladung (< 0,5). Daher wurde dieses Item aus der Variablenauswahl entfernt.

Die Ergebnisse der erneuten Hauptkomponentenanalyse sind in Tabelle 29 dargestellt. Es ergeben sich zwei Faktoren mit Eigenwerten > 1, die eine eindeutige Faktorladungsstruktur aufweisen und dem erwarteten Ergebnis entsprechen. Die beiden Faktoren wurden als „Vertrauenswürdigkeit der Werbeperson" und „Kompetenz der Werbeperson" interpretiert.

Tab. 29: Studie 3: Hauptkomponentenanalyse zur Beurteilung der Werbeperson

Item	MSA	Kommunalität	Rotierte Komponenten 1	Rotierte Komponenten 2
verlässlich	0,784	0,784	**0,867**	0,179
aufrichtig	0,800	0,797	**0,843**	0,293
seriös	0,814	0,725	**0,817**	0,240
vertrauenswürdig	0,820	0,685	**0,767**	0,312
ist ein Experte	0,792	0,891	0,209	**0,920**
sachkundig	0,814	0,879	0,237	**0,907**
kompetent	0,874	0,800	0,412	**0,794**
KMO	0,814			
Eigenwert			4,366	1,195
Varianzanteil			62,371 %	17,070 %
Interpretation			Vertrauenswürdigkeit der Werbeperson	Kompetenz der Werbeperson

Extraktionsmethode: Hauptkomponentenanalyse, Rotation: Varimax, 3 Iterationen

Einstellung zum Werbespot: Die Einstellung zum Werbespot wurde mit vier Items auf fünfstufigen Ratingskalen (Zutreffen) gemessen: „sympathisch", „positiv", „einprägsam", „glaubhaft". Eine Hauptkomponentenanalyse (n = 97, KMO = 0,736, signifikanter Bartlett-Test auf Sphärizität, alle MSA $\geq$ 0,704, alle Kommunalitäten $\geq$ 0,508) verdichtete diese Items auf einen übergeordneten Faktor, der als „Einstellung zum Werbespot" interpretiert wurde (Eigenwert = 2,365, erklärte Varianz = 59,128%, alle Faktorladungen $\geq$ 0,712). Für die folgende Analyse wurden die Faktorwerte verwendet. Der Faktor korreliert hochsignifikant mit dem Außenkriterium „Alles in allem gefällt mir der Werbespot sehr gut": r = 0,659, p < 0,001.

7.5.3.3.2 Transportation

Bisherige Studien zeigen, dass eine Manipulation von Transportation recht schwierig ist. Green (2004) versuchte eine solche Manipulation mit Hilfe von *Instruktionen*, die den Probanden vor dem Lesen einer Geschichte gegeben wurden. Eine Gruppe sollte eine Geschichte ganz normal lesen, d.h. wie auch beim Lesen zu Hause. Die andere Gruppe wurde aufgefordert, während des Lesens ständig den Inhalt kritisch zu überdenken (vgl. Green 2004, S. 254f). Der Manipulation Check zeigte jedoch, dass diese Manipulation zu keinem signifikanten Unterschied im Erleben von Transportation führte (vgl. Green 2004, S. 256). Hier ergibt sich zudem eine Vermischung der Variablen „Transportation" und „Motivation zum kritischen Überdenken". Auch wenn der Manipulation Check erfolgreich verläuft, wie z.b. im Experiment von Wang und Calder (2006, S. 159), ergibt sich doch der Nachteil, dass eine solche Manipulation das Medienerlebnis der Konsumenten in *unrealistischer* Weise verzerrt. Wang und Calder (2006, S. 158) veränderten bspw. die Abfolge der in der Geschichte beschriebenen Handlung, so dass eine Gruppe eine „flüssige" Geschichte las, die andere Gruppe eine Geschichte mit unterbrochener Handlung. Aufgrund dieser Nachteile wurde innerhalb dieser Studien auf eine Manipulation von Transportation verzichtet und das Konstrukt stattdessen gemessen (vgl. Green und Brock 2000). In Studie 3 handelt es sich demnach um ein quasi-experimentelles Design (vgl. Pospeschill 2006, S. 19). „Bei der quasi-experimentellen Methode findet keine Manipulation der unabhängigen Variablen statt. Stattdessen werden Gruppen miteinander verglichen, bei denen sich die Definition der Bedingungen auf „natürliche", nicht manipulierte Weise ergibt" (Pospeschill 2006, S. 19). Aufgrund der Messung von unabhängigen Variablen kann man streng genommen nicht mehr von *Ursache*-Wirkungs-Beziehungen sprechen (vgl. Pospeschill 2006, S. 15). Die Einordnung des Designs als quasi-experimentell muss bei der Interpretation der Ergebnisse berücksichtigt werden.

Die von Green und Brock (2000) entwickelte Transportation-Skala (vgl. Anhang 19) wurde der Operationalisierung in dieser Studie zugrunde gelegt. Die Originalskala umfasste folgende Dimensionen: emotionale Zuwendung, kognitive Zuwendung, Spannungsempfinden, fehlende Wahrnehmung der unmittelbaren Umwelt sowie Mental Imagery (vgl. Green und Brock 2000, S. 703).

Für die Verwendung in Studie 3 wurden einige Anpassungen vorgenommen: Die Original-Statements (zum Lese-Erleben) wurden ins Deutsche übersetzt, dabei jedoch an das Anschauen von TV-Serien angepasst. Ein Statement zum Spannungsempfinden wurde hinzugefügt, um nicht nur das Gespanntsein auf das Ende der Geschichte, sondern auch die Spannung während des Verlaufs der Geschichte zu erfassen, was für den hier präsentierten *Ausschnitt* einer TV-Serie wichtig erschien. In der Version von Green und Brock (2000, S. 704) wurden für die vier Charaktere der dort verwendeten Geschichte jeweils einzelne Statements (Nr. 12-15) für die Dimension Mental Imagery verwendet. Dem wurde hier nicht gefolgt, stattdessen wurde ein „Sammel-Statement" für die in der Serie gezeigten Hauptpersonen operationalisiert („... konnte ich mir einen genauen Eindruck von den Hauptpersonen verschaffen").

Wang und Calder (2006) beschäftigen sich mit der Abgrenzung zwischen Transportation und Involvement. Während sich Involvement als motivationaler Zustand charakterisieren lässt, in dem das Selbstkonzept einer Person in Richtung der Erreichung eines gewünschten Ergebnisses aktiviert ist, beschreibt Transportation einen Zustand oder ein Erlebnis, bei dem alle mentalen Systeme und Kapazitäten auf Ereignisse konzentriert werden, die *in* einer Geschichte passieren. Während demnach Transportation den Fokus auf die Geschichte selbst richtet, bezieht sich Involvement auf die Konsequenzen durch die Beschäftigung mit dem Stimulusmaterial, die das Individuum über die Geschichte hinaus für sich (d.h. für das eigene Leben) erwartet (vgl. Wang und Calder 2006, S. 152). In diesem Zusammenhang wurden zwei Statements zur emotionalen Zuwendung (10, 11) nicht verwendet, da hier Überschneidungen mit dem Involvement-Konstrukt erwartet werden können (Gefahr der geringen Diskriminanzvalidität).

In Anhang 19 sind die Original-Statements von Green und Brock (2000) den hier verwendeten Statements gegenübergestellt. Die Probanden beurteilten ihr Erleben des jeweils gezeigten Serienausschnitts mit 11 Statements. Es wurde eine fünfstufige Ratingskala (Zutreffen) verwendet.

Green und Brock (2000) sowie empirische Studien in der Literatur, die die Transportation-Skala von Green und Brock verwenden (z.B. Wang und Calder 2006), ermitteln zur Vorbereitung der weiteren Datenanalyse einen Index über alle operationalisierten Transportation-Items. Obwohl damit die unterschiedlichen inhaltlichen Dimensionen verloren gehen, soll dieser Vorgehensweise hier ebenfalls gefolgt werden, um konsistent zur Literatur vorzugehen. Der Transportation-Index wird als Mittelwert über alle Statements berechnet. Die negativ formulierten Statements wurden vorab umkodiert. Der Transportation-Index korreliert hochsignifikant ($r = 0{,}739$, $p < 0{,}001$) mit dem operationalisierten Außenkriterium („Als ich die TV-Serie ansah, konnte ich mich sehr gut in die Geschichte hineinversetzen", fünfstufige Ratingskala).

Als Alternative zur Indexbildung wurde untersucht, welche inhaltlichen Dimensionen sich empirisch für das Transportation-Konstrukt finden lassen. Mit den verwendeten Statements wurde eine Hauptkomponentenanalyse durchgeführt. Aufgrund fehlender Werte gingen nur $n = 108$ Datensätze in die Analyse ein. Alle verwendeten Items erzielten gute MSA-Werte; das KMO-Maß zeigt ebenfalls einen guten Wert für die Gesamtauswahl (vgl. Tab. 30). Der Bartlett-Test auf Sphärizität ist hochsignifikant (χ^2 (df = 55) = 674,787, $p < 0{,}001$). Es ergaben sich drei Komponenten mit Eigenwerten > 1 (vgl. Tab. 30).

Die erste Komponente enthält Statements, die sich mit der Beschäftigung über den Verlauf der Geschichte und der gedanklichen Auseinandersetzung mit der Geschichte befassen. Diese Komponente wird als „kognitive Zuwendung und Spannung" interpretiert. Die zweite Komponente enthält Aspekte des Hineinversetzens in die Charaktere oder die Geschehnisse, und zwar aus emotionaler Sicht (Empathie) oder aus kognitiver Sicht (Imagery). Zusammenfassend wird diese

7.5 STUDIE 3: Einfluss von Transportation

Komponente „Empathie und Imagery" genannt. Die Statements, die auf der dritten Komponente hoch laden, sind solche, die die „Konzentration des Probanden" auf die Geschichte betreffen. Der Faktor wird entsprechend benannt (vgl. Tab. 30).

Die drei ermittelten Faktoren wurden mit dem Außenkriterium korreliert. Die Korrelationskoeffizienten nach Pearson sind für alle Faktoren signifikant. Hinsichtlich der Faktoren „kognitive Zuwendung und Spannung" ($r = 0{,}436$, $p < 0{,}001$) und „Empathie" ($r = 0{,}554$, $p < 0{,}001$) besteht jeweils eine mittlere Korrelation mit dem Außenkriterium. Für den Faktor „Konzentration auf die Geschichte" ergibt sich nur eine schwache Korrelation mit dem Außenkriterium ($r = 0{,}313$, $p = 0{,}001$).

Tab. 30: Studie 3: Hauptkomponentenanalyse „Transportation"

Statement, in Kurzform (Nr. aus Anhang 19)	MSA	Komm.	Rotierte Komponenten 1	2	3
wollte unbedingt wissen, wie Geschichte enden wird (6)	0,757	0,834	**0,907**	0,076	0,077
gespannt, wie sich Geschichte entwickeln würde (neu)	0,826	0,820	**0,861**	0,121	0,252
im Nachhinein nachdenken, wie sich Geschichte anders hätte entwickeln können (8)	0,855	0,677	**0,805**	0,165	-0,044
schwer, Serienausschnitt wieder aus dem Kopf zu bekommen (umkod.) (5)	0,873	0,623	**0,715**	0,323	0,086
gedanklich vollkommen mit Serie beschäftigt (4)	0,900	0,679	**0,659**	0,299	0,395
Geschehnisse haben mich emotional berührt (7)	0,797	0,766	0,475	**0,734**	-0,038
genauer Eindruck von den Hauptpersonen (12)	0,672	0,761	-0,056	**0,731**	0,472
so versunken, als ob selbst Teil der Geschichte (3)	0,814	0,637	0,415	**0,675**	-0,096
leicht ein Bild von den Ereignissen gemacht (1)	0,775	0,518	0,087	**0,618**	0,359
achtete nicht auf Geschehnisse um mich herum im Raum (umkod.) (2)	0,708	0,739	0,064	0,088	**0,853**
Gedanken schweiften nicht zu anderen Dingen ab (umkod.) (9)	0,812	0,734	0,548	0,209	**0,624**
KMO	0,810				
Eigenwert			5,184	1,559	1,046
Varianzanteil			47,126	14,170	9,511
Interpretation			kognitive Zuwendung & Spannung	Empathie & Imagery	Konzentration auf Geschichte
Extraktionsmethode: Hauptkomponentenanalyse, Rotation: Varimax, 8 Iterationen					

7.5.3.3.3 Kontrollvariablen

Gefallen der Serie: Hierzu wurden die folgenden Items operationalisiert: „sehenswert", „einprägsam", „langweilig" (negativ kodiert), „sympathisch", „unterhaltsam". Die Probanden wurden gebeten, die Serien auf einer fünfstufigen Ratingskala (Zutreffen) hinsichtlich dieser Items zu bewerten. Eine Hauptkomponentenanalyse (n = 111, KMO = 0,816, signifikanter Bartlett-Test auf Sphärizität, alle MSA $\geq$ 0,745) verdichtete diese Items auf einen übergeordneten Faktor, der als „Gefallen der Serie" interpretiert wurde (Eigenwert = 3,028, erklärte Varianz = 60,558 %, alle Faktorladungen $\geq$ 0,678). Mit den dazu errechneten Faktorwerten wird diese Variable im Folgenden verwendet. Der Faktor korreliert stark und hochsignifikant mit dem Außenkriterium „Die TV-Serie, die ich gesehen habe, hat mir insgesamt sehr gut gefallen": $r = 0,767$, $p < 0,001$.

Produktinvolvement: Drei Items aus dem Personal Involvement Inventory von Zaichkowsky (1994) wurden verwendet, um das Produktinvolvement zu messen: „nützlich", „unwichtig" (negativ kodiert), „ wertvoll". Die Probanden wurden gebeten, das beworbene Produkt aus ihrer persönlichen Sicht auf einer fünfstufigen Ratingskala (Zutreffen) hinsichtlich dieser Items zu bewerten. Eine Hauptkomponentenanalyse (n = 110, KMO = 0,698, signifikanter Bartlett-Test auf Sphärizität, alle MSA $\geq$ 0,652, alle Kommunalitäten $\geq$ 0,684) verdichtete diese Items auf einen übergeordneten Faktor, der als „Produktinvolvement" interpretiert wurde (Eigenwert = 2,212, erklärte Varianz = 73,718 %, alle Faktorladungen $\geq$ 0,827). In die folgenden Berechnungen geht das Konstrukt mit den berechneten Faktorwerten ein.

Sympathie gegenüber dem Schauspieler: Nach den Erfahrungen aus Studie 1 und 2 wurde die Sympathie gegenüber dem Schauspieler anstelle der Fan-Variable gemessen: „Der Schauspieler ist mir sehr sympathisch" (fünfstufige Ratingskala, Zutreffen).

Vorherige Kenntnis der Untersuchungsobjekte: Um Bekanntheitseffekte als alternative Erklärung ausschließen zu können, wurde erfasst, ob die Probanden die gezeigte Serie und die beworbene Marke schon vor dem Experiment kannten. Gemessen wurde dies mit nominal skalierten Variablen: „Kannten Sie die Serie (bzw. Marke) schon vorher?" (ja/nein).

7.5.3.4 Analyse von Kontrollvariablen

Für die operationalisierten Kontrollvariablen wurde jeweils der Zusammenhang zu den abhängigen Variablen ermittelt. Anhang 20 zeigt die Ergebnisse aller Konfundierungstests. Tabelle 31 zeigt nur die signifikanten Einflussvariablen, die als Kontrollgrößen oder Kovariaten in die Hypothesenmodelle aufgenommen werden. Allerdings besteht zwischen dem Gefallen der Serie und der dem Schauspieler entgegengebrachten Sympathie eine signifikante Korrelation mit $r = 0,498$, $p < 0,001$, und damit die Gefahr der Multikollinearität. Um Multikollinearität zu vermeiden, wurde nur eine dieser Variablen, das „Gefallen der Serie", in die Modelle zur Erklärung der Vertrauenswürdigkeit der Werbeperson bzw. der Einstellung zum Werbemittel aufgenommen.

Tab. 31: Studie 3: Kontrollvariablen in den Hypothesentests

Hypothese	aV	zusätzlich aufzunehmende Kontrollvariablen/Kovariaten	Zusammenhänge mit aV
H2a/H4	Kompetenz der Werbeperson	keine signifikanten Einflüsse der Kontrollvariablen	
H2b	Vertrauenswürdigkeit der Werbeperson	Gefallen der Serie (Schauspieler sympathisch)* Produktinvolvement	$r_{Vertrauen} = 0{,}298$, $p = 0{,}003$ $r_{Vertrauen} = 0{,}237$, $p = 0{,}018$ $r_{Vertrauen} = 0{,}292$, $p = 0{,}003$
H3	Einstellung zum Werbemittel	Gefallen der Serie (Schauspieler sympathisch)* Produktinvolvement	$r = 0{,}277$, $p = 0{,}006$ $r = 0{,}292$, $p = 0{,}004$ $t(96) = 0{,}378$, $p < 0{,}001$

* aufgrund hoher Korrelation mit Gefallen der Serie im Folgenden außen vor belassen

7.5.4 Ergebnisse von Studie 3

7.5.4.1 Ergebnisse zur Kompetenz der Werbeperson

Durchgeführt wurde ein t-Test für unabhängige Stichproben. Im Ergebnis zeigt sich kein signifikanter Unterschied zwischen den beiden Medienkontextbedingungen: $t(95{,}940) = 0{,}331$, $p = 0{,}741$, Levene-Test: $F(1, 97) = 1{,}848$, $p = 0{,}177$. Wenn für den Werbecharakter kongruente Charakterbedeutungen aus dem fiktionalen Medienkontext vorliegen, wird dessen Kompetenz nicht signifikant besser beurteilt, als wenn für den Werbecharakter inkongruente Charakterbedeutungen aus dem Medienkontext zugänglich sind: $M_{kongruent} = 0{,}032$ (SD = 1,081); $M_{inkongruent} = -0{,}034$ (SD = 0,915).

Die Hypothese H2a kann damit durch die vorliegenden Daten der Studie 3 nicht bestätigt werden. Eine mögliche Ursache könnte die im Vergleich zu den beiden vorangegangenen Studien veränderte Stichprobenzusammensetzung sein. Studie 3 wurde mit relativ älteren Konsumenten als Probanden durchgeführt, um eine für das Stimulusmaterial (TV-Serien und Schauspieler) passendere Stichprobe zu ziehen. Dies könnte sich auch auf die Passung der Stichprobe zum beworbenen Produkt (Magnesium-Dragees als Nahrungsergänzungsmittel) ausgewirkt haben. Obwohl dieses Produkt grundsätzlich für alle Altersgruppen geeignet ist, könnten Ältere ein höheres Produktinvolvement aufweisen als die jüngeren Stichproben der beiden ersten Studien. Unter Produktinvolvement versteht man das innere Engagement, das der Konsument dem beworbenen Produkt entgegenbringt (vgl. Zaichkowsky 1994, S. 60).

Ein Vergleich zwischen beiden Stichproben, die dem gleichen Stimulusmaterial ausgesetzt waren, ergibt tatsächlich einen signifikanten Unterschied für das Produktinvolvement. In Studie 3 haben die Probanden ein höheres Produktinvolvement (M = 0,167, SD = 1,067) als die Probanden in Studie 2 (M = -0,179, SD = 0,893). Dieser Unterschied ist signifikant mit $t(208{,}424) = -2{,}576$, $p = 0{,}011$. Um die Erkenntnisse zwischen den Studien 2 und 3 vergleichen zu können, wurden die Analysen in Studie 3 nur für die Gruppe der gering Involvierten durchgeführt.

Beurteilung der Kompetenz der Werbeperson durch gering involvierte Probanden: Die Werte des ermittelten Faktors „Produktinvolvement" wurden in eine nominale Variable überführt. Probanden, die für den z-standardisiert vorliegenden Faktor Werte kleiner als Null aufwiesen, wurden als Probanden mit unterdurchschnittlichem Produktinvolvement interpretiert. Diese Fälle (n = 42) wurden für die Analyse ausgewählt. Um die Medienkontextgruppen zu vergleichen, wurde ein t-Test durchgeführt, der einen signifikanten Unterschied zwischen den Kontextgruppen ergab: t(35,765) = 2,362, p = 0,024. Aufgrund der geringen Gruppengrößen wurde zusätzlich ein nichtparametrischer Test (Mann-Whitney-Test) durchgeführt, der das Ergebnis bestätigte: U = 143,000, p = 0,050. Gering involvierte Probanden, die den Werbecharakter im kongruenten fiktionalen Medienkontext gesehen haben, beurteilen die Kompetenz des Werbecharakters positiver (M = 0,181, SD = 1,279, mittlerer Rang im Mann-Whitney-Test = 24,78) als Probanden, die den Werbecharakter im inkongruenten fiktionalen Medienkontext gesehen haben (M = -0,560, SD = 0,723, mittlerer Rang im Mann-Whitney-Test = 17,53). Für die Gruppe der gering involvierten Probanden lässt sich die Hypothese H2a demnach bestätigen.

Abgeleitet davon lässt sich vermuten, dass Produktinvolvement mit hohem Engagement für das Werbemittel einhergeht, welches dieses Produkt bewirbt. Dieses innere Engagement kann demnach als Motivation interpretiert werden, den Meinungsgegenstand (Produkt und entsprechende Werbung) einer genaueren Betrachtung zu unterziehen (vgl. Celsi und Olson 1988, S. 210). Damit würde das Produktinvolvement einen Einflussfaktor darstellen, der fiktionale Einflüsse herabsetzen kann. Die Einbeziehung des Produktinvolvements als *Moderatorvariable* könnte damit zu einem Interaktionseffekt führen, der sich darin zeigt, dass fiktionale Einflüsse durch die Kongruenz zwischen Medienkontext und Werbung bei geringem Produktinvolvement auftreten, bei höherem Produktinvolvement jedoch nicht.

Ein möglicher Interaktionseffekt durch die Kombination aus Kongruenz des Medienkontexts und Werbung einerseits und dem Produktinvolvement andererseits könnte *innerhalb* des Datensatzes der Studie 3 untersucht werden. Über alle Probanden der Studie 3 hinweg zeigt sich zwar ein höheres Produktinvolvement als in Studie 2; dies liegt jedoch vor allem daran, dass Studie 2 vorwiegend Probanden mit geringem Produktinvolvement umfasst. Dagegen können innerhalb der Studie 3 Probanden mit geringem (n = 42) und mit hohem Produktinvolvement (n = 57) unterschieden werden. Das Produktinvolvement wird im Folgenden als Moderatorvariable verwendet.

Modell für die Beurteilung der Kompetenz der Werbeperson unter Berücksichtigung des Produktinvolvements als Moderatorvariable: Weil „Produktinvolvement" eine metrisch skalierte unabhängige Variable darstellt, wurde den Empfehlungen Fitzsimons' (2008) folgend eine Regressionsanalyse durchgeführt. Das Regressionsmodell enthält die kontrastkodierte nominale unabhängige Variable „Kontextkongruenz", die metrisch skalierte unabhängige Variable „Produktinvolvement" sowie den Interaktionsterm aus diesen beiden unabhängigen Variablen (Kontextkongruenz x Produktinvolvement).

Das Regressionsmodell für die abhängige Variable „Kompetenz der Werbeperson" ist signifikant mit $F(3, 95) = 4,646$, $p = 0,004$. Das Modell erklärt 12,8 % der Varianz der abhängigen Variable (korrigiertes $R^2 = 0,100$). Betrachtet man die einzelnen Prädiktoren, so zeigt sich, dass der signifikante Einfluss durch die *Interaktion zwischen Kontextkongruenz und Produktinvolvement* zustande kommt: $t = 3,671$, $p < 0,001$, Beta $= 0,353$. Die Haupteffekte der Kontextkongruenz ($t = -0,683$, $p = 0,496$) und des Produktinvolvements ($t = 0,384$, $p = 0,702$) sind nicht signifikant.

Um das Ergebnis zu veranschaulichen, wurde eine zweifaktorielle Varianzanalyse durchgeführt, die geringes und hohes Produktinvolvement berücksichtigt. Diese bestätigt das Ergebnis der Regression[99] und zeigt einen signifikanten Interaktionseffekt zwischen Kontextkongruenz und Produktinvolvement ($F(1, 95) = 8,453$, $p = 0,005$), jedoch nicht-signifikante Haupteffekte ($F_{Kontext}(1, 95) = 0,754$, $p = 0,387$; $F_{Produktinvolvement}(1, 95) = 2,322$, $p = 0,131$). Der signifikante Interaktionseffekt entsteht dadurch, dass bei gering involvierten Probanden die Kompetenz des Werbecharakters im kongruenten Medienkontext positiver ausfällt als im inkongruenten Medienkontext (vgl. den bereits oben dargestellten Effekt: $t(35,765) = 2,362$, $p = 0,024$). Probanden mit hohem Involvement unterscheiden sich dagegen nicht signifikant in der Kompetenzbeurteilung zwischen den Medienkontextbedingungen[100]: $t(57) = -1,714$, $p = 0,092$.

Dies kann als Hinweis darauf gedeutet werden, dass der in H2a vermutete Effekt von dem Produktinvolvement der Konsumenten abhängt und nur unter Bedingungen geringen Involvements auftritt.

7.5.4.2 Ergebnisse zur Vertrauenswürdigkeit der Werbeperson

In das Testmodell für die „Vertrauenswürdigkeit der Werbeperson" sind die Kovariaten Gefallen der Serie, dem Schauspieler entgegengebrachte Sympathie und Produktinvolvement aufzunehmen. Aufgrund der Korrelation zwischen dem Gefallen der Serie und der dem Schauspieler entgegengebrachten Sympathie, wurde zur Verhinderung von Multikollinearität nur eine dieser Variablen (Gefallen der Serie) in das Modell aufgenommen. Das Kovarianzmodell ist signifikant: $F(3, 95) = 5,008$, $p = 0,003$. Varianzhomogenität ist gegeben: Levene $F(1, 97) = 0,029$, $p = 0,864$. Die Betrachtung der einzelnen unabhängigen Variablen zeigt jedoch, dass der Effekt auf die Vertrauenswürdigkeit der Werbeperson durch das Produktinvolvement ($F(1, 95) = 5,253$, $p = 0,024$) und durch das Gefallen der Serie ($F(1, 95) = 5,643$, $p = 0,020$) zustande kommt. Der Einfluss der Kontextkongruenz ist, entgegen der Hypothese H2b, nicht signifikant: $F(1, 95) = 0,110$, $p = 0,741$.

---

[99] Das Gesamtmodell ist mit $F(3, 95) = 3,498$, $p = 0,019$ signifikant. Die Annahme der Varianzhomogenität ist jedoch nicht erfüllt: Levene $F(3, 95) = 4,785$, $p = 0,004$. Allerdings sind die Gruppen relativ gleichmäßig besetzt, so dass dies als weniger problematisch eingestuft werden kann (vgl. Bortz 2005; Eschweiler, Evanschitzky und Woisetschläger 2009, S. 370, 374).

[100] Deskriptive Statistiken für hoch involvierte Probanden: $M_{kongruent} = -0,090$, $SD = 0,893$; $M_{inkongruent} = 0,310$, $SD = 0,871$.

Zudem wurde – wie bereits für Kompetenz als abhängige Variable – die Interaktion zwischen Kontext und Produktinvolvement überprüft. Das Produktinvolvement als metrische Variable wurde als Prädiktor in ein Regressionsmodell eingefügt, zudem wird – zusätzlich zum Originalmodell – der Interaktionsterm zwischen Kontextkongruenz und Produktinvolvement in das Modell aufgenommen. Dieses Regressionsmodell ist signifikant mit $F(4, 94) = 3{,}900$, $p = 0{,}006$ und erklärt 14,2 % der Varianz der abhängigen Variable „Vertrauenswürdigkeit der Werbeperson" (korrigiertes $R^2 = 0{,}106$). Bei den einzelnen eingebrachten Prädiktoren zeigen sich ähnliche Einflüsse wie schon bei dem Modell ohne den Interaktionsterm. Signifikant von Null verschieden ist der Regressionskoeffizient des Produktinvolvements ($t = 2{,}252$, $p = 0{,}027$) sowie der des Gefallens der Serie ($t = 2{,}340$, $p = 0{,}021$). Je höher das Produktinvolvement ausgeprägt ist, desto besser ist die Vertrauenswürdigkeit der Werbeperson (Beta = 0,226). Je besser die Serie den Konsumenten gefällt, desto besser wird die Vertrauenswürdigkeit des Schauspielers beurteilt, der als Werbeperson auftritt (Beta = 0,235). Der Einfluss der Kontextkongruenz bzw. der Interaktion zwischen Kontextkongruenz und Produktinvolvement ist jeweils nicht signifikant ($t \leq 0{,}797$, $p \geq 0{,}427$). Damit zeigt sich für die Variable „Vertrauenswürdigkeit" kein moderierender Einfluss des Produktinvolvements.

7.5.4.3 Ergebnisse zum Einfluss des Transportation-Erlebens

Um zu untersuchen, ob das Transportation-Konstrukt den Einfluss der Kontextkongruenz auf die Beurteilung der Kompetenz der Werbeperson moderiert (verstärkt) (Hypothese H4), wird Transportation in Übereinstimmung mit der Literatur zunächst als Index-Variable (Mittelwert über alle operationalisierten Statements) einbezogen. Zudem hatte die Hauptkomponentenanalyse zum Transportation-Konstrukt drei unabhängige Faktoren ergeben (vgl. Abschnitt 7.5.3.3.2), für die die Moderatorhypothese jeweils auch separat getestet werden soll. Da Transportation jeweils metrisch skaliert ist, werden Regressionsanalysen mit der Kontextkongruenz als kontrastkodierter Variable gerechnet.

Für die abhängige Variable „**Kompetenz der Werbeperson**" zeigten sich keine signifikanten Effekte durch Kongruenz, Transportation oder einer Interaktion aus Kongruenz und Transportation. Die Modelle unter Berücksichtigung der Transportation-Index-Variable oder der einzelnen Transportation-Faktoren sind jeweils nicht signifikant (vgl. Tab. 32). Damit muss Hypothese H4 abgelehnt werden. Transportation zeigt hier keine Auswirkungen auf die Werbewirkung.

Im vorherigen Abschnitt wurde gezeigt, dass das Produktinvolvement einen Moderator der Kompetenzbeurteilung darstellt und zusammen mit der Kongruenz einen Interaktionseffekt erzeugt. Daher soll hier auch geprüft werden, welche Rolle Transportation in diesem Modell spielt. Dazu wurde eine 2x2x2-ANOVA gerechnet; sowohl das Produktinvolvement als auch der Transportation-Index wurden standardisiert und in nominalskalierte Variablen transformiert. Die Ergebnisse dieses Modell unterscheiden sich wenig von den oben berichteten Ergebnissen. Die Interaktion zwischen Kongruenz und Produktinvolvement ist weiterhin signifikant ($F1, 88) = 6{,}580$, p =

0,012). Alle anderen Effekte sind nicht signifikant (F-Werte $\leq 2{,}167$, ps $\geq 0{,}145$). Transportation liefert demnach auch in diesem Modell keinen Erklärungsbeitrag für die Kompetenz der Werbeperson.

Tab. 32: Studie 3: Ergebnisse der Prüfung der Hypothese H4

Regressionsmodell	Koeffizienten	Hypothese
aV Kompetenz der Werbeperson		
$F(3, 92) = 0{,}492$, $p = 0{,}698$, $R^2 = 0{,}016$	Kongruenz: $t = -1{,}073$, $p = 0{,}286$, $\beta = -0{,}471$ **Transportation-Index:** $t = -0{,}551$, $p = 0{,}583$, $\beta = -0{,}057$ Interaktion: $T = 0{,}993$, $p = 0{,}323$, $\beta = 0{,}436$	H4 ✗
$F(3, 92) = 0{,}939$, $p = 0{,}425$, $R^2 = 0{,}030$	Kongruenz: $t = -0{,}811$, $p = 0{,}419$, $\beta = -0{,}087$ **Transportation-Faktor 1:** $t = -1{,}022$, $p = 0{,}309$, $\beta = 0{,}109$ Interaktion: $t = 1{,}294$, $p = 0{,}199$, $\beta = 0{,}133$	H4 ✗
$F(3, 92) = 0{,}641$, $p = 0{,}590$, $R^2 = 0{,}020$	Kongruenz: $t = -0{,}843$, $p = 0{,}402$, $\beta = -0{,}092$ **Transportation-Faktor 2:** $t = -1{,}160$, $p = 0{,}249$, $\beta = -0{,}128$ Interaktion: $t = -0{,}814$, $p = 0{,}418$, $\beta = 0{,}086$	H4 ✗
$F(3, 92) = 1{,}473$, $p = 0{,}227$, $R^2 = 0{,}046$	Kongruenz: $t = -0{,}491$, $p = 0{,}625$, $\beta = -0{,}050$ **Transportation-Faktor 3:** $t = -1{,}874$, $p = 0{,}064$, $\beta = -0{,}191$ Interaktion: $t = 0{,}794$, $p = 0{,}429$, $\beta = 0{,}081$	H4 ✗

✓ Unterstützung für die Hypothese, ✗ Ablehnung der Hypothese

Obwohl die Hypothese H4 für die abhängige Variable „Kompetenz der Werbeperson" abgeleitet wurde, wurde auch geprüft, ob Transportation einen moderierenden Einfluss auf die **„Vertrauenswürdigkeit der Werbeperson"** ausübt (vgl. Anhang 21). Auch für diese abhängige Variable zeigen sich keine Einflüsse durch Transportation. In einigen der Teilmodelle üben das Produktinvolvement und/oder das Gefallen der Serie einen signifikanten Einfluss auf die Vertrauenswürdigkeit der Werbeperson aus (vgl. Anhang 21). Dies hatte sich bereits in dem Modell der Vertrauenswürdigkeit ohne Transportation als Moderator gezeigt (vgl. oben). Auch für die Vertrauenswürdigkeit der Werbeperson zeigt Transporation keinen moderierenden Einfluss fiktionaler Nachwirkungen in der Werbung.

7.5.4.4 Ergebnisse zu Einstellungswirkungen

Die Einstellungshypothese wurde mittels Kovarianzanalyse unter Einbezug der Kovariaten „Produktinvolvement" und „Gefallen der Serie" geprüft. Das Kovarianzmodell ist signifikant (F(3, 93) = 7,013, p < 0,001. Die Annahme der Varianzhomogenität ist erfüllt: Levene F (1, 95) = 0,014, p = 0,907.

Tab. 33: Studie 3: Ergebnisse der Prüfung der Hypothese H3

aV	angepasste Mittelwerte je Medienkontext-Bedingung	Teststatistiken (ANCOVA)	Hypothese
Einstellung zum Werbemittel	kongruent: 0,005	Haupteffekt Kongruenz: $F(1, 93) = 1,116$, p = 0,293	H3 ✘
		Kovariate Produktinvolvement: $F(1, 93) = 11,926$, p = 0,001	
	inkongruent: -0,005	Kovariate Gefallen der Serie: $F(1, 93) = 4,142$, p = 0,045	

✓ Unterstützung für die Hypothese, ✘ Ablehnung der Hypothese

Die Modellsignifikanz lässt sich vor allem auf den signifikanten Einfluss der beiden Kovariaten auf die Einstellung zum Werbemittel zurückführen. Der Einfluss des Produktinvolvement ist hochsignifikant: $F_{Produktinvolvement}(1, 93) = 11,926$, p = 0,001. Je höher das Produktinvolvement ausgeprägt ist, desto besser ist die Einstellung zum Werbespot (Regressionskoeffizient = 0,346). Auch der Einfluss des Gefallens der Serie ist signifikant: $F_{Gefallen\_Serie}(1, 93) = 4,142$, p = 0,045. Je besser die Serie gefallen hat, desto besser ist die Einstellung zu dem im Kontext dieser Serie platzierten Werbespot (Regressionskoeffizient = 0,202). Nach Kontrolle dieser Variablen zeigt sich für die interessierende unabhängige Variable „Kontextkongruenz" jedoch kein signifikanter Zusammenhang: F(1, 93) = 1,116, p = 0,293. Der Mittelwertunterschied ist minimal (vgl. Tab. 33). Hypothese H2 kann demnach mit den vorliegenden Daten nicht bestätigt werden.

7.5.4.5 Weitere Erkenntnisse aus Studie 3

Wie in den Studien zuvor wurden die Zusammenhänge zwischen den hier betrachteten abhängigen Variablen untersucht (vgl. Tab. 34). Es zeigen sich signifikante Korrelationen zwischen den Dimensionen zur Beurteilung des Werbecharakters und der Einstellung zum Werbespot. Die Einstellung zum Werbespot korreliert wiederum signifikant mit der Einstellung zur Marke[101]. Die

---

[101] Die Einstellung zur Marke wurde mit einem Statement erfasst: „Die beworbene Marke gefällt mir sehr gut" (fünfstufige Ratingskala, Zustimmen).

Kompetenz und Vertrauenswürdigkeit der Werbeperson korrelieren ebenfalls jeweils mit der Einstellung zur Marke.

Tab. 34: Studie 3: Korrelationen zwischen abhängigen Variablen

	Kompetenz der Werbeperson	Vertrauenswürdigkeit der Werbeperson	Einstellung zum Werbemittel
Einstellung zum Werbemittel	r = 0,265 p = 0,009 n = 96	r = 0,432 p < 0,001 n = 96	
Einstellung zur Marke	r = 0,367 p < 0,001 n = 96	r = 0,386 p < 0,001 n = 96	r = 0,625 p < 0,001 n = 96

Mediatoranalysen[102] (vgl. Anhang 22) zeigen, dass der Effekt der Kompetenz auf die Einstellung zur Marke partiell von der Einstellung zum Werbespot mediiert wird. Nach Kontrolle der Einstellung zum Werbespot ist die Beziehung zwischen Kompetenz und Einstellung zur Marke schwächer (b verringert sich von 0,371 auf 0,218), jedoch noch signifikant (p = 0,009, partielle Mediation). Für die Beziehung zwischen der Vertrauenswürdigkeit der Werbeperson und der Einstellung zur Marke agiert die Einstellung zum Werbespot als Mediator; hier besteht ein totaler Mediatoreffekt. Der Effekt der Vertrauenswürdigkeit (der jedoch unabhängig ist von den hier manipulierten Medienkontextbedingungen) wird an die Einstellung zum Werbespot weitergegeben; diese beeinflusst die Einstellung zur Marke wiederum positiv.

7.5.5 Reliabilität der Ergebnisse

Für die operationalisierten Konstrukte wurden Konstruktreliabilitäten berechnet (vgl. Tab. 35). Hier ergibt sich für den Transportation-Faktor 3 ein geringer Alpha-Koeffizient von 0,650. Dieser Faktor besteht lediglich aus 2 Statements; hier sollte in späteren Studien die Operationalisierung überprüft werden. Alle anderen Konstrukte weisen zufrieden stellende Reliabilitätswerte auf.

Tab. 35: Studie 3: Konstruktreliabilitäten

Konstrukt	Cronbachs Alpha (Itemzahl)
Kompetenz der Werbeperson	0,909 (3 Items)
Vertrauenswürdigkeit der Werbeperson	0,827 (4 Items)
Einstellung zum Werbemittel	0,766 (4 Items)
Transportation-Index	0,881 (11 Statements)
Transportation-Faktor 1: „kognitive Zuwendung und Spannung"	0,894 (5 Statements)
Transportation-Faktor 2: „Empathie"	0,756 (4 Statements)
Transportation-Faktor 3: „Konzentration auf die Geschichte"	0,650 (2 Statements)
Gefallen der Serie	0,837 (5 Items)
Produktinvolvement	0,819 (3 Items)

---

[102] Vgl. zur Berechnung Studie 1, Abschnitt 7.3.4.2

Hinsichtlich der Reliabilität der Daten wurde zudem untersucht, ob unterschiedliche Erhebungszeiten Einfluss auf die Daten genommen haben können. Dazu wurden die Daten zum Beginn der Befragung mit Hilfe eines Mediansplits (Median = 16:30 Uhr) zu zwei Kategorien verdichtet. Die anschließenden t-Tests (vgl. Anhang 23) für die abhängigen Variablen und Kontrollvariablen zeigen signifikante Unterschiede zwischen tagsüber und abends befragten Probanden bei den Variablen „Transportation 1: kognitive Zuwendung und Spannung" (t(101,658) = -2,359, p = 0,020), „Transportation-Index" (t(101,537) = -2,186, p = 0,031) und „Gefallen der Serie" (t(109) = -2,009, p = 0,047). Bei den drei Variablen zeigen sich höhere Werte, wenn abends befragt wurde. Dies sollte in zukünftigen Studien insbesondere zur Transportation-Messung berücksichtigt werden. Um auf Interviewereinflüsse zu testen, wurden nicht-parametrische Tests verwendet, wobei nur die Daten der Interviewer eingingen, für die mindestens 8 Fälle vorlagen. Die jeweiligen Kruskal-Wallis-Tests für die metrisch skalierten Faktoren erweisen sich für einige Faktoren als signifikant (vgl. Anhang 24). Allerdings konnte kein Muster unter den Interviewern ausgemacht werden.

7.5.6 Diskussion der Ergebnisse von Studie 3

Ein wesentliches Ziel der Studie 3 bestand wiederum darin, die in den vorangegangenen Studien gefundenen Ergebnisse zu validieren. Da hier eine Stichprobe mit anderer Zusammensetzung als in den beiden vorherigen Studien gezogen wurde, besteht die Möglichkeit, die Übertragbarkeit der Ergebnisse auf andere Konsumentengruppen zu untersuchen. Die Hypothese zum Einfluss der Rollenkongruenz zwischen Mediencharakter und Werbecharakter auf die Beurteilung des Werbecharakters konnte jedoch weder für die Kompetenz noch für die Vertrauenswürdigkeit als abhängige Variable bestätigt werden. Damit konnte der in Studie 2 für die Studierenden-Stichprobe gefundene Einfluss auf die Kompetenz der Werbeperson nicht für eine Stichprobe anderer Zusammensetzung repliziert werden. Dies muss als Hinweis darauf gedeutet werden, dass die in Studie 2 gefundenen Effekte lediglich auf Stichproben ähnlicher Zusammensetzung verallgemeinert werden können.

Dabei stellt sich jedoch die Frage, durch welche Eigenschaft sich die Stichproben in Studie 2 und 3 unterscheiden. Die empirischen Daten weisen auf das Produktinvolvement als unterscheidende Variable hin. Es lässt sich vermuten, dass Produktinvolvement mit hohem Engagement für das Werbemittel einhergeht, welches dieses Produkt bewirbt. Dieses innere Engagement kann demnach als Motivation interpretiert werden, den Meinungsgegenstand (Produkt, entsprechende Werbung, entsprechende Werbeperson) einer genauen Betrachtung zu unterziehen. Bei geringem Produktinvolvement ist die Motivation zum Überdenken der gezeigten Werbung gering, ein Einfluss der Fiktion auf die Beurteilung der Werbeperson ist dadurch möglich. Die Daten zeigen, dass ein Werbecharakter, der in einem zur Werbung kongruenten fiktionalen Medienkontext gezeigt wird, von Konsumenten mit *geringem Produktinvolvement* als signifikant kompetenter beurteilt wird, als wenn er in einem zur Werbung inkongruenten fiktionalen Medienkontext gezeigt wird. Bei geringem Produktinvolvement zeigt sich demnach der fiktionale Einfluss auf die Wahrnehmung der Werbeperson als kompetent. Bei *hohem Produktinvolvement* findet dagegen ein Überdenken der Werbestimuli statt, das den Einfluss der Fiktion verhindert. Die Unterschiede zwischen kongruentem und inkongruentem fiktionalen Medienkontext lösen sich bei hohem Produktinvolvement auf. Damit stellt das Produktinvolvement einen Einflussfaktor dar, der fiktionale Einflüsse herabsetzt. Konsumenten mit hohem Produktinvolvement beurteilen die Kompetenz eines zum Medienkontext passenden Werbecharakters sogar tendenziell schlechter als die eines zum Medienkontext unpassenden Werbecharakters (dieser Unterschied ist jedoch nicht signifikant). Die Hypothese H2 lässt sich demnach in Studie 3 lediglich für Probanden mit geringem Produktinvolvement und nur für die Beurteilungsdimension „Kompetenz der Werbeperson" (H2a) empirisch bestätigen.

Einschränkend ist hier anzumerken, dass es sich bei dem Produktinvolvement um eine gemessene und nicht um eine manipulierte Variable handelt. Streng genommen dürfen daher keine Ursache-Wirkungs-Rückschlüsse gezogen werden. Die gute Eingliederung des gefundenen Interaktionseffekts in die theoretische Argumentation kann jedoch als Hinweis auf einen Zusammenhang in dieser Richtung interpretiert werden. In zukünftigen Studien sollte das Produktinvolvement jedoch manipuliert werden, um zu untersuchen, ob sich das hier relativ explorativ gefundene Ergebnis replizieren lässt.

Wie schon in Studie 2, zeigen sich für die Vertrauenswürdigkeit der Werbeperson keine signifikanten Einflüsse der Rollenkongruenz. Stattdessen wird die Vertrauenswürdigkeit der Werbeperson höher eingeschätzt, je höher das Produktinvolvement und das Gefallen der Serie ausgeprägt sind. Die Beurteilung der Kompetenz der Werbeperson und der Vertrauenswürdigkeit der Werbeperson scheint demnach auf sehr unterschiedlichen Prozessen zu beruhen: Während die Kompetenz durch Priming beeinflusst werden kann, und damit auf dem Vorwissen von Probanden beruht, wird die Vertrauenswürdigkeit im großen Maße durch emotionale Faktoren beeinflusst (hier z.B. Gefallen der Serie).

Ziel der Studie 3 war die Ermittlung des Einflusses des Erlebens von Transportation. Wird die Wirkung der Kongruenz zwischen Medien- und Werbecharakter auf die Beurteilung des Werbecharakters von der Intensität des Hineinversetzens in die fiktionale Handlung moderiert? Die empirischen Ergebnisse zeigen keinen Moderatoreffekt des Transportation-Konstrukts an. Transportation führt nicht zu einer signifikanten Verstärkung des Effektes der Kongruenz auf die Beurteilung der Werbeperson. Dies wurde sowohl für die drei Transportation-Faktoren und auch für den Transportation-Index geprüft. Verschiedene Erklärungen erscheinen diskussionswürdig, um diese Ergebnisse zu interpretieren:

Transportation als Erklärungsmodell im Bereich der Werbung?: Eine Erklärung für die gefundenen Ergebnisse könnte sein, dass das Transportation-Konstrukt über den fiktionalen Medieninhalt hinaus, d.h. für die Wirkung von Werbung, die sich auf fiktionale Mediencharaktere bezieht, keine Rolle spielt. Obwohl andere Forschungsarbeiten (z.b. Appel und Richter 2007) zeigen konnten, dass Transportation besser als Erklärung für fiktionale Einflüsse geeignet ist als die Informationsverarbeitungsmodelle, könnte es sein, dass *für den Bereich der Werbung* doch die Motivation zum Überdenken des fiktionalen Einflusses der bedeutendere Faktor ist. Diese Motivation kann auf die Kongruenz/Inkongruenz selbst bezogen werden: Inkongruenzsituationen erzeugen eine höhere Motivation zum Überdenken und setzen fiktionale Einflüsse herab (vgl. Friestad und Wright 1994, S. 9). Auch lassen sich die hier gefundenen Ergebnisse zum Interaktionseffekt zwischen Rollenkongruenz und Produktinvolvement im Licht der Motivation zum Überdenken als Erklärungsalternative fiktionaler Einflüsse verstehen.

Text- vs. Filmrezeption: Das Konstrukt Transportation entstammt der Forschung zum Textverstehen, zu Textwirkungen bzw. wurden bisher weitestgehend für die Rezeption von Texten („Lese-Studien") untersucht. Innerhalb der vorliegenden Arbeit stehen jedoch audiovisuelle Medien im Mittelpunkt der Betrachtung. Die nicht nachweisbaren Einflüsse können daher auch an einer mangelnden Übertragbarkeit von der Text- auf die Filmrezeption herrühren. Allgemein betrachtet, findet sich der Begriff „Text" nicht nur im Zusammenhang mit geschriebener Sprache, sondern wird weit gefasst und steht auch für Äußerungen durch nicht geschriebene, aber schreibbare Informationen. Dies zeigt sich darin, dass Erzählungen sowohl als Roman oder Gedicht, aber auch als Film, TV-Serie, Oper oder Musical erscheinen können. Der gemeinsame Nenner ist das Erzählen von Geschichten („stories", Kintsch und van Dijk 1978, S. 364). Da dieser Texttyp auch den meisten fiktionalen, audiovisuellen Darstellungen zugrunde liegt, erscheint es vielen Forschern legitim, die im Modell des Textverstehens und in anderen Modellen getroffenen Annahmen auch auf den Bereich des Filmverstehens zu übertragen[103] (vgl. Böcking 2008, S. 36, 45; Green und Brock 2000, S. 702). Green und Brock (2000, S. 702) gehen davon aus, dass Transportation auch im audiovisuellen Bereich anwendbar ist: „Transportation is not limited to the reading of written material. Narrative worlds are broadly defined with respect to modality; the term "reader" may be construed to include listeners, viewers, or any recipient of narrative information". Allerdings liegt u.W.n. bislang erst eine Studie vor (Green et a. 2008), die Transportation im audiovisuellen Bereich mit Transportation in Lesestudien verglichen hat. Dort wurden jedoch lediglich Stimuli mit einer Sehdauer von ca. 5 Minuten bzw. einer Textlänge von ca. 3 Seiten untersucht (vgl. Green et al. 2008, S. 525). Daher bleibt hier fraglich, ob es sich dabei um einen gültigen Medienvergleich handelt. Wird Transportation in Studien mit audiovisuellen Stimuli berücksichtigt, dann meist als ergänzende Variable (z.B. Shrum, Burroughs und Rindfleisch 2005; Böcking 2008, S. 192).

---

[103] Umgekehrt werden Theorien zum Filmverstehen auch auf geschriebene Texte übertragen (vgl. Böcking 2008, S. 32).

Medienvergleichsstudien zeigen jedoch, dass es Konsumenten im Filmbereich leichter fällt, die durch den Stimulus „beschriebene" Darstellung mental zu repräsentieren, denn das Gezeigte muss lediglich „mental übernommen" werden. Dies hat zur Folge, dass „Zuschauer" weniger eigene Visualisierungen vornehmen als Leser (vgl. Meadowcroft und Olson 1995, S. 29, allerdings für nicht-fiktionale Medieninhalte). Generell werden jedoch solche Inhalte *tiefer* verinnerlicht, mit denen sich der Konsument selbst stärker auseinandergesetzt hat (vgl. Petty und Cacioppo 1986; Brennan 2008) – ein Aspekt, der für die Vorteilhaftigkeit von textlichen Fiktionen bzgl. der Verinnerlichung spricht. Möglich ist daher, dass die hier verwendeten TV-Serien (im Vergleich zu den Texten der bisherigen Studien) kein Transportation-Erlebnis hervorrufen konnten, dass *stark* genug war, fiktionale Einflüsse über den Medieninhalt hinaus in der Werbung zu moderieren.

Fiktionales Material und Transportation: Über Unterschiede durch den Wahrnehmungsmodus (Textstimuli vs. audiovisuelle Stimuli) hinaus, könnten auch inhaltliche Gründe für die nicht-signifikanten Einflüsse von Transportation in dieser Studie verantwortlich sein. Die Stimuli, die in den Studien von Green und Brock (2000) bzw. Green (2002) verwendet wurden, erzählen Geschichten, die sehr starke Emotionen hervorrufen. In einer dieser Geschichten wird z.B. ein kleines Mädchen in einem Einkaufszentrum von einem geistig verwirrten Mann ermordet, die Schwester muss zusehen, wie die brutale Tat begangen wird; dies wird in einer sehr bildhaften Weise geschildert[104] (vgl. Green und Brock 2000, S. 705). Diese dramatische Geschichte erzeugt starke Emotionen beim Leser. Die in der vorliegenden Studie 3 verwendeten Stimuli zeigen zwar auch emotionale Situationen (Tragik einer schweren Krankheit, Drama um ermordete Jugendliche), möglich ist jedoch, dass diese Geschichten an sich nicht in der Lage waren, ein ausreichend starkes Transportation-Erleben hervorzurufen. Zudem wurden lediglich Ausschnitte gezeigt; auch dies kann den Moderationseffekt verhindert haben. Transportation wurde in Anlehnung an die von Green und Brock (2000) entwickelte verbale Skala gemessen, die verschiedene Konstrukte subsumiert (u.a. Spannung, Imagery, Empathie, Konzentration). Die Daten der Studie 3 weisen darauf hin, dass für fast alle verwendeten Statements zur Messung von Transportation die Skala ausgeschöpft wurde und eine gute Verteilung über die möglichen Werte besteht. Die Ausnahme davon bildet das Statement „Ich war so in die Geschichte versunken, als ob ich selbst ein Teil davon wäre", das eine starke Schiefe mit Konzentration auf die geringen Werte aufweist[105]. Dieses Statement kommt dem Phänomen, dass von Nell (1988) als „lost in the story" beschrieben

---

[104] „People were scattering in all directions, trying to get away from a large, dishevelled man who stood over a fallen little girl, his outstretched right arm pummeling furiously away at her. Even trough the haze of her frozen incomprehension, Joan knew instantly that the child lying on her side at the crazed man's feet was Katie. At first she saw only the arm, then realized all at once that in his hand was clutched a long bloody object. It was a hunting knife, about seven inches long. Using all his strength, up and down, up and down, in rapid pistonlike motions, the assailant was hacking away at Katie's face and neck" (Green und Brock 2002, S. 337).

[105] Hier gaben 74,5 % der Befragten die Werte 1 und 2 (trifft überhaupt nicht bzw. trifft weniger zu) an.

wird, besonders nahe. Die geringen Mittelwerte hierfür müssen als ein Hinweis auf das zu geringe „Transportation"-Potential der verwendeten Geschichten angesehen werden.

Zukünftige Studien können diese Diskussion als Anhaltpunkt nehmen, um zu untersuchen, ob Transportation 1) überhaupt ein geeignetes erklärendes Konstrukt für fiktionale Nachwirkungen *in die Werbung* hinein darstellt, 2) in Lesestudien stärker ist als in Studien mit audiovisuellen Stimuli und daher in ersteren auch stärkere moderierende Effekte erzeugt; sowie 3) lediglich in hochemotionalen Geschichten von Bedeutung ist. Zukünftige Studien müssen sich 4) auch mit der Validität der Transportation-Skala beschäftigen. Möglicherweise ist der Aspekt, der abbildet, ob sich ein Konsument „in der Geschichte verliert", unter den verschiedenen gemessenen Aspekten nicht ausreichend repräsentiert, obwohl es das „eigentliche" Transportation-Erleben beschreibt (vgl. eine veränderte Skala bei Busselle und Bilandzic (2009), in der Aspekte wie Präsenzerleben und Empathie ein stärkeres Gewicht erhalten).

7.6 STUDIE 4: Bahnung durch Charaktervalenzen

7.6.1 Ziele von Studie 4

In Studie 4 soll die Hypothese H5 zum Einfluss der Charaktervalenzen auf die Werbewirkung geprüft werden. Die Hypothese nimmt Unterschiede in der Beurteilung eines Werbecharakters in Abhängigkeit von der Kongruenz zwischen Mediencharakter und Werbecharakter (kongruent vs. inkongruent) und der Valenz des entsprechenden Mediencharakters (positiv vs. negativ) an. Dies entspricht einem 2x2-Design (Kongruenz x Valenz), das vier verschiedene Filmstimuli und einen Werbestimulus erfordert. Dabei wird wieder ein Design verwendet, das Mere-Exposure-Effekte ausschließt, indem der betreffende Schauspieler in *allen* Medienkontextbedingungen gezeigt wird, jedoch in unterschiedlichen Rollen, sowie in Studie 4 zusätzlich in unterschiedlichen Valenzen.

In den vorangegangenen Studien wurden jeweils real existierende Werbestimuli verwendet, für die entsprechende real existierende Filmstimuli (kongruenter vs. inkongruenter Medienkontext) gefunden wurden. Studie 4 unterscheidet sich von den vorangegangenen Studien durch eine erhöhte Komplexität des Designs, was nun nicht nur zwei, sondern vier Filmstimuli notwendig macht. Bei Verwendung eines real existierenden Werbestimulus müssten zwei Filme mit dem in der Werbung präsentierten Schauspieler gefunden werden, von denen jeweils einer zur Darstellung der Werbeperson kongruent, der andere inkongruent ist. Zusätzlich müsste für den jeweils kongruenten und inkongruenten Kontext sowohl eine positive als auch eine negative Rollendarstellung gefunden werden. Da diese Bedingungen mit komplett realem Stimulusmaterial (Werbung und Filme) schwer zu verwirklichen ist, wurde Studie 4 mit Hilfe eines eigens kreierten Werbestimulus durchgeführt, für den (entsprechend dem ausgewählten Schauspieler) entsprechende Filme gefunden werden konnten. Da die Verwirklichung eines Werbe*spots* aus technischen Gründen im Rahmen dieser Studie nicht möglich war, wurde Studie 4 mit Hilfe einer Werbe*anzeige* durchgeführt, die im Kontext von Filmmaterial präsentiert wurde. Das Design von Studie 4 ist in Abbildung 14 dargestellt.

In Abschnitt 7.1 wurde auf zwei wesentliche Probleme von Forced exposure-Designs hingewiesen: die Wahrscheinlichkeit von Demand-Artefakten und der Aufmerksamkeitsfokus auf die Werbestimuli. Insbesondere letzteres erzeugt unrealistische Wahrnehmungsbedingungen. Germelmann und Gröppel-Klein (2009, S. 248) empfehlen daher, im Anschluss an Studien, die sich für den „reinen Effekt" interessieren, Studien durchzuführen, die realitischeren Wahrnehmungsbedingungen entsprechen. Dem soll in Studie 4 gefolgt werden.

Allerdings ist anzumerken, dass auch in Studie 4 wiederum ein Forced exposure-Design gewählt wird. Allerdings wurden die Stimuli so gestaltet, dass eine Aufmerksamkeits*teilung* zwischen verschiedenen Teilstimuli möglich war. Als Medium wurde hier das Internet gewählt. Die Probanden wurden gebeten, sich eine Website anzusehen, die sowohl Filme als auch Werbung enthielt. Die Probanden wurden vorab *nicht* auf die Werbung hingewiesen; stattdessen lenkte eine starke Coverstory sie auf die Betrachtung der Filme und des Webseitenaufbaus. Daher wurde das Forced exposure-Design in Bezug auf die Werbung insofern abgemildert, als dass Probanden selbst entscheiden können, ob und wie lange sie die im Material enthaltenen Werbestimuli betrachten. Dies war den Probanden in den vorangegangenen Studien durch die Verwendung von TV-Stimuli nicht möglich.

Studie 4 wurde wiederum mit einer Stichprobe aus Studierenden durchgeführt. Um die Vergleichbarkeit mit den vorangegangenen Studien zu gewährleisten, wurde wieder auf Arzt- und Krimiserien zurückgegriffen. Dabei wurden Filmstimuli gewählt, deren potentielle Zielgruppe jünger ist als die der vorher verwendeten Stimuli.

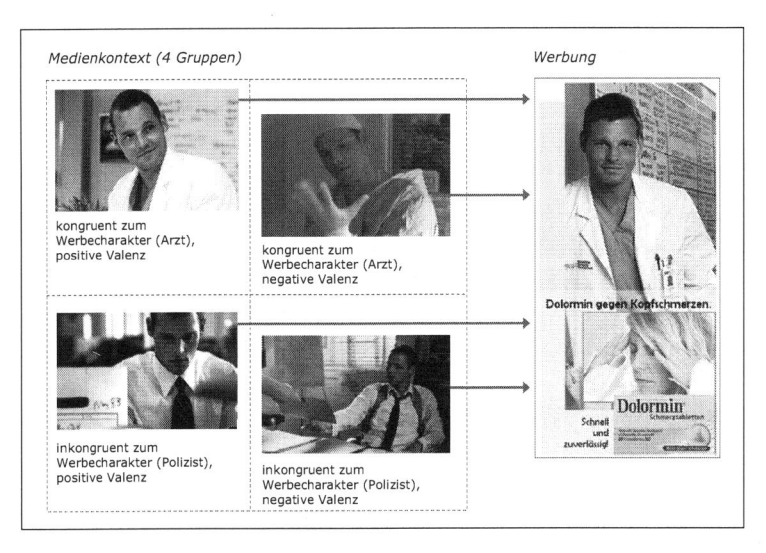

Abb. 14: Experimentaldesign in Studie 4

7.6.2 Pretests, Stimulusmaterial und Manipulationstests

Für den vorliegenden Fall wurden Manipulation Checks zur Kongruenz zwischen Programm und Werbung (uV 1) durchgeführt, wobei hier geprüft wurde, ob a) Filmrolle und Werberolle zueinander passen und b) Filmrolle und Produkt zueinander passen. Weiterhin wurde ein Pretest zur Valenz der Filmpersonen (uV 2) durchgeführt. Die Valenz wurde mit Hilfe der Kompetenz der Serienfigur manipuliert. Rollenkongruenz und Valenz wurden in getrennten Pretests erfasst.

Bei Designs mit mehreren unabhängigen Variablen, muss sichergestellt werden, dass eine manipulierte Variable nicht gleichzeitig eine andere manipulierte Variable beeinflusst. In den entsprechenden Manipulation Checks sollte idealerweise jeweils nur der eine Faktor einen signifikanten Haupteffekt aufweisen. Sind dagegen auch Haupteffekte der anderen uV bzw. Interaktionseffekte innerhalb des Manipulation Checks signifikant, so muss dies als Gefährdung der Diskriminanzvalidität angesehen werden (vgl. Perdue und Summers 1986, S. 322). Damit die Manipulation als gelungen angesehen werden kann, müssen sich für die Manipulation Checks die in Tabelle 36 zusammengestellten Effekte zeigen.

Tab. 36: Anforderungen an die Manipulation Checks in Studie 4

abhängige Variable im Manipulation Check	Effekte	Anforderung an den Manipulation Check
Pretest der Filmstimuli (S4-1) bzgl. Valenz		
Kompetenz der Serienfigur	Haupteffekt Rolle	n.s
	Haupteffekt Valenz	signifikant
	Interaktion Rolle x Valenz	n.s
Pretest der Werbestimuli (S4-2) bzgl. Rollenkongruenz		
Match Filmrolle/Werberolle	Haupteffekt Kongruenz	signifikant
	Haupteffekt Valenz	n.s
	Interaktion Kongruenz x Valenz	n.s.
Match Filmrolle/Produkt	Haupteffekt Kongruenz	signifikant
	Haupteffekt Valenz	n.s.
	Interaktion Kongruenz x Valenz	n.s.

7.6.2.1 Filminhalte

Wie bereits erwähnt, sollte wieder auf Arzt- und Krimiserien zurückgegriffen werden, um die Vergleichbarkeit mit den vorangegangenen Studien zu gewährleisten. In Abstimmung mit der geplanten Gestaltung des Werbestimulus wurden Filme mit dem US-amerikanischen Schauspieler Justin Chambers ausgewählt. Dieser Schauspieler hat bisher vorwiegend in amerikanischen TV-Serien mitgewirkt, wobei er sowohl Rollen in einer Arzt- als auch Krimi-Serien gespielt hat (vgl. Abb. 14).

- Kongruenter Medienkontext mit positiver Valenz: Szenen aus der Arztserie *Grey's Anatomy – die jungen Ärzte*, in der Justin Chambers einen Assistenzarzt spielt, der in kompetenter und vertrauenswürdiger Weise einen Patienten betreut.

- Kongruenter Medienkontext mit negativer Valenz: Szenen aus der Arztserie *Grey's Anatomy – die jungen Ärzte*, in der Justin Chambers einen Assistenzarzt spielt, der bei einem Notfall die Nerven verliert, bei der Behandlung eines Patienten versagt und diesen dadurch in Gefahr bringt.

- Inkongruenter Medienkontext mit positiver Valenz: Szenen aus der Krimiserie *Cold Case – Kein Opfer ist je vergessen*, in der Justin Chambers einen Police Detective spielt, der seinen Fall kompetent und vertrauenswürdig bearbeitet.

- Inkongruenter Medienkontext mit negativer Valenz: Szenen aus dem Krimi *Zodiac Killer* mit Justin Chambers als Police Detective, der bei der Bearbeitung seines Falls Fehler macht und dadurch andere Menschen in Gefahr bringt.

Aus der Serie *Cold Case – Kein Opfer ist je vergessen* wurden mehrere Folgen gesichtet, um daraus auch Szenen für die Gruppe 4 (inkongruenter Medienkontext mit negativer Valenz) zu verwenden. Allerdings existieren in den Folgen, in den Chambers mitwirkt, keine negativen Szenen mit ihm. Daher wurde ein Film (*Zodiac Killer*) ausgewählt, in dem Chambers ebenfalls einen Police Detective spielt, für den aufgrund der Länge des Films jedoch auch negative Szenen vorhanden waren. Für alle Gruppen wurden Szenen aus dem entsprechenden Gesamtmaterial ausgewählt. Die den Probanden gezeigte Sequenz betrug jeweils ca. 8 Minuten[106]. Die Sequenzen enthielten sowohl Szenen mit dem relevanten Schauspieler als auch Szenen aus anderen Handlungssträngen der Serie.

7.6.2.2 Pretest der Filmstimuli

Durchführung: Im Rahmen einer Übung zum Marketing an der Universität des Saarlandes wurde im WS 2007/2008 ein Pretest der Filmstimuli durchgeführt, in dem die Valenz der Filmfiguren getestet wurde.

Die Tests wurden von 15 studentischen Interviewern durchgeführt. Jeder Interviewer erhielt Filmsequenzen von zwei der vier Filmkonditionen in Form einer CD-ROM und führte die Interviews mit studentischen Probanden durch. Die Probanden wurden von den Interviewern angesprochen und ihnen wurde erklärt, dass es sich um eine Untersuchung zum Thema „Fernsehen" handeln würde. Daraufhin wurde den Probanden einer der Filmausschnitte per Laptop präsentiert. Anschließend wurden sie gebeten, einen Fragebogen auszufüllen.

Die Ergebnisse der Auswertung für dieses Stimulusmaterial zeigten jedoch, dass signifikante Haupteffekte für *beide* unabhängigen Variablen vorlagen. Wie angestrebt, wurde die Filmperson in den „positiven" Filmen besser beurteilt als in den „negativen" Filmen (Haupteffekt der Valenz). Allerdings wurde der Polizist besser beurteilt als der Arzt (Haupteffekt der Rollen-Variable). Deskriptive Analysen zeigten, dass dies vor allem durch die Beurteilung der Gruppe 4 zustande kam, wo der Polizist sehr viel positiver beurteilt wurde als erwartet. Die gezeigten Szenen waren daher evtl. nicht stark oder nicht verständlich genug, um eine negative Beurteilung

---

[106] Da hier keine physiologischen Größen ermittelt wurden, ist die sekundengenaue Gleichheit in der Dauer der Filmsequenzen von geringerer Bedeutung. Die Filme unterscheiden sich nur geringfügig in der Dauer (erste Gruppe: 8:04 min, zweite Gruppe: 8:18 min, dritte Gruppe: 8:08 min, vierte Gruppe: 8:03 min).

hervorzurufen. Daraufhin wurde dieser Filmausschnitt neu gestaltet, indem die Szenen, die die negativen Assoziationen hervorrufen sollten, ein größeres Gewicht in dem Gesamtausschnitt bekamen. Dies enthielt eine Szene, in der der Polizist sich uneinig mit seinem Vorgesetzten ist, daraufhin eigenmächtig handelt und einen Verdächtigen gewaltsam festnimmt. Der Verdacht erweist sich dann jedoch als falsch – der Vorgesetzte, der erst weitere Beweis gefordert hatte, hatte Recht. Zusätzlich wurde eine Szene, in der der Polizist einen Unfall verursacht, so geschnitten, dass klarer wird, dass es sich dabei um einen vom Polizisten verschuldeten und sogar tödlichen Unfall einer unbeteiligten Frau handelt.

Mit dem veränderten Stimulus für Gruppe 4 wurden neue Probanden befragt. Dabei wurde auf eine Wiederholung des gesamten Pretests (d.h. aller Gruppen) verzichtet und stattdessen lediglich die Gruppe 4 neu erhoben. Da es sich hier um einen Pretest handelt, erschien diese Vorgehensweise aus ökonomischen Gründen gerechtfertigt. Für die Auswertung wurden die Daten der Probandengruppen 1-3 sowie die neuen Daten der Gruppe 4 verwendet.

Stichprobencharakteristika: Die vier Probandengruppen umfassen insgesamt n = 155 Probanden, die sich annähernd gleich auf die vier Filmgruppen verteilen: Gruppe 1 (Arztrolle/positiv): n = 39; Gruppe 2 (Arztrolle/negativ): n = 38; Gruppe 3 (Polizist/positiv): n = 39; Gruppe 4 (Polizist/negativ): n = 39. Im Anschluss an das Ansehen des Filmausschnitts wurden die Probanden nach dem Beruf der hier interessierenden Filmfigur gefragt. Alle Probanden konnten einen Beruf angeben, der der entsprechenden „Branche" entspricht (Nennungen wie Arzt, Assistenzarzt, Chirurg, Arzt im praktischen Jahr, bzw. Cop, Ermittler, Detective, Polizist, Kommissar, Kriminalbeamter). Die Probanden wurden auch nach der Klarheit ihres inneren Bildes dieser Filmfigur gefragt (fünfstufige Ratingskala); hier gaben n = 18 Probanden sehr geringe Werte (< 3) an. Diese Probanden, wurden aus der Stichprobe entfernt, da befürchtet werden muss, dass sie ihre Beurteilungen nicht auf die *spezifische* Filmperson bezogen, sondern anhand von Berufs*schemata* abgegeben haben.

Damit ergibt sich eine auszuwertende Stichprobe von n = 137, die aus n = 73 weiblichen und n = 63 männlichen Probanden besteht. Die Probanden sind im Mittel 23,64 Jahre alt (SD = 2,394).

Ergebnisse der Manipulation Checks der Filmstimuli: Die Valenz wurde über die Kompetenz des Filmcharakters operationalisiert. Auch für Items zur Vertrauenswürdigkeit sollen diese Tests durchgeführt werden. Verwendet wurden demnach Items zur Kompetenz der Filmperson („ist ein Experte", „kompetent", „sachkundig") sowie zur Vertrauenswürdigkeit der Filmperson („verlässlich", „aufrichtig", „vertrauenswürdig"). Da sich die Dimensionen in den vorangegangenen Studien gut bestätigt haben, wurde auf eine Hauptkomponentenanalyse verzichtet. Die Items wurden stattdessen pro Dimension zu Index-Variablen zusammengefasst (Mittelwertbildung). Mit dem entstandenen Kompetenz-Index (Cronbachs Alpha = 0,898) und dem Vertrauenswürdigkeits-Index (Cronbachs Alpha = 0,815) wurde der Manipulation Check durchgeführt.

Gerechnet wurde eine zweifaktorielle Varianzanalyse mit den unabhängigen Variablen „Rolle" (Arztserie vs. Krimi) und „Valenz" (positiv/negativ). Für die aV „Kompetenz" ergibt sich ein signifikantes Gesamtmodell mit $F(3, 132) = 51,433$, $p < 0,001$. Wie angestrebt ist in diesem Modell der Haupteffekt der Valenz signifikant: $F(1, 132) = 153,861$, $p < 0,001$. Die Mittelwerte weisen in die erwarteten Richtungen. Der Haupteffekt der Rolle ($F(1, 132) = 1,776$, $p = 0,185$) und der Interaktionseffekt zwischen Rolle und Valenz ($F(1, 132) = 1,998$, $p = 0,160$) ist jeweils nicht signifikant. Die Ergebnisse zeigen, dass bei der Beurteilung der Filmfigur nur die Valenzbedingung bedeutsam ist. Fiktionaler Arzt und Polizist (Variable: Rolle[107]) unterscheiden sich nicht signifikant in der Beurteilung der grundsätzlichen Kompetenz der Serienfigur.

Für die aV „Vertrauenswürdigkeit" ergibt sich ebenfalls ein signifikantes Gesamtmodell mit $F(3, 132) = 47,976$, $p < 0,001$. Wie angestrebt ist auch in diesem Modell der Haupteffekt der Valenz signifikant: $F(1, 132) = 142,352$, $p < 0,001$. Die Mittelwerte weisen in die erwarteten Richtungen. Der Haupteffekt der Rolle ($F(1, 132) = 0,115$, $p = 0,735$) und der Interaktionseffekt zwischen Rolle und Valenz ($F(1, 132) = 0,010$, $p = 0,921$) ist dagegen jeweils nicht signifikant.

Damit kann die Manipulation der Filmstimuli als gelungen angesehen werden.

7.6.2.3 Erstellung und Pretest des Werbestimulus

Zentrales Element der Werbeanzeige sollte ein Rollenbild des ausgewählten Schauspielers sein, das den Schauspieler in der Rolle des Arztes zeigt („weißer Kittel"). Als beworbenes Produkt wurde ein Schmerzmittel der Marke „Dolormin" ausgewählt, das in der Werbeanzeige durch eine Produktpackung und mit dem Slogan „Dolormin gegen Kopfschmerzen. Schnell und zuverlässig" abgebildet wurde. Erste Anzeigenversionen wurden $n = 3$ Probanden gezeigt; diese wurden gebeten, ihre Gedanken zu der Anzeige zu nennen, insbesondere die Gedanken in Bezug auf die gezeigte Werbeperson. Es stellte sich heraus, dass zwei Probanden die Anzeige in dem Sinne verstanden, dass die gezeigte Werbeperson das beworbene Kopfschmerzmittel selbst oft benötigt und deshalb empfiehlt (z.B. „sein Beruf ist bestimmt sehr stressig, deshalb hat er oft Kopfschmerzen und dagegen hilft Dolormin"). Daher wurde die erste Version verändert und unter das Bild des „Arztes" ein Bild einer „Patientin", die offensichtlich an Kopfschmerzen leidet, eingefügt (vgl. Abb. 14, vgl. Anhang 25). Diese Version wurde $n = 6$ anderen Probanden mit der Bitte um Äußerung ihrer Gedanken vorgelegt, die genannten Probleme ergaben sich hier nicht mehr.

In einem zweiten Schritt wurde die erstellte Werbeanzeige einem Manipulation Check für die Kongruenz der Filmrolle zur Werberolle bzw. der Filmrolle zum Produkt unterzogen. Der Pretest wurde in Form einer mündlichen Befragung mit $n = 51$ Probanden (männlich: $n = 19$, weiblich: $n = 32$) durchgeführt. Um den Erhebungsaufwand in diesem Pretest überschaubar zu halten, wurde

---

[107] Diese Variable „Rolle" wird im späteren Haupttest zur Variable „Kongruenz/Inkongruenz", wenn der Werbestimulus einbezogen wird.

dem jeweiligen Probanden nicht eine der ausgewählten Filmszenen als Film gezeigt, sondern ein kurzes „Storyboard" mit 4 Szenenbildern präsentiert. Nachdem sich der Proband diese Collage angesehen hatte, wurde eine offene Kontrollfrage nach dem richtigen Erkennen der Rolle des Schauspielers in dem zugrunde liegenden Film gestellt. Dazu wurde ein Portrait-Foto des Schauspielers gezeigt, aus dem keine der beiden Rollen ersichtlich war. Als Ergebnis dieser Kontrollfrage zeigte sich, dass lediglich ein Proband die Rolle (Beruf) der betreffenden Person in der Collage nicht erkannt hatte und als Antwort „arbeitet in der Verwaltung" anstatt Detective/Polizist/Kommissar angab. Bei den Auswertungen auf Fragen, die sich auf die fiktionale Rolle beziehen, wurde dieser Proband daher aus der Analyse ausgeschlossen.

Manipulation Check 1 (Filmrolle/Werberolle-Kongruenz): Den Probanden wurde das Bild des Schauspielers gezeigt, das für die Werbeanzeige vorgesehen war (ohne Produkt) und den Schauspieler in der Arztrolle zeigte. Die Probanden wurden gebeten, die Passung dieses Bildes zu der Rolle des Schauspielers in den gezeigten Szenen des Storyboards auf einer fünfstufigen Ratingskala zu bewerten. Eine zweifaktorielle Varianzanalyse über 2 (Kontext: Arztserie als kongruente Rolle vs. Krimiserie als inkongruente Rolle) x 2 (Valenz: positive vs. negative Rolle) Film-Gruppen ergab ein signifikantes Modell ($F(3, 46) = 46{,}846$, $p < 0{,}001$) mit einem signifikanten Haupteffekt für die Kongruenz: $F(1, 46) = 138{,}753$, $p < 0{,}001$. Die Mittelwerte weisen in die erwarteten Richtungen. Der Haupteffekt der Valenz ($F(1, 46) = 1{,}784$, $p = 0{,}188$) sowie der Interaktionseffekt zwischen Kongruenz und Valenz ($F(1, 46) = 0{,}003$, $p = 0{,}958$) erwiesen sich als nicht signifikant. Das ausgewählte Bild wird demnach, unabhängig von der Valenz der Filmfigur, als signifikant passender zur Arztserie als zur Krimiserie eingeschätzt.

Manipulation Check 2 (Filmrolle/Produkt-Kongruenz): Um zu überprüfen, ob das in der Werbeanzeige verwendete Produkt geeignet für die Manipulation im Haupttest ist, bewerteten die Probanden die Passung des Produkts (Kopfschmerzmittel) zur jeweiligen Filmrolle auf einer fünfstufigen Ratingskala. Eine 2x2-Varianzanalyse mit den genannten Gruppen zeigte ebenfalls ein signifikantes Modell ($F(3, 46) = 6{,}181$, $p = 0{,}001$) mit einem signifikanten Haupteffekt für die Kongruenz: $F(1, 46) = 14{,}257$, $p < 0{,}001$. Die Mittelwerte weisen in die erwarteten Richtungen. Der Haupteffekt der Valenz war wiederum nicht signifikant: $F(1, 46) = 2{,}599$, $p = 0{,}114$. Der Interaktionseffekt zwischen Kongruenz und Valenz ist ebenfalls nicht signifikant: $F(1, 46) = 1{,}857$, $p = 0{,}180$. Das Produkt „Medikament" wird demnach unabhängig von der Valenz der Rolle als passender zur Arztrolle als zur Kommissar-Rolle bewertet.

7.6.2.4 Erstellung und Pretest der Tarnstimuli

Um in Studie 4 den Untersuchungszweck besser kaschieren zu können, wurde eine „Coverstory" erfunden, die den Probanden im Haupttest als Untersuchungszweck vorgegeben wurde. Um Film und Werbeanzeige in zeitlicher Nähe präsentieren zu können, wurde als Medium das Internet ausgewählt, da hier die Kombination aus bewegten (Film-)Stimuli und statischen (Werbe-)Stimuli möglich ist und (zumindest auf vielen Internetseiten) realistischen Bedingungen entspricht. Die Verknüpfung des Ansehens von Film und Werbeanzeige sollte mit Hilfe einer Website für einen fiktiven DVD-Verleih ermöglicht werden. Die Auswahl des Themas „DVD-Verleih" als Coverstory ermöglichte es, sowohl für Filme als auch für TV-Serien den Untersuchungszweck zu tarnen, da auch die meisten TV-Serien mittlerweile als DVD erhältlich sind. Auch Werbeanzeigen sind auf solchen Webseiten gängig.

Die Stimulus-Website wurde unter dem fiktiven Markennamen „Meine.Filmwelt.de" präsentiert. Die Realitätsnähe der selbst erstellten Stimuli wurde im Rahmen eines Pretests überprüft. Die Probanden (n = 28) beurteilten die Aussage „Die Website könnte auch in Wirklichkeit so im Internet erscheinen" auf einer fünfstufigen Ratingskala. Es ergab sich ein Mittelwert von 3,82 bei einer Standardabweichung von 0,819, was als zufrieden stellendes Ergebnis betrachtet werden kann.

Folgende Coverstory wurde verwendet: Die Probanden sehen sich eine Website eines DVD-Verleihs an, der „ein neues Internet-Konzept beurteilen lassen will". Das „Konzept" des DVD-Verleihs besteht in der thematischen Zusammenstellung von Filmen, z.b. einer Zusammenstellung schönsten Oscar-Filme, der rasantesten Sportfilme, der besten Biographien etc. jeweils in einer Kollektion. Die Idee der Themenkollektion und die Inhalte der Website wurden für den Haupttest von einem real existierenden DVD-Verleih (www.lovefilm.de) übernommen. Auch die auf den Testseiten dargestellten Kurzbeschreibungen von Filmen stammen von dem realen Internetauftritt dieses realen DVD-Verleihs (LOVEFiLM.de 2008a, 2008b). Ein weiterer Bestandteil des „Konzepts" des fiktiven DVD-Verleihs ist das Angebot von kurzen Filmausschnitten, um vor der Ausleihe schon mal in den Film „hineinzuschnuppern". In diesem Rahmen konnten die Filmstimuli eingebunden werden.

Testdurchläufe mit den in den Webseiten eingebundenen Filmstimuli zeigten, dass Probanden die Filmausschnitte (ca. 8 Minuten) als zu lang empfanden. Daher wurden alle vier Filmsequenzen gekürzt. Um die Erkenntnisse des Pretests bzgl. der Beurteilung der Filmfigur und damit des Manipulation Checks, aufrecht erhalten zu können, wurden nur solche Szenen herausgeschnitten, die andere als die relevante Filmfigur zeigten und andere Handlungsstränge betrafen. Die neuen Versionen hatten eine Länge von ca. 4:30 Minuten. Während der Testläufe zeigte sich auch, dass einige Probanden die Möglichkeit nutzten, den Film „vorzuspulen" bzw. diesen abbrachen. Um dies für den Haupttest auszuschließen und ein einheitliches Priming zwischen allen Probanden zu gewährleisten, wurde die Aufforderung an die Probanden in die Instruktion aufgenommen, „den Filmausschnitt in voller Länge anzuschauen". Um die Probanden nicht „misstrauisch" zu machen, wurde ihnen gesagt, dass im späteren Fragebogen auch eine Frage dazu enthalten sein würde, ob ihnen der Ausschnitt zu lang/zu kurz vorgekommen wäre. Die genaue Instruktion der Probanden im Haupttest ist im Anhang 26 aufgeführt.

7.6.3 Vorgehen im Haupttest

7.6.3.1 Durchführung des Haupttests

Die Studie wurde im SS 2008 mit Studierenden der Universität des Saarlandes als Probanden durchgeführt. Die Probandengewinnung erfolgte im Rahmen einer Übung zum Marketing, bei der die Teilnehmer der Übung andere Studierende als Probanden ansprachen und sie zu einem Besuch im Testlabor baten. Den Teilnehmern wurde bei der Ansprache lediglich mitgeteilt, dass es sich um eine Studie handelt, bei der die Internetseite eines DVD-Verleihs beurteilt werden solle.

Tab. 37: Profil der Studie 4

Studie 4		
Erhebungsdesign	2x2 Gruppen (Kongruenz x Valenz)	Gruppe 1: Arztserie „Grey´s Anatomy" (+) Gruppe 2: Arztserie „Grey´s Anatomy" (-) Gruppe 3: Krimiserie „Cold Case" (+) Gruppe 4: Krimi „Zodiac Killer" (-) → jeweils: + Anzeige mit Justin Chambers
Stichprobenumfang	n = 205	$n_{Gruppe1}$ = 52, $n_{Gruppe2}$ = 49, $n_{Gruppe3}$ = 53, $n_{Gruppe4}$ = 51
Erhebungspersonen	2 Instrukteure und Betreuer bei der schriftlichen Befragung	
Stichprobenauswahl	studentische Probanden, Auswahl nicht-zufällig, durch Teilnehmer der Übung zum Marketing an der Universität des Saarlandes, SS 2008	
Ort der Erhebung	Laborräume des Instituts für Konsum- und Verhaltensforschung	
Durchführung	Präsentation des Stimulusmaterials per Laptop mit Kopfhörern, anschließende schriftliche Befragung	
Fallausschlüsse	n = 8 mögliche Verzerrungen im Priming-Prozess n = 2 Verständnisprobleme n = 13 Bemerken des Untersuchungszwecks	
Stichprobenumfang	n = 182	$n_{Gruppe1}$ = 46, $n_{Gruppe2}$ = 42, $n_{Gruppe3}$ = 45, $n_{Gruppe4}$ = 49

Im Testlabor angekommen, wurden die Probanden einem von vier Laptop-Plätzen zugewiesen; dabei konnte in drei Räumen getestet werden, wobei einer der Räume zwei Laptop-Plätze enthielt. In einem Raum waren maximal zwei Probanden gleichzeitig mit einem Testdurchlauf beschäftigt. Für das Ansehen des Filmausschnitts erhielten die Probanden Kopfhörer, um sich nicht gegenseitig zu stören.

Nach der Begrüßung wurde dem Probanden die Coverstory mitgeteilt. Anhand der „Startseite des DVD-Verleihs" wurde der Proband instruiert (vgl. die genaue Instruktion im Anhang 26). Anschließend beschäftigte sich der Proband mit der Website.

Ausgehend von der Startseite konnten drei Testseiten angeklickt werden. Auf der ersten verlinkten Testseite („Themenkollektion: Best of Oscar") war neben Beschreibungen von Ablenkungsfilmen eine Werbeanzeige (Marke FOSSIL) abgebildet, die als Tarnung eingefügt wurde, um bei späteren Fragen zur Werbung nicht sofort auf die Zielanzeige (Marke DOLORMIN) und damit den

Untersuchungszweck hinzuweisen. Die zweite verlinkte Testseite enthielt neben den Beschreibungen von Ablenkungsfilmen auch das zu zeigende Filmstimulusmaterial:

- Ein Teil der Probanden sah eine Website-Version mit der „Themenkollektion: Auf Leben und Tod – Ärzte" (vgl. Abb. 15). Der andere Teil der Probanden sah die „Themenkollektion: „Auf Leben und Tod – Cops" (vgl. Abb. 16).

Innerhalb dieser Themenkollektionen der zweiten Testseite fand der Proband einen Filmausschnitt (Filmstimulus) vor, da (laut Instruktion) „der DVD-Verleih seinen Kunden später auch gern kurze Ausschnitte aus den Filmen anbieten und dies hier testen lassen will". Der Proband sah sich diesen Filmausschnitt an und wurde so auf die entsprechende Rolle (Arzt vs. Polizist) gebahnt. Dies war auch der einzige Filmausschnitt, den man auf den Seiten anklicken konnte.

- Dabei wurden Untergruppen gebildet. Für die „Kollektion: Ärzte" wurden zwei Varianten erstellt: jeweils eine Version mit Verlinkung zum Film mit dem „Arzt" in der positiven Valenz vs. in der negativen Valenz. Jeder Proband wurde einer dieser Varianten zugeteilt. Bzgl. der „Kollektion: Cops" wurde ebenso verfahren.

Anschließend besuchte der Proband die dritte verlinkte Testseite mit einer weiteren Themenkollektion („Schlemmerkino: Filmische Leckereien") und Beschreibungen von Ablenkungsfilmen. Auf dieser Seite war rechts die Zielanzeige (Schauspieler als „Arzt" empfiehlt Medikament) abgebildet (vgl. Abb. 15 und 16).

Die Probanden wurden gebeten, die Reihenfolge der Testseiten so einzuhalten wie vorgegeben, um (laut Instruktion) „die Testergebnisse besser auswerten zu können". Tatsächlich diente diese Instruktion der Sicherstellung der Priming-Situation: zuerst sollte der Film, dann die Werbeanzeige wahrgenommen werden. Die Rezeptionsphase dauerte ca. 10 Minuten.

Im Anschluss an die Rezeptionsphase wurde den Probanden ein Fragebogen ausgehändigt, den sie selbst ausfüllen sollten. Im Fragebogen wurden diverse Fragen zum Website-Konzept und zu dem gesehenen Filmausschnitt eingestreut. Die Fragen zur Werbung wurden auf zweifache Weise getarnt: 1) Den Probanden wurde mitgeteilt, dass „der DVD-Verleih seine Angebote gern besonders kostengünstig anbieten will und daher einen Teil der Kosten durch Werbung refinanzieren möchte; daher wären auch Fragen zu möglichen Werbepartnern dabei". 2) Es wurde auch zu der anderen abgebildeten Anzeige (Marke FOSSIL) befragt[108]. Die Befragungsphase dauerte ca. 10 Minuten. Als Dankeschön erhielten die Probanden Süßwaren.

---

[108] Die Daten zur Ablenkungsanzeige werden hier nicht ausgewertet.

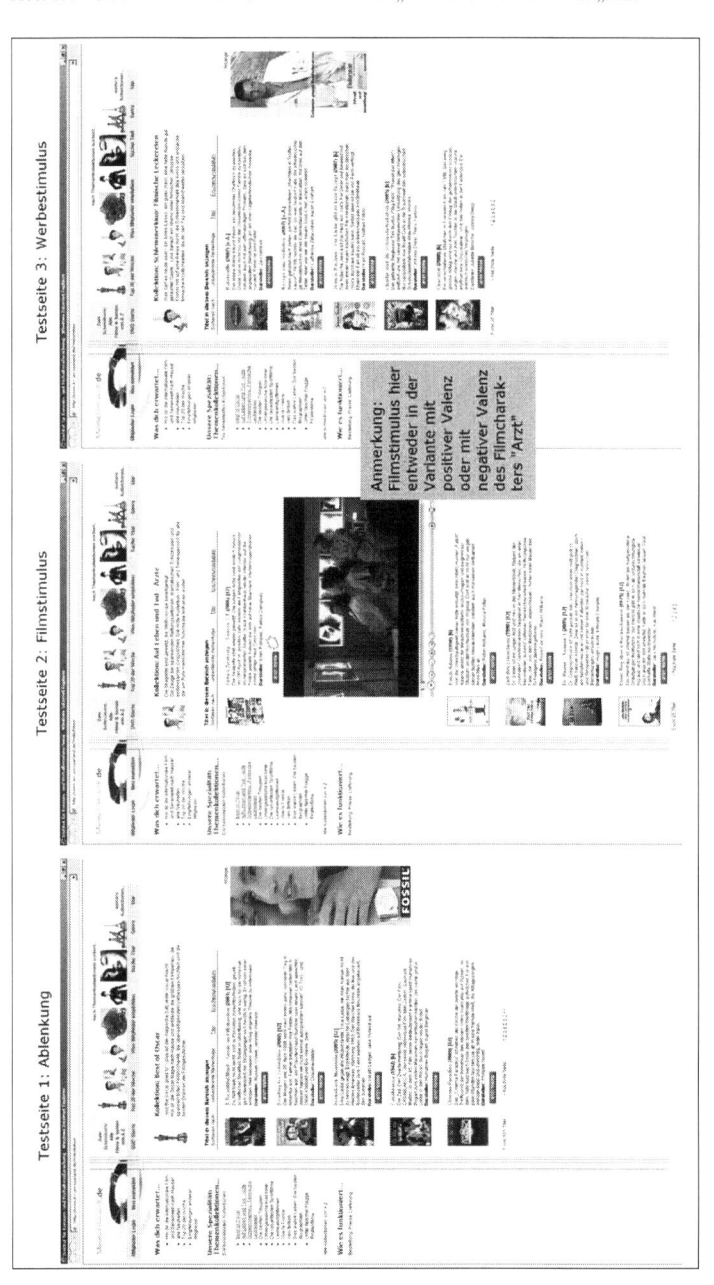

7.6 STUDIE 4: Bahnung durch Charaktervalenzen 207

Abb. 15: Studie 4: Internetseiten mit Filmstimulus „Arzt" und Werbestimulus „Arzt"

208 7 Empirische Untersuchungen

Abb. 16: Studie 4: Internetseiten mit Filmstimulus „Polizist" und Werbestimulus „Arzt"

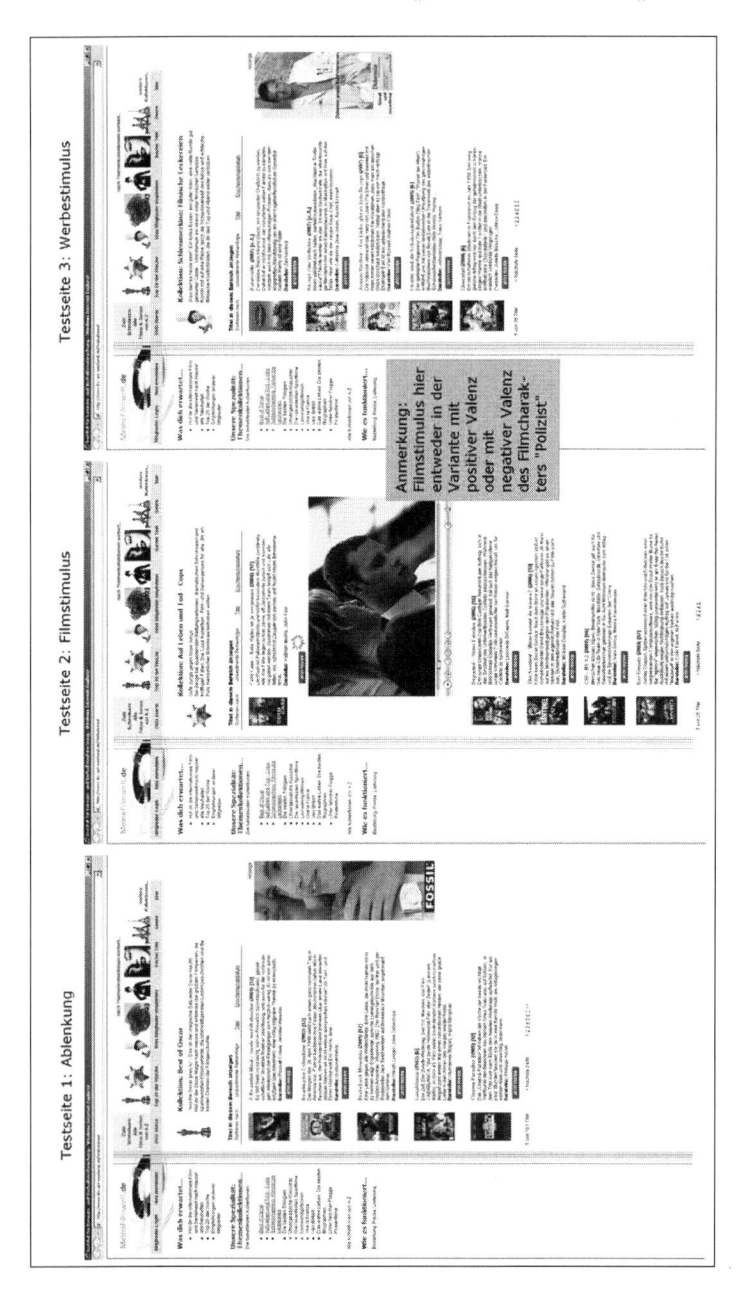

7.6.3.2 Stichprobe und Fallausschlüsse

An der Untersuchung nahmen insgesamt n = 205 Probanden teil. Einige Probanden hielten sich nicht an die Instruktion, die Webseiten in der vorgegebenen Reihenfolge anzusehen. Dies hatte zur Folge, dass n = 8 Probanden erst die Webseite mit der Zielwerbeanzeige und erst danach den Film ansahen. Diese Probanden wurden aus der Untersuchung ausgeschlossen. Zwei Teilnehmer hatten aufgrund geringer Deutschkenntnisse große Schwierigkeiten, den Fragebogen zu verstehen und wurden ebenfalls aus der auszuwertenden Stichprobe ausgeschlossen.

Mit einer offenen Frage am Ende des Fragebogens wurde erhoben, ob die Probanden den „wahren" Untersuchungszweck bemerkt hatten. Die Antworten wurden kategorisiert; als Demand-Artefakte wurden die Fälle betrachtet, die sich auf die Wirkung der konkreten Kombination von Filmperson und Werbeperson in dem Test bezogen. Dies traf auf n = 13 (6,3 %) Probanden zu, die aus der auszuwertenden Stichprobe entfernt wurden. Anhang 27 zeigt die Antworten der als Demand-Artefakte eingeordneten Fälle. Diese Fälle verteilen sich über alle vier Gruppen; es konnte kein signifikanter Unterschied zwischen den Stimulus-Gruppen festgestellt werden (χ^2 (3, n = 195) = 1,534, p = 0,674).

Die auswertbare Stichprobe umfasste daher n = 182 Probanden ($n_{weiblich}$ = 81, $n_{männlich}$ = 101). Es handelt sich um eine Stichprobe unter Studierenden im Alter von 19-40 Jahren, der Altersmittelwert beträgt 23,63 (SD = 2,506).

Aufgrund der starken Tarnung des eigentlichen Untersuchungszwecks – der Werbewirkung im fiktionalen Medienkontext – ist es natürlich, dass sich viele Probanden sehr auf das Ablenkungsmaterial – die Website und die dort präsentierten Ablenkungsfilme – und weniger auf die auf den Seiten präsentierten Werbeanzeigen konzentriert haben. Daher wurde erwartet, dass sich mehr Probanden als in den vorangegangenen Studien im Nachhinein nicht an die abgebildeten Werbestimuli erinnern konnten. Es zeigte sich, dass sich nach Recall und Recognition-Tests n = 112 Probanden an die Zielanzeige (Dolormin) erinnern konnten (61,5 %). Davon konnten sich 58,9 % bereits frei an den Markennamen erinnern (Recall „Dolormin"); 19,6 % nannten die richtige Produktkategorie (Recall „Arznei, Schmerzmittel, Tabletten, Medikament" etc.). Weitere 21,4 %, die sich im Recall nicht erinnert hatten, konnten sich nach dem Wiedererkennen in einer Liste verschiedener Markennamen (Recognition) an die Anzeige erinnern.

Die Verringerung des Aufmerksamkeitsfokus durch eine starke Coverstory geht jedoch zu Lasten der Effizienz der Erhebung. Die Probanden, die sich auch nach dem Recognition-Test nicht an die Werbeanzeigen (Ablenkungs- und Zielanzeige) erinnerten, „übersprangen" die folgenden Fragen zur Kompetenz und Vertrauenswürdigkeit der Werbeperson und Einstellung zur Werbeanzeige. Lediglich die Daten der n = 112 Fragebögen zur Zielanzeige gehen in die Hypothesenprüfung ein.

7.6.3.3 Operationalisierung

Beurteilung der Werbeperson: In Studie 2 und Studie 3 hat sich gezeigt, dass die Dimensionierung in Kompetenz und Vertrauenswürdigkeit eine stabile Einteilung ist. Um die aufwendige Coverstory nicht zu gefährden, wurden diese Dimensionen in Studie 4 jeweils nur mit einem Statement gemessen. Anhand von fünfstufigen Ratingskalen sollten die Probanden das Zutreffen der Statements „Die Werbeanzeige zeigt eine kompetente Werbeperson" und „Die Werbeanzeige zeigt eine vertrauenswürdige Werbeperson" beurteilen.

Einstellung zur Werbeanzeige: Die Einstellung zur Werbeanzeige wurde mit den Items „ansprechend", „sympathisch" und „einprägsam" erfasst, für deren Beurteilung den Probanden eine fünfstufige Ratingskala (Zutreffen) zur Verfügung stand. Die Messung der Werbeeinstellung fand im Anschluss an den Recognition-Test statt. Um nicht direkt auf die Zielanzeige hinzuweisen, wurden die Probanden gebeten, die Einstellungen zu den *von ihnen erinnerten* Werbeanzeigen anzugeben. Dadurch wurde den Probanden die Reihenfolge der Bewertung überlassen: erst FOSSIL, dann DOLORMIN, oder umgekehrt. Dazu standen 2 Itemblöcke bereit; die Probanden wurden gebeten, jeweils darüber den Namen der in der Anzeige beworbenen Marke einzutragen.

Für die verwendeten Items wurde in einer Hauptkomponentenanalyse ein übergeordneter Faktor ermittelt, der als „Einstellung zur Werbeanzeige" interpretiert wurde. Die Hauptkomponentenanalyse (n = 111) erbrachte zufriedenstellende Gütemaße: KMO = 0,698, alle MSA $\geq$ 0,652, alle Kommunalitäten $\geq$ 0,677, Eigenwert = 2,332, alle Faktorladungen > 0,823. Die erhaltene Komponente erklärt 77,732 % der Varianz und wurde zudem auf Außenkriteriumsvalidität hin geprüft. Es zeigte sich eine signifikante starke Korrelation (r = 0,666, p < 0,001) zwischen den Faktorwerten und den Werten des Außenkriteriums („Alles in allem, gefällt mir die Anzeige der Marke Dolormin sehr gut", fünfstufige Ratingskala, Zustimmen). Die Komponente wird mit ihren Faktorwerten in den folgenden Analysen verwendet.

Gefallen des Films (Kontrollvariable): Der Filmausschnitt sollte von den Probanden auf einer fünfstufigen Ratingskala (Zutreffen) anhand der Items „sehenswert", „einprägsam" und „unterhaltsam" beurteilt werden. Eine Hauptkomponentenanalyse (n = 112) erbrachte zufriedenstellende Gütemaße (KMO = 0,714, alle MSA $\geq$ 0,685, alle Kommunalitäten $\geq$ 0,697, Eigenwert = 2,254, alle Faktorladungen > 0,835) und verdichtete die Items auf einen übergeordneten Faktor, der 75,143 % der Varianz erklärt. Die als „Gefallen des Films" interpretierte Komponente weist eine starke Korrelation (r = 0,789, p < 0,001) mit einem ebenfalls operationalisierten Außenkriterium („Alles in allem hat mir der gezeigte Filmausschnitt sehr gut gefallen") auf. Die Variable wird mit ihren Faktorwerten verwendet.

Gefallen der Website (Kontrollvariable): Auch die Website wurde von den Probanden beurteilt (fünfstufige Ratingskala, Zutreffen). Dazu standen folgende Statements zur Verfügung: „Die Website ist sehr ansprechend gestaltet", „Es fiel mir leicht, mich zwischen den einzelnen Menü-Punkten zurechtzufinden", „Ich fand die Website sehr langweilig" (neg.), „Die Präsentation macht Lust darauf, sich Filme oder Serien auszuleihen", „Der DVD-Verleih hat mit den Themenkollektionen ein Konzept, das ich sehr ansprechend finde", „Ich suche mir DVDs lieber nach anderen Kriterien aus – die Themenkollektionen finde ich überflüssig". Diese 6 Statements gingen in eine Hauptkomponentenanalyse ein, bei der sich jedoch eine sehr geringe Kommunalität (0,377) und schwache Ladungen ($\leq$ 0,462) für das Statement „leichtes Zurechtfinden zwischen Menü-Punkten" ergab. Eventuell lag dies daran, dass aufgrund der Instruktion kein selbständiges Entdecken der Menü-Punkte möglich war, da die Probanden die Unterseiten in einer vorgegebenen Reihenfolge ansehen sollten. Dieses Statement wurde aus der Variablenauswahl entfernt. Eine erneut durchgeführte Hauptkomponentenanalyse (n = 110) erbrachte zufrieden stellende Werte (vgl. Tab. 38).

Es ergaben sich zwei Faktoren mit Eigenwerten > 1. Ein Faktor vereint die Items zum „Gefallen des Webdesigns" in sich, der andere die Items zur Beurteilung des Konzeptes der „Themenkollektionen". Die Benennung erfolgt entsprechend. Die Außenkriteriumsvalidität („Alles in allem hat mir die Website sehr gut gefallen") ist hoch für den ersten Faktor (r = 0,771, p < 0,001), jedoch schwach für den zweiten Faktor (r = 0,265, p < 0,001).

Tab. 38: Studie 4: Hauptkomponentenanalyse „Gefallen der Website"

Item	MSA	Kommunalität	Rotierte Komponenten	
			1	2
ansprechende Gestaltung	0,656	0,816	**0,903**	-0,008
langweilig	0,745	0,754	**-0,818**	0,291
macht Lust darauf, Filme auszuleihen	0,748	0,665	**0,779**	-0,242
Themenkonzept ansprechend	0,595	0,807	0,151	**0,885**
Themenkonzept überflüssig	0,654	0,768	-0,183	**-0,857**
KMO	0,684			
Eigenwert			2,669	1,141
Varianzanteil			42,952 %	33,237 %
Interpretation			„Webdesign"	„Themenkollektionen"

Extraktionsmethode: Hauptkomponentenanalyse, Rotation: Varimax, 3 Iterationen

Die Sympathie gegenüber dem Schauspieler (Kontrollvariable) wurde durch das Statement „Der Schauspieler ist mir sehr sympathisch" operationalisiert. Die Probanden gaben auf einer fünfstufigen Ratingskala an, wie stark diese Aussage auf sie zutrifft.

Das Produktinvolvement (Kontrollvariable) wurde durch das Statement „Aus meiner ganz persönlichen Sicht ist das Produkt „Kopfschmerzmittel" sehr wichtig" gemessen, für das die Probanden auf einer fünfstufigen Ratingskala ihre Zustimmung angaben.

7.6.3.4 Analyse von Kontrollvariablen

Wie in den vorangegangenen Studien, wurden die abhängigen Variablen der Hypothesen mit den Kontrollvariablen in Beziehung gesetzt, um mögliche signifikante Zusammenhänge zu ermitteln. Anhang 28 zeigt die Ergebnisse aller durchgeführten Tests der Kontrollvariablen; Tabelle 39 zeigt die signifikanten Resultate. Daraus ergeben sich Erweiterungen der Hypothesenmodelle aufgrund der Aufnahme von Kontrollvariablen als Kovariaten.

Tab. 39: Studie 4: Kontrollvariablen in den Hypothesentests

Hypothese	aV	zusätzlich aufzunehmende Kontrollvariablen/Kovariaten	Zusammenhänge mit aV
H2a/H5	Kompetenz der Werbeperson	Gefallen des Webdesigns Schauspieler sympathisch Produktinvolvement	$r = 0{,}227$, $p = 0{,}018$ $r = 0{,}238$, $p = 0{,}011$ $r = 0{,}196$, $p = 0{,}042$
H2b	Vertrauenswürdigkeit der Werbeperson	Gefallen des Webdesigns Schauspieler sympathisch	$r = 0{,}291$, $p = 0{,}002$ $r = 0{,}360$, $p < 0{,}001$
H3	Einstellung zum Werbemittel	Gefallen des Webdesigns Schauspieler sympathisch Produktinvolvement	$r = 0{,}301$, $p = 0{,}001$ $r = 0{,}418$, $p < 0{,}001$ $r = 0{,}255$, $p = 0{,}008$

7.6.4 Ergebnisse von Studie 4

Die Hypothese H5 vermutet einen Haupteffekt für die Kongruenz zwischen Medienkontext und Werbung (entsprechend H2) und einen Interaktionseffekt zwischen Kongruenz und Valenz. Die Hypothese wurde mit einer Kovarianzanalyse getestet, da die oben genannten Kontrollvariablen als Kovariaten in das Hypothesenmodell aufzunehmen sind. Die Hypothese wurde für die abhängige Variable „Kompetenz der Werbeperson" abgeleitet.

7.6.4.1 Ergebnisse zur Kompetenz der Werbeperson

Für die abhängige Variable „Kompetenz der Werbeperson" ergab sich ein signifikantes Gesamtmodell mit $F(6, 99) = 3{,}813$, $p = 0{,}002$. Die Annahme der Varianzhomogenität ist erfüllt: Levene $F(3, 102) = 0{,}979$, $p = 0{,}406$. Die Abbildung 17 veranschaulicht die Effekte von Kongruenz und Valenz. Vermutet wurde ein Interaktionseffekt, der dazu führt, dass durch negative Filmrollen die Kompetenz der Werbeperson abgewertet wird, jedoch nur in der Kongruenzbedingung. Die Daten zeigen jedoch, dass die Werbeperson bei negativen Filmrollen in beiden Kontextbedingungen schlechter beurteilt wird. Die Hypothese H5 kann nicht bestätigt werden; es zeigt sich kein Interaktionseffekt zwischen Kongruenz und Valenz: $F(1, 99) = 0{,}020$, $p = 0{,}888$.

Stattdessen bestätigt sich der in den vorangegangenen Studien gefundene Haupteffekt der Kongruenz zwischen Mediencharakter und Werbecharakter: Der Haupteffekt der Kongruenz ist signifikant: $F(1, 99) = 4{,}867$, $p = 0{,}030$. Werbecharaktere, die im Umfeld eines kongruenten Mediencharakters präsentiert werden, werden als kompetenter beurteilt (angepasstes Mittel 3,184, M = 3,13, SD = 1,104) als Werbecharaktere, die im Umfeld eines inkongruenten Mediencharakters gezeigt werden (angepasstes Mittel = 2,708, M = 2,76, SD = 1,159).

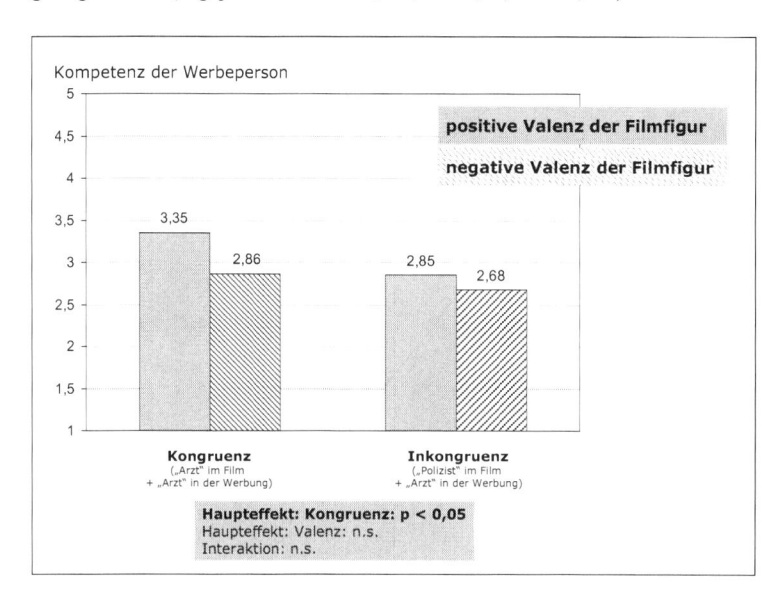

Abb. 17: Studie 4: Graphische Darstellung der Ergebnisse der Hypothese H5

Die Abbildung 17 lässt auch vermuten, dass sich die Valenz der Darstellung von Mediencharakteren auf den Werbecharakter überträgt. Die Mittelwerte zeigen, dass positive Mediencharaktere – unabhängig von der Kongruenzsituation – tendenziell zu positiveren Kompetenzurteilen des Werbecharakters führen als negative Mediencharaktere. Dieser Effekt ist jedoch nicht signifikant: $F(1, 99) = 1,941$, $p = 0,167$.

Außerdem wirkt das Gefallen der Website als signifikanter Einflussfaktor auf die abhängige Variable ein. Je besser die Website gefällt, desto positiver fällt die Beurteilung des Werbecharakters auf einer innerhalb dieser Website geschalteten Werbeanzeige aus (Regressionskoeffizient = 0,273). Der Einfluss der dem Schauspieler entgegengebrachten Sympathie auf die Kompetenzbeurteilung des Werbecharakters ist auf dem 5 %-Niveau nicht signifikant ($F(1, 99) = 3,807$, $p = 0,054$, Regressionskoeffizient = 0,270). Das Produktinvolvement ist in diesem Modell nicht signifikant.

Im Ergebnis muss Hypothese H5 für die Kompetenz der Werbeperson abgelehnt werden. Die Ergebnisse bestätigen jedoch den in den vorangegangenen Studien gefundenen Effekt der Kongruenz auf die Kompetenz der Werbeperson und damit Hypothese H2a.

Tab. 40: Studie 4: Ergebnisse der Prüfung der Hypothese H5

Valenz		Mittelwerte (SD)	Teststatistiken (ANCOVA)	Hypothese
aV: Kompetenz der Werbeperson				
Kongruenz	positiv	3,35 (1,093)	Kongruenz: $F(1, 99) = 4,867, p = 0,030$	
	negativ	2,86 (1,082)	Valenz:	
	Gesamt	3,13 (1,104)	$F(1, 99) = 1,941, p = 0,167$	
Inkongruenz	positiv	2,85 (1,134)	Kongruenz x Valenz: $F(1, 99) = 0,020, p = 0,888$	H2a ✓
	negativ	2,68 (1,194)		H5 ✗
	Gesamt	2,76 (1,159)	Kovariate Gefallen des Webdesigns: $F(1, 99) = 6,028, p = 0,016$	
Gesamt	positiv	3,09 (1,131)	Kovariate Schauspieler sympathisch: $F(1, 99) = 3,807, p = 0,054$	
	negativ	2,75 (1,142)		
	Gesamt	2,92 (1,144)	Kovariate Produktinvolvement: $F(1, 99) = 1,557, p = 0,215$	

✓ Unterstützung für die Hypothese, ✗ Ablehnung der Hypothese

7.6.4.2 Ergebnisse zur Einstellung zur Werbeanzeige

Für die Einstellung zur Werbeanzeige zeigte eine erste Kovarianzanalyse keinen Effekt der Valenz und auch keinen Interaktionseffekt zwischen Valenz und Kontext an ($F \leq 0,982$, ps $> 0,324$). Daher wurde die Valenz als unabhängige Variable hier ausgeklammert und stattdessen die Hypothese H3 geprüft, um die hier gefundenen Ergebnisse mit denen der vorangegangenen Studien vergleichen zu können. In das Modell wurden drei Kovariaten aufgenommen (vgl. Abschnitt 7.6.3.4).

Tab. 41: Studie 4: Ergebnisse der Prüfung der Hypothese H3

aV	angepasste Mittelwerte je Medienkontext-Bedingung	Teststatistiken (ANCOVA)	Hypothese
Einstellung zur Werbeanzeige	kongruent: 0,155	Haupteffekt Kongruenz: $F(1, 101) = 2,118, p = 0,149$ Kovariate Gefallen des Webdesigns: $F(1, 101) = 6,613, p = 0,012$	H3 ✗
	inkongruent: -0,104	Kovariate Schauspieler sympathisch: $F(1, 101) = 14,954, p < 0,001$ Kovariate Produktinvolvement: $F(1, 101) = 3,354, p = 0,070$	

✓ Unterstützung für die Hypothese, ✗ Widerspruch zur Hypothese

Das Gesamtmodell ist signifikant mit $F(4, 101) = 9{,}264$, $p < 0{,}001$. Die Annahme der Varianzhomogenität ist erfüllt: Levene $F(1, 104) = 0{,}232$, $p = 0{,}631$. Die Varianzerklärung entsteht vorwiegend durch die Kovariaten „Sympathie gegenüber dem Schauspieler" (Regressionskoeffizienz = 0,431), „Gefallen des Webdesigns" (Regressionskoeffizient = 0,237) sowie tendenziell durch das Produktinvolvement (Regressionskoeffizient = 0,120). Der Hauptteffekt der Kongruenz ist nicht signifikant: $F(1, 101) = 2{,}118$, $p = 0{,}149$. Die Hypothese H3 muss daher abgelehnt werden.

7.6.4.3 Weitere Erkenntnisse aus Studie 4

Produktinvolvement: In Studie 3 hat sich gezeigt, dass das Produktinvolvement ein Moderator fiktionaler Nachwirkungen sein kann. Auch in der vorliegenden Studie wurde das Produktinvolvement gemessen. Es zeigte sich, dass das Produktinvolvement insgesamt gering ausgeprägt ist. Für das verwendete Item ergab sich ein Mittelwert von 2,29 (SD = 1,280). Häufigkeitsauswertungen zeigen, dass 81% der Probanden die Werte 1-3 auf einer fünfstufigen Ratingskala angegeben haben. Die Verteilung zwischen gering- und hoch-involvierten Probanden ist demnach sehr ungleich, was gegen eine Aufnahme als Moderator spricht. Der Vollständigkeit halber, wurde das Produktinvolvement (z-standardisiert, anschließend in eine nominale Variable transformiert) jedoch als Moderator in das Modell der abhängigen Variable „Kompetenz der Werbeperson" aufgenommen. Das Gesamtmodell ist weiterhin signifikant ($F(5, 100) = 4{,}213$, $p = 0{,}002$). Varianzhomogenität ist gegeben (Levene $F(3, 102) = 0{,}717$, $p = 0{,}544$). Der Hauptteffekt der Kongruenz ist weiterhin signifikant mit $F(1, 100) = 5{,}182$, $p = 0{,}025$ und höheren Mittelwerten für die Kongruenzbedingung. Der Hauptteffekt des Produktinvolvements ist nicht signifikant ($F(1, 100) = 1{,}890$, $p = 0{,}172$). Der hier interessierende Interaktionseffekt ist ebenfalls nicht signifikant: $F(1, 100) = 0{,}008$, $p = 0{,}927$. Die oben beschriebenen Kovariaten „Gefallen des Webdesigns" und „Schauspieler sympathisch" zeigen hier ähnliche Einflüsse wie im oben beschriebenen Modell.

Vertrauenswürdigkeit der Werbeperson: Die Hypothese H5 wurde für die Kompetenz der Werbeperson als abhängige Variable abgeleitet. Zudem ist von Interesse, wie sich Kongruenz und Valenz auf die Vertrauenswürdigkeit der Werbeperson auswirken. Hier zeigen sich weder Haupt- noch Interaktionseffekte der manipulierten Variablen (vgl. Anhang 29). Stattdessen wird die Vertrauenswürdigkeit der Werbeperson im großen Maße von der dem Schauspieler entgegengebrachten Sympathie beeinflusst. Je sympathischer der Schauspieler empfunden wird, desto vertrauenswürdiger wird der Schauspieler als Werbeperson eingeschätzt (Regressionskoeffizient = 0,353). Auch ein stärkeres Gefallen der Website trägt dazu bei, dass die auf der Website zu sehenden Werbepersonen vertrauenswürdiger beurteilt werden (Regressionskoeffizient = 0,211). Wie in den vorangegangenen Studien zeigt sich kein Effekt der Kongruenz auf die Vertrauenswürdigkeit der Werbeperson (H2b abgelehnt).

Zusammenhänge zwischen den abhängigen Variablen: Die Beurteilung der „Kompetenz der Werbeperson" und die „Einstellung zur Werbeanzeige" korrelieren signifikant und stark miteinander ($r = 0{,}624$, $p < 0{,}001$). Die Korrelation zwischen der Beurteilung der „Vertrauenswürdigkeit der Werbeperson" und der „Einstellung zur Werbeanzeige" ist von mittlerer Intensität (r = 0,538, p < 0,001).

Erinnerung: Die Teilung der Aufmerksamkeit zwischen Umfeld- und Werbestimuli hat den Vorteil, dass damit Erinnerungsdaten valider als bei zenrierter Aufmerksamkeit analysiert werden können. In den vorangegangenen Studien wurde auf eine Analyse der Erinnerungsdaten verzichtet. Auf der Basis des hier verwendeten realitätsnäheren Designs kann ermittelt werden, ob sich die gebildeten Gruppen hinsichtlich der Erinnerung an die Zielanzeige unterscheiden. Diese Fragestellung zum Einfluss von Kongruenz auf die Erinnerung lehnt sich an bisherige Medienkontextstudien an (vgl. Abschnitt 3.1.4). Im vorliegenden Fall konnten keine signifikanten Gruppenunterschiede festgestellt werden. Probanden, die die Anzeige im kongruenten Medienkontext gesehen hatten, konnten sich nicht besser an die Anzeige erinnern als Probanden, die die Anzeige im inkongruenten Kontext gesehen hatten: $\chi^2(1, n = 182) = 1,604$, $p = 0,205$.

7.6.5 Validität und Reliabilität der Ergebnisse

Die Verwendung der Coverstory hat die Demand-Artefakte in Grenzen gehalten. Den Untersuchungszweck bemerkten 6,3 % der Befragten. Nachteilig ist jedoch die Ineffizienz der Erhebung, weil sich wegen der Aufteilung der Aufmerksamkeit auf Umfeldstimuli und Werbung (was positiv ist, weil es realistischeren Bedingungen entspricht) ein hoher Drop-Out durch geringe Erinnerung ergibt.

Die Tarnung des Untersuchungszwecks führte auch dazu, dass Kontrukte, die vorher mit umfangreichen Skalen gemessen wurden, hier mit kompakten Messungen abgebildet wurden. Bei Nutzung der Itembatterien für die Beurteilung der Werbeperson wäre – trotz Coverstory – die Aufmerksamkeit der Probanden wiederum auf diesen Aspekt gelenkt worden. Daher wurden die Konstrukte „Kompetenz" bzw. „Vertrauenswürdigkeit der Werbeperson" in Studie 4 lediglich mit jeweils einem Statement erfasst. Für diese Messung mittels Einzelitems spricht weiterhin, dass die in den Studien 2 und 3 durchgeführten Faktorenanalysen diese beiden Dimensionen gezeigt haben. Auch die Tatsache, dass sich die Ergebnisse im Vergleich zu Studie 2 und 3 ähneln (Effekt für Kompetenz, kein Effekt für Vertrauenswürdigkeit) spricht dafür, dass durch Messung mit einzelnen Items keine wesentlichen Nachteile entstanden sind. Die mit mehreren Items gemessenen Konstrukte weisen eine zufrieden stellende Konstruktreliablität auf (vgl. Tab. 42).

Tab. 42: Studie 4: Reliabilität der Messung der Konstrukte

Konstrukt	Cronbachs Alpha (Itemanzahl)
Einstellung zum Werbespot	0,848 (3 Items)
Gefallen des Films	0,834 (3 Items)
Gefallen des Webdesigns	0,808 (3 Items)
Gefallen des Themenkonzepts	0,735 (2 Items)

Zudem wurde überprüft, ob der Zeitpunkt der Erhebung einen Einfluss auf die abhängigen Variablen ausübt. Die Daten zum Beginn (Uhrzeit) der Befragung wurden zu zwei Gruppen klassiert. Hier zeigten sich für keine der getesteten Variablen Reliabilitätsprobleme (t-Werte ≤ 1,601, p jeweils ≥ 0,112, vgl. Anhang 30).

Desweiteren wurde auf Einflüsse durch den Instrukteur getestet. Im Zeitraum der Erhebung dienten zwei Personen als Leiter der jeweiligen Experimentaldurchgänge, die die Probanden hinsichtlich der Aufgabenstellungen (Ansehen der Website, etc.) instruierten (vgl. die genaue Instruktion im Anhang 26). Ein Instrukteur führte den Großteil der Experimentaldurchgänge (n = 102) durch, der andere diente als „Vertretung" (n = 10). Daher besteht bei einem Vergleich das Problem der sehr ungleichen Gruppengrößen. Daher wurden aus der Menge der Fälle, die von Instrukteur 1 betreut worden sind, drei Zufallsstichproben mit je n = 10 gezogen und mit den Fällen verglichen, die von Instrukteur 2 betreut worden sind. Dazu wurden drei Mann-Whitney-Tests durchgeführt. Die Ergebnisse sind jeweils nicht signifikant (p ≥ 0,105, vgl. Anhang 31). Die Befragung selbst fand als schriftliche Befragung mit einem standardisierten Fragebogen statt; hier sind Interviewereinflüsse daher unwahrscheinlich.

7.6.6 Diskussion der Ergebnisse von Studie 4

Ziel der Studie 4 war es, die Hypothese zum Einfluss der Charaktervalenzen auf die Werbewirkung zu überprüfen. In der theoretischen Diskussion wurde von einem Haupteffekt der Rollenkongruenz zwischen fiktionalem Mediencharakter und Werbecharakter ausgegangen. Zusätzlich wurde ein Interaktioneffekt vermutet: Bei negativ dargestellten fiktionalen Mediencharakteren sollte sich der Kongruenzeffekt abschwächen.

Die empirischen Ergebnisse bestätigen den Haupteffekt der Rollenkongruenz für die abhängige Variable Kompetenz der Werbeperson (Bestätigung von H2a). Der vermutete Interaktionseffekt (H5) konnte dagegen nicht bestätigt werden. Stattdessen weisen die Mittelwerte darauf hin, dass in *beiden* Kongruenzbedingungen eine geringere Kompetenzbewertung erfolgt, wenn durch den Medienkontext negative fiktionale Charakterinformationen zugänglich sind. Dieser Haupteffekt der Valenz ist jedoch nicht signifikant.

Die vorliegenden Ergebnisse zum Haupteffekt der Rollenkongruenz auf die Kompetenz der Werbeperson können als weitere Validierung fiktionaler Nachwirkungen in der Werbung angesehen werden. Wie in den bisherigen Studien wurde auch hier eine Demand-Artefakt-Kontrolle durchgeführt, um Verzerrungen des Effekts ausschließen zu können. Alle Probanden sahen den Werbeschauspieler auch in den Filmstimuli (jedoch in unterschiedlichen Rollen mit unterschiedlicher Valenz); dadurch kann auch ein Mere-Exposure Effekt als alternative Erklärung ausgeschlossen werden.

In Studie 4 wurde das Stimulusmaterial im Vergleich zu den anderen Studien gewechselt: Während die vorhergehenden Studien deutschstämmige Programmstimuli verwenden, wurde Studie 4 auf der Basis amerikanischer Programmstimuli durchgeführt. Damit ist der Haupteffekt der Rollenkongruenz auf die Wirkung von Werbecharakteren zumindest auf andere, ähnlich gestaltete Stimuli (Arzt- und Kriminal-Programme) verallgemeinerbar.

Wie in den Studien 2 und 3 zeigte sich der Effekt der Rollenkongruenz nur für die Variable „Kompetenz der Werbeperson", nicht jedoch für die Variable „Vertrauenswürdigkeit der Werbeperson" (Ablehnung von Hypothese H2b). Die dem Werbecharakter entgegengebrachte Vertrauenswürdigkeit wird stattdessen eher von affektiven Variablen wie der dem Schauspieler entgegengebrachten Sympathie oder dem Gefallen des Programms bestimmt. Letzteres gilt auch für die Einstellung zur Werbeanzeige.

Studie 4 wurde im Vergleich zu den vorangegangenen Studien unter veränderten Wahrnehmungsbedingungen durchgeführt. „Erzwungen" war der Kontakt mit dem Filmstimulus, für den Werbestimulus bestimmten die Probanden selbst, wie intensiv sie sich damit auseinandersetzen. Dies führte dazu, dass ein Großteil der Probanden sich nicht an die Zielanzeige erinnern konnte. Die Erhebung ist demnach recht ineffizient hinsichtlich der Messung von *Beurteilungsvariablen*. Mit diesem Ergebnis konnten jedoch Tests auf Unterschiede zwischen den Kongruenzgruppen bzgl. der *Erinnerung* durchgeführt werden. Die Ergebnisse reihen sich in die Medienkontextstudien ein, die keine Erinnerungseffekte gefunden haben (vgl. Moorman 2003, S. 24). Die Werbeanzeige wird im kongruenten Medienkontext nicht signifikant besser erinnert als im inkongruenten Medienkontext.

8 Resümee

8.1 Zusammenführung der theoretischen und empirischen Erkenntnisse

Die vorliegende Arbeit beschäftigt sich mit der Frage, ob sich fiktionale *Charakter*bedeutungen in die Werbung hinein übertragen lassen. Dazu wurden die psychologischen Prozesse analysiert, die dem Glauben von Aussagen im Allgemeinen und von fiktionalen Aussagen im Besonderen zugrunde liegen. Es wurde der Annahme des sog. Spinozanischen Systems gefolgt, nach dem mit der Repräsentation von fiktionalen Aussagen eine inhärente Akzeptanz dieser Aussagen erfolgt. Nur wenn das Individuum die Motivation aufbringt, die Aussagen zu überdenken, wird die inhärente Akzeptanz korrigiert oder bestätigt. Empirische Ergebnisse weisen darauf hin, dass sich diese Annahmen mit der menschlichen Informationsverarbeitung besser vereinbaren lassen als die Annahmen des sog. Cartesianischen Systems. Die Erklärung der inhärenten Akzeptanz hat zudem den Vorteil, dass sie sich mit den weiteren, speziell für den Bereich der fiktionalen *Charaktere* präsentierten Modellen (Personenbeurteilung, Attribution) gut vereinbaren lässt. Dieser Ansatz scheint die verschiedensten Phänomene zu erklären (Heuristiken wie Verfügbarkeit, Zugänglichkeit und Repräsentativität, kategorienbasierte Personenbeurteilung, Fundamentaler Attributionsfehler) – Phänomene, die zunächst unterschiedlich erscheinen, jedoch alle auf mentalen Abkürzungsstrategien basieren (vgl. Gilbert, Tafarodi und Malone 1993, S. 231).

In Bezug auf fiktionale Medieninhalte führt dies zu einem von zwei „großen" Erklärungsmustern fiktionaler Einflussnahme. Danach lassen sich fiktionale Einflüsse durch unsystematische Informationsverarbeitungsprozesse erklären. Es wurde vermutet, dass durch eine Inkongruenzsituation zwischen Programm und Werbung die Motivation zum Überdenken erhöht wird, während sie bei Kongruenz zwischen Programm und Werbung gering ist. Diese Annahme wurde auf die Beurteilung eines Werbecharakters, der sich auf einen fiktionalen Mediencharakter bezieht, angewandt. Den Schwerpunkt der Arbeit bildete dabei die Betrachtung der **Beurteilung von Werbecharakteren**. Insgesamt wurde vermutet, dass Werbecharaktere, für die durch einen Medienkontext inhaltlich *kongruente* fiktionale Charakterinformationen zugänglich sind, als kompetenter und vertrauenswürdiger beurteilt werden, als wenn zum Werbecharakter durch den Medienkontext inhaltlich *inkongruente* fiktionale Charakterinformationen zugänglich sind.

Die empirischen Ergebnisse zeigen weitgehend Bestätigung für diese Hypothese an. In Studie 1 fanden sich hinsichtlich einzelner Beurteilungseigenschaften erste Hinweise auf einen Kongruenzeffekt, in den folgenden Studien 2, 3 und 4 wurde ein aufgrund des Designs der Studie 1 möglicher Mere-Exposure-Effekt als alternative Erklärung ausgeschlossen. Die Hypothese kann allerdings lediglich für eine der identifizierten Beurteilungsdimensionen bestätigt werden: Für die Kompetenz der Werbeperson zeigen sich konsistente Ergebnisse über die Studien 2, 3 und 4 hinweg. Zu beachten ist jedoch das Produktinvolvement der Probanden. In den Studien 2 und 4 war das Produktinvolvement allgemein gering ausgeprägt, es zeigten sich fiktionale Einflüsse auf die Werbewirkung. Studie 3 umfasste eine Stichprobe, für die ein breiter gestreutes Produktinvolvement vorlag. Hier zeigte sich ein Interaktionseffekt in der Form, dass sich die Rollenkongruenz lediglich im Fall geringen Produktinvolvements positiv auf die Kompetenzbeurteilung der Werbeperson auswirkt. Hohes Produktinvolvement wurde als Motivation zum Überdenken fiktionaler Einflüsse interpretiert und führt dazu, dass sich der fiktionale Einfluss in der Kongruenzbedingung auflöst.

Dagegen konnten keine signifikanten Einflüsse durch die Rollenkongruenz auf die Vertrauenswürdigkeit der Werbeperson ermittelt werden. Die Analyse von Kontrollvariablen ergab, dass die Vertrauenswürdigkeit von anderen, vorwiegend affektiven Variablen beeinflusst wird, z.B. von der dem Schauspieler entgegengebrachten Sympathie oder dem Gefallen des Programms.

Einen weiteren Aspekt dieser Arbeit bildeten die Aktivierungs- und Einstellungswirkungen auf Werbespots bzw. Werbeanzeigen, in denen quasi-fiktionale Werbecharaktere auftreten. **Aktivierungswirkungen** einer fiktionalen Bezugnahme in der Werbung wurden in den Studien 1 und 2 empirisch ermittelt. Dazu wurde vermutet, dass ein Werbespot mit einem Werbecharakter, für den durch einen Medienkontext inhaltlich *kongruente* fiktionale Charakterinformationen zugänglich sind, eine höhere phasische Aktivierungsreaktion erzeugt, als ein Werbespot, für dessen Werbecharakter durch den Medienkontext inhaltlich *inkongruente* fiktionale Charakterinformationen zugänglich sind. Die empirischen Ergebnisse in den Studien 1 und 2 bestätigen diese Vermutung. Auch hier konnte ein eventueller Mere-Exposure-Effekt in Studie 1 durch ein verändertes Design in Studie 2 ausgeschlossen werden.

Für die **Einstellung zum Werbemittel** als abhängiger Variable wurde ebenfalls ein positiver Effekt der Medienkontext-Kongruenz im Vergleich zur Inkongruenz angenommen. Diese Hypothese musste jedoch in allen durchgeführten Studien abgelehnt werden. Es existieren keine direkten Effekte der Kongruenz auf die Einstellung zum Werbemittel. Stattdessen zeigten sich in den meisten Studien Effekte der Beurteilung der Werbeperson auf die Einstellung zum Werbemittel.

In Kapitel 4 wurde ein zweites Erklärungsmuster fiktionaler Nachwirkungen vorgestellt, das auf dem Prozess des Hineinversetzens in fiktionale Welten basiert – der sog. „**Transportation**"-Prozess. Transportation beschreibt die Intensität des fiktionalen Erlebens. In diesem Zusammenhang wurde vermutet, dass Transportation die positive Beurteilung von Werbecharakteren im kongruenten fiktionalen Medienkontext verstärkt. Die empirischen Ergebnisse zeigen jedoch, dass Transportation im vorliegenden Anwendungsfall keinen Einfluss auf die Wirkung von Werbung mit fiktionalem Bezug ausübt. Stattdessen scheinen die unsystematischen Verarbeitungsprozesse aufgrund geringer Motivation zum Überdenken für die fiktionalen Einflüsse in den hier verwendeten Medien- und Werbereizen verantwortlich zu sein.

Darüber hinaus betont die Medienkontextforschung die Bedeutung des sog. affektiven Priming. Daher wurde angenommen, dass durch ein affektives Priming, d.h. durch **unterschiedliche Valenz des Mediencharakters** die vermutete Wirkung des kongruenten Medienkontexts auf die Beurteilung des Werbecharakters moderiert wird. Vermutet wurde, dass in einem kongruenten Medienkontext die Beurteilungen des Werbecharakters positiver sind, wenn der zuvor präsentierte Mediencharakter positiv dargestellt wurde, als wenn der Mediencharakter negativ dargestellt wurde. Für einen inkongruenten Medienkontext wurde dagegen keine Veränderung der Beurteilung des Werbecharakters durch die positive/negative Darstellung des Mediencharakters erwartet. Dieser Interaktionseffekt der Hypothese ließ sich in Studie 4 nicht bestätigen. Stattdessen wurde wieder der in Hypothese H2a vermutete Haupteffekt der Rollenkongruenz auf die Beurteilung des Werbecharakters als kompetent gefunden.

Tab. 43: Überblick über die empirischen Ergebnisse

Studieninhalte	Ergebnisse	
Studie 1		
Bahnung durch passende und unpassende Mediencharaktere; EDR-Messung; 2 Fallbeispiele (A, B)	Fallbeispiel A „Arzt"	Fallbeispiel B „Kommissar"
H1: Aktivierungswirkung		
aV: Summenamplitude des Werbespots	✓	✓
H2: Transfereffekt		
aV: Werbecharakter ... sachkundig	✓	✓
erfahren	✗	✓
erfolgreich	✓	✗
glaubhaft	✗	✓
aufrichtig	✗	✗
H3: Einstellungswirkung		
aV: Begeisterungspotential des Werbespots	✗	✗
aV: Informationsgehalt des Werbespots	✗	✗
Studie 2		
Bahnung durch kongruente und inkongruente Charakterbedeutungen; EDR-Messung; Validierung von Studie 1 durch Ausschluss eines Mere-Exposure-Effekts	Stimulus „Arztserie" vs. Stimulus „Krimiserie"	
H1: Aktivierungswirkung		
aV: Summenamplitude des Werbespots	✓	
Erweiterung: Match zwischen Serienthema und Produktkategorie, ohne Berücksichtigung fiktionaler Charakterbedeutungen	nicht signifikant, Aktivierungswirkung nicht allein auf den Match „Serienthema mit Produktkategorie" zurückführbar (✓)	
H2: Transfereffekt		
H2a: „Kompetenz der Werbeperson"	✓	
H2b: „Vertrauenswürdigkeit der Werbeperson"	✗	
H3: Einstellungswirkung		
aV: Einstellung zum Werbemittel	✗	

Studieninhalte	Ergebnisse
Studie 3	
Bahnung durch kongruente und inkongruente Charakterbedeutungen; Messung von „Transportation"	Stimulus „Arztserie" vs. Stimulus „Krimiserie"
H2: Transfereffekt	
H2a: „Kompetenz der Werbeperson"	✗
H2b: „Vertrauenswürdigkeit der Werbeperson"	✗
Erweiterung H2:	
Test für gering involvierte Probanden	
(vergleichbar mit Studie 2)	
H2a: „Kompetenz der Werbeperson"	✓
H2b: „Vertrauenswürdigkeit der Werbeperson"	✗
Erweiterung H2:	Interaktionseffekt:
Produktinvolvement als Moderatorvariable	Kongruenz x Produktinvolvement
H2a: „Kompetenz der Werbeperson"	✓
H2b: „Vertrauenswürdigkeit der Werbeperson"	✗
H4: Moderation durch Transportation	für alle Transportation-Variablen
aV: „Kompetenz der Werbeperson"	✗
H3: Einstellungswirkung	
aV: Einstellung zum Werbemittel	✗
Studie 4	
Bahnung durch kongruente und inkongruente Charakterbedeutungen und positive/negative Charaktervalenzen; Verringerung von Demand-Artefakten und Aufmerksamkeitsfokus durch starke Coverstory	Stimulus „Arztserie" vs. Stimulus „Krimiserie"; jeweils positive vs. negative Charakterbedeutungen
H2: Transfereffekt	
H2a: „Kompetenz der Werbeperson"	✓
H2b: „Vertrauenswürdigkeit der Werbeperson"	✗
H5: Moderation durch Charaktervalenz	
aV: „Kompetenz der Werbeperson"	✗
H3: Einstellungswirkung	
aV: Einstellung zum Werbemittel	✗
Erweiterung:	
Erinnerungswirkung zw. Kongruenz/Inkongruenz	nicht signifikant

✓ Hypothese empirisch bestätigt ($p \leq 0{,}05$, zweiseitig)
✗ Hypothese abgelehnt

In den vorliegenden Studien wurden viele alternative Erklärungen für die gefundenen Effekte ausgeschlossen, um die interne und teilweise die externe Validität der Ergebnisse zu optimieren. In allen Studien wurden diverse Kontrollvariablen erhoben und gegebenenfalls in die Hypothesenmodelle aufgenommen. Mit den Studien 2, 3 und 4 wurde ein in Studie 1 möglicher Mere-Exposure-Effekt ausgeschlossen. In allen Studien wurde versucht, Demand-Artefakte zu verhindern bzw. deren verzerrende Wirkung möglichst auszuschließen. Studie 3 prüfte die Effekte anhand einer Stichprobe anderer Zusammensetzung. Es zeigten sich für Probanden mit geringem Produktinvolvement konsistente Ergebnisse. In Studie 4 wurde anderes Stimulusmaterial verwendet als in den vorhergehenden Studien. Hier zeigte sich der Haupteffekt auf die Kompetenz der Werbeperson in konsistenter Weise. Studie 4 fand zudem unter abgemilderten Forced exposure-Bedingungen statt.

Zwei Aspekte der Medienkontextforschung wurden als Erweiterung berücksichtigt – die thematische Kongruenz zwischen Medienkontext und Produkt sowie die Erinnerung an zum Medienkontext kongruente Werbung. In Studie 2 wurde untersucht, ob die Kongruenz zwischen Filmthema und Produktkategorie auch allein (also ohne Beteiligung fiktionaler Charaktere) zu den vermuteten Aktivierungseffekten führt. Die Ergebnisse legen nahe, dass die Film-Produkt-Kongruenz zumindest nicht allein für die Aktivierungswirkung verantwortlich ist, sondern dass zumindest eine Kombination aus Filmthema, Charakter und Produkt erforderlich für die gefundenen Effekte zu sein scheint. Dieses Ergebnis kann auch als Antwort darauf interpretiert werden, warum die hier durchgeführten Studien signifikante Effekte gefunden haben, während dies bei vielen bisherigen Medienkontextstudien nicht der Fall ist. Die Kongruenz zwischen Programm und Werbung in Bezug auf die *fiktionalen Charaktere* scheint ein wichtiger Einflussfaktor zu sein. Inwiefern die Kongruenz bzgl. der fiktionalen Charaktere sogar allein für die Effekte verantwortlich ist, müssen zusätzliche Studien klären. Allerdings scheint die Kongruenz bzgl. der fiktionalen Charaktere für Erinnerungswirkungen nicht relevant zu sein. Hier reiht sich die vorliegende Studie in die bisherigen Medienkontextstudien ein, die keine Erinnerungsunterschiede zwischen den Kongruenzbedingungen finden konnten.

8.2 Weiterer Forschungsbedarf

Im Folgenden soll auf offene Forschungsfragen im Bereich des Einflusses fiktionaler Medieninhalte auf die Wahrnehmung und Beurteilung von darauf bezogenen Marketingmaßnahmen eingegangen werden. Dabei werden zunächst Fragen zu methodischen Aspekten der in dieser Arbeit durchgeführten Untersuchungen näher beleuchtet. In einem späteren Abschnitt wird auf weitere inhaltliche Forschungsfragen hinsichtlich der Werbung im Umfeld fiktionaler Mediencharaktere eingegangen. Schließlich sind auch verwandte Forschungsfragen hinsichtlich der anderen, hier nur angerissenen Marketingmaßnahmen mit fiktionalem Bezug (Product Placement, Merchandising, durch Fiktionen induzierter Tourismus) zu nennen.

8.2.1 Methodische Aspekte und Operationalisierungsmöglichkeiten

Innerhalb dieses Abschnitts wird auf folgende Problembereiche und mögliche Lösungen eingegangen: Methode des Priming, Abhängigkeit von realem Stimulusmaterial, Demand-Artefakte, Aufschlüsselung von Kongruenzaspekten, Messung der Beurteilung des Werbecharakters als Indikator für fiktionale Nachwirkungen, quasi-experimentelle Designs, Manipulation von Moderatoren sowie Übertragbarkeit der Ergebnisse.

Methode des Priming, Abhängigkeit von realem Stimulusmaterial, Alternativen: Im Rahmen dieser Arbeit wurde mittels Priming-Experimenten versucht, die Nachwirkungen fiktionaler Charakterbedeutungen zu untersuchen. Ein wesentlicher Vorteil bei der Durchführung des Priming ist die Schaffung kontrollierter Bedingungen für das Experiment: Alle Probanden kommen mit denselben fiktionalen Charakterinformationen in Kontakt. Zudem folgt diese Arbeit damit den Paradigmen der Kultivierungs- und Transportation-Studien, die – um Ursache-Wirkungs-Rückschlüsse ziehen zu können – ebenfalls mit Priming fiktionaler Medieninhalte arbeiten. Ein wesentlicher Nachteil der Priming-Methode im Bereich fiktionaler Nachwirkungen ist die Abhängigkeit von realem Stimulusmaterial, wenn auf Bewegt-Bilder (TV, Werbespots) zurückgegriffen werden soll. Obwohl sich in der Werbepraxis zahlreiche Beispiele für die Bezugnahme von Werbespots auf fiktionale Inhalte finden lassen, ist es aufgrund der Anforderungen an das Experimentaldesign dennoch oft schwierig, geeignetes Material für Kongruenzexperimente zu finden. Um einen Mere-Exposure-Effekt als alternative Erklärung für fiktionale Nachwirkungen (vgl. Studie 1 vs. Studie 2) auszuschließen, ist es notwendig, den Schauspieler im Medienkontext in verschiedenen Rollen zu zeigen, die jedoch keine Konfundierungen (z.b. durch unterschiedliche Beurteilung bereits bei den fiktionalen Figuren) erzeugen dürfen.

Jenzowsky und Friedrichsen (1999, S. 271) empfehlen als optimalen Ausweg die eigene Produktion von Werbespots für Untersuchungen, räumen aber zugleich ein, dass dies einen „bedeutenden technischen und finanziellen Aufwand (…) mit sich bringt" und sich zudem „eine geringere Glaubwürdigkeit aufgrund der mangelnden Professionalität des selbst produzierten Materials einstellen" kann. Dies trifft insbesondere auf den Bewegtbild-Bereich (Werbe*spots*) zu. Ungenügend auf den Medienkontext abgestimmte Werbespots senken die interne Validität in Kongruenzexperimenten, schlechte selbst produzierte Werbung senkt die externe Validität eines solchen Experiments. Mit selbstproduzierter Werbung ließe sich deshalb die interne Validität von Experimenten erhöhen, gleichzeitig würde jedoch die externe Validität vermindert (vgl. Jenzowsky und Friedrichsen 1999, S. 271). Die Erstellung eigenen Materials kann dagegen recht gut im Bereich der Printwerbung erfolgen, so dass im Rahmen dieser Arbeit in Studie 4 auf dieses Werbemedium zurückgegriffen wurde.

Priming ist jedoch nur eine Form der Operationalisierung fiktionaler Nachwirkungen. Denkbar wäre auch, auf ein Priming des fiktionalen Medieninhalts zu verzichten und die Erhebung zum Experimentalspot mit einem Schauspieler bei solchen Probanden durchzuführen, bei denen sichergestellt werden kann, dass sie den Schauspieler in einer bestimmten Rolle kennen. Möglich wäre dies besonders bei Serienschauspielern, die – zumindest für einen gewissen Zeitraum – auf eine bestimmte Rolle festgelegt sind. Die Rekrutierung der Probanden mit Kenntnis über diese Rolle könnte beispielsweise in Serien-Foren im Internet durchgeführt werden. Damit könnten auch Erweiterungen der Fragestellung wie der Einfluss parasozialer Beziehungen zu Seriencharakteren auf die Werbewirkung der entsprechenden Schauspieler einbezogen werden (vgl. Abschnitt 8.2.2). Weitere Studien können hier ansetzen.

Demand-Artefakte, alternative Messmethoden zur Vermeidung: Als ein wesentliches Problem bei der Untersuchung fiktionaler Nachwirkungen wurden Demand-Artefakte angesprochen. Es wurde argumentiert, dass das Erkennen des Untersuchungszwecks dazu führen kann, dass der Proband sich des möglichen fiktionalen Einflusses bewusst wird, so dass dieser nicht mehr valide gemessen werden kann. Im Rahmen der hier durchgeführten Studien wurde versucht, dem Einfluss von Demand-Artefakten auf die Ergebnisse a priori (vor allem durch Ablenkungsreize, Coverstories) und a posteriori (Ausschluss von Probanden, die den Untersuchungszweck bemerkt hatten) zu begegnen. Die Nutzung von Ablenkungsreizen hat sich dabei als geeignet erwiesen und führt zudem zu realistischeren Rezeptionsbedingungen, weil Probanden nicht nur mit den Experimentalstimuli, sondern auch mit anderen Umfeldstimuli in Kontakt kommen. In Studie 4 wurde eine starke Coverstory verwendet, die sich ebenfalls als geeignet zur Verminderung von Demand-Artefakten erwiesen hat. Allerdings hat eine starke Coverstory den Nachteil eines hohen Drop-Outs, weil sich die Probanden durch die starke Ablenkung nicht an die Experimentalstimuli (Werbespot) erinnern können und daher auch nicht zu ihrer Beurteilung von Werbespot-Elementen (Werbecharakter) befragt werden können. In weiteren Studien bieten sich daher Messverfahren an, die simultan mit der Rezeption durchgeführt werden können – ähnlich wie dies hier in Studie 1 und Studie 2 durch die Messung der elektrodermalen Reaktion erfolgt ist. Wird Stimulusmaterial unter abgemilderten Forced-exposure-Bedingungen, d.h. unter realistischeren Bedingungen präsentiert (wie die Werbereize in Studie 4), so ist eine Kontrolle notwendig, ob die Probanden den jeweiligen Stimulus tatsächlich (bewusst oder unbewusst) wahrgenommen haben (z.B. durch Aufzeichnung des Blickverlaufs). Denkbar ist auch, implizite Assoziationen und Einstellungen zu erfassen (vgl. Fazio und Olson 2003) oder zu untersuchen, ob die unbewusste (z.B. später nicht erinnerte Wahrnehmung) des Werbereizes einen Einfluss auf die mit fiktionalen Stimuli beworbene Marke ausübt (vgl. Vorgehensweise bei Shapiro 1999).

Im Rahmen der hier durchgeführten Studien wurden solche Probanden, die den Untersuchungszweck erkannt hatten, aus der weiteren Analyse ausgeschlossen. Für spätere Studien wäre es interessant zu untersuchen, welche Persönlichkeitsmerkmale Konsumenten aufweisen, die fiktionaler Einflüsse eher bzw. weniger gewahr werden (vgl. Allen 2004, S. 71) und welche Reaktionen die Bewusstmachung bei Konsumenten hervorruft. Denkbar wären Reaktanzreaktionen, aber auch positive Reaktionen im Sinne von „das ist ja eine kreative Idee". Solche Reaktionen wurden hier nicht gemessen. Zur Erfassung solcher bewusster Reaktionen auf fiktionale Einflüsse ist ein sehr realitätsnahes Design erforderlich, um nicht die Motivation während des Experiments (gute vs. negativistische Versuchsperson), sondern reale Reaktionen über das Experiment hinaus (positive Reaktion vs. Reaktanz) zu messen (vgl. Allen 2004, S. 69).

Aufschlüsselung von Effekten zur Kongruenz: Aus Sicht der Medienkontextforschung lässt sich der Einwand anbringen, dass die hier verwendeten Stimuli Kongruenz in zweifacher Hinsicht erzeugt haben: Erstens ist die Rolle des Schauspielers in Fiktion und Werbung ähnlich (Arzt und Werbeauftritt ähnlich einem Arzt), zweitens passt das Produkt zu dieser Rolle (Arzt und Medikament). Daher ist streng genommen nicht eindeutig ersichtlich, welcher dieser Kongruenzaspekte zu den höheren Kompetenzurteilen geführt hat oder ob dieser Effekt nur durch die Kombination beider Kongruenzaspekte zustande kommt. Das Problem der zweifachen Kongruenz stellt sich aufgrund der Verwendung der Kompetenz des Werbecharakters als abhängige Variable, weil dabei die Erkenntnisse der Match Up-Theorie berücksichtigt wurden. In den hier vorliegenden Studien wurde jeweils die Kombination *beider* Aspekte (Rolle und Produkt passen zur Fiktion) mit der Inkongruenz bzgl. *beider* Aspekte (Rolle und Produkt passen nicht zur Fiktion) verglichen (vgl. Abb. 18, grau hinterlegt). Diese Fälle wurden als die realitätsnäheren und damit für die praktische Verwendung relevanteren Fälle angesehen. Weil der Werbeinhalt für sich gesehen Sinn machen muss, wurde auf die Operationalisierung von Bedingungen verzichtet, die die Darstellung eines Werbecharakters in einer fiktionalen Rolle mit einem dazu unpassenden Produkt verknüpfen. Weitere Studien könnten jedoch mit erweiterten experimentellen Designs (vgl. Abb. 18) versuchen, diese Effekte aufzuschlüsseln, um zu beantworten, ob auch das Produkt allein bzw. die Darstellung der fiktionalen Rolle allein zu einer besseren Werbewirkung führt. Hier muss jedoch wiederum die Abhängigkeit von realem Stimulusmaterial bzw. die Notwendigkeit der eigenständigen Gestaltung *realitätsnahen* Stimulusmaterials betont werden.

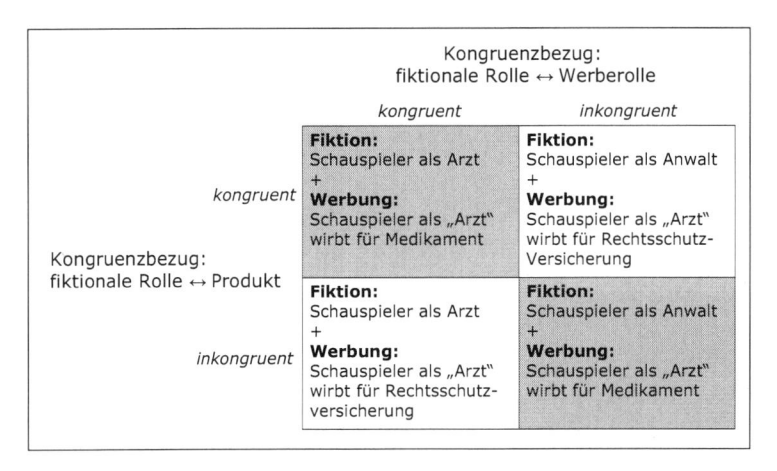

		Kongruenzbezug: fiktionale Rolle ↔ Werberolle	
		kongruent	inkongruent
Kongruenzbezug: fiktionale Rolle ↔ Produkt	kongruent	**Fiktion:** Schauspieler als Arzt + **Werbung:** Schauspieler als „Arzt" wirbt für Medikament	**Fiktion:** Schauspieler als Anwalt + **Werbung:** Schauspieler als „Arzt" wirbt für Rechtsschutz-Versicherung
	inkongruent	**Fiktion:** Schauspieler als Arzt + **Werbung:** Schauspieler als „Arzt" wirbt für Rechtsschutzversicherung	**Fiktion:** Schauspieler als Anwalt + **Werbung:** Schauspieler als „Arzt" wirbt für Medikament

Abb. 18: Mögliches erweitertes Experimentaldesign zur Aufschlüsselung von Effekten
Quelle: Eigene Darstellung

Messung der Beurteilung des Werbecharakters als Indikator für fiktionale Nachwirkungen: Diese Arbeit untersucht fiktionale Nachwirkungen unter Marketinggesichtspunkten. Dementsprechend wurden insbesondere mit der Beurteilung der Kompetenz des Werbecharakters ein Maß verwendet, die sich eng an die bekannten Werbewirkungsmaße anlehnt und als besonders wichtiges Werbewirkungsmaß im Bereich der Celebrity Endorser-Wirkung identifiziert wurde (vgl. Amos, Holmes und Strutton 2008). Wirbt ein aus einem kongruenten Medienkontext bekannter Schauspieler, dann wurde für ihn eine höhere Kompetenz als Werbeperson vermutet, weil sich die aus dem Medieninhalt gebahnten Charakterbedeutungen über den Medieninhalt hinaus in der Werbung fortsetzen. Die Kompetenz wurde daher als ein indirektes Maß für den Bedeutungstransfer verwendet. Weitere Studien könnten versuchen, den Transfer von anderen Persönlichkeitseigenschafen direkt zu messen. Dazu könnten Persönlichkeitseigenschaften des fiktionalen Charakters aus dem Medieninhalt gemessen und mit den Persönlichkeitseigenschaften des Schauspielers als Werbeperson (z.B. auch für ein kongruenz-neutrales, d.h. weder besonders passendes noch unpassendes Produkt) verglichen werden. Bestünde in der Beurteilung zwischen der Charakterpersönlichkeit in Fiktion und Werbung ein hoher Fit, dann wäre dies ein direkter Indikator für den Transfer von fiktionalen Bedeutungen. Die direkte Messung des Transfers von Persönlichkeitseigenschaften hat zudem den Vorteil, dass ganz unterschiedliche Dimensionen der Persönlichkeit berücksichtigt werden können, auch solche, die sehr viel stärker im affektiven Bereich der Beurteilung angesiedelt sind als die hier verwendeten Kompetenzbeurteilungen (vgl. Choi und Rifon 2007, allerdings untersucht am Beispiel von Sportlern). Auf ähnliche Weise könnte die Messung der Markenpersönlichkeit (z.B. Aaker 1997) einbezogen werden, um herauszufinden, ob sich die fiktionalen Bedeutungen auch auf das Produkt/die Marke übertragen (vgl. Stufe 3 im Meaning Transfer-Modell von McCracken (1989)). Im Rahmen der hier vorliegenden Ergebnisse beeinflussten die Kompetenzvorteile nicht direkt die Beurteilung der Marke, sondern wurden über die Einstellung zum Werbemittel an die Marke weitergegeben. Ein wesentlicher Nachteil einer *direkten Messung* ist jedoch die Gefahr der Verzerrung durch das Bemerken des Untersuchungszwecks, da sowohl zu der fiktionalen Person als auch zur Werbeperson eine ganze Batterie an Items abgefragt werden müsste. Auch hierfür müssten in weiteren Studien Lösungsvorschläge erarbeitet werden. Möglich wäre, von der verbalen Messung fiktionaler Nachwirkungen abzurücken und verstärkt auf projektive Verfahren zu setzen (vgl. Gröppel-Klein und Königstorfer 2007). Beispielsweise könnten mit Hilfe der sog. Collagetechnik die Assoziationen von Konsumenten zu Schauspielern (die in fiktionalen Rollen in der Werbung auftreten) visualisiert werden (vgl. Gröppel-Klein und Königstorfer 2007, S. 546).

Quasi-experimentelle Designs, Manipulation von Moderatoren: Studie 3 hat die Bedeutung des Produktinvolvements als Moderator fiktionaler Nachwirkungen aufgezeigt. In weiteren Studien sollte daher auch diese Variable manipuliert werden. Dabei muss eine Möglichkeit gefunden werden, Produktinvolvement zu manipulieren, ohne die Aufmerksamkeit der Probanden auf den Experimentalspot und damit auf den Experimentalzweck zu lenken. Ähnliches gilt für das Konstrukt „Transportation", das in Studie 3 als unabhängige Variable gemessen anstatt manipuliert wurde. Allerdings wurden innerhalb der hier durchgeführten Studien keine Einflüsse durch Transportation gefunden.

Übertragbarkeit der Ergebnisse: Die hier vorliegenden Erkenntnisse wurden auf der Basis verschiedener Stimuli und Stichproben gewonnen: Die in Studie 1 als Stimulus verwendete TV-Serie *Dr. Sommerfeld* wurde in Studie 2 und 3 an jeweils anderen Stichproben getestet. Die Ergebnisse der Studien 1 und 2 wurden mit einer jüngeren, studentischen Stichprobe der Universität Frankfurt (Oder) bzw. Universität des Saarlandes gewonnen. In Studie 3 wurde eine Stichprobe älterer Konsumenten gezogen; die Ergebnisse aus Studie 2 konnten hier nicht für die gesamte Stichprobe, sondern nur für Probanden mit geringem Produktinvolvement repliziert werden. Es lässt sich vermuten, dass die jüngeren Probanden aus den Studien 1 und 2 ebenfalls ein geringes Produktinvolvement aufwiesen (Gesundheitsprodukt: Magnesiumtabletten), was als Hinweis auf die Übertragbarkeit der Ergebnisse auf andere Stichproben unter bestimmten Bedingungen (Produktinvolvement) interpretiert werden kann. Obwohl sich die Berücksichtigung des Produktinvolvements gut in die in Kapitel 3 vorgestellten Erklärungen fiktionaler Einflüsse einfügt, bleibt jedoch zu untersuchen, inwieweit tatsächlich das Produktinvolvement oder aber das Alter der Probanden der moderierende Faktor ist.

Es wurde versucht, die Robustheit der Ergebnisse zu untermauern, indem in Studie 4 andere Serienstimuli verwendet wurden. Die Ergebnisse zum Haupteffekt der Rollenkongruenz auf die Kompetenz der Werbeperson sind konsistent zu den anderen Studien. Daher kann vermutet werden, dass die Ergebnisse nicht nur auf die hier vorliegenden Stichproben und ausgewählten Programmstimuli beschränkt sind. Zu prüfen bleibt jedoch, ob sich die hier für Arzt- und Krimiserien gezeigten Effekte auch auf fiktionale Medieninhalte anderer Genres (z.B. Komödien, Drama, Familienserien etc.) übertragen lassen.

8.2.2 Inhaltliche Aspekte der Werbung im Umfeld fiktionaler Mediencharaktere

Verschiedene inhaltliche Fragestellungen sind innerhalb dieser Arbeit offen geblieben, und ausgewählte Aspekte sollen im Folgenden diskutiert werden. Dabei wird auf Fragestellungen bzgl. der zugrunde liegenden Wirkungsprozesse, der fiktionalen Medieninhalte, Charaktere und Schauspieler, der Werbung, der beworbenen Produkte bzw. Marken sowie auf Platzierungsfragen eingegangen.

Weitere zu erforschende Wirkungsprozesse: Als Erklärung für fiktionale Nachwirkungen in der Werbung wurde auf die inhärente Akzeptanz im Falle geringer Motivation zum Überdenken eingegangen. Das hier gewählte Forschungsdesign stellt jedoch – trotz der aufwendig versuchten Ablenkungen – ein Forced exposure-Design dar. Dies könnte die Motivation zum Überdenken künstlich erhöht haben. In der Realität wird das Fernsehen jedoch oft als „Nebenbei-Medium" verwendet – der Fernseher läuft im Hintergrund, man widmet sich ganz anderen Dingen (vgl. Gerhards und Klingler 2006, S. 78). Angesichts der hier geschilderten Forschungsergebnisse der kognitiven Psychologie, nach denen gerade in solchen Ablenkungssituationen fiktionale Einflüsse wahrscheinlicher werden, sollte in weiteren empirischen Studien untersucht werden, wie Werbung mit fiktionalem Bezug wirkt, wenn entweder das fiktionale Programm oder die darauf bezogene Werbung oder beide nur „nebenbei" wahrgenommen werden. Folgt man der Annahme der inhärenten Akzeptanz, dann könnten in diesem Fall fiktionale Nachwirkungen sogar stärker ausfallen als die hier gewonnenen Ergebnisse vermuten lassen.

Im Rahmen dieser Arbeit wurden zwei grundsätzliche Erklärungen für fiktionale Nachwirkungen angesprochen: die inhärente Akzeptanz von Informationen im Falle geringer Motivation zum Überdenken sowie das Erleben von Transportation bei der Rezeption fiktionaler Medieninhalte. Der erste Ansatz betrachtet einen eher passiven, der letztere Ansatz einen engagierteren „Fiktions-Konsumenten". Daraus lässt sich für zukünftige Studien ableiten, dass die Analyse fiktionaler Nachwirkungen und deren Nutzung in der Werbung zwischen den Extremen der passiven und aktiven Verarbeitung von fiktionalen Medieninhalten angesiedelt werden kann. In der Literatur finden sich weitere Vorschläge für Fiktionen zugrunde liegende Wirkungsprozesse, die hier nicht näher berücksichtigt wurden. Darunter lassen sich Ansätze finden, die ebenfalls auf den Annahmen unsystematischer Informationsverarbeitung basieren (Sleeper-Effekt, Quellengedächtnis, Auffüllen von Gedächtnislücken) sowie ein Ansatz, der einen sehr aktiven Fiktionskonsumenten unterstellt (parasoziale Beziehungen).

- Sleeper Effekt: Die vorliegende Arbeit mit den darin durchgeführten Studien behandelt kurzfristige Effekte, die nach dem Priming mit fiktionalen Medieninhalten entstehen. Es wurde gezeigt, dass fiktionale Informationen über die Grenzen des fiktionalen Formats hinweg nachwirken können. Offen bleibt jedoch die Frage nach der Langlebigkeit dieser Effekte. Neben kurzfristigen Effekten (vgl. für einen Überblick Green, Garst und Brock 2004) werden in anderen Arbeiten auch langfristige Effekte fiktionaler Nachwirkungen untersucht, die durch den sog. „Sleeper-Effekt" (Hovland und Weiss 1951-1952) entstehen. Mit dem Sleeper-Effekt wird vermutet, dass Botschaften aus unglaubwürdigen Quellen (z.B. fiktionalen Quellen) erst mit einer Zeitverzögerung zu einer Einstellungsänderung führen, weil Konsumenten vergessen, dass die Quelle der Botschaft unglaubwürdig war (vgl. Gröppel-Klein und Germelmann 2006, S. 127). Appel und Richter (2007) konnten zeigen, dass die Akzeptanz fiktionaler Informationen im Zeitablauf (von zwei Wochen) sogar ansteigt. Inwieweit dies auch für die Nachwirkung von fiktionalen Informationen in der Werbung gilt, ist eine empirisch zu untersuchende Fragestellung.

- Fehler des Quellengedächtnisses: Langfristige Effekte fiktionaler Medieninhalte können auch als Fehler des sog. Quellengedächtnisses beschrieben werden. Die Wahrnehmung von Medieninhalten kann aus der Perspektive der „richtigen" Zuordnung dieser Inhalte zu den jeweils „richtigen" Quellen betrachtet werden. Dabei wird ermittelt, inwiefern der Konsument (auch mittel- und langfristig) auseinander halten kann, aus welchen Quellen die jeweiligen Wissenseinheiten stammen. Dieses sog. Quellengedächtnis kann auf verschiedene Aspekte bezogen werden (vgl. Johnson und Mitchell 2002). Dazu zählt auch die Frage, welche Medienquellen (z.B. Nachrichten oder fiktionale Stoffe) erinnert werden (vgl. Johnson 2006; Strange 2002, S. 269: „context discrimination failure"). Der frühere US-Präsident Ronald Reagan erzählte einmal öffentlich eine Begebenheit über einen heldenhaften US-Piloten, um die Stärke der US-Armee zu unterstreichen. Journalisten suchten vergeblich nach der Quelle dieser Begebenheit in den Militärakten, fanden jedoch auffällige Ähnlichkeiten der Geschichte zu einer Szene aus dem 1944er Kriegsfilm *Wing and a Prayer* (vgl. Johnson 2006, S. 760). Johnson (2006, S. 761) betont, dass alles, was die Ähnlichkeit zwischen zwei Erinnerungen erhöht, dazu führt, dass sich die Genauigkeit der Quellenerinnerung verschlechtert. Im Falle der Werbecharaktere, die sich an fiktionale Mediencharaktere anlehnen, könnte die Ähnlichkeit zwischen beiden zu solch einer Quellenverwechslung führen. Konsumenten könnten langfristig „vergessen", dass sich die Kompetenz des Werbeschauspielers aus der Verknüpfung zwischen Arztserie und Werbung aufbaut. Hier bleibt zu untersuchen, ob dieser Effekt auftritt und, falls er auftritt, ob er im Zeitablauf auch für solche Konsumenten gilt, die den fiktionalen Einfluss zunächst erkannt hatten.

- Auffüllen von Erinnerungslücken: Wenn Erinnerungen an Inhalte nicht vollständig sind, können Lücken durch nicht dagewesene, aber schema-konsistente Informationen aufgefüllt werden, die auch aus anderen Quellen stammen können (vgl. Aronson, Wilkert und Akert 2004, S. 66). Vereinzelte Hinweise finden sich auch in der hier durchgeführten Studie 1. Dort wurden die Probanden in einer offenen Frage gebeten, die gezeigte Werbeperson zu beschreiben. Von n = 50 Probanden, die einen Arzt darstellenden Werbecharakter im kongruenten fiktionalen Medienkontext gesehen hatten (Arztserie), erinnerten sich n = 8 Probanden, dass die Werbeperson im Spot einen weißen Arztkittel trug, obwohl dies nur in der Serie und nicht im Werbespot der Fall war. In der Vergleichsgruppe des inkongruenten Medienkontexts erinnerte sich nur n = 1 Person fälschlicherweise an diese Bekleidung der Werbeperson. Solche inneren Bilder von der Werbeperson sollten in weiteren Studien genauer untersucht werden.

- Parasoziale Beziehungen: Über die bloße Wahrnehmung und Akzeptanz fiktionaler Medienpersonen hinaus zeigen Konsumenten oft auch ganz unterschiedliche Arten beziehungsähnlicher Reaktionen (vgl. Hoffner und Cantor 1991; vgl. überblicksartig Gröppel-Klein und Spilski 2009a, S. 117). Obwohl keine Wechselseitigkeit zwischen Medienperson und dem Konsumenten besteht (was eine *soziale* Beziehung ausmacht), können Konsumenten beziehungsähnliche Reaktionen zu Medienpersonen zeigen, sog. *parasoziale* Beziehungen (vgl. Horton und Wohl 1956; Horton und Strauss 1957). Russell, Norman und Heckler (2004, S. 152) bezeichnen das Ausmaß parasozialer Beziehungen als „Connectedness" und zeigen, dass Konsumenten den fiktionalen Charakteren ganz bestimmte Eigenschaften zuweisen, die in einem sehr genauen Bild von diesen Figuren münden. In diesem Vorstellungsbild sind nicht nur die Eigenschaften und Handlungsweisen gespeichert, die auf dem Bildschirm im Zusammenhang mit der fiktionalen Figur zu sehen sind, sondern auch solche, die der Konsument für passend erachtet, z.B. welche Marken und Produkte die fiktionale Figur in der realen Welt konsumieren würde. Je stärker die parasoziale Beziehung ausgeprägt ist, d.h. in einer Studie von Russell, Norman und Heckler (2004) je mehr sich der Konsument der fiktionalen Figur verbunden fühlt, desto umfassender sind auch diese der fiktionalen Person zugeordneten Konsummuster. Russell und Stern (2006) empfehlen daher, solche Assoziationen hinsichtlich der vorgestellten Konsumpräferenzen der fiktionalen Figuren zu verwenden, um daraus geeignete Product Placements für Kinofilme und Fernsehserien zu kreieren. Da die Wirksamkeit von Product Placements u.a. davon abhängt, wie gut (im Sinne von „passend") diese in den Handlungsstrang eingeflochten sind, sei dies eine Möglichkeit Reaktanz beim Konsumenten zu vermeiden (Russell 2002). Zudem nehmen Russell, Norman und Heckler (2004, S. 151) an, dass Konsumenten fiktionale Charaktere, zu denen sie starke Verbundenheit empfinden, auch als starke Vorbildmodelle wahrnehmen, mit denen sie sich identifizieren, vergleichen und denen sie nacheifern. Beckwith (2009) geht davon aus, dass sich Konsumenten an den Werten orientieren, nach denen die fiktionalen Charaktere leben. Denkbar ist daher auch, dass parasoziale Beziehungen, die durch die Wahrnehmung der Medienperson als fiktionale Figur geprägt sind, als Moderatorvariablen die Wirkung von Werbecharakteren im fiktionalen Medienkontext beeinflussen.

Offene Fragen zum Einfluss der Eigenschaften des fiktionalen Medieninhalts und der fiktionalen Charaktere: Hier stellt sich die Frage, ob alle fiktionalen Geschichten und deren Elemente gleichermaßen geeignet sind, um als Bezugpunkt für die Werbung verwendet zu werden. Wann ist die gewählte Fiktion stark genug, um später in Werbespots die Werbebotschaft zu tragen? Im Rahmen der hier durchgeführten Studien wurde auf die fiktionalen Charaktere fokussiert. Allerdings beschränkt sich das hier verwendete Stimulusmaterial auf die Präsentation von „respektablen" Charakteren wie Ärzte, Anwälte oder Polizisten. In Studie 4 wurde untersucht, wie sich Fehler und Schwächen der fiktionalen Charaktere und damit verbundene Kompetenzeinbußen innerhalb der Fiktion auf die Wahrnehmung der Charaktere in der Werbung auswirken. Hier zeigten sich zwar Mittelwertunterschiede in der Kompetenz der Werbeperson, die jedoch nicht signifikant ausfielen. Daraus kann vorläufig geschlusfolgert werden, dass sich Fehler grundsätzlich guter Charaktere nicht auf darauf bezogene Werbecharaktere auszuwirken scheinen. Weitere Studien können jedoch untersuchen, inwieweit sich auch fiktionale Charaktere aus weniger angesehenen Berufen oder „böse" Charaktere als Werbecharaktere eignen. Ergebnisse einer qualitativen Studie von Alperstein (1991) weisen darauf hin, dass Bösewichte zumindest nicht für Produkte mit „weichem, nettem" Image werben sollten. Eignen sich fiktionale Bösewichte aber für die Werbung für „raue, harte" Produkte?

Eine weitere Fragestellung betrifft das Genre des fiktionalen Medieninhalts. Innerhalb dieser Studien wurden Fiktionen mit prinzipiell *möglichen* Ereignissen und Charakteren (Arztserien, Krimiserien) gezeigt. Weitere Studien könnten den Realitätsgehalt der verwendeten Fiktionen manipulieren und realitätsnahe Genres mit realitätsfernen (z.B. Science Fiction) vergleichen. Beispiele aus der Werbepraxis zeigen, dass auch unmögliche Figuren (z.B. *Yoda* aus *Star Wars* in einem PEPSI-Spot) als Werbecharaktere verwendet werden. Auch Figuren mit unmöglichen Fähigkeiten können untersucht werden: Können auch *Harry Potter* oder *Professor Dumbledore* glaubwürdige

Werbecharaktere sein, und falls ja, für welche Produkte könnten sie glaubhaft werben? Welche Mechanismen liegen der Wirkung solcher Werbefiguren zugrunde? Sind hier ähnliche Prozesse beteiligt wie bei der Wirkung von erfundenen Werbefiguren ohne fiktionalen Bezug (z.B. Meister Proper, vgl. Huber, Vollhardt und Meyer 2009)?

Die im Rahmen dieser Arbeit verwendeten Stimuli beziehen sich weitgehend auf den Bereich der TV-Serien. Butler (1995, S. 159) weist darauf hin, dass sich Kino- und Serienschauspieler in ihrer sog. „intertextual identity" unterscheiden. Während Seriendarsteller weitgehend auf ein bestimmtes Image festgelegt sind („imprisoned within their narrative personae", Butler 1995, S. 159) und als Stars sehr stark mit ihren Serien-Rollen identifiziert werden, können Film- bzw. Kinoschauspieler durch ihre verschiedenen Rollen ein viel differenzierteres Image erzeugen. Zu untersuchen ist daher, inwieweit sich die hier gezeigten Effekte zwischen TV-Serien und Kinofilmen bzw. Serien- und Filmschauspielern unterscheiden. Eng damit verbunden ist auch die Frage nach der Langfristigkeit des Beitrags fiktionaler Bedeutungen zum jeweiligen Schauspieler-Image. Ist das Bild von einem Schauspieler ein „Puzzle" aus allen gespielten fiktionalen Rollen? Oder werden die „älteren" fiktionalen Rollen durch aktuellere Rollen überschrieben? Hier sind weitere Studien einzufordern, wie sich Schauspieler-Images grundsätzlich ausbilden.

Offene Fragen zum Konstrukt „Transportation": In dieser Arbeit wurde auf das Erleben von Transportation als Begründung fiktionaler Einflüsse eingegangen. Dabei stellte sich heraus, dass (zumindest für die hier verwendeten Medien- und Werbereize) der Transportation-Ansatz keine geeignete Erklärung für die Werbewirkung darstellt. Denkbar ist jedoch, dass Transportation in anderen Medien als dem Fernsehen durchaus eine Rolle für die Werbewirkung spielt. Die meisten Transportation-Studien arbeiten im Bereich der „Lese-Forschung". Daher sollte in weiteren Studien untersucht werden, ob sich für Transportation als Moderator der Wirkung von Printwerbung im Umfeld fiktionaler Romane Einflüsse finden lassen. Aber auch in anderen audio-visuellen Medien wie dem Kino könnte Transportation eine Rolle spielen. Denkbar ist, dass zwischen Fernsehen und Kino Unterschiede in der Intensität der Sinneswahrnehmung bestehen, z.B. wegen Verdunkelung, verstärkter räumlicher Wahrnehmung durch die Möglichkeiten der Dolby Surround-Technik, der 3D-Technik, Größe der Leinwand etc. (vgl. Rothmund, Schreier und Groeben 2001b, S. 89). Im Kino präsentierte Werbespots sind auch oft länger und haben dadurch bessere Möglichkeiten sich an einen fiktionalen Medieninhalt anzulehnen. Allerdings wird Werbung im Kino *vor* dem Film gezeigt. Weitere Studien könnten in diesem Zusammenhang Phänomene wie das sog. „backward priming" untersuchen (vgl. Furnham, Bergland und Gunter 2002; Fockenberg, Koole und Semin 2006).

Offen sind auch Fragen zum Zusammenhang zwischen Aktivierung und Transportation. Beide Konstrukte sind eng mit ähnlichen Teilprozessen verbunden, z.B. mit Spannung und Empathie. Insofern könnten sich zukünftige Studien damit beschäftigen, inwiefern die beiden Konstrukte unterschiedliche oder verwandte Konstrukte darstellen. Zu den Zusammenhängen zwischen Aktivierung und Transportation können hier keine empirischen Daten vorgelegt werden, da die Konstrukte in verschiedenen Studien gemessen wurden. Jedoch zeigte sich in mehreren der hier durchgeführten Studien – physiologisch gemessen – ein Einfluss der durch den Film hervorgerufenen Aktivierung auf die Aktivierungsreaktion des nachfolgenden Werbestimulus. Die Hypothese zum Einfluss von Transportation basiert auf einer ganz ähnlichen Denkweise; hier wurde angenommen, dass das durch den Film hervorgerufene Transportation-Erleben die Wirkung der nachfolgenden Werbung beeinflusst. Dennoch zeigen sich unterschiedliche Ergebnisse. Liegt die Ursache darin, dass es sich doch um unterschiedliche Konstrukte handelt oder darin, dass die hier in Anlehnung an die Literatur durchgeführte verbale Transportation-Messung das Konstrukt nicht gut genug abbilden konnte? Insofern könnten zukünftige Studien untersuchen, ob die Aktivierungsmessung eine geeignete(re) Methode zur physiologischen Messung von Transportation ist.

Offene Fragen zum Einfluss der Gestaltung der Werbung: Eine mögliche Fragestellung für zukünftige Studien könnte sein, wie umfangreich die Übernahme von fiktionalen Inhalten in die Werbung sein sollte: Reicht die bloße Anspielung auf einzelne Filmelemente aus oder ist es sinnvoll, Werbegeschichten um ganze Originalszenen herum zu konzipieren (wie im SONY-Spot unter Verwendung von Szenen aus dem *James Bond*-Film *Casino Royale*) oder den Werbespot stark an die Gestaltung des Films anzulehnen (wie im Spot für COKE ZERO mit Bezug auf die typische Anfangssequenz und Musik der *James Bond*-Filme)? Weiterhin ist von Interesse, ob tatsächlich dieselbe oder nur eine sehr ähnliche Figur als Programm- und Werbefigur auftritt. Im Beispiel von Stutts, Vance und Hudleson (1981) wurde der Programmfigur *Bugs Bunny* im folgenden Werbeblock nur eine sehr ähnliche Werbefigur, das NESQUIK Rabbit, beigefügt.

Innerhalb dieser Arbeit wurde auf die Bezugnahme auf fiktionale *Charaktere* fokussiert. Weitere Studien können hier ansetzen und andere Elemente in den Mittelpunkt der Betrachtung rücken, z.B. Übernahme von Filmzitaten, Filmmusik, typischen Filmrequisiten etc. in die Werbung. Auch die Frage nach der Nacherzählung der fiktionalen Handlung in der Werbung (wie z.B. in der Kampagne der Modemarke ADLER, die auf dem Roman *Familienpackung* von Susanne Fröhlich aufbaut) oder der Fortführung der fiktionalen Handlung (wie im Werbespot für AUDI, in dem *Die Reifeprüfung* mit Dustin Hoffman weitererzählt wird) kann in zukünftigen Studien auf ihre Werbewirkung hin untersucht werden.

Eine weitere Frage betrifft das grundsätzliche Format des Werbespots. Erzählende Werbung charakterisiert sich durch das Vorhandensein einer Handlung (vgl. Escalas 1998) und wird grundsätzlich von so genannter argumentativer Werbung (engl. „lecture" = „Vortrag") (vgl. Deighton, Romer und McQueen 1989) unterschieden. Die Struktur erzählender Werbespots ähnelt – allerdings aufgrund der Kürze eines Werbespots lediglich in komprimierter Form – der Struktur klassischer Dramen mit Beginn, steigender Handlung, Höhepunkt, fallender Handlung und Lösung (vgl. Stern 1994). In argumentativen Werbespots beschreibt eine Werbeperson die Produktvorteile und daher existiert hier keine Handlung mit Episodenstruktur. Erzählende und argumentative Werbespots unterscheiden sich hinsichtlich ihrer jeweiligen Position zum Konsumenten. Während argumentative Werbung den Rezipienten wie bei einer Rede „auf Distanz hält", „zieht" erzählende Werbung den Rezipienten „in die Handlung hinein". Dabei verfolgt erzählende Werbung das Ziel, dass Konsumenten die Gefühle und Anliegen der Charaktere der Handlung nachvollziehen können. Argumentative Werbung ist dagegen bestrebt, den Konsumenten zur Wahrnehmung der Produktvorteile zu bewegen, damit dieser sich für das beworbene Produkt entscheidet (vgl. Deighton, Romer und McQueen 1989, S. 335). Die Verwendung von Werbepersonen, die sich auf fiktionale Charaktere beziehen, ist in beiden Gestaltungsformen möglich. Die hier durchgeführten Studien zeigen Wirkungsbelege für beide Formate: Während die Werbespots mit Rainer Hunold als fiktionalem Arzt eher eine argumentative Form aufweisen, kann der Werbespot mit Til Schweiger (Studie 1) der erzählenden Werbung mit eigenständiger Handlung zugeordnet werden. Der Vergleich beider Formate stand jedoch nicht im Fokus dieser Arbeit und sollte in weiteren Studien systematisch untersucht werden. Deighton, Romer und McQueen (1989) zeigen in diesem Zusammenhang, dass diese unterschiedlichen Werbeformen (Argumente vs. Geschichten) zu unterschiedlichen Verarbeitungsprozessen beim Konsumenten führen. Die Verarbeitung von erzählender Werbung ruft im Vergleich zu argumentativer Werbung weniger vom Konsumenten hervorgebrachte Gegenargumenten hervor und ist dagegen eher durch Prozesse charakterisiert, die auf dem Ausdruck von Gefühlen und Prozessen des Einfühlens basieren. Insofern ist es denkbar, dass die Bezugnahme auf fiktionale Charaktere in erzählenden Werbespots eine stärkere Werbewirkung erzeugt als die Bezugnahme auf fiktionale Charaktere in argumentativen Spots. Dies könnte ein Hinweis darauf sein, warum für den erzählenden Spot in Studie 1 (Fallbeispiel „Kommissar") neben den teilweise besseren Kompetenzurteilen auch die Vertrauenswürdigkeit des Werbecharakters positiver ausgeprägt war, was sich für den „Arzt"-Werbespot (mit eher argumentativer Form) nicht zeigte. Diese Vermutung erfordert jedoch eine weitere empirische Überprüfung.

Im Rahmen der hier durchgeführten Studien wurden die Werbecharaktere mit Bezug auf fiktionale Med01ncharaktere in den Werbespots präsentiert. Wie in Abschnitt 2.3.1 beschrieben, existieren jedoch auch Werbespots, in denen explizit auf das „reale Selbst" der Prominenten Bezug genommen wird, z.B. indem diese explizit mit ihrem realen Namen in dem Spot genannt werden. Zukünftige Studien könnten untersuchen, ob prominente Schauspieler grundsätzlich besser als reale oder als fiktionale Personen in der Werbung auftreten sollten oder ob es Interaktionseffekte durch bestimmte Produkte oder Produktkategorien gibt.

Offene Fragen bzgl. der beworbenen Produkte und Marken: Ist Werbung mit fiktionalem Bezug für alle Produktkategorien gleichermaßen geeignet oder bestehen Einschränkungen? Denkbar wäre es, dass bestimmte Produkte, z.B. solche, die mit einem hohen Risiko verbunden sind, den Konsumenten stärker „in die Wirklichkeit zurückholen" als andere Produkte. Dies könnte eine Erklärung dafür liefern, dass sich für die in Studie 1 und 2 gezogenen Studierenden-Stichproben Effekte gezeigt haben. Evtl. sehen die Studierenden das beworbene Gesundheitsprodukt nicht als „kritisches" Produkt an. In Studie 3, wo eine ältere Stichprobe gezogen wurde, hat sich der Effekt nur für die Probanden gezeigt, die ein geringes Produktinvolvement aufweisen. Für bestimmte Zielgruppen könnten die gezeigten Produkte „kritische" Produkte darstellen, die mit einem gewissen Risiko verbunden sind. Die Ergebnisse weisen darauf hin, dass das Produktinvolvement eine kritische Variable für die Beeinflussbarkeit von Konsumenten durch fiktionale Informationen darstellt. Die geschilderten Erkenntnisse der Believability-Forschung nehmen an, dass fiktionale Einflüsse nur bei geringer Motivation zum Überdenken auftreten (vgl. Gilbert 1991; Prentice, Gerrig und Bailis 1997). Werden Produkte, für die ein starkes Involvement seitens der Konsumenten besteht, mittels fiktionaler Elemente beworben, könnte dieses Involvement die Motivation zum Überdenken der werblichen Präsentation erhöhen (vgl. Petty und Cacioppo 1984). Weitere Forschungsarbeiten können hier ansetzen und gezielt das Produktinvolvement der Konsumenten oder Produktattribute, die ein Überdenken der Werbebotschaft hervorrufen, manipulieren.

Die vorliegende Arbeit beschäftigte sich mit den Wirkungen des fiktionalen Bezugs auf Variablen, die sich auf die *Werbung* beziehen (Aktivierungspotential des Werbespots, Einstellung zur Werbung, Beurteilung der Werbeperson), jedoch nicht vordergründig mit Wirkungen, die sich auf die beworbenen Produkte bzw. Marken beziehen. In weiteren Studien sollten Markeneffekte untersucht werden, die die mögliche Übertragung von Bedeutungen der Fiktion (über den Werbecharakter mit fiktionalem Bezug) auf die beworbene Marke berücksichtigen (vgl. McCracken 1989). Damit könnten über die Messung der reinen Valenz hinaus auch Effekte auf spezielle *inhaltliche Ausprägungen* und Imagedimensionen der Marke berücksichtigt werden. Dies betrifft die Frage, ob der im Modell des Bedeutungstransfers von McCracken (1989) abgebildete Produkteffekt auch bei fiktionalen Werbecharakteren auftritt. Dazu gehört auch die Fragestellung, ob die mit dem fiktionalen Charakter in Verbindung gebrachte Marke Einzug in die „Produktwelt" des fiktionalen Charakters erlangt. Einen ähnlichen Effekt zeigen Russell, Norman und Heckler (2004) bzw. Russell und Stern (2006) für die Verbindung von Product Placements mit fiktionalen Charakteren. Stellt sich ein solcher Effekt auch für die Verknüpfung von fiktionalem Charakter und Marke *außerhalb der Fiktion*, d.h. in der Werbung ein? Wäre dies der Fall, so könnten insbesondere solche Produkte profitieren, die nur als Produkte, nicht jedoch als Marke in der Fiktion platziert werden. Wirbt z.B. ein fiktionaler Charakter wie der Detektiv *Monk* für Taschentücher von ZEWA, dann könnte diese Verknüpfung dazu führen, dass Konsumenten auch *während* der TV-Serie an ZEWA denken, obwohl dem Detektiv dort „nur" ein Taschentuch (ohne Markierung) gereicht wird. Diese Vermutung erfordert jedoch eine empirische Überprüfung.

Offene Fragen zur Platzierung von Werbung in fiktionalen Medieninhalten: Werbung mit fiktionalem Bezug kann die fiktionale Geschichte an ganz unterschiedlichen Stellen unterbrechen. Weitere Studien sollten untersuchen, ob die Position der Unterbrechung der Handlung Einfluss auf die Werbewirkung nimmt. In den hier vorgestellten Studien 1-3 wurde der Werbespot jeweils an einer Stelle „vor der Lösung des Krankheitsfalls" durch den fiktionalen Arzt bzw. „vor der Lösung des Kriminalfalls" durch den fiktionalen Kommissar platziert. Werden Werbecharaktere, die sich auf fiktionale Mediencharaktere beziehen, kompetenter wahrgenommen, wenn der Werbespot erst nach der Lösung des Problems in der fiktionalen Handlung platziert wird? In Zusammenhang mit der Einstellung zur Werbung und zum Produkt sind auch die Ergebnisse von Wang und Calder (2006) zu beachten, die herausfanden, dass die Werbeunterbrechung einer fiktionalen Handlung bei Konsumenten mit hohem Ausmaß an „Transportation" zu Verärgerung und damit zu einer herabgesetzten Werbewirkung führt. Aus der Programm-Perspektive heraus zeigen aktuelle Ergebnisse einer Studie von Nelson, Meyvis und Galak (2009) hingegen, dass Werbeunterbrechungen den wahrgenommenen Unterhaltungswert von Programmen sogar erhöhen können. Weitere Studien sollten hier untersuchen, ob sich dies auch auf die Beurteilung der unterbrechenden Werbung überträgt.

Treten die gezeigten Effekte auch in anderen Medien als dem Fernsehen auf, und kann Werbung mit fiktionalem Bezug daher auch in anderen Medien platziert werden? In Studie 4 konnte gezeigt werden, dass sich der Einfluss fiktionaler Informationen auf die Werbewirkung auch im Medium Internet zeigen lässt. Für Printmedien existieren zahlreiche Praxisbeispiele für Werbung mit fiktionalem Bezug. Daher sollten die Untersuchungen auch in anderen Medien (Printmedien, mobile Medien) wiederholt werden.

Schließlich stellt sich die Frage, ob es überhaupt notwendig ist, Werbespots mit fiktionalem Bezug direkt im Umfeld des Programms zu platzieren. Diese Arbeit legte den Schwerpunkt auf Priming-Effekte, die als kurzfristige Effekte gelten. Der Medienkontext diente hier als Prime. Erst in einem zweiten Schritt würde die Fragestellung untersucht werden können, inwieweit der hier gezeigte Effekt der Aufrechterhaltung fiktionaler Bedeutungen nicht nur kurzfristig, sondern auch langfristig gelingt. Dazu würden sich Konditionierungsexperimente anbieten, die über die wiederholte gleichzeitige Präsentation von fiktionalen Stimuli und Werbung untersuchen könnten, inwiefern ein mittel- und langfristiger Lerneffekt für diese Bedeutungen auftritt (vgl. Grossmann und Till 1998). Möglich wäre, dass durch Konditionierung die Platzierung im direkten Medienkontext nicht mehr notwendig ist, weil der Konsument gelernt hat, dass ein bestimmter fiktionaler Charakter gemeint ist. Denkbar ist auch, dass bei Konsumenten, die starke parasoziale Beziehungen zu den fiktionalen Charakteren aufweisen (vgl. Vorderer 1996), eine direkte Platzierung im fiktionalen Medienkontext nicht notwendig ist, weil diese Konsumenten den Bezug zur Fiktion auch in anderen, nicht passenden Werbeblöcken herstellen. Auch die Intensität der Bezugnahme auf die fiktionale Medienperson durch den Werbespot (z.B. durch Nennung des fiktionalen Namens, durch Verwendung von Filmszenen etc.) könnte die Notwendigkeit der Platzierung im unmittelbaren Medienkontext verändern. Diese Aspekte stellen zukünftige Forschungsfragen dar, die in dieser Arbeit nicht behandelt wurden.

8.2.3 Forschungsfragen im Hinblick auf andere Marketingmaßnahmen mit fiktionalem Bezug

Die hier durchgeführten empirischen Studien sind auf die Werbung als Anwendungsbereich des fiktionalen Bezugs konzentriert. Weitere Studien sollten hier ansetzen und fiktionale Nachwirkungen untersuchen, die außerhalb des fiktionalen Programms in *anderen* Marketingmaßnahmen als der Werbung (z.B. Merchandising, Filmtourismus) zustande kommen. Die dazu in dieser Arbeit dargestellten Erklärungsmodelle zur Wirkung und Nachwirkung von Fiktionen müssen daher daraufhin geprüft werden, ob sie sich auch für andere Marketingmaßnahmen eignen.

Innerhalb dieser Arbeit hat sich die unsystematische Informationsverarbeitung bei geringer Motivation zum Überdenken als die relevantere Erklärung für die gefundenen Effekte gezeigt. Inwieweit diese Erklärung auch für andere Marketingmaßnahmen mit fiktionalem Bezug relevant ist, muss durch Studien untersucht werden. Denkbar ist jedoch, dass die Wirkung von Merchandising/Licensing und Filmtourismus auf anderen Prozessen basieren, da sie viel stärker in Bezug zum Konsum stehen als die Werbung. Für den Kauf von Merchandising-Artikel dürften insbesondere Beziehungsprozesse von Konsumenten zu fiktionalen Charakteren wie das Empfinden von Ähnlichkeit (vgl. Reeves und Miller 1978), Identifikation (vgl. Cohen 2001), parasoziale Beziehung (vgl. Russell, Norman und Heckler 2004) und insbesondere Imitation (vgl. Hoffner und Buchanan 2005) relevant sein. Auch für den Wunsch, „auf den Spuren der fiktionalen Charaktere" zu wandeln und die Drehorte zu bereisen, dürften solche Beziehungsaspekte von besonderer Relevanz sein.

Für Transportation konnten hier keine Einflüsse auf die Werbewirkung festgestellt werden. Es ist jedoch denkbar, dass dieses Konstrukt für andere Marketinginstrumente eine größere Relevanz hat. Möglich ist beispielsweise, dass Transportation eine Voraussetzung für den Filmtourismus darstellt: Das durch Transportation gewonnene Bild von dem fiktionalen Ort und das Empfinden, „mental bereits an diesem Ort zu sein", könnte den Wunsch erzeugen, diesen Ort auch „in Wirklichkeit" zu besuchen. Möglich ist auch, dass Filmtouristen, die durch ein starkes Ausmaß an Transportation eine sehr genaue Vorstellung von dem fiktionalen Ort gewonnen haben, andere Wahrnehmungen und Beurteilungen des Reiseziels aufweisen, als Filmtouristen mit geringerem Ausmaß an Transportation. Möglich sind Enttäuschungen, wenn die Orte medial ganz anders wirken als real. Bisherige Studien zum Filmtourismus beschäftigen sich bisher meist mit den Motiven für Filmtourismus (vgl. Riley, Baker und van Doren 1998; Hudson und Ritchie 2006). Genannt werden hier die reine Attraktivität des Ortes (Film zeigt schöne Landschaft, attraktive Gebäude etc., die Konsument gern selbst erleben möchte), Interesse für den Entstehungsprozess von Filmen/Serien („making of") sowie das „pilgrimage"-Motiv, das besonders eng an der hier besprochenen Thematik liegt. „Pilgrimage" als Pilgerreise auf den Spuren der Mediencharaktere beschreibt den Wunsch des Konsumenten, auch einmal dort zu sein, wo die fiktionale Handlung stattfand und die fiktionalen Charaktere gewesen sind. Über die Beschreibung von Motiven für

Filmtourismus hinaus ist die Übertragung fiktionaler Bedeutungen auf das Reiseziel und deren Relevanz während der Reise u.w.n. bisher nicht untersucht worden.

Eine zukünftige Fragestellung ist auch die Wirkung referenzialisierbarer Elemente in Fiktionen. Es wurde von dem Fall berichtet, dass Touristen in der Polizeiwache der schwedischen Stadt Ystad gezielt nach *Kommissar Wallander* fragten, da sie den Wunsch hatten, den Kommissar kennen zu lernen und Schauplätze der von ihm untersuchten Mordfälle zu besichtigen. Die Touristen wurden von den Polizeibeamten vor Ort aufgeklärt, dass *Wallander* eine fiktionale Figur aus den Kriminalromanen des Autors Henning Mankell sei und auch die dort beschriebenen Kriminalfälle frei erfunden seien (vgl. o.V. 2004). Allerdings bettet der Autor Mankell die Handlungen seiner Romane in reale Orte seiner Heimatregion und Heimatstadt ein. Die im Roman beschriebenen Städte und Straßen existieren auch in Wirklichkeit und verleihen so dem Geschehen Authentizität. Vielleicht sind solche Kombinationen von fiktionalen und referenzialisierbaren Elementen besonders geeignet, um Fälle einer Vermischung zwischen Realität und Fiktion hervorzurufen? Hat die Einbindung referenzialisierbarer Elemente in Fiktionen Auswirkungen auf damit verbundene Marketingmaßnahmen, insbesondere für den Filmtourismus? Inzwischen nutzt die Stadt Ystad die durch die Romane erzeugten Bedeutungen, bietet Touren auf den Spuren *Wallanders* an und hat z.B. Stadtpläne mit Vermerken der fiktionalen Handlungsorte „in Ystad" entwickelt (vgl. o.V. 2004).

Schließlich sollte der Aufbau von für den Konsumenten „erlebbaren fiktionalen Welten" untersucht werden, der durch die *integrierte* Nutzung *aller* angesprochenen Marketingmaßnahmen und deren Bezug auf die Fiktion möglich werden könnte. Werbung ist in einer solchen Vermarktungsstrategie nur *ein* Baustein. Ein Beispiel ist die TV-Serie bzw. der Kinofilm *Sex and the City*. Hier finden sich Beispiele für alle angesprochenen Marketingmaßnahmen, so dass Konsumenten „an der Welt von *Carrie* & Co." teilhaben können. Das Product Placement von MANOLO BLAHNIK in *Sex and the City* ist schon fast legendär. Nicht wenige Konsumenten sind bereit, vergleichsweise hohe Beträge für die im Film platzierten Schuhe zu bezahlen. Nach dem Erscheinen des *Sex and the City*-Kinofilms las man in Internet-Foren „Hilferufe" dazu, wo die im Film gezeigten Schuhe erhältlich seien. Eine Fan-Antwort: „EVERYONE will want a pair because of the movie. They will be available in the NYC store starting June 9th and will be $885. BUT the waiting list is already a mile long and they will be probably sold out immediately" (The Purse Forum 2008). Dass die Schuhe in emotional anrührenden Momenten des Filmcharakters eine Rolle spielen, könnte die Zahlungsbereitschaft begünstigen. Zahlreiche Merchandising-Artikel sorgen dafür, dass Konsumenten ihre Sympathien für die Serie/den Film und die Charaktere zum Ausdruck bringen können. Auch der Einzelhandel engagiert sich in diesem Bereich: PEEK & CLOPPENBURG begleitete beispielsweise den Kinostart in Österreich mit dem Slogan „Get the Style of Carrie & Co bei Peek & Cloppenburg" (o.V. 2008). Die Schaufenster der Geschäfte wurden entsprechend der Styles der Filmcharaktere dekoriert. Zudem konnte man eine Handtasche, die im Film eine „Nebenrolle" spielte, exklusiv bei PEEK & CLOPPENBURG für € 299,00 kaufen. In New York werden für Touristen Touren angeboten, die zu Plätzen führen, die in der Serie eine Rolle spielen. Auch hier wird Bezug zu den fiktionalen Charakteren genommen: „Follow in the footsteps of Carrie & Co.: Sit on Carrie's apartment stoop, have a cupcake at the bakery where Carrie and Miranda ate cupcakes, see the furniture store where Aidan designed his pieces, have a drink at the bar owned by Steve and Aidan, go on location to the gallery in SoHo where Charlotte worked" (o.V. 2007). Diese Beispiele zeigen, dass in diesen Filmtourismus wiederum der lokale Einzelhandel eingebunden wird. Auch Produkte, die im Film keine Rolle spielen, können von den fiktionalen Charakteren profitieren: So lehnt sich die Darstellung von Sarah Jessica Parker in der Werbekampagne für ihr Parfum an die Darstellung der *Carrie Bradshaw* an. Auch die Darstellung von Kim Cattrall im Spot für den NISSAN TIIDA ist unverkennbar der fiktionalen Figur *Samantha Jones* nachempfunden. Ziel solcher Kooperationen ist der gegenseitige Nutzen: Die beteiligten Marken und Einzelhändler profitieren von der Faszination der fiktionalen Welt; für die Filme bzw. TV-Serien sind solche Aktionen Promotion, die die Besucherzahlen bzw. die Einschaltquote erhöhen können (vgl. Böll 1999, S. 130). Die Vielfalt der Bezugnahme auf die fiktionale Welt könnte es begünstigen, dass Konsumenten diese „Welt als erlebbar" empfinden.

Auch wenn zukünftige Studien weiter untersuchen müssen, ob sich die hier bzgl. der Werbung gefundenen Ergebnisse auf die anderen Marketingbereiche übertragen lassen, dürfte die hier gewonnene Erkenntnis, dass es prinzipiell möglich ist, fiktionale Bedeutungen über das Anschauen des fiktionalen Medieninhalts hinaus auch in Marketingmaßnahmen aufrecht zu erhalten, auch für andere Formen von Marketingmaßnahmen von Bedeutung sein.

8.3 Ethische Aspekte

Von einem normativen Standpunkt aus betrachtet, stellt sich die Frage, ob fiktionale Einflüsse und insbesondere die hier gezeigten Effekte wünschenswerte Prozesse sind. Es geht über die Grenzen dieser Arbeit hinaus, eine endgültige Antwort – sofern dies überhaupt möglich ist – auf diese Frage zu geben. Daher sollen verschiedene Perspektiven betrachtet werden, die als Diskussionsgrundlage gelten können:

Einflüsse durch Fiktionen an sich: Aus den hier präsentierten theoretischen Erkenntnissen lassen sich Hinweise darauf ableiten, dass Konsumenten eben nicht immer kritisch mit fiktionalen Informationen umgehen, sondern dass Fiktionen stattdessen ihre Wirkung auch in Situationen des „realen" Lebens von Konsumenten entfalten können. Wie soll damit umgegangen werden, dass Konsumenten anscheinend bedenkenlos (unbewusst) fiktionale Medieninhalte akzeptieren? Zu bedenken ist, dass die Orientierung an fiktionalen Helden, die als Vorbilder dienen, auch zu unrealistischen Erwartungen führen kann, die wiederum im realen Leben der Konsumenten negative Effekte haben können. Segrin und Nabi (2002) untersuchten z.B. die Wirkung romantischer fiktionaler Genres auf die Bildung von unrealistischen Erwartungen an die Ehe und fanden hohe Korrelationen. Appel (2008a, S. 77) gibt zu bedenken, dass der Glaube an eine gerechte Welt („Jeder bekommt, was er verdient"), der mit dem häufigen Konsum von Fiktionen zusammenhängt, auch mit der Herabwürdigung benachteiligter Menschen (z.b. armer, kranker Menschen) verbunden und somit eine nicht wünschenswerte Folge von Fiktionen sein kann.

Neben diesen kritischen Stimmen ist jedoch zu bedenken, dass fiktionale Medieninhalte auch die Chance bieten, sozial erwünschte Verhaltenstendenzen bei Konsumenten hervorzurufen. Nicht zuletzt beschäftigt sich ein Forschungsstrang mit der Wirksamkeit von „Entertainment Education", wobei gezeigt werden konnte, dass Konsumenten „eher geneigt sind, prosozialen Verhaltenstendenzen Beachtung zu schenken und sich entsprechend zu verhalten, wenn ihnen dies von Serienhelden und -heldinnen (...) vorgelebt wird, als wenn ihnen die gleichen (...) Verhaltensratschläge von offiziellen Stellen verlautbart werden" (Strange 1996, S. 178). Anwendungen dazu gibt es z.b. in Afrika, Asien und Lateinamerika, wo fiktionale TV-Programme verwendet werden, um z.b. Meinungen bzgl. der Gleichberechtigung von Frauen oder Minderheiten oder Verhaltensweisen zur Verhinderung von HIV-Ansteckung zu unterstützen (vgl. Appel und Richter 2007, S. 119). Quasi-experimentelle Daten lassen auf starke und anhaltende Effekte dieser Entertainment Education-Maßnahmen schließen (vgl. Vaughan et al. 2000). Mit Hilfe des Unterhaltungswerts von Fiktionen lassen sich Konsumenten unter Umständen auch für Themen „begeistern", für die sie ansonsten ein geringeres Interesse hätten. Ein Beispiel ist die fiktionale Internet-Serie *Zeit der Entscheidung – die Soap deiner Wahl*, in der die Wahlprogramme der politischen Parteien vor der Bundestagswahl 2009 behandelt wurden, um der sog. „Politikverdrossenheit" entgegenzuwirken. Am Beispiel fiktionaler Charaktere wurden die Folgen der einzelnen Wahlversprechen dargestellt (vgl. o. V. 2009). Die Zuschauer konnten entscheiden, welchen Ausgang die Serie für ihre fiktionalen Helden nehmen sollte[109].

„Ein bedeutender Trend ist die Flucht in eine andere Welt" (Kroeber-Riel und Weinberg 2003, S. 581). Appel (2008a, S. 77) weist darauf hin, dass der Glaube an eine gerechte Welt, der mit dem häufigen Konsum fiktionaler Medieninhalte zusammenhängt, zu mehr Lebensqualität und positiven Emotionen bei dem Einzelnen führen kann (vgl. Dalbert 2001, zitiert in Appel 2008a, S. 78). „Nach der (...) Eskapismusthese versuchen Individuen, aus ihrem alltäglichen Leben kognitiv und emotional auszusteigen (...) Die Menschen möchten ihre Alltagssorgen vergessen, sich in eine Fantasie- und Traumwelt versetzt fühlen und Stunden der Freude, Entspannung und Zerstreuung erleben" (Kroeber-Riel, Weinberg und Gröppel-Klein 2009, S. 607f). Befürchtungen, dass Konsumenten solche fiktionalen Welten als *Ersatz* für die reale Welt nutzen, konnten in bisherigen empirischen Studien nicht eindeutig bestätigt werden (vgl. Vorderer und Knobloch 1996). Stattdessen bilden fiktionale Welten oft eine Ergänzung zum Alltagsgeschehen. Doch selbst wenn Menschen in „Scheinwelten" flüchten sollten, sind diese Wirklichkeitskonstruktio-

---

[109] Zum Beispiel: „Werden die illegalen Up-Loads Justin zum Verhängnis? Kann Marion endlich ihr Studium beginnen oder wird sie es sich wegen der Studiengebühren nicht leisten können? Wird Frau Schuster wegen des Cannabis-Konsums vor Gericht kommen? Dürfen Helge und Torsten heiraten?" (vgl. o.V. 2009d).

nen nicht zu verurteilen: „Vielleicht hat auch eine Scheinwelt, die Menschen glücklich macht, ihre Berechtigung" (Scholz 2006, S. 49, mit einem Gedanken von Luhmann (2004)).

Einflüsse durch mit Fiktion verbundenen Marketingmaßnahmen: Daran schließt sich die Frage an, inwieweit der Einfluss der Fiktionen über deren Grenzen hinaus im Konsumbereich wünschenswert ist. Wie diese Arbeit gezeigt hat, stellen fiktionale Einflüsse Prozesse dar, die dem Konsumenten nicht bewusst sind. Das Marketing ist damit in der Lage „willentlich gelenkte Prozesse der Informationsaufnahme und Informationsverarbeitung zu unterlaufen und den Konsumenten zu beeinflussen, *ohne* dass dieser den Beeinflussungsvorgang durchschaut" (Kroeber-Riel und Weinberg 2003, S. 700, Hervorhebung im Original). Diese Beeinflussungsvorgänge des Marketing sind alltäglich und normal: Die Nutzung von aktivierenden Reizen zur Aufmerksamkeitslenkung, die Nutzung von emotionalen Reizen zur Aufladung von Marken oder die Erschaffung von Markenpersönlichkeiten sind ebenfalls Techniken, die dem Konsumenten in der Regel nicht bewusst werden. Verhindert werden sollte dagegen der *Missbrauch* solcher Beeinflussungsstrategien (vgl. Kroeber-Riel, Weinberg und Gröppel-Klein 2009, S. 699). Stellen Beeinflussungen durch fiktionale Medieninhalte, die in der Kommunikationspolitik genutzt werden, einen Missbrauch von Beeinflussungsstrategien des Marketing dar? Auch Shanahan und Hyman (2001, S. 391) fragen, ob es ethisch zu vertreten ist, Programm und Werbung derart eng aufeinander abzustimmen. Müssen Konsumenten vor diesen Einflüssen geschützt werden? Die Antwort, inwieweit fiktionale Einflüsse auf das Konsumentenverhalten durch den Verbraucherschutz toleriert werden sollten, hängt dabei stark von der Frage ab, inwieweit „das Vertrauen des Konsumenten in die „Problemlosigkeit" seines Kaufverhaltens" (Kroeber-Riel und Weinberg 2003, S. 699) durch fiktionale Einflüsse gestört wird. Kroeber-Riel, Weinberg und Gröppel-Klein (2009, S. 697) betonen, dass „das, was als problemlos anzusehen ist, subjektiv zu verstehen" ist und vor allem durch das subjektiv empfundene Kaufrisiko bestimmt wird. Nur wenn „die subjektive Wahrnehmung des Konsumenten von den faktischen Gegebenheiten zu seinem Schaden abweicht, beispielsweise wenn ein objektives Kaufrisiko (…) subjektiv nicht gesehen wird" (Kroeber-Riel, Weinberg und Gröppel-Klein 2009, S. 698), sollte der Verbraucherschutz eingreifen.

Die Nutzung von Bedeutungen der fiktionalen Charaktere und insbesondere die Möglichkeit der Beeinflussung von *Kompetenzwerten* muss daher auch kritisch betrachtet werden. Die Beispiele in diesen Studien handeln davon, dass ein „fiktionaler Arzt" als Empfehlungsgeber für ein Medikament auftritt, und damit eine Form der Expertise erlangt, die ihm als Schauspieler selbst nicht zukommt. Im Extremfall könnte diese Art der Werbung mit fiktionalem Bezug als Täuschung interpretiert werden; insbesondere wenn Produkte beworben werden, bei denen Konsumenten ihre Entscheidung auf dem Rat von Experten aufbauen (wie im Fall der Medikamente). Verbraucherschützer könnten argumentieren, dass Werbung mit fiktionalem Bezug Konsumenten in unethischer Weise in ihren Überzeugungen steuert, obwohl die Grundlage bestimmter Argumente in einer fiktionalen, nicht-wirklichen Welt liegt. Konsumenten könnten aufgrund geringer Verarbeitungskapazitäten oder geringer Motivation nicht in der Lage sein, derartige Aussagen und Bedeutungen zurückzuweisen, sondern diese „inhärent" glauben (vgl. Gilbert, Tafarodi und Malone 1993, S. 231f). Bei der Entscheidung, ob die Nutzung von fiktionalen Elementen in der Werbung einen Missbrauch darstellt oder nicht, könnte zwischen verschiedenen Produktgruppen oder zwischen verschiedenen Vertrauenspersonen differenziert werden. Ähnlich der bestehenden Regelung, dass reale Nachrichtensprecher nicht als Werbepersonen agieren dürfen und reale Ärzte nicht für sich selbst werben dürfen, wäre es denkbar, durch Verbraucherschutzregelungen zu verhindern, dass das Vertrauen in die Fähigkeiten solcher Berufsgruppen im fiktionalen Bereich ausgenutzt wird.

Dem Spinozanischen System entsprechend ist es nicht so, dass man an Ideen und Aussagen nur glauben *kann*, sondern dass deren bloße Kommunikation (unter bestimmten Bedingungen) ausreicht, um Einstellungen und Verhalten zu beeinflussen. Diese Sicht des Prozesses des Glaubens kann dazu führen, dass die Spinozanische Denkrichtung als Rechtfertigung für *umfassende* Regulierung und Zensur verwendet wird (vgl. Gilbert, Tafarodi und Malone 1993, S. 231). Im Bereich der Werbung würde dies mit der Frage einhergehen, ob das Spinozanische System die Rechtfertigung für verbraucherschutzinduzierte Einschränkungen oder Verbote von Werbung mit fiktionalem Bezug *im Allgemeinen* ist.

Aus einer allgemeinen Sicht argumentieren Gilbert, Tafarodi und Malone (1993) gegen Einschränkungen und Verbote, selbst wenn Konsumenten falsche Informationen (sog. „bad ideas") glauben könnten. Sie geben zu bedenken, dass diejenigen, die die Beschränkungen erlassen, bei der Entscheidung, was gute und was schlechte, was richtige und was falsche „Ideen" sind, irren können bzw. subjektiven Entscheidungsregeln unterworfen sein können (vgl. Abschnitt 2.1.2). Ein Beispiel findet sich bei der Diskussion um die Lockerung der Restriktionen für Product Placement. Der Geschäftsführer des Verbands Deutscher Zeitschriftenverleger, Wolfgang Fürstner, wendet sich gegen eine Zulässigkeit von Product Placement und begründet dies zunächst mit der Notwendigkeit der Trennung von Programm und Werbung aus Konsumentensicht („Irreführung des Zuschauers"). Im gleichen Atemzug gibt er jedoch ökonomische Aspekte zu bedenken, in der Form, dass bisherige Anzeigenkunden (seiner Branche) zu den Bewegtbild-Medien (Konkurrenten seiner Branche) „abwandern [könnten], bei denen sie unauffällig und auf neue Weise ihr Produkt darstellen können" (zitiert in Tieschky 2009). Was ist der demnach das Entscheidungskriterium für die Verhinderung fiktionaler Wirkungen in diesem Fall?

Dies lässt sich auch auf die Konsequenz beziehen, mit der derartige Regulierungen eingehalten werden. Gilt das Verbot nur für „schlechte Absichten" (wie es der Beeinflussung zum Kauf oft unterstellt wird) oder auch für „gute Absichten". Sind kommerzielle Absichten „schlechte Absichten" und ist die Nutzung von fiktioanlen Charakteren für kommerzielle Zwecke als „unethischer" anzusehen, als wenn Non-Profit-Institutionen sich fiktionaler Elemente bedienen?

Die Folge dieser mangelnden Unterscheidungsfähigkeit wäre, dass „gute Ideen" daran gehindert werden, die Öffentlichkeit zu erreichen (vgl. Gilbert, Tafarodi und Malone 1993, S. 232). Gilbert,

Tafarodi und Malone (1993, S. 232) verdeutlichen diesen Zusammenhang mit der Signalentdeckungstheorie[110], die sie auf die Entscheidung über Regulierungen anwenden. Danach sieht man sich mit zwei grundsätzlichen Problemen als Fehlerquellen konfrontiert:

- Fehler können entstehen, weil durch zu große Einschränkungen gute Informationen daran gehindert werden, publik zu werden. In der Signalentdeckungstheorie würde man von „misses" (Versäumnisse, verpasste Ideen) sprechen.

- Fehler können auch entstehen, weil durch zu geringe Einschränkungen schlechte Informationen nicht abgelehnt werden. Bei Anwendung der Signalentdeckungstheorie würde dies mit den sog. „false alarms" einhergehen. Damit ist gemeint, dass Botschaften beim Konsumenten Reaktionen (alarms) erzeugen, die man eigentlich vermeiden wollte (false alarms).

Zu starke als auch zu geringe Regulierungen verursachen demnach Fehler. In einer Gesellschaft muss man sich die Frage stellen, ob man sich eher um das erste (verpasste gute Botschaften) oder das letzte (falsche Botschaften) Problem sorgen soll. Die Ansicht darüber, inwieweit fiktionale Nachwirkungen in der Werbung (bzw. allgemein in der Kommunikationspolitik von Unternehmen) wünschenswerte Effekte sind, ist eine Frage der Perspektive. Daher wird je nach Perspektive des Entscheiders diese Entscheidung über die Inkaufnahme der einen Fehlerquelle zugunsten der anderen Fehlerquelle unterschiedlich ausfallen. Aus der Perspektive des Marketing betrachtet, stellt Werbung eine angestrebte Sozialtechnik zur Förderung der Absätze von Unternehmen dar (vgl. Kroeber-Riel, Weinberg und Gröppel-Klein 2009, S. 38, 625) – dies gilt auch für Werbung mit fiktionalem Bezug. Andere Perspektiven werden solchen Effekten gegenüber eine kritische Sicht einnehmen. So weisen in der Medienpsychologie z.B. Appel und Richter (2007, S. 129) auf den Zusammenhang zur Vermarktung von politischen Ideen und Produkten in Fiktionen hin und empfehlen aus psychologischer Sicht weitere Forschungsarbeiten „on strategies that people can use to actively prevent information in fictional narratives changing their real-world beliefs". Gilbert, Tafarodi und Malone (1993, S. 232) geben jedoch zu bedenken, dass die Konsequenzen der ersteren Variante (Kontakt-Einschränkungen und mögliche verpasste Ideen) im Gegensatz zur letzteren Variante nicht korrigiert werden können und somit höhere gesellschaftliche Kosten erzeugen[111].

---

[110] Die Signalentdeckungstheorie wurde bzgl. des Signal-Rausch-Abstands technischer Kommunikationssysteme entwickelt und in die Wahrnehmungspsychologie übertragen. Sie ermöglicht die gleichzeitige Berücksichtigung der Sensitivität und des Entscheidungskriteriums des Beobachters bei Entscheidungen darüber, ob ein im Schwellenbereich dargebotener Reiz tatsächlich präsentiert wurde oder nicht. Der Beobachter muss den Reiz (das Signal) vom Hintergrund (Rauschen) trennen. Bei Unsicherheiten kann die Entscheidung konservativ („unsicher, also entscheide ich mit Nein" → erzeugt „misses") oder risikoreich („unsicher, aber ich entscheide mit Ja" → erzeugt „false alarms") erfolgen, das. sog. Entscheidungskriterium (vgl. Müsseler 2008, S. 42).

[111] „The error of believing too much may be corrected by commerce with other, but the error of believing too little cannot. When the marketplace is underregulated, the bad ideas that are present (and that one wishes were absent) may be embraced by an individual whose wrong-headed beliefs may be eventually corrected by his or her fellows. However, when the marketplace is overregulated, the god ideas that are absent (and that one wishes were present) will never be encountered" (Gilbert, Tafarodi und Malone 1993, S. 232).

Wenn daher überhaupt Maßnahmen gegen Werbung mit fiktionalem Bezug ergriffen werden müssen, dann erscheinen weniger Verbote und Regulierungen als vielmehr Bildungs- und Aufklärungsmaßnahmen sinnvoll. Rothmund, Schreier und Groeben (2001b, S. 94) sprechen von „kritischer Medienkompetenz" als Fähigkeit von Konsumenten zur „(Wieder-)Herstellung der Unterscheidung zwischen medialer und außermedialer (realer) Welt". Erwachsene können hinsichtlich der Erlangung von Medienkompetenz unterstützt werden. Die Erkenntniss zum sog. „Persuasion Knowledge" (vgl. Friestad und Wright 1994, 1995; Campbell und Kirmani 2000) zeigen zudem, dass Konsumenten auf der Basis ihrer Konsumerfahrungen Wissen über Beeinflussungsstrategien erlangen. Die empirischen Daten dieser Arbeit zeigen, dass Konsumenten den Werbecharakter nicht so positiv beurteilen wie den fiktionalen Mediencharakter – ein Hinweis auf Wissen über Beeinflussungsstrategien.

Zudem ist auch die oben bereits angesprochene vom Konsumenten empfundene „Problemlosigkeit des Kaufes" einzubeziehen. In den hier vorgestellten Studien findet sich der Hinweis darauf, dass Konsumenten einen quasi „eingebauten" Schutzmechanismus besitzen – das Produktinvolvement. Produkte, die für den Konsumenten sehr wichtig sind, bei denen eine „richtige" Entscheidung gefällt werden muss, werden vor dem Kauf kritisch betrachtet und entsprechende Argumente kritisch überdacht.

In diesem Zusammenhang ist es sinnvoll, zwischen Kindern und Erwachsenen zu differenzieren. Aufgrund entwicklungspsychologischer Gegebenheiten können Kinder bis zu einem bestimmten Alter noch nicht zwischen Programm und Werbung trennen und können die Beeinflussungsversuche der Werbung nicht verstehen. Insofern ist es „richtig", Kinder durch spezifische Maßnahmen zu schützen, die im Abschnitt 2.3.2 betrachtet wurden. Erwachsene sind grundsätzlich in der Lage, diese Mechanismen zu begreifen; ob sie die Motivation dazu aufbringen, ist eine andere Frage. Insofern sind mögliche Regulierungen fiktionaler Einflüsse auch nur begrenzt mit dem Bildungsniveau der Konsumenten zu rechtfertigen: Eine Metaanalyse (vgl. Shanahan und Morgan 1999) über Kultivierungsstudien fand heraus, dass gerade bei höher gebildeten Menschen Kultivierungseffekte nachgewiesen wurden.

Die Ausführungen legen nahe, dass eine „richtige" Entscheidung über die Zulässigkeit von Werbung mit fiktionalem Bezug (im Erwachsenen-Programm) schwer zu fällen ist. Derartige Werbung und deren Verwendung in verschiedenen Bereichen kann durchaus kritisch betrachtet werden. Die hier geführte Diskussion kann demnach auch aus der Perspektive des Verbraucherschutzes von Nutzen sein. Zu bedenken ist jedoch auch, dass „Überregulierung" mit den genannten Nachteilen einhergeht und Werbung mit „fiktionalen Helden" auch aus Sicht des Verbraucherschutzes Vorteile bieten kann.

8.4 Handlungsempfehlungen für die Praxis

Zu Beginn dieser Arbeit wurden für die Praxis relevante Fragestellungen aufgeworfen. Im Folgenden werden die hier gefundenen theoretischen und empirischen Ergebnisse verwendet, um diese Fragen zu beantworten.

Ist Werbung mit fiktionalem Bezug eine lohnende Werbestrategie?

Werbung zielt auf den Aufbau innerer Bilder ab. Der Aufbau dieser inneren Bilder unterliegt jedoch zeitlichen Restriktionen: Werbung muss oft in der Kürze des Kontakts mit einer Printanzeige bzw. eines halbminütigen Werbespots in der Lage sein, solche Bilder und Bedeutungen beim Konsumenten zu erzeugen. Demgegenüber stehen die Kontaktmöglichkeiten der Konsumenten mit anderen Medieninhalten, insbesondere mit fiktionalen Medieninhalten. Der Aufbau von inneren Bildern zu fiktionalen Bedeutungen und insbesondere zu fiktionalen Charakteren kann sich innerhalb einer relativ langen Zeitdauer (Länge des Films, Länge der Serie) vollziehen; solche inneren Bilder basieren auf sehr viel reichhaltigeren Kontakten als sie durch Werbestimuli möglich sind (vgl. Jenzowsky und Friedrichsen 1999, S. 269). Werbung, die sich auf solche fiktionalen Bedeutungen bezieht, kann von diesen reichhaltigen inneren Bildern profitieren. Die vorliegende Arbeit hat – am Beispiel der empfundenen Kompetenz einer Werbeperson – gezeigt, dass die in solchen fiktionalen Kontexten erworbenen Bedeutungen in die Werbung hinein übertragbar sind. Für die Werbeperson muss daher beim Konsumenten kein gänzlich neues Bild aufgebaut werden, sondern hier kann auf ein bestehendes inneres Bild zurückgegriffen werden. Die Studien zeigen in konsistenter Weise, dass die der Werbeperson zugeschriebene Kompetenz durch einen passenden fiktionalen Medienkontext erhöht werden kann. Hier konnten keine direkten Einflüsse auf die Einstellung zum Werbemittel gefunden wurden. Die Einstellung zum Werbemittel fungiert jedoch als Mediator zwischen Kompetenz und Einstellung zur Marke, d.h. die Kompetenzeffekte werden über die Einstellung zum Werbemittel an die Einstellung zur Marke weitergegeben.

Die Bezugnahme von Werbung auf vorhandene Fiktionen hat zudem den Vorteil, dass die Aufmerksamkeit, die Fiktionen zuteil wird, auch der darauf abgestimmten Werbung zu Gute kommt. Werbung, die sich auf fiktionale Mediencharaktere bezieht, erzeugt eine höhere elektrodermale Aktivierung als Werbung, für die keine passenden Verbindungen zu Mediencharakteren geknüpft werden können.

Bisherige empirische Erkenntnisse (vgl. Escalas und Stern 2003) deuten darauf hin, dass Werbung, die Geschichten erzählt, besonders wirkungsvoll ist. Vorhandene Fiktionen können demnach als „Ideenschmiede" für Werbegeschichten genutzt werden. Starke Geschichten mit einprägsamen Charakteren aus Film und Fernsehen können auch in der Werbung genutzt werden – mit dem Vorteil, dass keine neuen Werbegeschichten erdacht, sondern auf bestehenden, erfolgreichen Geschichten aufgebaut werden kann.

In diesem Zusammenhang muss jedoch auf mögliche Risiken der Bezugnahme auf fiktionale Charaktere eingegangen werden. Es konnte auch gezeigt werden, dass die positiven Effekte auf die Beurteilung der Werbeperson nicht bei allen Konsumenten gleichermaßen eintreten. Besteht ein hohes Produktinvolvement, dann kommt es zum Überdenken der Werbereize und fiktionale Einflüsse lösen sich auf. Bei der Einschätzung, ob Werbung mit fiktionalem Bezug lohnend ist, muss daher im Auge behalten werden, ob im speziellen Fall Situationen (Produktinvolvement, Schaltung in bestimmten Medienkontexten) bestehen, die die Motivation zum Überdenken der Werbereize erhöhen.

Die geschilderten Vorteile der Bezugnahme auf fiktionale Welten sollten jedoch nicht missverstanden werden: Eine omnipräsente Nutzung fiktionaler Charaktere könnte die durch Medienkontexte entstandenen Profile wieder verwässern. Auch wenn dazu keine direkten empirischen Ergebnisse vorliegen, ist zu vermuten, dass das *Ausmaß* der Bezugnahme auf fiktionale Charaktere ein kritischer Aspekt ist, den es zu beachten gilt. Aus der Celebrity Endorser-Forschung ist bekannt, dass Prominente, die zeitgleich sehr viele Werbeverträge haben und demnach viele verschiedene Marken bewerben, kein klares Profil präsentieren und als weniger glaubwürdig beurteilt werden (vgl. Tripp, Jensen und Carlson 1994; vgl. für ein Praxis-Beispiel Aschelm 2005[112]). Ein ähnlicher Effekt könnte sich bei fiktionalen Charakteren einstellen, wenn diese als Werbepersonen verwendet werden[113]. Wie glaubwürdig ist beispielsweise *James Bond*, wenn er gleichzeitig als Werbecharakter für SONY, SONY ERICSSON, COCA-COLA, FORD, SMIRNOFF, OMEGA, PEEK & CLOPPENBURG etc., allesamt Lizenzpartner[114] des Films *Ein Quantum Trost*, auftritt? Hier sind auch Bumerang-Effekte denkbar – der *James Bond*-Film *Die another day* wurde z.B. wegen seiner zahlreichen, auch nicht zur Handlung passenden Product Placements als „Buy another day" belächelt (vgl. Mulch 2008).

Ein weiterer kritischer Aspekt betrifft die Konsumentengruppen, die mit solchen Marketingmaßnahmen angesprochen werden können. Brown und Patterson (2006) beschreiben am Beispiel der *Harry Potter*-Romane den Effekt der „final phase of the fad life cycle". „Fads" sind Modewellen, die von einer kleinen Gruppe extrem begeisterter Fans aufgebaut werden. Die zunehmende Begeisterung führt zu Massenvermarktung und zieht Marketingmaßnahmen nach sich. Dadurch können sich „Fads" zu Trends ausweiten, was die Begeisterung der frühen Fans jedoch verlöschen lässt: „(...) popularity kills a fad. Once everyone is into it – sporting the hairstyle, singing the song, using the catchphrase, reading the book – the early adopters move on to something newer, cooler, obscurer" (Brown und Patterson 2006, S. 159). Marketing, das sich an fiktionale

---

[112] Aschelm (2005) beschreibt die Omnipräsenz von Franz Beckenbauer als Werbeperson, die sich in sinkenden bzw. stark schwankenden Sympathiewerten niederschlägt.

[113] Diesbezüglich sind jedoch empirische Studien erforderlich, die sich konkret auf fiktionale Charaktere beziehen.

[114] Der aktuelle *James Bond*-Film *Ein Quantum Trost* hatte rund 20 Lizenzpartner (vgl. Mulch 2008).

Medieninhalte anlehnt, erreicht damit vor allem die frühen und späten Mehrheiten sowie die Nachzügler im Diffusionsprozess.

Was ist bei der Nutzung von Schauspielern als Celebrity Endorser zu beachten?

Die Erkenntnisse dieser Arbeit zeigen, dass die Bedeutungen fiktionaler Mediencharaktere bis in die Werbung hinein nachwirken. Bei einem Engagement von Schauspielern als Werbecharaktere ist somit stets deren „zweite Bedeutungsebene" zu beachten. Das Image von Schauspielern bildet sich nicht nur auf der Grundlage der in der Öffentlichkeit gezeigten Eigenschaften und Verhaltensweisen aus, sondern beinhaltet auch Eigenschaften und Verhaltensweisen der von diesen Schauspielern verkörperten fiktionalen Charaktere. Bei der Nutzung von Schauspielern als Werbepersonen ist daher zu prüfen, durch welche fiktionalen Charaktere das Schauspielerimage geprägt ist und ob diese Imagebestandteile zu dem geplanten Werbeauftritt passen und die angestrebte Positionierung unterstützen.

Aufgrund der zahlreichen Rollen der meisten Schauspieler stellt sich die Frage, ob von der Wahl von Schauspielern als Werbepersonen eher abzuraten ist, da durch Rollenvielfalt ein unklares Profil vorprogrammiert zu sein scheint. Diese Frage kann verneint werden, wenn bestimmte Gestaltungsmöglichkeiten genutzt werden:

- Dem Einfluss fiktionaler Charakterimages könnte *vorgebeugt* werden[115], indem Schauspieler in ihren Werbeauftritten konsequent als „reale Personen" dargestellt werden. Interessanterweise finden sich in einem Praxis-Ranking der wirksamsten Celebrity Endorser[116] drei Schauspieler als Werbepersonen, die in ihren jeweiligen Spots explizit mit ihrem realen Namen genannt werden (Brad Pitt im Spot für ALICE, George Clooney im Spot für NESPRESSO, Eva Longoria im Spot für MAGNUM) – ansonsten sind keine weiteren Schauspieler in diesem Ranking vertreten (vgl. Saal 2009). Auch wenn hier keine Belege für die Ursachen dieser Gestaltung vorliegen, könnte dies ein Hinweis darauf sein, dass diese Spots wirkungsvoll sind, weil das jeweilige Profil des Schauspielers durch die Namensnennung eindeutig ist und nicht durch den Einfluss fiktionaler Rollen verwischt.

- Der Einfluss fiktionaler Charakterimages kann *zum Vorteil genutzt* werden, indem die Werbekampagne konsequent auf bestehende fiktionale Charakterimages abgestimmt wird. Im Rahmen dieser Arbeit wurde gezeigt, dass eine solche Abstimmung durch die Schaltung des Werbespots im Umfeld passender TV-Serien bzw. Filme erfolgen kann. Der Medienkontext hat hier die Funktion, fiktionale Bedeutungen bereitzustellen, um den fiktionalen Bezug zur Werbeperson zu ermöglichen. Falls der Schauspieler in verschiedenen Rollen bekannt ist, hat

---

[115] Für diese Gestaltungsvariante sind allerdings empirische Studien einzufordern, die belegen, dass sich durch die Bezugnahme auf die „reale Person" tatsächlich fiktionale Charaktereinflüsse abschwächen.

[116] Die Liste wurde von der Agentur IMAS International auf der Basis der empirisch besten Zuordnung von Celebrities zu Marken zusammengestellt (vgl. Saal 2009).

der Medienkontext die Funktion, die Wahrnehmung und Beurteilung des Werbecharakters in die Richtung der jeweils gewünschten fiktionalen Rolle zu lenken. Zu beachten sind jedoch die angesprochenen Risiken, wenn die Motivation zum Überdenken des fiktionalen Einflusses erhöht ist.

Es wurde vermutet, dass fiktionale Mediencharaktere mit negativer Valenz die positiven Effekte der Platzierung in einem kongruenten Medienkontext auflösen können. Die in den Studien getesteten Mediencharaktere gehörten zur „Seiten der Guten", machten jedoch Fehler und hatten Schwächen, durch die sie inkompetent und wenig verlässlich wirkten. Die Vermutung, dass sich diese Beurteilung auf die Werbeperson überträgt, hat sich hier vorläufig nicht bestätigt. Obwohl die Mittelwerte auf eine solche Wirkung hinweisen, sind die Effekte nicht signifikant. Sollte sich diese Nicht-Signifikanz in weiteren Studien bestätigen, so müsste bei der Platzierung von Werbung mit derartigen Werbecharakteren *nicht* darauf geachtet werden, ob der fiktionale Mediencharakter z.B. in einer Folge einer TV-Serie „mal einen schlechten Tag" hat. Allerdings sollte dieses Ergebnis nicht auf solche Charaktere verallgemeinert werden, die laut Drehbuch „böse Charaktere" sind. Hier sind weitere Studien notwendig.

Ist eine Platzierung von Werbung im fiktionalen Medienkontext zu empfehlen?

Es wird betont, dass Medienkontexteffekte bedeutsam sind für Entscheidungen über die Auswahl von Werbemedien und Platzierungsstrategien. Wie die Erkenntnisse dieser Arbeit zeigen, ist die Schaltung von Werbung im passenden fiktionalen Medienkontext empfehlenswert. Werbecharakteren, die im Umfeld passender fiktionaler Mediencharaktere auftreten, wird eine höhere Kompetenz zugewiesen, und der betreffende Werbespot erzeugt eine höhere phasische Aktivierung und damit höhere Aufmerksamkeit als Werbespots mit Werbecharakteren, für die unpassende fiktionale Charakterbedeutungen durch den Medienkontext vorliegen. Wiederum zu beachten sind die angesprochenen Risiken dieser Platzierungsstrategie bei erhöhter Motivation zum Überdenken des fiktionalen Einflusses.

Dabei stellt sich die Frage, ob Werbung, in der ein Schauspieler als fiktionaler Charakter präsentiert wird, stets im *unmittelbar passenden* Medienkontext platziert werden muss – wie es in den hier durchgeführten Studien der Fall war – oder ob solche Werbung auch unabhängig vom Medienkontext erfolgreich sein kann, d.h. die beabsichtigten Bedeutungen vermitteln kann. Die empirischen Ergebnisse dieser Arbeit können darauf keine Antwort geben. Allerdings könnte die Antwort auf diese Frage von der Rollenbreite des Schauspielers abhängen. Schauspieler, die stets für *ähnliche* Rollen besetzt werden (sog. Typecasting), tragen diese Bedeutungen von Rolle zu Rolle, so dass sich das durch sie verkörperte Image immer weiter verfestigt (vgl. McCracken 1989, S. 316). Bei solchen Schauspielern scheint ein unmittelbarer Medienkontext nicht notwendig zu sein. Schudson (1984, S. 212) führt als Beispiel den Schauspieler James Garner an: „Garner does not play himself, the person, nor does he play a particular fictive character. Instead, he plays what I would call the generalized James Garner role ... a combination of *Bret Maverick* from *"Maverick"* and *Jim Rockford* from *"The Rockford Files"*" (Hervorhebungen hinzugefügt). Durch diese ähnlich gestrickten Rollen verkörperte James Garner Männlichkeit, American-ness, Intelligenz und Humor (vgl. McCracken 1989, S. 312). Dagegen empfiehlt es sich bei Schauspielern, die Rollen mit *unterschiedlichsten* Persönlichkeitseigenschaften verkörpern, konsequent auf eine der beiden Strategien – Verwendung des Schauspielers, der sich selbst spielt vs. Verwendung des Schauspielers, der eine *konkrete* fiktionale Rolle spielt – in der Werbung zu setzen. Je konkreter in der Werbung auf eine bekannte fiktionale Rolle hingewiesen wird (z.B. durch Nennung des fiktionalen Namens wie *James Bond*), desto weniger wichtig erscheint ein unmittelbarer Medienkontext, sofern die Konsumenten die fiktionale Rolle kennen. Falls jedoch nur subtil auf eine fiktionale Rolle angespielt wird, dann wird ein unmittelbarer kongruenter Medienkontext umso wichtiger, um „Vermischungen" zu vermeiden, die aus verschiedenen Rollen des Schauspielers resultieren und zu unklaren inneren Bildern führen können.

Soll Werbung mit fiktionalem Bezug nicht im unmittelbaren Medienkontext geschaltet werden, so sind auch Probleme der Senderkonkurrenz zu beachten. So wird von einem Fall in den amerikanischen Networks berichtet, wo ein Werbespot von MERCEDES BENZ auf NBC und CBS nicht ausgestrahlt wurde, weil der Fahrer des Autos im Werbespot der Schauspieler Dennis Franz war, der in der Serie *NYPD: Blue* des Konkurrenzsenders ABC mitspielt. Aufgrund der Verbindung des Werbespots zur Serie wurde der Spot von den anderen Networks als Werbung für die Serie eingestuft und dort nicht zugelassen (vgl. Tinchev 2008).

Die Erkenntnisse der hier durchgeführten Medienkontextstudien haben auch Implikationen für die Durchführung von Werbewirkungstests. Die hier gefundenen Kontexteffekte weisen darauf hin, Werbekampagnen in einem Medienumfeld zu testen. Die Testung von Kampagnen in „nackten" Tests (vgl. Aylesworth und MacKenzie 1998, S. 17) könnte zu Fehlschlüssen führen. Auch bei Copytests sollte daher bereits ein Medienumfeld gezeigt werden, idealerweise eines, das ähnlich dem im Mediaplan spezifizierten Medienumfeld ist.

8.5 Ausblick

Innerhalb dieser Arbeit wurden fiktionale Nachwirkungen in der Werbung untersucht. Die Ergebnisse haben gezeigt, dass Konsumenten Realität und Fiktion zwar nicht verwechseln, dass Fiktionen jedoch einen Einfluss auf später gezeigte Stimuli ausüben. Fiktionale Nachwirkungen sind somit ein Thema, mit dem sich weitere Forschungsarbeiten beschäftigen sollten. Einerseits werden sich zukünftige Forschungsarbeiten mit der Wirkung von Fiktionen auf zum großen Teil **unbewusst gebildete Beurteilungen** beschäftigen, wie sie im Kontext dieser Arbeit betrachtet wurden. Anregungen zu solchen Forschungsarbeiten wurden im Abschnitt 8.2 diskutiert.

Andererseits besteht die Möglichkeit, durch fiktionale Medieninhalte soziale und gesellschaftliche Themen in den Fokus der **Aufmerksamkeit** der Konsumenten zu rücken, und dadurch zu einem **Überdenken dieser Themen** durch den Konsumenten anzuregen. Zum Beispiel handelt die *Tatort*-Folge „Kassensturz" vom Mord an einem Gebietsleiter der fiktionalen Discount-Kette „Billy". Als die *Tatort*-Kommissare die Ermittlung in den Filialen aufnehmen, „bekommen sie einen Einblick in eine Branche, in der extremer Druck auf die Angestellten ausgeübt wird. Immer höheres Arbeitstempo und unbezahlte Überstunden sind an der Tagesordnung, und selbst vor der Beobachtung der Angestellten durch eine Detektei schreckt der Gebietsleiter ... nicht zurück." (vgl. DasErste.de 2009). Das Thema des *Tatort* lehnt sich damit an die Mitarbeiterüberwachung des Discounters LIDL an, die im März 2008 als „Bespitzelungsskandal" an die Öffentlichkeit gelangt war. Direkt im Anschluss an die Tatort-Ausstrahlung bat Talkshow-Moderatorin Anne Will ihre Gäste unter dem Titel „Tatort Arbeitsplatz – lieber ausgenutzt als arbeitslos?" zu Wort. In dieser Talkrunde wurden die im *Tatort* gezeigten Handlungen thematisiert und mit der Realität verglichen (vgl. Senft 2009). Ein ähnliches Beispiel ist der Fernsehfilm *Willkommen zu Hause* (Erstausstrahlung 02.02.2009, ARD, vgl. z.B. Münch 2009), der sich mit der Rückkehr deutscher Soldaten aus dem Afghanistan-Einsatz beschäftigt und die psychischen Folgen solcher Missionen behandelt. Am Abend vor dem Fernsehfilm wurde in den Tagesthemen (01.02.2009) die Traumatisierung von rückkehrenden Soldaten aus dem Afghanistan-Einsatz thematisiert und mit Verweis auf den Film als Bericht „über Film und Wirklichkeit" anmoderiert. Mit Blick auf eine solche Thematisierungsfunktion der fiktionalen Medieninhalte stellt sich die Frage, inwieweit Meinungen und Einstellungen unkritisch aus Filmen übernommen werden (und dadurch gesteuert werden können), *obwohl* die davor oder danach gesendeten redaktionellen Beiträge (Nachrichten, Talkshows) die intensive, bewusste Verarbeitung anregen.

Die aktuelle wirtschaftspolitische Lage wirft auch die Frage auf, wie wichtig **Fiktionen und fiktionale „Helden" in Krisenzeiten** sind. Gerade die Finanz- und Wirtschaftskrise könnte dazu geführt haben, dass Konsumenten mehr Wert auf besonders kompetente und vertrauenswürdige Empfehlungsgeber (nicht nur für Finanzprodukte) legen. Zählen auch Empfehlungen dazu, die von fiktionalen Charakteren gegeben werden? Diese Frage kann hier nicht eindeutig beantwortet werden. Allerdings begünstigen gerade Krisenzeiten die Suche von Konsumenten nach „heilen Welten" (vgl. dazu auch den sog. „Cocooning"-Trend in Krisenzeiten, z.B. Haslauer 2009). Fiktionale Welten, die meist auf Problem und anschließender Problemlösung mit Happy-End basieren (vgl. Escalas und Stern 2003), könnten solche heilen Welten darstellen; darauf bezogenes Marketing könnte gerade in Krisenzeiten wirkungsvoll sein. Auch die Werbewirtschaft sieht sich der Diskussion gegenüber, ob Werbung in Krisenzeiten eher auf Fakten fokussieren sollte und „weichere" Gestaltungsmittel wie die emotionale Aufladung von Marken hinten anstellen sollte. In einem Interview dazu betont Joachim Strate, Managing Director von Ogilvy & Mather Düsseldorf, dass Produktversprechen wesentlich seien, dass sich jedoch ohne emotionale Bindung keine Marke durchsetzen kann. Daher bestehe die „Kunst" darin, das Produktversprechen auch und gerade in Krisenzeiten auf der emotionalen Seite zu verankern (zitiert in Amirkhizi 2008, S. 20). Neben der emotionalen Aufladung von Marken bietet sich nach den Erkenntnissen dieser Arbeit auch die Aufladung mit fiktionalen Bedeutungen an. Auch hier sind weitere Erkenntnisse notwendig, ob dies insbesondere in wirtschaftlich schwierigen Zeiten wirkungsvoll ist.

Ein wichtiger Zukunftsaspekt ist die Frage nach der Änderung der Seh-Gewohnheiten aufgrund der **Veränderung der Medienlandschaft**. In einer Analyse der Fernseh- und Bewegtbild-Nutzung für das Jahr 2007 (vgl. Gerhards und Klingler 2008) stellt sich zwar heraus, dass das Fernsehen nach wie vor das wichtigste Medium im Bereich der Bewegtbild-Nutzung ist. Allerdings verändert sich der Spartenmix: Information und Infotainment gewinnt TV-Anteile, während der Bereich Fiktion TV-Anteile verliert. Der Nutzungsverlust von Fiktion im TV lässt sich mit den veränderten Sehgewohnheiten erklären – danach verschiebt sich der Fiktionskonsum leicht in Richtung der zeitversetzten Nutzung per Internet, DVD und Festplattenrecorder (vgl. Gerhards und Klingler 2008, S. 566; Engel und Müller 2008). Konsumenten konsumieren demnach nicht weniger fiktionale Medieninhalte, sie konsumieren sie nur in anderen Medien (vgl. Gerhards und Klingler 2008, S. 552). Dies gilt insbesondere für das jüngere Publikum: Bei den 14-19Jährigen sind es 72 %, die täglich fernsehen, und mit 69 % täglicher Nutzung liegt das Internet in dieser Altergruppe nur knapp dahinter (vgl. Jakubetz 2009).

Mit diesen Veränderungen muss sich auch die Werbung auseinandersetzen, indem Werbeformen angepasst oder neue Werbeformate entwickelt werden. Die Verschiebung des Konsums fiktionaler Medieninhalte in Medien, in denen Konsumenten Werbung umgehen können (Festplattenrecorder, DVD, Mediatheken und Video-on-Demand-Plattformen), führt dann insbesondere bei der Strategie der Werbung im unmittelbaren Medienkontext zu Umsetzungsproblemen. Voraussetzung für die Nutzung von Werbung mit fiktionalem Bezug ist in diesem Fall die Untersuchung, unter welchen Bedingungen derartige Werbung auch *ohne den unmittelbar passenden* Medienkontext wirksam ist und die gewünschten fiktionalen Bedeutungen vermittelt. Für Werbung im unmittelbar passenden Medienkontext bietet insbesondere das Internet als dynamisches, interaktives und personalisierbares Medium die Möglichkeit, Werbung gezielt auf Konsumenten abzustimmen. Waren Video-Downloads im Internet lange Zeit werbefrei, so zeigt sich in jüngster Zeit zunehmend, dass vor dem Start des abgerufenen Videos ein kurzer Werbeblock gezeigt wird. Aktuelle Praxisstudien zeigen zudem, dass Konsumenten Werbeeinblendungen bei Online-Filmen nicht ungewöhnlich finden und diese sogar befürworten, wenn sie die Online-Angebote dadurch kostenfrei nutzen können (o.V. 2009c).

Wie in dieser Arbeit dargestellt wurde, lässt sich das Thema der Beziehungen zwischen fiktionalen Medieninhalten und Marketingmaßnahmen aus mehreren Perspektiven betrachten: Verschiedene fiktionale Elemente, verschiedene Marketingmaßnahmen und deren Kombinationen sowie das Kontinuum zwischen passiver und aktiver Nutzung von Fiktionen führen dazu, dass sich für zukünftige Forschungsarbeiten viele weitere Fragen zur „Macht der Fiktion" (vgl. Green, Garst und Brock 2004) stellen.

Anhang

Anhang 1: Studie 1: Fallausschlüsse wegen Bemerken des Untersuchungszwecks

Antwort*	Gruppe
Er war der Hausarzt aus der zuvor gezeigten Fernsehserie. (…) Danach zieht er sich seinen Kittel an, um in die Rolle eines Arztes zu schlüpfen und gibt dann seine Empfehlung zu dem Produkt.	Arzt/1
Ein Schauspieler einer bekannten Arztserie, der sich mit seiner sonoren Stimme geradezu klassisch für Arzneimittelwerbung eignet. Der gute Arzt von nebenan. Er hatte ein Hemd an und preist das Produkt mal „eben zwischendurch" in der Behandlungspause an.	Arzt/1
Die Person war der Schauspieler, der in der Serie Dr. Sommerfeld den Arzt spielt. Unwissentliche Personen denken vielleicht, er ist wirklich Arzt, aber ich weiß, er hat keine Ahnung von dem, was er verkaufen will! Person ist dicklich, sympathisch, könnte Arzt sein.	Arzt/1
Bei der Person handelt es sich um den Schauspieler, der in der zuvor gezeigten Vorabendserie den Arzt spielt. Er wirbt deshalb für dieses Medikamenten-ähnliche Produkt und soll Seriosität ausstrahlen. Eigentlich sollte es dem Zuschauer zuzutrauen sein, zu erkennen, dass es ein Schauspieler ist, bedingt glaubwürdig.	Arzt/1
Schauspieler Rainer Hunold – schaut so aus als ob er aus Praxis Bülowbogen heraustritt, Versuch Verbindung Arzt-Produkt herzustellen, (…)	Arzt/1
Rainer Humbold oder Hunold, Schauspieler, (…) bekannt als „Serienarzt unseres Vertrauens" oder so soll es wohl auf die Zuschauer wirken	Arzt/1
Der Hauptdarsteller aus der gezeigten Serie, Rainer Hunold, bewarb das Produkt. Sicherlich auch deshalb, weil er in der Serie „Praxis Bülowbogen" einen sympathischen, vertrauenswürdigen Arzt spielt, erhofft man sich Auswirkungen auf die beworbenen Tabletten. Rainer Hunold ist aber eher dick und eher unsportlich, was zu den beworbenen Magnesiumtabletten an sich nicht passt, da sie Bewegung und Aktivität versprechen. Sicherlich überwog der Bekanntheitsgrad als Grund anstatt einen sportlichen Darsteller zu nehmen. Er hat eine ruhige Ausstrahlung und Stimme, aber das starke Übergewicht wirkt sehr störend in Bezug auf die Werbewirkung.	Arzt/1
Es war der Arzt aus der Serie, die zuvor gezeigt wurde. (…) Durch sein vorheriges Auftreten als Arzt wirkt er auch vertrauenerweckend.	Arzt/1
Arzt aus der vorher gesehenen Arztserie. Völlig ruhig - versuchte überzeugend zu sein und Arzt-Image zu verkörpern. (…)	Arzt/1
Da ich kein Interesse an solchen Produkten für die Gesundheit habe, da ich dem grundsätzlich nicht vertraue, kann ich keine Aussage darüber machen. Der nette Arzt aus der schönen Serie. Er weckt natürlich Vertrauen und Gemütlichkeit.	Arzt/1
Den Namen des Schauspielers kann ich nicht sagen, aber spielt einen Fernseharzt in „Neues vom Bülowbogen". (…) Wenn man ihn in seiner Rolle als Arzt kennt und wie er dort auftritt, hat man Vertrauen zu ihm. Werbung baut auf Zusammenhang mit der Serie auf.	Arzt/2
Mann meiner Meinung nach bekannt aus Serie „Praxis Bülowbogen". Er spielt dort einen Arzt, weshalb er wohl auch zur Bewerbung dieser Produkte herangezogen wurde.	Arzt/2
irgendein Schauspieler (Arzt im 1. oder 2. [Programm]), (…), freundlicher Mann, mit dem man auch aufgrund seiner Fernsehrolle sympathisiert und dem man vertraut, (…)	Arzt/2
Ein älterer Mann (ein Schauspieler, der sonst immer in der Rolle als Arzt zu sehen war), (…), sicherlich nicht zufällig, dass ein Schauspieler, der sonst immer Arzt spielt, jetzt für Medikament wirbt	Arzt/2
Til Schweiger als Agent, hat ziemliche Ähnlichkeit gehabt mit dem zuvor gesehenen Filmausschnitt, schwer zu trennen, (…)	Kommiss./1

* Anmerkung: Reine Beschreibungen des Aussehens der Werbeperson wurden hier aus Platzgründen nicht dargestellt und sind mit „(…)" gekennzeichnet.

Anhang 2: Studie 1: Hauptkomponentenanalyse zur Kompetenz und Vertrauenswürdigkeit der Werbeperson

Fallbeispiel	„Arzt"			„Kommissar"		
Item	MSA	Komm.	Ladung	MSA	Komm.	Ladung
aufrichtig	0,822	0,592	0,769	0,610	0,247	0,497
erfolgreich	0,803	0,406	0,637	0,819	0,218	0,467
sachkundig	0,854	0,567	0,753	0,664	0,651	0,807
erfahren	0,790	0,651	0,807	0,619	0,666	0,816
glaubhaft	0,790	0,607	0,779	0,706	0,547	0,739
KMO	0,810			0,662		
Eigenwert			2,821			2,329
Varianzanteil			56,429 %			46,578 %
Extraktionsmethode: Hauptkomponentenanalyse						

Anhang 3: Studie 1: Tests der Kontrollvariablen, Fallbeispiel „Arzt"

aV	Kontrollvariable: Summenamplitude der Serie (nominale Variable)*	Kontrollvariable: Gefallen des Films
elektrodermale Aktivierungsreaktion (Summenamplitude) auf den Experimentalspot	**U = 77,000, p < 0,001**	r = -0,097, p = 0,487
Item „sachkundig"	U = 349,500, p = 0,488	r = -0,028, p = 0,769
Item „erfahren"	U = 364,000, p = 0,661	r = 0,112, p = 0,235
Item „erfolgreich"	U = 343,500, p = 0,527	r = 0,023, p = 0,806
Item „aufrichtig"	U = 326,000, p = 0,432	r = -0,038, p = 0,687
Item „glaubhaft"	U = 338,500, p = 0,481	r = 0,081, p = 0,393
Einstellung zum Werbespot: Begeisterungspotential	U = 242,000, p = 0,348	r = 0,026, p = 0,785
Einstellung zum Werbespot: Informationsgehalt	U = 216,000, p = 0,145	r = 0,074, p = 0,431
aV	Kontrollvariable: Fan des Schauspielers	Kontrollvariable: vorherige Markenkenntnis*
elektrodermale Aktivierungsreaktion (Summenamplitude) auf den Experimentalspot	r = -0,162, p = 0,208	U = 184,500, p = 0,859
Item „sachkundig"	r = 0,087, p = 0,354	U = 603,000, p = 0,576
Item „erfahren"	r = 0,112, p = 0,232	U = 627,000, p = 0,737
Item „erfolgreich"	r = 0,138, p = 0,144	U = 535,500, p = 0,459
Item „aufrichtig"	r = 0,139, p = 0,141	U = 617,500, p = 0,714
Item „glaubhaft"	r = 0,040, p = 0,673	**U = 428,000, p = 0,079**
Einstellung zum Werbespot: Begeisterungspotential	r = 0,007, p = 0,937	U = 525,500, p = 0,208
Einstellung zum Werbespot: Informationsgehalt	r = 0,071, p = 0,448	U = 581,500, p = 0,441

* nicht-parametrischer Test wegen ungleicher Gruppengrößen

Anhang 4: Studie 1: Tests der Kontrollvariablen, Fallbeispiel „Kommissar"

aV	Kontrollvariable: Summenamplitude der Serie (nominale Variable)*	Kontrollvariable: Gefallen des Films
elektrodermale Aktivierungsreaktion (Summenamplitude) auf den Experimentalspot	**U = 68,000, p < 0,001**	**r = 0,265, p = 0,046**
Item „sachkundig"	U = 356,500, p = 0,591	r = 0,146, p = 0,151
Item „erfahren"	U = 329,000, p = 0,307	r = 0,150, p = 0,136
Item „erfolgreich"	U = 309,500, p = 0,149	r = 0,127, p = 0,209
Item „aufrichtig"	U = 375,000, p = 0,959	r = -0,006, p = 0,955
Item „glaubhaft"	U = 322,000, p = 0,264	r = 0,149, p = 0,138
Einstellung zum Werbespot: Begeisterungspotential	U = 368,000, p = 0,973	**r = 0,242, p = 0,016**
Einstellung zum Werbespot: Informationsgehalt	U = 363,000, p = 0,907	r = 0,080, p = 0,432
aV	Kontrollvariable: Fan des Schauspielers	Kontrollvariable: vorherige Markenkenntnis
elektrodermale Aktivierungsreaktion (Summenamplitude) auf den Experimentalspot	r = -0,006, p = 0,963	nur 1 Proband kannte die beworbene Marke nicht → Ausschluss dieses Probanden aus allen Rechnungen, nach Ausschluss des Einzelfalls konstante Markenbekanntheit, daher keine Einflussnahme dieser Variable
Item „sachkundig"	r = 0,098, p = 0,337	
Item „erfahren"	**r = 0,181, p = 0,073**	
Item „erfolgreich"	r = 0,056, p = 0,582	
Item „aufrichtig"	r = -0,047, p = 0,649	
Item „glaubhaft"	**r = 0,235, p = 0,019**	
Einstellung zum Werbespot: Begeisterungspotential	r = 0,162, p = 0,112	
Einstellung zum Werbespot: Informationsgehalt	r = 0,056, p = 0,582	

* nicht-parametrischer Test wegen ungleicher Gruppengrößen

Anhang 5:   Studie 1: Mediatorbeziehungen zwischen den betrachteten Werbewirkungsvariablen

Studie 1: Fallbeispiel „Arzt"

	Variablen	$x \rightarrow M$	$x \rightarrow y$	$M \rightarrow y$
X	Werbeperson „sachkundig"	$b = 0{,}296$, $p = 0{,}002$ $SE = 0{,}091$ $R^2 = 0{,}296$	$b = 0{,}231$, $p = 0{,}003$ $SE = 0{,}077$ $R^2 = 0{,}277$	$b = 0{,}389$, $p < 0{,}001$ $SE = 0{,}071$ $R^2 = 0{,}466$
M	A_{Ad}: Informationsgehalt			
Y	Einstellung zur Marke	Mediator-Tests: (Regression von y auf x und M)	$b_x = 0{,}127$, $p = 0{,}085$ $b_M = 0{,}352$, $p < 0{,}001$ $R^2 = 0{,}488$	Sobel-Test: $t = 2{,}914$, $p = 0{,}003$
	Variablen	$x \rightarrow M$	$x \rightarrow y$	$M \rightarrow y$
X	Werbeperson „erfahren"	$b = 0{,}207$, $p = 0{,}027$ $SE = 0{,}093$ $R^2 = 0{,}209$	$b = 0{,}209$, $p = 0{,}015$ $SE = 0{,}084$ $R^2 = 0{,}229$	$b = 0{,}389$, $p < 0{,}001$ $SE = 0{,}071$ $R^2 = 0{,}466$
M	A_{Ad}: Informationsgehalt			
Y	Einstellung zur Marke	Mediator-Tests: (Regression von y auf x und M)	$b_x = 0{,}115$, $p = 0{,}110$ $b_M = 0{,}365$, $p < 0{,}001$ $R^2 = 0{,}485$	Sobel-Test: $t = 2{,}107$, $p = 0{,}035$
	Variablen	$x \rightarrow M$	$x \rightarrow y$	$M \rightarrow y$
X	Werbeperson „aufrichtig"	$b = 0{,}255$, $p = 0{,}005$ $SE = 0{,}089$ $R^2 = 0{,}265$	$b = 0{,}187$, $p < 0{,}017$ $SE = 0{,}077$ $R^2 = 0{,}226$	$b = 0{,}389$, $p < 0{,}001$ $SE = 0{,}071$ $R^2 = 0{,}466$
M	A_{Ad}: Informationsgehalt			
Y	Einstellung zur Marke	Mediator-Tests: (Regression von y auf x und M)	$b_x = 0{,}098$, $p = 0{,}168$ $b_M = 0{,}311$, $p < 0{,}001$ $R^2 = 0{,}431$	Sobel-Test: $t = 2{,}625$, $p = 0{,}008$
	Variablen	$x \rightarrow M$	$x \rightarrow y$	$M \rightarrow y$
X	Werbeperson „vertrauenswürdig"	$b = 0{,}417$, $p < 0{,}001$ $SE = 0{,}085$ $R^2 = 0{,}424$	$b = 0{,}235$, $p < 0{,}001$ $SE = 0{,}064$ $R^2 = 0{,}331$	$b = 0{,}389$, $p < 0{,}001$ $SE = 0{,}071$ $R^2 = 0{,}466$
M	A_{Ad}: Informationsgehalt			
Y	Einstellung zur Marke	Mediator-Tests: (Regression von y auf x und M)	$b_x = 0{,}136$, $p = 0{,}066$ $b_M = 0{,}294$, $p < 0{,}001$ $R^2 = 0{,}470$	Sobel-Test: $t = 3{,}929$, $p < 0{,}001$

Studie 1: Fallbeispiel „Kommissar"

	Variablen	$x \rightarrow M$	$x \rightarrow y$	$M \rightarrow y$
X	Werbeperson „aufrichtig"	$b = 0{,}255$, $p = 0{,}011$ $SE = 0{,}099$ $R^2 = 0{,}255$	$b = 0{,}261$, $p = 0{,}005$ $SE = 0{,}090$ $R^2 = 0{,}284$	$b = 0{,}215$, $p = 0{,}018$ $SE = 0{,}089$ $R^2 = 0{,}239$
M	A_{Ad}: Informationsgehalt			
Y	Einstellung zur Marke	Mediator-Tests: (Regression von y auf x und M)	$b_x = 0{,}213$, $p = 0{,}022$ $b_M = 0{,}169$, $p = 0{,}077$ $R^2 = 0{,}328$	Sobel-Test: $t = 1{,}762$, $p = 0{,}078$

Anhang 6: Studie 1: Unterschiede zwischen Probanden mit und ohne EDR-Messung

uV: EDR-Messung (ja/nein)	
aV	Teststatistik
Fallbeispiel „Arzt"	
Item „sachkundig"	t(114) = -0,520, p = 0,604
Item „erfahren"	t(114) = 0,827, p = 0,410
Item „erfolgreich"	t(113) = -0,644, p = 0,521
Item „aufrichtig"	t(113) = 0,830, p = 0,408
Item „glaubhaft"	t(113) = 1,602, p = 0,112
Einstellung zum Werbespot: Begeisterungspotential	t(114) = -1,497, p = 0,137
Einstellung zum Werbespot: Informationsgehalt	t(114) = -0,029, p = 0,977
Fallbeispiel „Kommissar"	
Item „sachkundig"	t(96,286) = -0,369, p = 0,713
Item „erfahren"	t(97,949) = -0,258, p = 0,797
Item „erfolgreich"	t(98) = 0,890, p = 0,376
Item „aufrichtig"	t(96,699) = -1,272, p = 0,206
Item „glaubhaft"	t(98) = -0,876, p = 0,383
Einstellung zum Werbespot: Begeisterungspotential	t(97) = 0,236, p = 0,814
Einstellung zum Werbespot: Informationsgehalt	t(97) = -1,343, p = 0,182

Anhang 7: Studie 1: Reliabilitätstests bzgl. des Zeitpunkts der Befragung

uV: Zeitpunkt der Befragung (vor 13 Uhr / ab 13 Uhr)	
aV	Teststatistik
Fallbeispiel „Arzt"	
Summenamplitude des Experimentalspots	t(60) = -1,403, p = 0,166
Item „sachkundig"	t(114) = -1,918, p = 0,058
Item „erfahren"	t(113,627) = -1,004, p = 0,317
Item „erfolgreich"	t(113) = -0,944, p = 0,347
Item „aufrichtig"	t(113) = -0,604, p = 0,547
Item „glaubhaft"	t(110,168) = 0,585, p = 0,560
Einstellung zum Werbespot: Begeisterungspotential	t(89,559) = -1,131, p = 0,261
Einstellung zum Werbespot: Informationsgehalt	t(114) = -0,442, p = 0,659
Fallbeispiel „Kommissar"	
Summenamplitude des Experimentalspots	t(55) = 0,172, p = 0,864
Item „sachkundig"	t(92,239) = 0,590, p = 0,557
Item „erfahren"	t(97) = 0,717, p = 0,475
Item „erfolgreich"	t(84,930) = 0,515, p = 0,608
Item „aufrichtig"	t(96) = 1,273, p = 0,206
Item „glaubhaft"	t(97) = 0,516, p = 0,607
Einstellung zum Werbespot: Begeisterungspotential	t(96) = -1,565, p = 0,121
Einstellung zum Werbespot: Informationsgehalt	t(96) = -0,042, p = 0,967

Anhang 8: Studie 1: Reliabilitätstests auf Einflüsse der Experimentalleiter für das Fallbeispiel „Kommissar"

uV: Experimentalleiter (Zufallsstichprobe aus Experimentalleiter 1 / Experimentalleiter 2)

aV	Zufalls-stichprobe	Teststatistik
Summenamplitude des Werbespots	1	U = 19,000, p = 0,482
	2	U = 9,000, p = 0,167
	3	U = 5,000, p = 0,210
Item „sachkundig"	1	U = 39,000, p = 0,381
	2	U = 39,500, p = 0,388
	3	U = 28,500, p = 0,089
Item „erfahren"	1	U = 44,000, p = 0,638
	2	U = 49,000, p = 0,937
	3	U = 31,000, p = 0,133
Item „erfolgreich"	1	U = 34,000, p = 0,194
	2	U = 32,000, p = 0,135
	3	U = 44,000, p = 0,619
Item „aufrichtig"	1	U = 48,500, p = 0,904
	2	U = 48,500, p = 0,904
	3	U = 46,000, p = 0,737
Item „glaubhaft"	1	U = 46,500, p = 0,782
	2	U = 43,500, p = 0,606
	3	U = 48,500, p = 0,906
A_{Ad}: Begeisterungspotential	1	U = 39,000, p = 0,406
	2	U = 44,000, p = 0,650
	3	U = 44,000, p = 0,650
A_{ad}: Informationsgehalt	1	U = 46,000, p = 0,762
	2	U = 41,000, p = 0,496
	3	U = 42,000, p = 0,545

Anmerkung: Für das Fallbeispiel „Arzt" lagen zu wenige Fälle für den zweiten Experimentalleiter vor, um statistische Tests durchführen zu können.

Anhang 9: Studie 2: Beschreibung der thematisch zur Arztserie passenden Spots

Spot 1 ohne Schauspieler, stattdessen animierte Puppen	*Off:* Im Alltag wird der Rücken oft stark belastet, durch schweres Tragen oder falsche Bewegungen. So leicht wie hier, steckt das nicht jeder weg. Wenn Sie häufig unter Rückenschmerzen leiden, hilft die neue Mobilat Muskel- und Gelenksalbe. Ihr einzigartiger Intensiv-Wirkstoff wirkt tief und schnell im Schmerzpunkt du ist entzündungshemmend. So sind Sie schnell wieder mobil. Mit **Mobilat Intens von Stada**. *Off + Tafel:* Zu Risiken und Nebenwirkungen lesen Sie die Packungsbeilage und fragen Sie Ihren Arzt oder Apotheker.
Spot 3 *Werbeperson:* *Schauspieler* *Rainer Hunold*	*Hunold:* Hallo! Fit sein und immer in Bewegung! Muskelverspannungen und Krämpfe müssen nicht sein. Dafür gibt's Magnesium Verla! *Off:* Magnesiummangel führt oft zu Muskelverspannungen und Krämpfen. **Magnesium Verla** gleicht diesen Mangel aus und wirkt so gegen Verspannungen und Krämpfe. Dragee-Qualität ist unsere Stärke. *Hunold:* Magnesium Verla – das blau-gelbe Magnesium aus Ihrer Apotheke! *Off:* Fragen Sie nach Magnesium Verla! *Off + Tafel:* Zu Risiken und Nebenwirkungen lesen Sie die Packungsbeilage und fragen Sie Ihren Arzt oder Apotheker.
Spot 4 *Werbeperson:* *Schauspielerin* *Senta Berger*	*Berger:* Schön, wenn man spontan sein kann – wenn die Knochen mitmachen. *Off:* **Calcium Sandoz D Osteo**. Bei Osteoporose. Mit Vitamin D für starke Knochen. *Berger:* Ja, man kann die Knochen stärken! *Off:* Calcium Sandoz D Osteo. Ein Sandoz-Produkt aus Ihrer Apotheke. Sandoz – Eine gesunde Entscheidung. *Off + Tafel:* Zu Risiken und Nebenwirkungen lesen Sie die Packungsbeilage und fragen Sie Ihren Arzt oder Apotheker.

Anhang 10: Studie 2: Fallausschlüsse wegen Bemerken des Untersuchungszwecks

Antwort *	Gruppe
Schauspieler = Dr. Sommerfeld, ... ist Dr. Sommerfeld wirklich Arzt? Wer glaubt ihm und seiner „Kompetenz"?	1
Präsentierende Person = Hauptdarsteller in TV-Serie → gezielte Manipulation des Zuschauers, ...	1
... Wiedererkennung des Schauspielers (wenn er, der in der Serie den Arzt spielt, ein Medikament bewirbt, kaufen das sicher viele) ...	1
Der Doktor der Fernsehserie wirkt auch in einer Werbung mit, wodurch Konsumenten beeinflusst werden, das Beispiel kenne ich aus der Marketing-Vorlesung	1
Der Schauspieler tauchte kurz zuvor im Krimi auf, und mir fiel ein, dass er auch häufig in einer Arztrolle im Fernsehen zu sehen ist, und ich habe mich gefragt, ob es schon reicht, häufig in die Arztrolle zu schlüpfen, um ein geeigneter Werbeträger für Medikamente zu sein.	2
Der Darsteller in dem Werbespot war der Arzt aus der Serie, das könnte die Werbung dieses Spots verstärken, da man mit einem von einem „Arzt" assoziierten empfohlenen Produkt eine positivere Wirkung empfindet als sonst	1
Geschickt eingefädelt, dass jetzt ausgerechnet der [Schauspieler aus der Serie] Werbung für ein Medikament macht.	1
Ich finde es nicht gut, dass ein Schauspieler sein „Image" als (pseudo-)fürsorglicher Arzt ausnutzt, um Werbung für solche Medikamente zu machen. Fernsehzuschauer schenken so ggf. einem Produkt Vertrauen, auf dessen Qualität/Wirkung der Schauspieler überhaupt keinen Einfluss hat.	1
Der Arzt aus dem Film hat für das Produkt geworben. Dadurch werden bestimmt viele Zuschauer, die den Arzt im Film sympathisch finden, beeinflusst. ...	1
Die Werbung ist an dieser Stelle platziert, da die werbende Person der Hauptdarsteller der laufenden Serie ist. ...	2
Wenn der Schauspieler in einer Krankenhausserie mitspielen würde, würden ihm die Leute eher das Produkt abkaufen (Marketing-Vorlesung)	2
Der Schauspieler aus der Serie wirbt für das Produkt, geschickt gewählt, da er dort einen Arzt spielt	1
Es passt ja, dass der Schauspieler der Arztserie direkt im Anschluss Werbung für Tabletten macht.	1

* HIer werden nur die Teile der Antworten aufgeführt, die für die Kategorisierung ausschlaggebend waren. Reine Beschreibungen des Spots etc. werden hier vernachlässigt („...").

Anhang 11:   Studie 2: Tests der Kontrollvariablen

aV	Kontrollvariable: Summenamplitude der Serie	Kontrollvariable: Gefallen der Serie
elektrodermale Aktivierungsreaktion (Summenamplitude) auf den Experimentalspot	**r = 0,679, p < 0,001**	r = 0,042, p = 0,716
Kompetenz der Werbeperson	$r_{Kompetenz}$ = 0,161, p = 0,215	$r_{Kompetenz}$ = 0,134, p = 0,205
Vertrauenswürdigkeit der Werbeperson	$r_{Vertrauen}$ = 0,117, p = 0,369	$r_{Vertrauen}$ = 0,061, p = 0,563
Einstellung zum Werbespot	r = 0,064, p = 0,601	r = 0,135, p = 0,184
aV	Kontrollvariable: Kompetenz der Serienfigur	Kontrollvariable: Vertrauensw. der Serienfigur
elektrodermale Aktivierungsreaktion (Summenamplitude) auf den Experimentalspot	$r_{FilmKompetenz}$ = 0,191, p = 0,086	$r_{FilmVertrauen}$ = -0,081, p = 0,471
Kompetenz der Werbeperson	**$r_{FilmKompetenz}$ = 0,214, p = 0,042**	$r_{FilmVertrauen}$ = 0,091, p = 0,391
Vertrauenswürdigkeit der Werbeperson	$r_{FilmKompetenz}$ = 0,153, p = 0,148	**$r_{FilmVertrauen}$ = 0,493, p < 0,001**
Einstellung zum Werbespot	$r_{FilmKompetenz}$ = 0,098, p = 0,337	$r_{FilmVertrauen}$ = 0,153, p = 0,131
aV	Kontrollvariable: vorherige Kenntnis der Serie	Kontrollvariable: Schauspieler sympathisch
elektrodermale Aktivierungsreaktion (Summenamplitude) auf den Experimentalspot	t(34,168) = 0,371, p = 0,713	r = -0,078, p = 0,483
Kompetenz der Werbeperson	$t_{Kompetenz}$(88) = 1,445, p = 0,152	$r_{Kompetenz}$ = 0,066, p = 0,536
Vertrauenswürdigkeit der Werbeperson	$t_{Vertrauen}$(88) = 1,469, p = 0,145	**$r_{Vertrauen}$ = 0,311, p = 0,003**
Einstellung zum Werbespot	t(96) = 0,847, p = 0,399	**r = 0,235, p = 0,019**
aV	Kontrollvariable: vorherige Markenkenntnis	Produktinvolvement
elektrodermale Aktivierungsreaktion (Summenamplitude) auf den Experimentalspot	t(78) = 0,353, p = 0,725	r = 0,068, p = 0,565
Kompetenz der Werbeperson	$t_{Kompetenz}$(89) = 0,703, p = 0,484	**r = 0,205, p = 0,051**
Vertrauenswürdigkeit der Werbeperson	$t_{Vertrauen}$(89) = -0,039, p = 0,969	r = 0,147, p = 0,164
Einstellung zum Werbespot	t(96) = 1,481, p = 0,142	**r = 0,386, p < 0,001**

Anhang 12: Studie 2: Abwertung der Werbeperson im Vergleich zur Filmfigur

Item-Paar FF = Filmfigur, WP = Werbeperson	Mittelwert	Mittelwert der gepaarten Differenzen	SD der gepaarten Differenzen	Teststatistik
Gruppe 1: kongruente Rollenbedeutungen				
FF: sachkundig	4,03	1,15	1,027	$t(39) = 7,085, p < 0,001$
WP: sachkundig	2,88			
FF: Experte	3,93	1,38	1,102	$t(39) = 7,890, p < 0,001$
WP: Experte	2,55			
FF: kompetent	4,08	0,85	0,893	$t(39) = 6,020, p < 0,001$
WP: kompetent	3,23			
FF: aufrichtig	4,28	0,65	0,834	$t(39) = 4,932, p < 0,001$
WP: aufrichtig	3,63			
FF: verlässlich	4,13	0,63	0,774	$t(39) = 5,106, p < 0,001$
WP: verlässlich	3,50			
FF: vertrauenswürdig	4,13	0,53	0,877	$t(39) = 3,787, p = 0,001$
WP: vertrauenswürdig	3,60			
Gruppe 2: inkongruente Rollenbedeutungen				
FF: sachkundig	4,27	1,73	1,168	$t(50) = 10,554, p < 0,001$
WP: sachkundig	2,55			
FF: Experte	4,25	2,14	1,040	$t(50) = 14,682, p < 0,001$
WP: Experte	2,12			
FF: kompetent	4,27	1,49	1,138	$t(50) = 9,352, p < 0,001$
WP: kompetent	2,78			
FF: aufrichtig	4,20	0,82	0,817	$t(50) = 7,194, p < 0,001$
WP: aufrichtig	3,37			
FF: verlässlich	4,18	0,71	0,832	$t(50) = 6,061, p < 0,001$
WP: verlässlich	3,47			
FF: vertrauenswürdig	4,20	1,04	0,894	$t(50) = 8,306, p < 0,001$
WP: vertrauenswürdig	3,16			

Anhang 13: Studie 2: Mediatorbeziehungen zwischen den betrachteten Werbewirkungsvariablen

Studie 2

Variablen		x → M	x → y	M → y
X	Kompetenz der Werbeperson	b = 0,279, p = 0,004 SE = 0,095 R^2 = 0,297	**b = 0,204, p = 0,021** SE = 0,087 R^2 = 0,241	b = 0,315, p < 0,001 SE = 0,078 R^2 = 0,377
M	Einstellung zum Werbemittel			
Y	Einstellung zur Marke	Mediator-Tests: (Regression von y auf x und M)	b_x = 0,125, p = 0,158 **b_M = 0,284, p = 0,003** R^2 = 0,384	Sobel-Test: t = 2,375, p = 0,017

Anhang 14: Studie 2: Unterschiede zwischen Probanden mit und ohne EDR-Messung

uV: EDR-Messung (ja/nein)

aV	Teststatistik
Kompetenz der Werbeperson	t(89) = -0,193, p = 0,847
Vertrauenswürdigkeit der Werbeperson	t(72,282) = -0,482, p = 0,631
Kompetenz der Serienfigur	t(68,694) = -0,874, p = 0,385
Vertrauenswürdigkeit der Serienfigur	t(107) = -2,046, p = 0,043
Gefallen der Serie	t(52,263) = -1,294, p = 0,201

Anhang 15: Studie 2: Reliabilitätstests bzgl. der Erhebungszeit

uV: Zeitpunkt der Befragung (vor 13 Uhr / ab 13 Uhr)

aV	Teststatistik
Summenamplitude des Experimental-Werbespots MAGNESIUM VERLA	t(81) = -0,373, p = 0,710
Kompetenz der Werbeperson	t(87,445) = -0,269, p = 0,788
Vertrauenswürdigkeit der Werbeperson	t(89) = -1,492, p = 0,139
Einstellung zum Werbemittel	t(94,698) = 1,137, p = 0,259
Summenamplitude des Spots CALCIUM SANDOZ	t(73,538) = -1,438, p = 0,155
Summenamplitude des Spots MOBILAT	t(81) = -0,996, p = 0,322
Summenamplitude der Serie	t(79) = -1,142, p = 0,257
Serienfigur: Kompetenz	t(107) = 0,953, p = 0,343
Serienfigur: Vertrauenswürdigkeit	t(107) = -1,971, p = 0,051
Gefallen der Serie	t(104,941) = 2,431, p = 0,017

Anhang 16: Pretest Studie 3: Hauptkomponentenanalyse „Beurteilung Serienfigur"

Item	MSA	Kommunalität	Rotierte Komponenten 1	Rotierte Komponenten 2
Experte	0,788	0,829	0,902	0,126
sachkundig	0,799	0,805	0,854	0,276
kompetent	0,882	0,728	0,747	0,412
verlässlich	0,733	0,845	0,125	0,911
aufrichtig	0,742	0,874	0,305	0,884
seriös	0,880	0,621	0,456	0,643
Interpretation			„Kompetenz"	„Verlässlichkeit"
Eigenwert			3,678	1,016
Varianzanteil			61,449%	16,934%

Extraktionsmethode: Hauptkomponentenanalyse, Rotation: Varimax, 3 Iterationen

Anhang 17: Pretest Studie 3: Kovarianzanalysen „Beurteilung Serienfiguren"

aV	Mittelwerte (SD) je Medienkontext-Bedingung	Teststatistik (ANCOVA)	
Kompetenz der Serienfigur (Faktorwerte)	Dr. Sommerfeld: -0,113 (1,167)	Stimulus:	$F(1, 58) = 1,888, p = 0,175$
		Kenntnis der Serie:	$F(1, 58) = 0,538, p = 0,466$
		Interaktion:	$F(1, 58) = 0,024, p = 0,877$
	Staatsanwalt: -0,096 (0,789)	Kovariate „Gefallen":	$F(1, 58) = 2,535, p = 0,117$
Verlässlichkeit der Serienfigur (Faktorwerte)	Dr. Sommerfeld: 0,191 (0,958) angep. Mittel: 0,029	Stimulus:	$F(1, 58) = 0,088, p = 0,767$
		Kenntnis der Serie:	$F(1, 58) < 0,001, p = 0,988$
		Interaktion:	$F(1, 58) = 0,984, p = 0,325$
	Staatsanwalt: -0,194 (0,977) angep. Mittel: -0,035	Kovariate „Gefallen":	$F(1, 58) = 28,639, p < 0,001$

Anhang 18: Studie 3: Fallausschlüsse wegen Bemerken des Untersuchungszwecks

Antwort	Gruppe
Ist die Person als Werbeschauspieler geeignet? Ist sie glaubwürdiger, weil sie in der Serie einen Arzt spielt?	1
Der Zusammenhang zwischen seriösen und glaubwürdigen Schauspielern aufgrund ihrer Rolle in Filmen und ihrer Rolle in der Werbung. Welche Auswirkung hat eine Werbung mit aktuell in der Serie gesehenen Schauspielern auf die Glaubwürdigkeit durch seine Rolle.	2
Schauspieler, die positive Rollen in TV-Serien spielen, sind gute Werbeträger. Durch die positive Besetzung d. Person wird das beworbene Produkt auch positiv gesehen.	1
Auswirkung, dass Hauptperson der TV-Serie Werbeträger in nachfolgenden Werbespot ist	2
Den Zusammenhang von Werbung und Unterhaltung festzustellen. Die Bedeutung von sympathisch wirkenden Personen für die Produktwerbung zu testen	2
Ob ein Film oder ein Werbespot davon abhängt, wie sympathisch oder interessant Schauspieler, Handlungen oder Produkte sind.	1

Anhang 19: Studie 3: Operationalisierung von Transportation

Nr.	Original-Statement bei Green und Brock (2000, S. 704)	hier verwendete deutsche Anpassung des Statements	vermutete übergeordnete Dimension nach Green und Brock (2000, S. 703f)
1	While I was reading the narrative, I could easily picture the events in it taking place.	Während ich die Serie ansah, konnte ich mir leicht ein Bild von den Ereignissen in der Geschichte machen.	cognitive attention
2	While I was reading the narrative, activity going on in the room around me was on my mind. (R)	Als ich die Serie ansah, achtete ich auch auf die Geschehnisse um mich herum hier im Raum. (-)	lack of awareness of surroundings
3	I could picture myself in the scene of the events described in the narrative.	Ich war so in die Geschichte versunken, als ob ich selbst ein Teil davon wäre.	cognitive attention
4	I was mentally involved in the narrative while reading it.	Ich war während des Anschauens gedanklich vollkommen mit dem Serienausschnitt beschäftigt.	cognitive attention
5	After finishing the narrative, I found it easy to put it out of my mind. (R)	Nach dem Serienausschnitt fand ich es sehr leicht, ihn wieder aus meinem Kopf zu bekommen. (-)	emotional involvement
6	I wanted to learn how the narrative ended.	Ich wollte unbedingt wissen, wie die Geschichte enden wird.	feelings of suspense
7	The narrative affected me emotionally.	Die Geschehnisse in der Serie haben mich emotional berührt.	emotional involvement
8	I found myself thinking of ways the narrative could have turned out differently.	Jetzt im Nachhinein denke ich daran, wie sich die Geschichte noch hätte entwickeln können.	emotional involvement
9	I found my mind wandering while reading the narrative. (R)	Während ich den Serienausschnitt ansah, schweiften meine Gedanken zu ganz anderen Dingen ab. (-)	cognitive attention
10	The events in the narrative are relevant to my everyday life.	– nicht verwendet –	emotional involvement
11	The events in the narrative have changed my life.	– nicht verwendet –	emotional involvement
12-15	While reading the narrative I had a vivid image of [one of 4 characters].	Als ich den Serienausschnitt ansah, konnte ich mir einen genauen Eindruck von den Hauptpersonen verschaffen.	mental imagery
neu	-	Ich war gespannt, wie sich die Geschichte entwickeln würde.	feelings of suspense

Anhang 20: Studie 3: Test der Kontrollvariablen

aV	Kontrollvariable: Gefallen der Serie	Kontrollvariable: Schauspieler sympathisch*
Kompetenz der Werbeperson	$r_{Kompetenz} = -0{,}036$, $p = 0{,}727$	$r_{Kompetenz} = 0{,}115$, $p = 0{,}259$
Vertrauenswürdigkeit der Werbeperson	$r_{Vertrauen} = 0{,}298$, $p = 0{,}003$	$r_{Vertrauen} = 0{,}237$, $p = 0{,}018$
Einstellung zum Werbespot	$r = 0{,}277$, $p = 0{,}006$	$r = 0{,}292$, $p = 0{,}004$
aV	Kontrollvariable: vorherige Kenntnis der Serie	Kontrollvariable: vorherige Markenkenntnis
Kompetenz der Werbeperson	$t_{Kompetenz}(83{,}566) = -1{,}140$, $p = 0{,}258$	$t_{Kompetenz}(95) = -0{,}592$, $p = 0{,}555$
Vertrauenswürdigkeit der Werbeperson	$t_{Vertrauen}(97) = -0{,}310$, $p = 0{,}757$	$t_{Vertrauen}(75{,}105) = -0{,}477$, $p = 0{,}635$
Einstellung zum Werbespot	$t(95) = 0{,}978$, $p = 0{,}330$	$t(93) = 1{,}162$, $p = 0{,}248$
aV	Kontrollvariable: Produktinvolvement	
Kompetenz der Werbeperson	$r_{Kompetenz} = 0{,}050$, $p = 0{,}623$	
Vertrauenswürdigkeit der Werbeperson	$r_{Vertrauen} = 0{,}292$, $p = 0{,}003$	
Einstellung zum Werbespot	$t(96) = 0{,}378$, $p < 0{,}001$	

* aufgrund hoher Korrelation mit „Gefallen der Serie" in den Hypothesentests außen vor belassen

Anhang 21: Studie 3: Einfluss von Transportation auf die Vertrauenswürdigkeit der Werbeperson (ergänzender Test zu H4)

Regressionsmodell	Koeffizienten der betrachteten uV	Koeffizienten der Kontrollvariablen	Hypothese
aV Vertrauenswürdigkeit der Werbeperson			
$F(5, 90) = 3{,}194$, $p = 0{,}011$, korr. $R^2 = 0{,}104$	Kongruenz: $t = -0{,}684$, $p = 0{,}496$, $\beta = -0{,}289$ Transportation-Index: $t = 1{,}082$, $p = 0{,}282$, $\beta = 0{,}157$ Interaktion: $t = 0{,}639$, $p = 0{,}524$, $\beta = 0{,}267$	Produktinvolvement: $t = 1{,}840$, $p = 0{,}069$, $\beta = 0{,}190$ Gefallen der Serie: $t = 1{,}034$, $p = 0{,}304$, $\beta = 0{,}151$	H4 ✘
$F(5, 90) = 4{,}020$, $p = 0{,}002$, korr. $R^2 = 0{,}137$	Kongruenz: $t = -0{,}823$, $p = 0{,}412$, $\beta = -0{,}082$ Transportation-Faktor 1: $t = 1{,}919$, $p = 0{,}058$, $\beta = 0{,}267$ Interaktion: $t = 1{,}511$, $p = 0{,}134$, $\beta = 0{,}146$	Produktinvolvement: $t = 1{,}680$, $p = 0{,}097$, $\beta = 0{,}170$ Gefallen der Serie: $t = 0{,}612$, $p = 0{,}542$, $\beta = 0{,}083$	H4 ✘
$F(5, 90) = 2{,}937$, $p = 0{,}017$, korr. $R^2 = 0{,}093$	Kongruenz: $t = -0{,}217$, $p = 0{,}829$, $\beta = -0{,}023$ Transportation-Faktor 2: $t = 0{,}512$, $p = 0{,}610$, $\beta = 0{,}056$ Interaktion: $t = 0{,}756$, $p = 0{,}451$, $\beta = 0{,}076$	Produktinvolvement: **$t = 2{,}067$, $p = 0{,}042$, $\beta = 0{,}212$** Gefallen der Serie: **$t = 2{,}284$, $p = 0{,}025$, $\beta = 0{,}250$**	H4 ✘
$F(5, 90) = 3{,}147$, $p = 0{,}012$, korr. $R^2 = 0{,}102$	Kongruenz: $t = -0{,}448$, $p = 0{,}655$, $\beta = -0{,}045$ Transportation-Faktor 3: $t = -0{,}601$, $p = 0{,}549$, $\beta = -0{,}060$ Interaktion: $t = -1{,}117$, $p = 0{,}267$, $\beta = -0{,}110$	Produktinvolvement: $t = 1{,}909$, $p = 0{,}059$, $\beta = 0{,}199$ Gefallen der Serie: **$t = 2{,}578$, $p = 0{,}012$, $\beta = 0{,}267$**	H4 ✘

✓ Unterstützung für die Hypothese, ✘ Ablehnung der Hypothese

Anhang 22: Studie 3: Mediatorbeziehungen zwischen den betrachteten Werbewirkungsvariablen

Studie 3

	Variablen	x → M	x → y	M → y
X	Kompetenz der Werbeperson	$b = 0{,}270, p = 0{,}009$ $SE = 0{,}101$ $R^2 = 0{,}265$	$b = 0{,}371, p < 0{,}001$ $SE = 0{,}097$ $R^2 = 0{,}367$	$b = 0{,}622, p < 0{,}001$ $SE = 0{,}080$ $R^2 = 0{,}625$
M	Einstellung zum Werbemittel			
Y	Einstellung zur Marke	Mediator-Tests: (Regression von y auf x und M)	$b_x = 0{,}218, p = 0{,}009$ $b_M = 0{,}565, p < 0{,}001$ $R^2 = 0{,}659$	Sobel-Test: $t = 2{,}528, p = 0{,}011$
	Variablen	x → M	x → y	M → y
X	Vertrauenswürdigkeit der Werbeperson	$b = 0{,}433, p < 0{,}001$ $SE = 0{,}093$ $R^2 = 0{,}432$	$b = 0{,}385, p < 0{,}001$ $SE = 0{,}095$ $R^2 = 0{,}386$	$b = 0{,}622, p < 0{,}001$ $SE = 0{,}080$ $R^2 = 0{,}625$
M	Einstellung zum Werbemittel			
Y	Einstellung zur Marke	Mediator-Tests: (Regression von y auf x und M)	$b_x = 0{,}142, p = 0{,}111$ $b_M = 0{,}561, p < 0{,}001$ $R^2 = 0{,}638$	Sobel-Test: $t = 3{,}994, p < 0{,}001$

Anhang 23: Studie 3: Reliabilitätstests bzgl. der Erhebungszeit

uV: Zeitpunkt der Befragung (vor 16.30 Uhr / nach 16.30 Uhr)

aV	Teststatistik
Kompetenz der Werbeperson	$t(97) = -0{,}368, p = 0{,}716$
Vertrauenswürdigkeit der Werbeperson	$t(82{,}738) = -1{,}367, p = 0{,}175$
Einstellung zum Werbemittel	$t(95) = -0{,}999, p = 0{,}320$
Transportation-Index	$t(101{,}537) = -2{,}186, p = 0{,}031$
Transportation-Faktor 1	$t(101{,}658) = -2{,}359, p = 0{,}020$
Transportation-Faktor 2	$t(105{,}750) = 0{,}428, p = 0{,}669$
Transportation-Faktor 3	$t(106) = -0{,}372, p = 0{,}710$
Gefallen der Serie	$t(109) = -2{,}009, p = 0{,}047$
Schauspieler sympathisch	$t(109) = -0{,}655, p = 0{,}514$
Produktinvolvement	$t(108) = -0{,}690, p = 0{,}492$

Anhang 24: Studie 3: Reliabilitätstest auf Interviewereinflüsse

uV: Interviewer	
aV	Teststatistik
Kompetenz der Werbeperson	χ^2 (9, n = 80) = 8,556, p = 0,479
Vertrauenswürdigkeit der Werbeperson	χ^2 (9, n = 80) = 16,203, p = 0,063
Einstellung zum Werbemittel	χ^2 (9, n = 77) = 7,972, p = 0,537
Transportation-Index	χ^2 (9, n = 88) = 22,519, p = 0,007
Transportation-Faktor 1	χ^2 (9, n = 88) = 16,551, p = 0,056
Transportation-Faktor 2	χ^2 (9, n = 88) = 11,957, p = 0,216
Transportation-Faktor 3	χ^2 (9, n = 88) = 9,646, p = 0,380
Gefallen der Serie	χ^2 (9, n = 90) = 16,467, p = 0,058
Schauspieler sympathisch	χ^2 (9, n = 90) = 17,617, p = 0,040
Produktinvolvement	χ^2 (9, n = 89) = 8,433, p = 0,491

Anhang 25: Studie 4: Werbestimulus

Anhang 26: Studie 4: Instruktionstext des Untersuchungsleiters

Proband kommt in das Labor

„Hallo, schön, dass du da bist und vielen Dank, dass du an unserem Test teilnimmst! Bitte setz' dich und ich sage Dir erst einmal, worum es gehen soll.

Wir testen eine Webseite eines DVD-Verleihs. Du siehst hier einen **Entwurf** dafür – so könnte die Seite einmal aussehen. Es soll heute jedoch **nicht um die optische Gestaltung** der Seite gehen, sondern mehr **um den Inhalt und das Konzept**: Der DVD-Verleih möchte die DVDs nämlich thematisch „in Themenkollektionen" *(→ linke Spalte zeigen)* präsentieren, also z.B. sollen auf einer Seite die schönsten Oscar-Filme präsentiert werden, oder auf einer anderen Seite die schönsten Trilogien, die schönsten französischen Filme usw.

Wir haben **drei solcher Themenseiten vorbereitet** *(→ auf die drei Links zeigen)* und deine **Aufgabe ist es, diese Seiten anzuschauen**. Du findest dann dort verschiedene Filme aufgelistet, auch mit Beschreibungen zu den einzelnen Filmen, aber es ist **nicht notwendig, dass du dir alle Beschreibungen genau durchliest** – das würde auch viel zu lange dauern –, sondern es reicht, wenn du dir einen groben Überblick verschafft, ob solche Zusammenstellungen gefallen könnten.

Eine zweite Sache ist, dass der DVD-Verleih auf den Seiten auch gern **Filmausschnitte** zeigen will, damit Kunden schon mal in den Film hineinschnuppern können. Du wirst dann bei jedem Film einen roten **„Testen"-Button** sehen. Diese Buttons sind aber nicht aktiv, sondern wir haben **nur für einen Film den Link freigeschaltet**, um das jetzt einmal zu testen. Diesen Filmausschnitt findest du auf der **zweiten Seite** *(→ auf Link zeigen)* und er ist mit einem **gelben Stern** markiert, damit du ihn auch erkennst. Ich möchte dich bitten, diesen Filmausschnitt anzuschauen, auch **in voller Länge anzuschauen**, denn nachher haben wir Fragen wie „Fandest du den Ausschnitt zu lang / zu kurz, wie gefällt dir die Einbindung von Ausschnitten usw." Für den Film hast du hier **Kopfhörer**.

Dann ist noch wichtig, dass du bitte in der **Reihenfolge** bleibst, also erst die erste Seite anschaust *(→ auf Link zeigen)*, dann die zweite Seite anschaust und den Film anschaust *(→ auf Link zeigen)* und dann die dritte Seite anschaust *(→ auf Link zeigen)*. Dann können wir die Daten besser auswerten, weil alle dieselbe Reihenfolge angesehen haben.

Das ist also deine Aufgabe. Bevor es losgeht, möchte ich dich bitten, diesen **Fragebogen** auszufüllen. Dann schaust du dir die Seiten an und ich gebe dir **anschließend wieder einen Fragebogen** zu dem, was du dort gesehen hast."

während Proband die Webseiten ansieht

→ unauffällig beobachten, ob Reihenfolge eingehalten wurde. Falls nicht: Auf Fragebogen vermerken, „Bemerkung: A vor F"

nach dem Ansehen der Webseiten

„Jetzt habe ich hier den Fragebogen, den du bitte ausfüllst. Fragen, die du nicht beantworten kannst oder die nicht auf dich zutreffen, lässt du einfach offen."

nach dem Ausfüllen des Fragebogens

„Vielen Dank! Wir haben auch solche kleinen Dankeschöns *(→ Kiste)*. Bitte greif hinein, so oft du magst. Herzlichen Dank, dass du da warst und noch einen schönen Tag!"

Anhang 27:   Studie 4: Fallausschlüsse wegen Bemerken des Untersuchungszwecks

Antwort	Gruppe
ob Werbung gekoppelt mit Personen aus geschauten Filmausschnitten eher dazu verleitet, dieses Produkt zu kaufen/wahrzunehmen	1
Es soll die Wahrnehmung der Werbung im Zusammenhang mit dem Filmausschnitt getestet werden!	2
Die Abhängigkeit der Sympathie zu einer Person in Verbindung mit Produkt/Film	4
vermutlich der Zusammenhang des Darstellers im Filmausschnitt und der Dolormin-Werbung, Werbung auf kommerziellen Seiten	3
wahrscheinlich, wie stark gewisse Werbung im Internet aus Konsumentensicht wahrgenommen wird, die Rolle von Schauspielern in der Werbung (der Einfluss)	3
Werbung im Internet, Verbindung mit Filmstars	3
Die Wirkung der Dolormin-Werbung	1
Werbung zu beurteilen im Zusammenhang mit kontextrelevanten Filmausschnitten	2
Wie man auf die DVD-Seite reagiert, z.B. auf gezeigte Ausschnitte im Zusammenhang mit evtl. Werbung und Gesamteindrücke des Aufbaus der Webseite	2
Welche Schauspieler passen zu welcher Werbung? Werden die Anzeigen richtig erkannt? Richtige Platzierung? Richtige Werbepalette?	3
Korrelation zwischen Filmvorschau und Effektivität der Werbung?	3
Verbraucherverhalten, Verkaufsstrategien. [Zusatz beim Recognition-Test:] Fossil, Dolormin oder Kopfschmerztabletten (Darsteller von Grey´s Anatomy)	1
Allg. Eindruck der Website auf den Konsumenten, wie stark wird Werbung auf Websites wahrgenommen, wie sehr prägt man sich das Produkt und die dort zu sehenden Personen ein. Wieviel Werbung soll zu sehen sein. [Zusatz beim Recognition-Test:] Fossil, Dolormin (Kopfschmerztabletten), Hauptdarsteller des Filmausschnitts ist dergleiche der Werbung :)	4

Anhang 28:   Studie 4: Test der Kontrollvariablen

aV	Kontrollvariable: Gefallen der Serie	Kontrollvariable: Schauspieler sympathisch
Kompetenz der Werbeperson	$r = 0{,}034$, $p = 0{,}721$	$r = 0{,}238$, $p = 0{,}011$
Vertrauenswürdigkeit der Werbeperson	$r = -0{,}027$, $p = 0{,}777$	$r = 0{,}360$, $p < 0{,}001$
Einstellung zum Werbespot	$r = 0{,}131$, $p = 0{,}171$	$r = 0{,}418$, $p < 0{,}001$
aV	Kontrollvariable: Gefallen des Webdesigns	Kontrollvariable: Gefallen der Themenkollektionen
Kompetenz der Werbeperson	$r_F = 0{,}227$, $p = 0{,}018$	$r = -0{,}044$, $p = 0{,}653$
Vertrauenswürdigkeit der Werbeperson	$r = 0{,}291$, $p = 0{,}002$	$r = -0{,}130$, $p = 0{,}178$
Einstellung zum Werbespot	$r = 0{,}301$, $p < 0{,}001$	$r = -0{,}054$, $p = 0{,}575$
aV	Produktinvolvement	
Kompetenz der Werbeperson	$r = 0{,}196$, $p = 0{,}042$	
Vertrauenswürdigkeit der Werbeperson	$r = 0{,}148$, $p = 0{,}128$	
Einstellung zum Werbespot	$r = 0{,}255$, $p = 0{,}008$	

Anhang 29: Studie 4: Einfluss von Kongruenz und Valenz auf die Vertrauenswürdigkeit der Werbeperson (ergänzender Test zu H5)

	Valenz	Mittelwerte (SD)	Teststatistiken (ANCOVA)	Hypothese
Kongruenz	positiv	3,33 (0,877)	Kongruenz: F(1, 102) = 1,489, p = 0,225	
	negativ	2,86 (1,167)		
	Gesamt	3,12 (1,033)	Valenz: F(1, 102) = 1,408, p = 0,238	
Inkongruenz	positiv	3,07 (0,829)	Kongruenz x Valenz: F(1, 102) = 0,258, p = 0,613	H2b ✘
	negativ	3,09 (0,818)		H5 ✘
	Gesamt	3,08 (0,816)	Kovariate Gefallen des Webdesigns: **F(1, 102) = 6,098, p = 0,015**	
Gesamt	positiv	3,20 (0,855)		
	negativ	3,00 (0,971)	Kovariate Schauspieler sympathisch: **F(1, 102) = 10,959, p = 0,001**	
	Gesamt	3,10 (0,917)		

✓ Unterstützung für die Hypothese, ✘ Ablehnung der Hypothese
Gesamtmodell: F(5, 102) = 5,152, p < 0,001.
Die Annahme der Varianzhomogenität ist erfüllt: Levene F(3, 104) = 1,202, p = 0,313.

Anhang 30: Studie 4: Reliabilitätstests bzgl. der Erhebungszeit

uV: Zeitpunkt der Befragung (vor 13 Uhr / ab 13 Uhr)

aV	Teststatistik
Kompetenz der Werbeperson	t(109) = 1,601, p = 0,112
Vertrauenswürdigkeit der Werbeperson	t(99,427) = 0,306, p = 0,760
Einstellung zum Werbemittel	t(109) = 0,790, p = 0,431
Gefallen der Serie	t(110) = 0,203, p = 0,839
Schauspieler sympathisch	t(110) = 0,588, p = 0,558
Produktinvolvement	t(106) = 0,553, p = 0,581
Gefallen der Website	t(108) = -0,102, p = 0,919
Gefallen der Themenkollektionen der Website	t(108) = 0,403, p = 0,688

Anhang 31: Studie 4: Reliabilitätstests auf Interviewereinflüsse

uV: Experimentalleiter (Zufallsstichprobe aus Experimentalleiter 1 / Experimentalleiter 2)

aV	Zufalls-stichprobe	Teststatistik
Kompetenz der Werbeperson	1	U = 44,000, p = 0,684
	2	U = 45,000, p = 0,739
	3	U = 45,000, p = 0,739
Vertrauenswürdigkeit der Werbeperson	1	U = 37,000, p = 0,353
	2	U = 39,500, p = 0,661
	3	U = 44,000, p = 0,684
Einstellung zum Werbemittel	1	U = 33,500, p = 0,218
	2	U = 32,000, p = 0,190
	3	U = 46,500, p = 0,796
Gefallen der Serie	1	U = 38,000, p = 0,393
	2	U = 45,000, p = 0,739
	3	U = 39,500, p = 0,436
Schauspieler sympathisch	1	U = 63,500, p = 0,927
	2	U = 49,500, p = 0,343
	3	U = 49,500, p = 0,343
Produktinvolvement	1	U = 49,500, p = 0,860
	2	U = 45,000, p = 0,393
	3	U = 63,000, p = 0,927
Gefallen der Website	1	U = 35,500, p = 0,447
	2	U = 62,500, p = 0,879
	3	U = 28,000, p = 0,105
Gefallen der Themenkollektionen der Website	1	U = 36,500, p = 0,497
	2	U = 41,000, p = 0,492
	3	U = 28,000, p = 0,105

Anhang 32: Verwendete fiktionale Materialien

Adrenalin, Regisseur Dominique Othenin-Girard, basierend auf dem Drehbuch von Douglas Scott-Hessler & Douglas Graham, Premiere in Deutschland 1996.

Alf, TV-Serie, basierend auf einer Idee von Paul Fusco & Tom Patchett, vier Staffeln, 103 Folgen, Laufzeit in USA von 1986 bis 1990, Erstausstrahlung in Deutschland 1988.

Blair Witch Project, Regisseure Daniel Myrick & Eduardo Sánchez, basierend auf dem Drehbuch von Daniel Myrick & Eduardo Sánchez, Premiere in USA in 1999, Premiere in Deutschland in 1999, Originaltitel: *The Blair Witch Project*.

Boston Legal, TV-Serie, basierend auf einer Idee von David E. Kelley, fünf Staffeln, 101 Folgen, Laufzeit in USA von 2004 bis 2008, Erstausstrahlung in Deutschland 2004.

Bugs Bunny-Show, TV-Serie, basierend auf dem Drehbuch von Tom Dagenais & David Detiege, zwei Staffeln, 50 Folgen, Laufzeit in USA von 1960 bis 1975, Laufzeit in Deutschland seit 1980, Originaltitel: *The Bugs Bunny Show*.

Cast away – Verschollen, Spielfilm, Regisseur Robert Zemeckis, basierend auf dem Drehbuch von William Broyles Jr., Premiere in USA in 2000, Premiere in Deutschland in 2001, Originaltitel: *Cast away*.

Cold Case – Kein Opfer ist je vergessen, TV-Serie, basierend auf der Idee von Meredith Stiehm, bisher sieben Staffeln, 153 Folgen, Laufzeit in USA seit 2003, Erstausstrahlung in Deutschland 2004, Originaltitel: *Cold Case*.

CSI: Den Tätern auf der Spur, TV-Serie, basierend auf einer Idee von Ann Donahue & Anthony E. Zuiker, bisher elf Staffeln, 223 Folgen, Laufzeit in USA seit 2000, Erstausstrahlung in Deutschland 2000, Originaltitel: *CSI: Crime Scene Investigation*.

Das Experiment, Spielfilm, Regisseur Oliver Hirschbiegel, basierend auf dem Roman *Black Box* von Mario Giordano, Premiere in Deutschland in 2001.

Das Traumschiff, TV-Serie, basierend auf einer Idee von Wolfgang Rademann, 62 Folgen, Erstausstrahlung in Deutschland 1981.

Der Denver-Clan, TV-Serie, basierend auf einer Idee von John B. Moranville, neun Staffeln, 217 Folgen, Laufzeit in USA von 1981 bis 1989, Erstausstrahlung in Deutschland 1983, Originaltitel: *Dynasty*.

Der Herr der Ringe – die Gefährten, Spielfilm, Regisseur Peter Jackson basierend auf dem Roman *The Lord of the Rings* von John R. R. Tolkien, Premiere in UK in 2001, Premiere in Deutschland in 2001, Originaltitel: *The Lord of the Rings – The Fellowship of the Ring*.

Der rosarote Panther, Spielfilm, Regisseur Blake Edwards, basierend auf dem Drehbuch von Blake Edwards & Maurice Richlin, Premiere in USA in 1963, Premiere in Deutschland in 1963, Originaltitel: *The Pink Panther*.

Der Staatsanwalt, TV-Serie, basierend auf dem Drehbuch von Norbert Ehry, bisher drei Staffeln, 14 Folgen, Laufzeit in Deutschland seit 2005.

Der Zodiac Killer, Regisseur Alexander Bulkley, basierend auf dem Drehbuch von Kelley Bulkley & Alexander Bulkley, Premiere in Deutschland in 2005, Originaltitel: *The Zodiac*.

Desperate Housewives, TV-Serie, basierend auf einer Idee von Marc Cherry, bisher sechs Staffeln, 134 Folgen, Laufzeit in USA seit 2004, Erstausstrahlung in Deutschland 2004.

Detektiv Rockford – Anruf genügt, TV-Serie, basierend auf einer Idee von Stephen J. Cannell & Roy Huggins, sechs Staffeln, 122 Folgen, Laufzeit in USA von 1974 bis 1980, Erstausstrahlung in Deutschland 1976, Originaltitel: *The Rockford Files*.

Die Bill-Cosby-Show, TV-Serie, basierend auf einer Idee von William Henry Cosby, Jr., acht Staffeln, 200 Folgen, Laufzeit in USA von 1984 bis 1992, Erstausstrahlung in Deutschland 1987, Originaltitel: *The Cosby Show*.

Die Camper, TV-Serie, basierend auf einer Idee von Werner Koj & Claus Vincon, neun Staffeln, 123 Folgen, Laufzeit in Deutschland von 1997 bis 2006.

Die Charlie Brown und Snoopy Show, TV-Serie, basierend auf einer Idee von Charles M. Schulz, zwei Staffeln, 18 Folgen, Laufzeit in USA von 1983 bis 1985, Originaltitel: *The Charlie Brown and Snoopy Show*.

Die fabelhafte Welt der Amélie, Spielfilm, Regisseur Jean-Pierre Jeunet, basierend auf dem Drehbuch von Jean-Pierre Jeunet, Premiere in Frankreich in 2001, Premiere in Deutschland in 2001, Originaltitel: *Le fabuleux destin d'Amélie Poulain*.

Die Reifeprüfung, Regisseur Mike Nichols, basierend auf dem Roman *The Graduate* von Charles Webb, Premiere in USA in 1967, Premiere in Deutschland in 1968, Originaltitel: *The Graduate*.

Die Schwarzwaldklinik, TV-Serie, basierend auf einer Idee von Herbert Lichtenfeld, drei Staffeln, 24 Folgen, Laufzeit in Deutschland von 1985 bis 1989.

Die Simpsons, TV-Serie, basierend auf einer Idee von Matt Groening, bisher 21 Staffeln, 454 Folgen, Laufzeit in USA seit 1989, Erstausstrahlung in Deutschland 1991, Originaltitel: *The Simpsons*.

Dornröschen, Märchen in der Sammlung der Kinder- und Hausmärchen von Jacob & Wilhelm Grimm, 1812.

Dr. House, TV-Serie, basierend auf einer Idee von David Shore, bisher 6 Staffeln, 133 Folgen, Laufzeit in USA seit 2004, Laufzeit in Deutschland seit 2004, Originaltitel: *House, M. D.*

Dr. Sommerfeld – Neues vom Bülowbogen, TV-Serie, basierend auf einer Idee von Ulrich del Mestre, sieben Staffeln, 139 Folgen, Laufzeit in Deutschland von 1997 bis 2004.

Ein Colt für alle Fälle, TV-Serie, basierend auf einer Idee von Glen E. Larson, fünf Staffeln, 112 Folgen, Laufzeit in USA von 1981 bis 1986, Erstaufführung in Deutschland 1983, Originaltitel: *The Fall Guy*.

Emergency Room – die Notaufnahme, TV-Serie, basierend auf einer Idee von Michael Crichton, bisher 15 Staffeln, 332 Folgen, Laufzeit in USA von 1994 bis 2009, Erstausstrahlung in Deutschland 1995, Originaltitel: *E.R.*

Familie Feuerstein, TV-Serie, basierend auf einer Idee von Ralph Goodman, sechs Staffeln, 167 Folgen, Laufzeit in USA von 1960 bis 1969, Erstausstrahlung in Deutschland 1960, Originaltitel: *The Flintstones*.

Familienpackung, Roman von Susanne Fröhlich, 2005.

Frühstück bei Tiffany, Spielfilm, Regisseur Blake Edwards, basierend auf dem Roman *Breakfast at Tiffany's* von Truman Capote, Premiere in USA in 1961, Premiere in Deutschland in 1962, Originaltitel: *Breakfast at Tiffany's*.

Grey's Anatomy – die jungen Ärzte, TV-Serie, basierend auf einer Idee von Shonda Rhimes, bisher sechs Staffeln, 119 Folgen, Laufzeit in USA seit 2005, Erstausstrahlung in Deutschland 2005, Originaltitel: *Grey's Anatomy*.

Gute Zeiten, schlechte Zeiten, TV-Serie, basierend auf einer Idee von Felix Huby, bisher eine Staffel, 4424 Folgen, Erstausstrahlung in Deutschland 1992.

Hänsel und Gretel, Märchen in der Sammlung der Kinder- und Hausmärchen von Jacob & Wilhelm Grimm, 1812.

Harry Potter und der Stein der Weisen, Spielfilm, Regisseur Chris Columbus, basierend auf dem Roman *Harry Potter and the Sorcerer's Stone* von J. K. Rowling, Premiere in UK in 2001, Premiere in Deutschland in 2001, Originaltitel: *Harry Potter and the Sorcerer's Stone*.

Illuminati, Roman von Dan Brown, 2003, Originaltitel: *Angels and Demons*.

Indiana Jones: Jäger des verlorenen Schatzes, Regisseur Steven Spielberg, basierend auf einer Idee von George Lucas & Philip Kaufman, Premiere in USA in 1981, Premiere in Deutschland in 1981, Originaltitel: *Raiders of the Lost Ark*.

James Bond 007 – Casino Royale, Spielfilm, Regisseur Martin Campbell, basierend auf dem Roman *Casino Royale* von Ian Fleming, Premiere in UK in 2006, Premiere in Deutschland in 2006, Originaltitel: *007 – Casino Royale*.

James Bond 007 – Ein Quantum Trost, Regisseur Marc Forster, basierend auf dem Drehbuch von Paul Haggis, Neal Purvis & Robert Wade, Premiere in UK in 2008, Premiere in Deutschland in 2008, Originaltitel: *007 – Quantum of Solace*.

James Bond 007 – Stirb an einem anderen Tag, Regisseur Lee Tamahori, basierend auf dem Drehbuch von Neal Purvis & Robert Wade, Premiere in UK in 2002, Premiere in Deutschland in 2002, Originaltitel: *007 – Die Another Day*.

JFK – Tatort Dallas, Spielfilm, Regisseur Oliver Stone, basierend auf den Romanen *On the Trail of the Assassins* von Jim Garrison & *Crossfire: The Plot That Killed Kennedy* von Jim Marrs, Premiere in USA in 1991, Premiere in Deutschland in 1992, Originaltitel: *JFK*.

Kanzleramt, TV-Serie, basierend auf dem Drehbuch von Hans-Christoph Blumenberg & Martin E. Süskind, eine Staffel, zwölf Folgen, Laufzeit in Deutschland 2005.

King Kong, Spielfilm, Regisseur Peter Jackson, basierend auf dem Drehbuch von Edgar Wallace & Merian C. Cooper, Premiere in USA in 2005, Premiere in Deutschland in 2005.

Krieg der Sterne – Episode IV: Eine neue Hoffnung, Spielfilm, Regisseur George Lucas, basierend auf dem Drehbuch von George Lucas, Premiere in USA in 1977, Premiere in Deutschland in 1978, Originaltitel: *Star Wars*.

Liebling Kreuzberg, TV-Serie, basierend auf einer Idee von Jurek Becker, fünf Staffeln, 58 Folgen, Laufzeit in Deutschland von 1986 bis 1998.

Lost, TV-Serie, basierend auf einer Idee von J. J. Abrahams & Jeffrey Lieber, sechs Staffeln, 119 Folgen, Laufzeit in USA seit 2004, Erstausstrahlung in Deutschland 2005.

Maverick, TV-Serie, basierend auf einer Idee von Roy Huggins, fünf Staffeln, 124 Folgen, Laufzeit in USA von 1957 bis 1962.

Monk, TV-Serie, basierend auf einer Idee von Andy Breckman, bisher acht Staffeln, 125 Folgen, Laufzeit in USA seit 2002, Laufzeit in Deutschland seit 2004, Originaltitel: *Detective Monk*.

Mörder ohne Gesicht, erster Band der *Kommissar Wallander*-Romanreihe von Henning Mankell, 1991, Originaltitel: Mördare utan ansikte.

New York Cops – NYPD Blue, TV-Serie, basierend auf der Idee von Steven Bochco & David Milch, zwölf Staffeln, 261 Folgen, Laufzeit in USA von 1993 bis 2005, Erstausstrahlung in Deutschland 1994, Originaltitel: *NYPD Blue*.

Onkel Toms Hütte, Roman von Harriet Beecher-Stowe, 1852, Originaltitel: *Uncle Tom's Cabin*.

Praxis Bülowbogen, TV-Serie, basierend auf einer Idee von Ulrich del Mestre, sechs Staffeln, Laufzeit in Deutschland von 1987 bis 1996.

Rambo, Spielfilm, Regisseur Ted Kotcheff, basierend auf dem Roman *First Blood* von David Morrell, Premiere in USA in 1982, Premiere in Deutschland in 1983, Originaltitel: *Rambo: First Blood*.

Rapunzel, Märchen in der Sammlung der Kinder- und Hausmärchen von Jacob & Wilhelm Grimm, 1812.

Rocky, Spielfilm, Regisseur John G. Avildsen, basierend auf dem Drehbuch von Sylvester Stallone, Premiere in USA in 1976, Premiere in Deutschland in 1977.

Sakrileg, Roman von Dan Brown, 2004, Originaltitel: *The Da Vinci Code*.

Sex and the City, TV-Serie, basierend auf einer Idee von Candace Bushnell & Darren Star, 6 Staffeln, 94 Folgen, Laufzeit in USA von 1998 bis 2004, Erstausstrahlung in Deutschland in 2001.

Sex and the City: Der Film, Regisseur Michael Patrick King, basierend auf dem Drehbuch von Candace Bushnell, Premiere in USA in 2008, Premiere in Deutschland in 2008.

Shakespeare in Love, Spielfilm, Regisseur John Madden, basierend auf dem Drehbuch von Marc Norman & Tom Stoppard, Premiere in USA in 1998, Premiere in Deutschland in 1999.

Spiderman, Spielfilm, Regisseur Sam Raimi, basierend auf der Comic-Reihe *The Amazing Spider Man* von Stan Lee & Steve Ditko, Premiere in USA in 2002, Premiere in Deutschland in 2002.

Stuart Little, Regisseur Rob Minkoff, basierend auf dem Buch *Stuart Little* von E.B. White, Premiere in USA in 1999, Premiere in Deutschland in 2000.

Superman, TV-Serie, basierend auf einer Idee von Joe Shuster & Jerry Siegel, drei Staffeln, 54 Folgen, Laufzeit in USA von 1996 bis 2000, Erstausstrahlung in Deutschland 1997.

Tatort, TV-Serie, basierend auf einer Idee von Christoph Silber & Thorsten Wettcke, bisher 760 Folgen, Erstausstrahlung in Deutschland 1970.

Tatort: Kassensturz, Regisseur Lars Montag, basierend auf dem Drehbuch von Stephan Falk, Premiere in Deutschland in 2009.

Terminator, Spielfilm, Regisseur James Cameron, basierend auf dem Drehbuch von James Cameron & Gale Anne Hurd, Premiere in USA in 1984, Premiere in Deutschland in 1985, Originaltitel: *The Terminator*.

Der Ghostwriter, Regisseur Roman Polanski, basierend auf dem Roman *The Ghost* von Robert Harris, Premiere in USA in 2010, Premiere in Deutschland in 2010. Originaltitel: *The Ghost Writer*.

Tom und Jerry, TV-Serie, basierend auf einer Idee von Joseph Barbera & William Hanna, sechs Staffeln, 282 Folgen, Laufzeit in USA seit 1940, Erstausstrahlung in Deutschland 1965, Originaltitel: *Tom and Jerry*.

Verliebt in Berlin, TV-Serie, basierend auf dem Drehbuch von Jörg-Michael Friedrich, eine Staffel, 645 Folgen, Laufzeit in Deutschland von 2005 bis 2007.

Willkommen zu Hause, Regisseur Andreas Senn, basierend auf dem Drehbuch von Christian Pfannenschmidt, Premiere in Deutschland in 2009.

Wing and a Prayer, Regisseur Henry Hathaway, basierend auf dem Drehbuch von Jerome Cady, Premiere in USA in 1944.

Zeit der Entscheidung – die Soap deiner Wahl, Web-Soap, basierend auf einer Idee von Meibrit Ahrens, André Erkau & Frank Hemjeoltmanns, bisher eine Staffel, vier Folgen, Laufzeit in Deutschland seit 2009.

Quellenverzeichnis

Aaker, Jennifer L. (1997): Dimensions of Brand Personality, in: *Journal of Marketing Research,* 34 (August), 347-356.

Adams, Jon K. (1985): Pragmatics and fiction, Amsterdam: John Benjamins.

Alexander, Alison, Louise M. Benjamin, Keisha Hoerrner und Darrell Roe (1998): „We'll Be Back In a Moment": A Content Analysis of Advertisements in Children's Television in the 1950s, in: *Journal of Advertising,* 27 (3, Fall), 1-9.

Allen, Chris T. (2004): A Theory-Based Approach for Improving Demand Artifact Assessment in Advertising Experiments, in: *Journal of Advertising,* 33 (2, Summer), 63-73.

Alperstein, Neil M. (1991): Imaginary Social Relationships with Celebrities Appearing in Television Commercials, in: *Journal of Broadcasting & Electronic Media,* 35 (1, Winter), 43-58.

Amirkhizi, Mehrdad (2008): Trübe Aussichten für gute Kreation, in: *HORIZONT,* Nr. 48/2008, 27.11.2008, 20.

Amos, Clinton, Gary Holmes und David Strutton (2008): Exploring the relationship between celebrity endorser effects and advertising effectiveness, in: *International Journal of Advertising,* 27 (2), 209-234.

Appel, Markus (2008a): Fictional Narratives Cultivate Just-World Beliefs, in: *Journal of Communication,* 58 (1, March), 62-83.

Appel, Markus (2008b): Medienvermittelte Stereotype und Vorurteile, in: Bernad Batinic und Markus Appel (Hrsg.): Medienpsychologie, Berlin: Springer, 313-335.

Appel, Markus und Tobias Richter (2007): Persuasive Effects of Fictional Narratives Increase Over Time, in: *Media Psychology,* 10 (1), 113-134.

Aronson, Elliot, Timothy D. Wilson und Robin M. Akert (2004): Sozialpsychologie, 4., aktualisierte Aufl., München: Pearson Studium.

Aschelm, Michael (2005): Franz Beckenbauer: Der Werbe-Kaiser, in: *Frankfurter Allgemeine Zeitung,* Nr. 24, 19.06.2005, 48, online unter http://www.faz.net /s/RubEC1ACFE1EE274C81BCD3621EF555C83C/Doc~E3990E76611324CC299E38C498 2A5F21B~ATpl~Ecommon~Scontent.html, Stand: 13.09.2009.

Aufenanger, Stefan und Norbert Neuß (1999): Alles Werbung oder was? Medienpädagogische Ansätze zur Vermittlung von Werbekompetenz im Kindergarten, Konzeption und Effizienz praktischer Medienarbeit in Schleswig-Holstein, Kiel, Ein Forschungsprojekt der Unabhängigen Landesanstalt für das Rundfunkwesen (ULR), online unter http://home.arcor.de/nneuss/werb-pdf.pdf.

Aylesworth, Andrew B. und Scott B. MacKenzie (1998): Context Is Key: The Effect of Program-Induced Mood on Thoughts about the Ad, in: *Journal of Advertising,* 17 (2, Summer), 17-31.

Baddeley, Alan D. (1986): Working Memory, Oxford: Clarendon Press.

Bargh, John A. (1992a): Does Subliminality Matter to Social Psychology? Awareness of the Stimulus versus Awareness of its Influence, in: Robert F. Bornstein und Thane S. Pittman (Hrsg.): Perception without awareness. Cognitive, clinical, and social perspectives, New York: Guilford, 236-255.

Bargh, John A. (1992b): The ecology of automaticity: Toward establishing the conditions needed to produce automatic processing effects, in: *American Journal of Psychology,* 105 (2), 181-199.

Bargh, John A. (1994): The four horsemen of automaticity: Awareness, intention, efficiency, and control in social cognition, in: Robert S. Wyer, Jr. und Thomas K. Srull (Hrsg.): Handbook of social cognition, 2. Aufl., Hillsdale, N.J.: Erlbaum, 1-40.

Bargh, John A. (2002): Losing Consciousness: Automatic Influences in Consumer Judgment, Behavior, and Motivation, in: *Journal of Consumer Research,* 29 (2, September), 280-285.

Baron, Reuben M. und David A. Kenny (1986): The moderator-mediator variable distinction in social psychological research: Conceptual, strategic, and statistical considerations, in: *Journal of Personality and Social Psychology,* 51 (6), 1173-1182.

Basuroy, Suman, Subimal Chatterjee und S. Abraham Ravid (2003): How Critical Are Critical Reviews? The Box Office Effects of Film Critics, Star Power, and Budgets, in: *Journal of Marketing,* 67 (4, October), 103-117.

Baumeister, Roy F., Ellen Bratslavsky, Catrin Finkenauer und Kathleen D. Vohs (2001): Bad is stronger than good, in: *Review of General Psychology,* 5 (4), 323-370.

Beckwith, Douglas Charles (2009): Values of Protagonists in Best Pictures and Blockbusters: Implications for Marketing, in: *Psychology & Marketing,* 26 (5, May), 445-469.

Beeton, Sue (2005): Film-Induced Tourism, Clevedon: Channel View Publications.

Behrens, Gerold und Maria Neumaier (2004): Der Einfluss des Unbewussten auf das Konsumentenverhalten, in: Andrea Gröppel-Klein (Hrsg.): Konsumentenverhaltensforschung im 21. Jahrhundert, Wiesbaden: Gabler, DUV, 3-27.

Belk, Russell W. (1988): Possessions and the Extended Self, in: *Journal of Consumer Research,* 15 (2, September), 139-168.

Bello, Daniel C., Robert E. Pitts und Michael J. Etzel (1983): The Communication Effects of Controversial Sexual Content in Television Programs and Commercials, in: *Journal of Advertising,* 12 (3), 32-42.

Bengel, Michael (2006): Amélie lebt hier nicht mehr, online unter www.faz.net/s/Rub6F18BAF415B6420887CBEE496F217FEA/doc~E576A781.html, erstellt am 27.11.2006, Stand: 28.11.2006.

Berlyne, Daniel Ellis (1974): Konflikt, Erregung, Neugier: Zur Psychologie der kognitiven Motivation, Stuttgart: Klett.

Biswurm, Martin (2005): Programming nach Maß. Die Kooperation zwischen Volkswagen und NBC Universal, Präsentation im Rahmen der Medientage München 2005, online unter www.medientage-muenchen.de/archiv/2005/ Biswurm_Martin.pdf, Stand: 23.05.2006.

Blümelhuber, Christian und Tobias Schnitzer (2009): Medienmenschen als Quellen von Botschaften. Relevanz, Quellenvergessen und Einstellungswirkung, in: Andrea Gröppel-Klein und Claas Christian Germelmann (Hrsg.): Medien im Marketing. Optionen der Unternehmenskommunikation, Wiesbaden: Gabler, 317-342.

Böcking, Saskia (2008): Grenzen der Fiktion? Von Suspension of Disbelief zu einer Toleranztheorie für die Filmrezeption, Köln: Halem Verlag.

Böll, Karin (1995): Merchandising – Die neue Dimension der Verflechtung zwischen Medien und Industrie, Dissertation, Ludwig-Maximilians-Universität München.

Böll, Karin (1999): Merchandising und Licensing. Grundlagen, Beispiele, Management, München: Vahlen.

Bonfadelli, Heinz (2004): Medienwirkungsforschung II. Anwendungen in Politik, Wirtschaft und Kultur, 2. Aufl., Konstanz: UVK Verlagsgesellschaft mbH.

Bonfadelli, Heinz (2009): Moderne Medienwirkungsforschung. Was die Unternehmenskommunikation von der Kommunikationswissenschaft lernen kann, in: Andrea Gröppel-Klein und Claas Christian Germelmann (Hrsg.): Medien im Marketing. Optionen der Unternehmenskommunikation, Wiesbaden: Gabler, 5-39.

Bortz, Jürgen (2005): Statistik für Human- und Sozialwissenschaftler, 6. Aufl., Heidelberg: Springer Medizin.

Bortz, Jürgen und Nicola Döring (2006): Forschungsmethoden und Evaluation für Human und Sozialwissenschaftler, 4., überarbeitete Aufl., Heidelberg: Springer Medizin Verlag.

Boucsein, Wolfram (1992): Electrodermal activity, New York: Plenum Press.

Boucsein, Wolfram (1997): Aktivierung, in: Holger Luczak und Walter Volpert (Hrsg.): Handbuch Arbeitswissenschaft, Stuttgart: Schäffer-Poeschel, 309-312.

Boucsein, Wolfram und Richard W. Backs (2009): The Psychophysiology of Emotion, Arousal, and Personality: Methods and Models, in: Vincent G. Duffy (Hrsg.): Handbook of Digital Human Modeling. Research for Applied Ergonomics and Human Factors Engineering, Boca Raton, FL: CRC Press, 35-1-35-18.

Brennan, Ian (2008): Brand placement in novels. A test of the generation effect, in: *International Journal of Advertising,* 27 (4), 495-509.

Brewer, Marilynn B. (1988): A dual process model of impression formation, in: Thomas K. Srull und Robert S. Wyer (Hrsg.): Advances in Social Cognition. Vol. 1, Hillsdale, N.J.: Lawrence Erlbaum Associates, 1-36.

Brewer, Marilynn B. und Amy S. Harasty Feinstein (1999): Dual Processes in the Cognitive Representation of Persons and Social Categories, in: Shelly Chaiken und Yaacov Trope (Hrsg.): Dual-Process Theories in Social Psychology, New York: The Guilford Press, 255-270.

Broach, V. Carter, Jr., Thomas J. Page , Jr. und R. Dale Wilson (1995): Television programming and its influence on viewers´ perceptions of commercials: the role of program arousal and pleasantness, in: *Journal of Advertising,* 24 (4, Winter), 45-54.

Brosius, Hans-Bernd und Andreas Fahr (1998): Werbewirkung im Fernsehen, Aktuelle Befunde der Medienforschung, 2. Aufl., München: Fischer.

Brosius, Hans-Bernd und Johanna Habermeier (1993): Auflockerung oder Ablenkung? Die Wirkung von Zwischenblenden in der Fernsehwerbung, in: *Publizistik,* 38 (1), 76-89.

Brown, Stephen und Anthony Patterson (2006): "You´re A Wizard, Harry!" Consumer Responses to the Harry Potter Phenomenon, in: Cornelia Pechmann und Linda L. Price (Hrsg.): Advances in Consumer Research. Vol. 33, Duluth, MN: Association for Consumer Research, 155-160.

Brunel, Frédéric F. und Michelle R. Nelson (2003): Message Order Effects and Gender Differences in Advertising Persuasion, in: *Journal of Advertising Research,* 43 (3, September), 330-341.

Buchner, Axel und Martin Brandt (2008): Gedächtniskonzeptionen und Wissensrepräsentationen, in: Jochen Müsseler (Hrsg.): Allgemeine Psychologie, 2., neu bearb. Aufl., Berlin, Heidelberg: Spektrum Akademischer Verlag, Springer, 428-464.

Bulmer, Sandy und Margo Buchanan-Oliver (2004): Meaningless or meaningful? Interpretation and intentionality in postmodern communication, in: *Journal of Marketing Communications,* 10 (1, March), 1-15.

Burke, Raymond R. und Thomas K. Srull (1988): Competitive Interference and Consumer Memory for Advertising, in: *Journal of Consumer Research,* 15 (1, June), 55-68.

Busselle, Rick und Helena Bilandzic (2009): Measuring Narrative Engagement, in: *Media Psychology,* 12 (4), 321-347.

Busselle, Rick, Alina Ryabovolova und Brian Wilson (2004): Ruining a good story: Cultivation, perceived realism and narrative, in: *Communications,* 29 (3), 365-378.

Busselle, Rick W. (2001): Television Exposure, Perceived Realism, and Exemplar Accessibility in the Social Judgment Process, in: *Media Psychology,* 3 (1), 43-67.

Butler, Jeremy G. (1995): "I´m not a doctor, but I play one on TV" Characters, actors and acting in television soap operas, in: Robert C. Allen (Hrsg.): to be continued ... Soap operas around the world, London, New York: Routledge, 145-163.

Butter, Eliot J., Paula M. Popovich, Robert H. Stackhouse und Roger K. Garner (1981): Discrimination of Television Programs and Commercials by Preschool Children, in: *Journal of Advertising Research,* 21 (2, April), 53-56.

Callcott, Margaret F. und Wei-Na Lee (1994): A Content Analysis of Animation and Animated Spokes-Characters in Television Commercials, in: *Journal of Advertising,* 23 (4, December), 1-12.

Campbell, Margaret C. und Amna Kirmani (2000): Consumer's Use of Persuasion Knowledge: The Effects of Accessibility and Cognitive Capacity on Perceptions of an Influence Agent, in: *Journal of Consumer Research,* 27 (June), 69-83.

Celsi, Richard L. und Jerry C. Olson (1988): The Role of Involvement in Attention and Comprehension Processes, in: *Journal of Consumer Research,* 15 (September), 210-224.

Celuch, Kevin G. und Mark Slama (1993): Program Content and Advertising Effectiveness: A Test of the Congruity Hypothesis for Cognitive and Affective Sources of Involvement, in: *Psychology & Marketing,* 10 (4, July/August), 285-299.

Chaiken, Shelly (1980): Heuristic versus systematic information processing and the use of source versus message cues in persuasion, in: *Journal of Personality and Social Psychology,* 39 (5, November), 752-766.

Chaiken, Shelly, Akiva Liberman und Alice H. Eagly (1989): Heuristic and Systematic Information Processing within and beyond the Persuasion Context, in: James S. Uleman und John A. Bargh (Hrsg.): Unintended thought, New York: Guilford Press, 212-252.

Chaiken, Shelly und Yaacov Trope (Hrsg.) (1999): Dual-Process Theories in Social Psychology, New York: The Guilford Press.

Chartrand, Tanya L. und Valerie E. Jefferis (2004): Priming, in: Michael Lewis-Beck, Alan Bryman und Tim Futing Liao (Hrsg.): Encyclopedia of social science research methods, New York: Sage Publications, 854-855.

Chen, Serena und Shelly Chaiken (1999): The Heuristic-Systematic Model in Its Broader Context, in: Shelly Chaiken und Yaacov Trope (Hrsg.): Dual-Process Theories in Social Psychology, New York: The Guilford Press, 73-96.

Choi, Sejung Marina und Nora J. Rifon (2007): Who Is the Celebrity in Advertising? Understanding Dimensions of Celebrity Images, in: *The Journal of Popular Culture,* 40 (2), 304-324.

Chory-Assad, Rebecca M. und Ron Tamborini (2003): Television Exposure and the Public's Perception of Physicians, in: *Journal of Broadcasting & Electronic Media,* 47 (2), 197-215.

Clement, Michel, Dominik Papies und Christina Schmidt-Stölting (2009): Filmpreise und Filmerfolg, in: Andrea Gröppel-Klein und Claas Christian Germelmann (Hrsg.): Medien im Marketing. Optionen der Unternehmenskommunikation, Wiesbaden: Gabler, 493-510.

Cohen, Jonathan (2001): Defining Identification: A Theoretical Look at the Identification of Audiences With Media Characters, in: *Mass Communication & Society,* 4 (3), 245-264.

Collins, Allan M. und Elizabeth F. Loftus (1975): A Spreading-Activation Theory of Semantic Processing, in: *Psychological Review,* 82 (6), 407-428.

Comstock, George (2004): Paths From Television Violence to Aggression: Reinterpreting the Evidence, in: L. J. Shrum (Hrsg.): The Psychology of Entertainment Media. Blurring the Lines Between Entertainment and Persuasion, Mahwah, NJ; London: Lawrence Erlbaum Associates, 193-211.

Cortina, Jose M. (1993): What Is Coefficient Alpha? An Examination of Theory and Applications, in: *Journal of Applied Psychology,* 78 (1), 98-104.

Coulter, Keith S. (1998): The Effects of Affective Responses to Media Context on Advertising Evaluations, in: *Journal of Advertising,* 27 (4, Winter), 41-51.

Cowley, Elizabeth (2006): Processing exaggerated advertising claims, in: *Journal of Business Research,* 59 (6, June), 728-734.

Critchley, Hugo D., Rebecca Elliott, Christopher J. Mathias und Raymond J. Dolan (2000): Neural Activity Relating to Generation and Representation of Galvanic Skin Conductance Responses: A Functional Magnetic Resonance Imaging Study, in: *The Journal of Neuroscience,* 20 (8), 3033-3040.

Crittenden, Charles (1982): Fictional characters and logical completeness, in: *Poetics,* 11 (4-6), 331-344.

Dahlén, Micael, Sara Rosengren, Fredrik Törn und Niclas Öhman (2008): Could Placing Ads Wrong Be Right? Advertising Effects of Thematic Incongruence, in: *Journal of Advertising*, 37 (3, Fall), 57-67.

Dalbert, Claudia (2001): The justice motive as a personal resource. Dealing with challenges and critical life events, New York: Plenum Press.

Damasio, Antonio R. (2004): Ich fühle, also bin ich. Die Entschlüsselung des Bewusstseins, Berlin: List.

Darley, William K. und Jeen-Su Lim (1993): Assessing Demand Artifacts in Consumer Research: An Alternative Perspective, in: *Journal of Consumer Research*, 20 (December), 489-495.

Das Erste (2004): Dr. Sommerfeld – Neues vom Bülowbogen, Programmbroschüre der Programmdirektion Erstes Deutsches Fernsehen/Presse und Information, Pressemitteilung vom 2004.

DasErste.de (2009): Kassensturz, online unter www.daserste.de/Tatort/sendung.asp?datum=01.02.2009, Stand: 11.09.2009.

Dehm, Ursula und Dieter Storll (2003): TV-Erlebnisfaktoren. Ein ganzheitlicher Forschungsansatz zur Rezeption unterhaltender und informierender Fernsehangebote, in: *Media Perspektiven*, o.J. (9), 425-433.

Deighton, John, Daniel Romer und Josh McQueen (1989): Using Drama to Persuade, in: *Journal of Consumer Research*, 16 (December), 335-343.

Delgadillo, Yvonne und Jennifer Edson Escalas (2004): Narrative Word of Mouth Communication: Exploring Memory and Attitude Effects of Consumer Storytelling, in: Barbara Kahn und Mary Frances Luce (Hrsg.): Advances in Consumer Research. Vol. 31, Provo, UT: Association for Consumer Research, 186-192.

Descartes, René (1644/1984): Principles of philosophy, in: René Descartes: The philosophical writings of Descartes, Vol. 1, hrsg. von John Cottingham, Robert Stoothoff und Dugald Murdoch, Cambridge: Cambridge University Press, 193-291.

Dimofte, Claudiu V. und Richard F. Yalch (2005): Consumer Responses to False Information: Is Believability Necessary for Persuasion?, in: Frank R. Kardes, Paul M. Herr und Jacques Nantel (Hrsg.): Applying social cognition to consumer-focused strategy, Mahwah, NJ: Erlbaum, 281-296.

Dion, Karen, Ellen Berscheid und Elaine Walster (1972): What Is Beautiful Is Good, in: *Journal of Personality and Social Psychology*, 24 (3), 285-290.

Dixon, Travis L. und Keith B. Maddox (2005): Skin Tone, Crime News, and Social Reality Judgments: Priming the Stereotype of the Dark and Dangerous Black Criminal, in: *Journal of Applied Social Psychology*, 35 (8), 1555-1570.

Dörner, Andreas (2001): Politainment. Politik in der medialen Erlebnisgesellschaft, Frankfurt am Main: Suhrkamp.

Duden-Verlag (2009): Duden, online unter http://www.duden-suche.de/.

Dudzik, Thade (2006): Die Werbewirkung von Sportsponsoring, Wiesbaden: Gabler, DUV.

Eagly, Alice H. und Shelly Chaiken (2007): The Advantages of an Inclusive Definition of Attitude, in: *Social Cognition,* 25 (5), 582-602.

Edell, Julie A. und Marian Chapman Burke (1987): The Power of Feelings in Understanding Advertising Effects, in: *Journal of Consumer Research,* 14 (December), 421-433.

Ehrmann, Sarah (2008): Carrie und die Schuhe, in: *sueddeutsche.de,* 18.04.2008, online unter www.sueddeutsche.de/leben/175/301172/text/5/, Stand: 08.10.2009.

Eisend, Martin (2003): Glaubwürdigkeit in der Marketingkommunikation, Konzeption, Einflussfaktoren und Wirkungspotenzial, Wiesbaden: Gabler, DUV.

Engel, Bernhard und Dieter K. Müller (2008): Zeitversetzte Nutzung im AGF/GfK-Fernsehpanel. Maßnahmen zur vollständigeren Abbildung der Fernsehnutzung, in: *Media Perspektiven,* o.J. (8), 410-419.

Erdogan, B. Zafer (1999): Celebrity Endorsement: A Literature Review, in: *Journal of Marketing Management,* 15 (4), 291-314.

Erdogan, B. Zafer, Michael J. Baker und Stephen Tagg (2001): Selecting Celebrity Endorsers: The Practitioner's Perspective, in: *Journal of Advertising Research,* 41 (3, May/June), 39-48.

Erdogan, B. Zafer und Tanya Drollinger (2008): Endorsement Practice: How Agencies Select Spokespeople, in: *Journal of Advertising Research,* 48 (4, December), 573-582.

Escalas, Jennifer Edson (1998): Advertising Narratives. What are they and how do they work?, in: Barbara B. Stern (Hrsg.): Representing Consumers – Voices, views, and visions, London: Routledge, 267-289.

Escalas, Jennifer Edson und Barbara B. Stern (2003): Sympathy and Empathy: Emotional Responses to Advertising Dramas, in: *Journal of Consumer Research,* 29 (March), 566-578.

Eschweiler, Maurice, Heiner Evanschitzky und David Woisetschläger (2009): Laborexperiment, in: Carsten Baumgarth, Martin Eisend und Heiner Evanschitzky (Hrsg.): Empirische Mastertechniken. Eine anwendungsorientierte Einführung für die Marketing- und Managementforschung, 1. Aufl., Wiesbaden: Gabler, 361-388.

FanFiktion.de (2010): Das FanFiktion Archiv, online unter http://www.fanfiktion.de, Stand: 08.02.2010.

Fazio, Russell H. und Michael A. Olson (2003): Implicit Measures in Social Cognition Research: Their Meaning and Use, in: *Annual Review of Psychology,* 54 (1), 297-327.

Federal Communications Commission (2005): FCC Consumer Facts. Children's Educational TV, online unter http://www.fcc.gov/cgb/consumerfacts/childtv.html, erstellt am 26.09.2005, Stand: 20.10.2006.

Field, Andy (2005): Discovering Statistics Using SPSS, 2. Aufl., London: Sage Publications.

Fiske, Susan T., Monica Lin und Steven L. Neuberg (1999): The Continuum Model. Ten Years Later, in: Shelly Chaiken und Yaacov Trope (Hrsg.): Dual-Process Theories in Social Psychology, New York: The Guilford Press, 231-254.

Fiske, Susan T., Steven L. Neuberg, Ann E. Beattie und Sandra J. Milberg (1987): Category-Based and Attribute-Based Reactions to Others: Some Informational Conditions of Stereotyping and Individuating Processes, in: *Journal of Experimental Social Psychology*, 23 (5), 399-427.

Fitzsimons, Gavan J. (2008): Editorial: Death to Dichotomizing, in: *Journal of Consumer Research*, 35 (June), o.S.

Flavell, John H., Eleanor R. Flavell, Frances L. Green und Jon E. Korfmacher (1990): Do young children think of television images as pictures or real objects?, in: *Journal of Broadcasting & Electronic Media*, 34 (4, Fall), 399-419.

Fleming, John H. und John M. Darley (1993): Actors and observers revisited: Correspondence bias, counterfactual surprise, and discounting in successive judgments of constrained behavior, in: *Social Cognition*, 11 (4), 367-397.

Fockenberg, Daniel, Sander L. Koole und Gün R. Semin (2006): Backward affective priming: Even when the prime is late, people still evaluate, in: *Journal of Experimental Social Psychology*, 42 (6), 799-806.

Fouts, Gregory und Kimberley Burggraf (1999): Television Situation Comedies: Female Body Images and Verbal Reinforcements, in: *Sex Roles*, 40 (5/6), 473-481.

Fowles, Don C. (1980): The three arousal model: Implications of Gray's two-factor learning theory for heart rate, electrodermal activity, and psychopathy, in: *Psychophysiology*, 17 (2), 87-104.

Freund, Andrea (2005): Schnitzeljagd für Freunde des Grals. Fans können auf den Spuren des "Da Vinci Code" durch Paris wandeln, in: *Frankfurter Allgemeine Sonntagszeitung*, 27.02.2005, 16.

Friestad, Marian und Peter Wright (1994): The Persuasion Knowledge Model: How People Cope with Persuasion Attempts, in: *Journal of Consumer Research*, 21 (June), 1-31.

Friestad, Marian und Peter Wright (1995): Persuasion Knowledge: Lay People's and Researchers' Beliefs about the Psychology of Advertising, in: *Journal of Consumer Research*, 22 (June), 62-74.

Furnham, Adrian, Jenny Bergland und Barrie Gunter (2002): Memory for Television Advertisements as a Function of Advertisement-Programme Congruity, in: *Applied Cognitive Psychology*, 16 (5), 525-545.

Furnham, Adrian, Barrie Gunter und Freya Richardson (2002): Effects of product-program congruity and viewer involvement on memory for televised advertisements, in: *Journal of Applied Social Psychology*, 32 (1), 121-141.

Furnham, Adrian, Barrie Gunter und Deidre Walsh (1998): Effects of programme context on memory for humorous television commercials, in: *Applied Cognitive Psychology*, 12 (6), 555-567.

Gabriel, Gottfried (1997): Fiktion, in: Klaus Weimar (Hrsg.): Reallexikon der deutschen Literaturwissenschaft, Berlin, 594-598.

Geinitz, Christian (2006): Poker-Boom: James Bond zockt mit Spielkarten aus Ostdeutschland, in: *Frankfurter Allgemeine Zeitung*, Nr. 273, 23.11.2006, S. 24, online unter http://www.faz.net/s/RubEC1ACFE1EE274C81BCD3621EF555C

83C/Doc~E5CD3C3DDB8934C5F92595C498904A81F~ATpl~Ecommon~Scontent.html, Stand: 10.03.2008.

Gerbner, George, Larry Gross, Michael Eleey, Marilyn Jackson-Beeck, Suzanne Jeffries-Fox und Nancy Signorielli (1977): TV Violence Profile No. 8: The Highlights, in: *Journal of Communication,* 27 (2), 171-180.

Gerbner, George, Larry Gross, Michael Morgan, Nancy Signorielli und James Shanahan (2002): Growing Up with Television: Cultivation Processes, in: Jennings Bryant und Dolf Zillmann (Hrsg.): Media Effects. Advances in Theory and Research, 2. Aufl., Mahwah, NJ: Lawrence Erlbaum Associates, 43-67.

Gerhards, Maria und Walter Klingler (2006): Mediennutzung in der Zukunft. Traditionelle Nutzungsmuster und innovative Zielgruppen, in: *Media Perspektiven* (2), 75-90.

Gerhards, Maria und Walter Klingler (2008): Fernseh- und Bewegtbildnutzung 2007. Programmangebote, Spartennutzung und Formattrends, in: *Media Perspektiven* (11), 550-567.

Germelmann, Claas Christian und Andrea Gröppel-Klein (2007): Wenn doppelt (nicht) besser hält: Kann die Wirkung von positiven Medienberichten über eine Marke durch Werbung verstärkt werden?, in: *Marketing ZFP,* 29 (4), 217-232.

Germelmann, Claas Christian und Andrea Gröppel-Klein (2009): Forciert Forced exposure Fehler bei der Datenerhebung? Zur Problematik des forcierten Werbekontakts in der experimentellen Werbewirkungsforschung, in: *Die Betriebswirtschaft,* 69 (2), 229-251.

Gerrig, Richard J. (1993): Experiencing Narrative Worlds. On the Psychological Activities of Reading, New Haven und London: Yale University Press.

Gilbert, Daniel T. (1991): How Mental Systems Believe, in: *American Psychologist,* 46 (2), 107-119.

Gilbert, Daniel T. (1999): What the Mind's Not, in: Shelly Chaiken und Yaacov Trope (Hrsg.): Dual-Process Theories in Social Psychology, New York: The Guilford Press, 3-11.

Gilbert, Daniel T. (2002): Inferential Correction, in: Thomas Gilovich, Dale Griffin und Daniel Kahneman (Hrsg.): Heuristics and Biases. The Psychology of Intuitive Judgment, Cambridge: Cambridge University Press, 167-184.

Gilbert, Daniel T. und Michael J. Gill (2000): The Momentary Realist, in: *Psychological Science,* 11 (5, September), 394-398.

Gilbert, Daniel T. und Patrick S. Malone (1995): The correspondence bias, in: *Psychological Bulletin,* 117 (1), 21-38.

Gilbert, Daniel T., Romin W. Tafarodi und Patrick S. Malone (1993): You Can't Not Believe Everything You Read, in: *Journal of Personality and Social Psychology,* 65 (2, August), 221-233.

Gilovich, Thomas und Kenneth Savitsky (2002): Like Goes with Like: The Role of Representativeness in Erroneous and Pseudo-Scientific Beliefs, in: Thomas Gilovich, Dale Griffin und Daniel Kahneman (Hrsg.): Heuristics and Biases. The Psychology of Intuitive Judgment, Cambridge: Cambridge University Press, 617-624.

Goldberg, Marvin E. und Gerald J. Gorn (1987): Happy and Sad TV Programs: How They Affect Reactions to Commercials, in: *Journal of Consumer Research,* 14 (3, December), 387-403.

Gray, Jeffrey A. (1982): The neuropsychology of anxiety: An inquiry into the functions of the septo-hippocampal system, Oxford: Clarendon Press.

Gray, Jeffrey A. und Neil McNaughton (2000): The neuropsychology of anxiety: An enquiry into the functions of the septo-hippocampal system, 2. Aufl., Oxford: Oxford University Press.

Green, Melanie C. (2004): Transportation Into Narrative Worlds: The Role of Prior Knowledge and Perceived Realism, in: *Discourse Processes,* 38 (2), 247-266.

Green, Melanie C. und Timothy C. Brock (2000): The Role of Transportation in the Persuasiveness of Public Narratives, in: *Journal of Personality and Social Psychology,* 79 (5), 701-729.

Green, Melanie C. und Timothy C. Brock (2002): In the Mind's Eye. Transportation-Imagery Model of Narrative Persuasion, in: Melanie C. Green, Jeffrey J. Strange und Timothy C. Brock (Hrsg.): Narrative Impact. Social and Cognitive Foundations, Mahwah, NJ: Lawrence Erlbaum Associates, 315-341.

Green, Melanie C., Jennifer Garst und Timothy C. Brock (2004): The Power of Fiction: Determinants and Boundaries, in: L. J. Shrum (Hrsg.): The Psychology of Entertainment Media. Blurring the Lines Between Entertainment and Persuasion, Mahwah, NJ; London: Lawrence Erlbaum Associates, 161-176.

Green, Melanie C., Sheryl Kass, Jana Carrey, Benjamin Herzig, Ryan Feeney und John Sabini (2008): Transportation Across Media: Repeated Exposure to Print and Film, in: *Media Psychology,* 11 (4), 512-539.

Grodal, Torben (1997): Moving Pictures. A New Theory of Film, Genres, Feelings and Cognition, Oxford: Clarendon Press.

Groeppel-Klein, Andrea (2005): Arousal and consumer in-store behavior, in: *Brain Research Bulletin,* 67 (5), 428-437.

Groeppel-Klein, Andrea und Dorothea Baun (2001): The Role of Customers' Arousal for Retail Stores – Results from An Experimental Pilot Study Using Electrodermal Activity as Indicator, in: Mary C. Gilly und Joan Meyers-Levy (Hrsg.): Advances in Consumer Research. Vol. 28, Valdosta, GA: Association for Consumer Research, 412-419.

Groeppel-Klein, Andrea, Anja Domke und Benedikt Bartmann (2005): Cinderella and Sleeping Beauty: Conscious and Unconscious Evaluation of Archetypes Used in Advertising and Movies – An Experimental Study, in: Karin M. Ekström und Helene Brembeck (Hrsg.): European Advances in Consumer Research. Vol. 7, Duluth, MN: Association for Consumer Research, 467-468.

Groeppel-Klein, Andrea, Anja Domke und Benedikt Bartmann (2006): Pretty Woman or Erin Brockovich? Unconscious and Conscious Reactions to Commercials and Movies Shaped by Fairy Tale Archetypes – Results from Two Experimental Studies, in: Cornelia Pechmann und Linda L. Price (Hrsg.): Advances in Consumer Research. Vol. 33, Duluth, MN: Association for Consumer Research, 163-174.

Gröppel-Klein, Andrea (2004a): Aktivierungsforschung und Konsumentenverhalten, in: Andrea Gröppel-Klein (Hrsg.): Konsumentenverhaltensforschung im 21. Jahrhundert, Wiesbaden: Gabler, DUV, 29-66.

Gröppel-Klein, Andrea (2004b): Attributionstheorie, in: Manfred Bruhn und Christian Homburg (Hrsg.): Gabler Lexikon Marketing, 2. Aufl., Wiesbaden: Gabler, 58-59.

Gröppel-Klein, Andrea, Benedikt Bartmann und Claas Christian Germelmann (2006): Die Bedeutung von Mental Maps für die Orientierung am Point-of-Sale, in: *NeuroPsychoEconomics*, 1 (1), 30-47.

Gröppel-Klein, Andrea, Anja Domke und Benedikt Bartmann (2005): Bewußte und unbewußte Wirkungen von Archetypen in der Werbung und in Kinofilmen - Ergebnisse einer experimentellen Studie, in: Thorsten Posselt und Christian Schade (Hrsg.): Quantitative Marketingforschung in Deutschland, Berlin: Duncker und Humblot, 33-57.

Gröppel-Klein, Andrea und Claas Christian Germelmann (2006): Vertrauen in Menschen, Medien, "Medienmenschen" - eine verhaltenswissenschaftliche Analyse, in: Hans H. Bauer, Marcus M. Neumann und Anja Schüle (Hrsg.): Konsumentenvertrauen. Konzepte und Anwendungen für ein nachhaltiges Kundenbindungsmanagement, München: Vahlen, 119-133.

Gröppel-Klein, Andrea und Jörg Königstorfer (2007): Projektive Verfahren in der Marktforschung, in: Renate Buber und Hartmut Holzmüller (Hrsg.): Qualitative Marktforschung - Theorie, Methode, Analyse, Wiesbaden: Gabler, 537-553.

Gröppel-Klein, Andrea und Anja Spilski (2006): Ist normal originell? Die Wirkung authentischer Werbemodels, in: Andreas Strebinger, Helmut Kurz und Wolfgang Mayerhofer (Hrsg.): Werbe- und Markenforschung. Meilensteine - State of the Art - Perspektiven, Wiesbaden: Gabler, 277-306.

Gröppel-Klein, Andrea und Anja Spilski (2009a): Die Relevanz fiktionaler Medienwelten für das Marketing, in: Andrea Gröppel-Klein und Claas Christian Germelmann (Hrsg.): Medien im Marketing. Optionen der Unternehmenskommunikation, Wiesbaden: Gabler, 97-129.

Gröppel-Klein, Andrea und Anja Spilski (2009b): Grimmsche Märchenfiguren und Archetypen in der Werbung, in: Harm-Peer Zimmermann (Hrsg.): Zwischen Identität und Image – Die Popularität der Brüder Grimm und ihrer Märchen in Hessen. Hessische Blätter für Volks- und Kulturforschung, Folge 44/45, Marburg: Jonas Verlag, 506-529.

Grossman, Randi Priluck und Brian D. Till (1998): The Persistence of Classically Conditioned Brand Attitudes, in: *Journal of Advertising*, 27 (1, Spring), 23-31.

Gunter, Barrie, Bahman Baluch, Linda J. Duffy und Adrian Furnham (2002): Children's memory for television advertising: effect of programme-advertisement congruency, in: *Applied Cognitive Psychology*, 16 (2, March), 171-190.

Gwinner, Kevin P. und John Eaton (1999): Building Brand Image Through Event Sponsorship: The Role of Image Transfer, in: *Journal of Advertising*, 28 (4, Winter), 47-57.

Hackley, Christopher und Rungpaka Tiwsakul (2006): Entertainment Marketing and Experiential Consumption, in: *Journal of Marketing Communications*, 12 (1, March), 63-75.

Hamann, Götz und Thomas Fischermann (2005): Die ewige Werbepause, in: *Zeit.Online*, Nr. 30, 21.07.2005, 1-7, online unter http://pdf.zeit.de/2005/30/ Medien_USA.pdf, Stand: 08.02.2010.

Harmon-Jones, Eddie und John J. B. Allen (2001): The Role of Affect in the Mere Exposure Effect: Evidence from Psychophysiological and Individual Differences Approaches, in: *Personality and Social Psychology Bulletin*, 27 (7), 889-898.

Haslauer, Andreas (2009): Daheim ist es doch am schönsten, Die Menschen ziehen sich in der Krise in ihre eigenen vier Wände zurück. Vom Cocooning-Effekt profitieren TV-Hersteller, Möbelhäuser und Schokoladenfirmen, in: *Focus-Money*, Nr. 9/2009, 18.02.2009, online unter http://www.focus.de/finanzen/boerse/cocooning-daheim-ist-es-doch-am-schoensten_aid_372062.html, Stand: 13.09.2009.

Haugtvedt, Curtis P. und Duane T. Wegener (1994): Message Order Effects in Persuasion: An Attitude Strength Perspective, in: *Journal of Consumer Research*, 21 (June), 205-218.

Hawkins, Robert P. und Suzanne Pingree (1990): Divergent Psychological Processes in Constructing Social Reality from Mass Media Content, in: Nancy Signorielli und Michael Morgan (Hrsg.): Cultivation Analysis: New Directions in Media Effects Research, Newbury Park, CA: Sage Publications, 33-50.

Heckler, Susan E. und Terry L. Childers (1992): The Role of Expectancy and Relevancy in Memory for Verbal and Visual Information: What is Incongruency?, in: *Journal of Consumer Research*, 18 (March), 475-492.

Hennig-Thurau, Thorsten und Oliver Wruck (2000): Warum wir ins Kino gehen: Erfolgsfaktoren von Kinofilmen, in: *Marketing ZFP*, 22 (3), 241-256.

Henry, Andreas (2006): Tiffany. A Girl's Best Friend, online unter http://www.wiwo.de/unternehmen-maerkte/a-girl-s-best-friend-163273/, erstellt am 28.12.2006, Stand: 08.02.2010.

Hertin, Paul W. (1998): Nutzungsrechte. Vorbemerkung, in: Friedrich Karl Fromm und Wilhelm Nordemann (Hrsg.): Urheberrecht. Kommentar zum Urheberrechtsgesetz und zum Urheberrechtswahrnehmungsgesetz, 9. Aufl., Stuttgart: Kohlhammer, 236-284.

Higgins, E. Tory (1996): Knowledge Activation: Accessibility, Applicability, and Salience, in: E. Tory Higgins (Hrsg.): Social psychology: Handbook of basic principles, New York: Guilford Press, 133-168.

Hirschman, Elizabeth C. (2000): Consumers' Use of Intertextuality and Archetypes, in: Stephen J. Hoch und Robert J. Meyer (Hrsg.): Advances in Consumer Research. Vol. 27, Provo, UT: Association for Consumer Research, 57-63.

Hoffner, Cynthia und Martha Buchanan (2005): Young Adults' Wishful Identification With Television Characters: The Role of Perceived Similarity and Character Attributes, in: *Media Psychology*, 7 (4), 325-351.

Hoffner, Cynthia und Joanne Cantor (1991): Perceiving and Responding to Mass Media Characters, in: Jennings Bryant und Dolf Zillmann (Hrsg.): Responding to the Screen: Reception and Reaction Processes, Hove und London: Lawrence Erlbaum Associates, 63-101.

Hofmann, Anke (2007): Auf House-Besuch, Interview mit dem Schauspieler und TV-Arzt Hugh Laurie, in: *TV Digital*, Nr. 24, 16.11.2007, 12-16.

Holt, Douglas B. (2004): How brands become icons, Cambridge, MA: Harvard University Business School Press.

Homburg, Christian und Harley Krohmer (2009): Marketingmanagement. Strategie - Instrumente - Umsetzung - Unternehmensführung, 3. Aufl., Wiesbaden: Gabler.

Horn, Martin I. und William J. McEven (1977): The Effect of Program Context on Commercial Performance, in: *Journal of Advertising,* 6 (2), 23-27.

Horton, Donald und Anselm Strauss (1957): Interaction in audience-participation shows, in: *The American Journal of Sociology,* 62 (6), 579-587.

Horton, Donald und Richard R. Wohl (1956): Mass communication and para-social interaction: Observations on intimacy at a distance, in: *Psychiatry,* 19 (3), 215-229.

Hovland, Carl I., Irving L. Janis und Harold H. Kelley (1953): Communication and Persuasion, New Haven, CT: Yale University Press.

Hovland, Carl I. und Walter Weiss (1951-1952): The Influence of Source Credibility on Communication Effectiveness, in: *The Public Opinion Quarterly,* 15 (4, Winter), 635-650.

Huber, Frank, Kai Vollhardt und Frederik Meyer (2009): Helden der Werbung? Eine Untersuchung der Relevanz von Werbefiguren für das Konsumentenverhalten, in: *Marketing ZFP,* 31 (3), 181-195.

Hubert, Walter und Renate de Jong-Meyer (1990): Psychophysiological Response Patterns to Positive and Negative Film Stimuli, in: *Biological Psychology,* 31 (1), 73-93.

Hudson, Simon und David Hudson (2006): Branded Entertainment: A New Advertising Technique or Product Placement in Disguise?, in: *Journal of Marketing Management,* 22 (5-6, June), 489-504.

Hudson, Simon und J. R. Brent Ritchie (2006): Promoting Destination via Film Tourism: An Empirical Identification of Supporting Marketing Initiatives, in: *Journal of Travel Research,* 44 (4, May), 387-396.

Ito, Tiffany A., Jeff T. Larsen, N. Kyle Smith und John T. Cacioppo (1998): Negative information weighs more heavily on the brain: The negativity in evaluative categorizations, in: *Journal of Personality and Social Psychology,* 75 (4), 887-900.

Jakubetz, Christian (2009): Medienzukunft: Die Loyalität der jungen Zuschauer schwindet, online unter http://www.focus.de/kultur/medien/tid-13042/medien zukunft-die-loyalitaet-der-jungen-zuschauer-schwindet_aid_360425.html, erstellt am 08.01.2009, Stand: 19.08.2009.

Jenzowsky, Stefan und Mike Friedrichsen (1999): Fernsehwerbung: Werbewirkung im Kontext des Fernsehprogrammmaterials, in: Mike Friedrichsen und Stefan Jenzowsky (Hrsg.): Fernsehwerbung. Theoretische Analysen und empirische Befunde, Opladen: Westdeutscher Verlag, 261-306.

Jewell, Robert D. und H. Rao Unnava (2003): When Competitive Interference Can Be Beneficial, in: *Journal of Consumer Research,* 30 (2, September), 283-291.

Johansson, Anja (2001): Product Placement in Film und Fernsehen. Ein Vergleich der rundfunk- und wettbewerbsrechtlichen Zulässigkeit der Einblendung von Markenprodukten in Kinofilm und Fernsehen unter besonderer Berücksichtigung der Kunstfreiheit nach Art. 5 III GG, Berlin.

Johnson, Marcia K. (2006): Memory and Reality, in: *American Psychologist,* 61 (8), 760-771.

Johnson, Marcia K. und Karen J. Mitchell (2002): Source Monitoring, in: John H. Byrne (Hrsg.): Learning & Memory, New York: MacMillan Reference USA, 628-631.

Johnson-Laird, Philip N. (1983): Mental models. Towards a cognitive science of language, inference, and consciousness, Cambridge: Cambridge University Press.

Johnson-Laird, Philip N. (1988): How Is Meaning Mentally Represented?, in: Umberto Eco, Marco Santambrogio und Patrizia Violi (Hrsg.): Meaning and Mental Representation: Indiana University Press, 99-118.

Jones, Deborah und Karen Smith (2005): Middle-earth Meets New Zealand: Authenticity and Location in the Making of The Lord of the Rings, in: *Journal of Management Studies,* 42 (5, July), 923-945.

Jun, Sunkyu, Sanjay Putrevu, Yong J. Hyun und James W. Gentry (2003): The Influence of Editorial Context on Consumer Response to Advertisements in a Specialty Magazine, in: *Journal of Current Issues and Research in Advertising,* 25 (2, Fall), 1-11.

Kahle, Lynn R. und Pamela M. Homer (1985): Physical Attractiveness of the Celebrity Endorser: A Social Adaptation Perspective, in: *Journal of Consumer Research,* 11 (4, March), 954-961.

Kahneman, Daniel und Shane Frederick (2002): Representativeness Revisited: Attribute Substitution in Intuitive Judgment, in: Thomas Gilovich, Dale Griffin und Daniel Kahneman (Hrsg.): Heuristics and Biases. The Psychology of Intuitive Judgment, Cambridge: Cambridge University Press, 49-81.

Kahneman, Daniel und Amos Tversky (1972): Subjective probability: A judgment of representativeness, in: *Cognitive Psychology,* 3 (3, July), 430-454.

Kahneman, Daniel und Amos Tversky (1973): On the psychology of prediction, in: *Psychological Review,* 80 (4, July), 237-251.

Kamins, Michael A. (1990): An Investigation into the "Match-up" Hypothesis in Celebrity Advertising: When Beauty May be Only Skin Deep, in: *Journal of Advertising,* 19 (1), 4-13.

Kamins, Michael A. und Kamal Gupta (1994): Congruence between Spokesperson and Product Type: A Matchup Hypothesis Perspective, in: *Psychology & Marketing,* 11 (6, November/December), 569-586.

Kamins, Michael A., Lawrence J. Marks und Deborah Skinner (1991): Television Commercial Evaluation In The Context Of Program Induced Mood: Congruency Versus Consistency Effects, in: *Journal of Advertising,* 20 (2, June), 1-14.

Kant, Immanuel (1781, 1965): Critique of pure reason, Kritik der reinen Vernunft, New York: St. Martin's Press.

Karrh, James A., Kathy Brittain McKee und Carol J. Pardun (2003): Practitioners´ Evolving Views on Product Placement Effectiveness, in: *Journal of Advertising Research,* 2 (June), 138-149.

Keitz, Beate von (1983): Wirksame Fernsehwerbung. Die Anwendung der Aktivierungstheorie auf die Gestaltung von Werbespots, Würzburg: Physica.

Kelley, Harold H. (1967): Attribution theory in social psychology, in: *Nebraska Symposium on Motivation,* 15, 192-238.

Kennedy, John R. (1971): How Program Environment Affects T.V. Commercials, in: *Journal of Advertising Research*, 11 (February), 33-38.

Keppler, Andrea (1995): Person und Figur. Identifikationsangebote in Fernsehserien, in: *montage/av*, 4 (2), 85-99.

Kiefer, Markus (2008): Bewusstsein, in: Jochen Müsseler (Hrsg.): Allgemeine Psychologie, 2., neu bearb. Aufl., Berlin, Heidelberg: Spektrum Akademischer Verlag, Springer, 154-188.

Kienzle, Birgit (2007): Arnold Schwarzenegger – Ein Aufstieg, TV-Reportage, Phoenix, ausgestrahlt am 14.08.2008, Informationen online unter http://www.phoenix.de/arnold_schwarzenegger_ein_aufstieg/194478.htm, Stand: 20.11.2008.

Kim, Yeung-Jo und June-Hee Na (2007): Effects of celebrity athlete endorsement on attitude towards the product: The role of credibility, attractiveness and the concept of congruence, in: *International Journal of Sports Marketing and Sponsorship*, 8 (4, July), 310-320.

Kintsch, Walter und Teun A. van Dijk (1978): Toward a model of text comprehension and production, in: *Psychological Review*, 85 (5, September), 363-394.

Klucharev, Vasily, Ale Smidts und Guillén Fernández (2008): Brain mechanisms of persuasion: how "expert power" modulates memory and attitudes, in: *Social Cognitive and Affective Neuroscience*, 3 (4), 353-366.

Kluge, Friedrich (1995): Etymologisches Wörterbuch der deutschen Sprache, 23. Aufl., Berlin: de Gruyter.

Koslow, Scott und Richard F. Beltramini (2002): Consumer Skepticism and the "Waiting Room of the Mind": Are Consumers More Likely To Believe Advertising If They Are Merely Comprehended?, in: Susan M. Broniarczyk und Kent Nakamoto (Hrsg.): Advances in Consumer Research. Vol. 29, Valdosta, GA: Association for Consumer Research, 473-479.

Krauß, Wolfgang (1982): Insertwirkungen im Werbefernsehen. Eine empirische Studie zum "Mainzelmänncheneffekt", Bochum: Brockmeyer.

Kroeber-Riel, Werner (1989): Das Suchen nach Erlebniskonzepten für das Marketing - Grundlagen für den sozialtechnischen Forschungs- und Entwicklungsprozeß, in: Günter Specht, Günter Silberer und Werner Hans Engelhardt (Hrsg.): Marketing-Schnittstellen. Herausforderungen für das Management, Stuttgart: C. E. Poeschel, 247-263.

Kroeber-Riel, Werner und Peter Weinberg (2003): Konsumentenverhalten, 8. Aufl., München: Vahlen.

Kroeber-Riel, Werner, Peter Weinberg und Andrea Gröppel-Klein (2009): Konsumentenverhalten, 9. Aufl., München: Vahlen.

Krüger, Udo Michael und Thomas Zapf-Schramm (2008): Sparten, Sendungsformen und Inhalte im deutschen Fernsehangebot 2007. Programmanalyse von ARD/Das Erste, ZDF, RTL, SAT.1 und ProSieben, in: *Media Perspektiven*, o.J. (4), 166-189.

Kumar, Anand (2000): Interference Effects of Contextual Cues in Advertisements on Memory for Ad Content, in: *Journal of Consumer Psychology*, 9 (3), 155-166.

Kumar, Anand und Shanker Krishnan (2004): Memory Interference in Advertising: A Replication and Extension, in: *Journal of Consumer Research*, 30 (4, March), 602-611.

Kunkel, Dale (1988): Children and Host-Selling Television Commercials, in: *Communication Research*, 15 (1), 71-92.

Kuruc, Katarina (2008): Fashion as communication: A semiotic analysis of fashion on "Sex and the City", in: *Semiotica*, 171 (1/4), 193-214.

Law, Sharmistha und Kathryn A. Braun (2000): I'll Have What She's Having: Gauging the Impact of Product Placement on Viewers, in: *Psychology & Marketing*, 17 (12, December), 1059-1075.

Lee, Angela Y. (2001): The Mere Exposure Effect: An Uncertainty Reduction Explanation Revisited, in: *Personality and Social Psychology Bulletin*, 27 (10), 1255-1266.

Lee, Jung-Gyo und Esther Thorson (2008): The Impact of Celebrity-Product Incongruence on the Effectiveness of Product Endorsement, in: *Journal of Advertising Research*, 48 (3, September), 433-449.

Lee, Yih Hwai und Charlotte Mason (1999): Responses to Information Incongruency in Advertising: The Role of Expectancy, Relevancy, and Humor, in: *Journal of Consumer Research*, 26 (September), 156-169.

Lombard, Matthew und Matthew T. Jones (2007): Identifying the (Tele)Presence Literature, in: *PsychNology Journal*, 5 (2), 197-206.

Lord, Kenneth R., Myung-Soo Lee und Paul L. Sauer (1994): Program context antecedents of attitude toward radio commercials, in: *Journal of the Academy of Marketing Science*, 22 (1), 3-15.

LOVEFiLM.de (2008a): Unsere Kollektionen auf einen Blick, online unter http://www.lovefilm.de/community/browse.html, Stand: 20.11.2008.

LOVEFiLM.de (2008b): Schlemmerkino - Filmische Leckereien, online unter http://www.lovefilm.de/browse/collections.html?node_id=1005, Stand: 20.11.2008.

Luhmann, Niklas (2004): Die Realität der Massenmedien, 3. Aufl., Wiesbaden: VS Verlag für Sozialwissenschaften.

Luhmann, Niklas (2005): Soziologische Aufklärung 5: Konstruktivistische Perspektiven, 3. Aufl., Wiesbaden: VS Verlag für Sozialwissenschaften.

Lynch, James und Drue Schuler (1994): The matchup effect of spokesperson and product congruency: A schema theory interpretation, in: *Psychology & Marketing*, 11 (5, September/October), 417-445.

Maheswaran, Durairaj und Shelly Chaiken (1991): Promoting Systematic Processing in Low-Motivation Settings: Effect of Incongruent Information on Processing and Judgment, in: *Journal of Personality and Social Psychology*, 61 (1), 13-25.

Malaviya, Prashant (2007): The Moderating Influence of Advertising Context on Ad Repetition Effects: The Role of Amount and Type of Elaboration, in: *Journal of Consumer Research*, 34 (1, June), 32-40.

Martin, Brett A. S. (2004): Using the Imagination: Consumer Evoking and Thematizing of the Fantastic Imaginary, in: *Journal of Consumer Research*, 31 (1, June), 136-149.

Mattes, John und Joanne Cantor (1982): Enhancing responses to television advertisements via the transfer of residual arousal from prior programming, in: *Journal of Broadcasting*, 26 (2), 553-566.

McCracken, Grant (1986): Culture and Consumption: A Theoretical Account of the Structure and Movement of the Cultural Meaning of Consumer Goods, in: *Journal of Consumer Research*, 13 (1, June), 71-84.

McCracken, Grant (1989): Who Is the Celebrity Endorser? Cultural Foundations of the Endorsement Process, in: *Journal of Consumer Research*, 16 (3, December), 310-321.

McDonald's Deutschland (2009): Qualitäts-Scout-Touren 2009: Wissen, wo's herkommt!, online unter http://qualitaet.mcdonalds.de/, Stand: 13.10.2009.

Meadowcroft, Jeanne M. und Beth Olson (1995): Television viewing vs. reading: Testing Information Processing Assumptions, paper presented at the annual meeting of the Association for Education in Journalism and Mass Communication, Radio-TV Division, August 1995, Washington, D.C.

Meffert, Heribert und Gerrit Heinemann (1990): Operationalisierung des Imagetransfers. Begrenzungen des Transferrisikos durch Ähnlichkeitsmessungen, in: *Marketing ZFP*, 12 (1), 5-10.

Misra, Shekhar und Sharon E. Beatty (1990): Celebrity Spokesperson and Brand Congruence, in: *Journal of Business Research*, 21 (2), 159-173.

Moore, Robert S., Claire Allison Stammerjohan und Robin A. Coulter (2005): Banner Advertiser-Web Site Context Congruity and Color Effects on Attention and Attitudes, in: *Journal of Advertising*, 34 (2, Summer), 71-84.

Moorman, Marjolein (2003): Context Considered: The Relationship between Media Environments and Advertising Effects, PhD thesis, Universität Amsterdam.

Moorman, Marjolein, Peter C. Neijens und Edith G. Smit (2002): The Effects of Magazine-Induced Psychological Responses and Thematic Congruence on Memory and Attitude toward the Ad in a Real-Life Setting, in: *Journal of Advertising*, 31 (4, Winter), 27-40.

Mulch, Jessica (2008): James Bond: Superagent auf Marken-Mission, in: *HORIZONT.NET*, 30.10.2008, online unter http://www.horizont.net/aktuell/marketing/pages/protected/James-Bond-Superagent-auf-Marken-Mission_79932.html, Stand: 13.09.2009.

Müller, Hermann J. und Joseph Krummenacher (2008): Aufmerksamkeit, in: Jochen Müsseler (Hrsg.): Allgemeine Psychologie, 2., neu bearb. Aufl., Berlin, Heidelberg: Spektrum Akademischer Verlag, Springer, 102-152.

Münch, Peter (2009): Der Horror der Heimkehr, in: *sueddeutsche.de*, 02.02.2009, online unter http://www.sueddeutsche.de/kultur/188/456852/text/, Stand: 13.09.2009.

Mundorf, Norbert, Dolf Zillmann und Dan Drew (1991): Effects of Disturbing Televised Events on the Acquisition of Information from Subsequently Presented Commercials, in: *Journal of Advertising*, 20 (1), 46-53.

Murry, John P., JR., John L. Lastovicka und Surendra N. Singh (1992): Feeling and Liking Responses to Television Programs: An Examination of Two Explanations for Media-Context Effects, in: *Journal of Consumer Research*, 18 (March), 441-451.

Müsseler, Jochen (2008): Visuelle Wahrnehmung, in: Jochen Müsseler (Hrsg.): Allgemeine Psychologie, 2., neu bearb. Aufl., Berlin, Heidelberg: Spektrum Akademischer Verlag, Springer, 14-57.

Nell, Victor (1988): Lost in a Book. The Psychology of Reading for Pleasure, New Haven, CT: Yale University Press.

Nelson, Leif D., Tom Meyvis und Jeff Galak (2009): Enhancing the Television-Viewing Experience through Commercial Interruptions, in: *Journal of Consumer Research*, 36 (August), 160-172.

Neuß, Norbert (2000): "Alles Werbung oder was?" Zur Förderung der Werbekompetenz bei Vorschulkindern, in: *medien praktisch*, o.J. (1), 47-51.

Newell, Steven J., Kenneth V. Henderson und Bob T. Wu (2001): The effects of pleasure and arousal on recall of advertisements during the Super Bowl, in: *Psychology & Marketing*, 18 (11), 1135-1153.

Neyer, Franz J. (2008): Sind Prominente anders? Überlegungen aus Sicht der Persönlichkeitspsychologie, online unter http://www.uni-potsdam.de/portal-alumni/06-08/uni-oeffentlichkeit/neyer.html, erstellt am 12.12.2008, Stand: 13.09.2009.

Nickel-Bacon, Irmgard, Norbert Groeben und Margrit Schreier (2000): Fiktionssignale pragmatisch. Ein medienübergreifendes Modell zur Unterscheidung von Fiktion(en) und Realität(en), in: *Poetica*, 32 (3-4), 267-299.

Nieding, Gerhild und Peter Ohler (2008): Mediennutzung und Medienwirkung bei Kindern und Jugendlichen, in: Bernad Batinic und Markus Appel (Hrsg.): Medienpsychologie, Berlin: Springer, 379-400.

Norris, Claire E. und Andrew M. Colman (1994): Effects of entertainment and enjoyment of television programs on perception and memory of advertisements, in: *Social Behavior and Personality*, 22 (4), 365-367.

o.V. (2004): Wallander auf der Spur, online unter http://www.spiegel.de/reise/aktuell/0,1518,293571,00.html, Stand: 02.04.2004.

o.V. (2006): James Bond the greatest commercial for tourism, Visit Montenegro News Archiv, online unter http://www.visit-montenegro.com/article537.htm, erstellt am 29.11.2006, Stand: 07.05.2008.

o.V. (2007): Sex and the City Hotspots Tour, online unter http://www.attraction-tickets-direct.co.uk/new-york-tours/sex-and-the-city.htm, Stand: 27.09.2007.

o.V. (2008): Peek & Cloppenburg feiert den Kinostart von "SEX AND THE CITY" am 29. Mai!, online unter http://www.pressemeldungen.at/28298/peek-cloppenburg-feiert-den-kinostart-von-%E2%80%9Esex-and-the-city%E2%80%9C-am-29-mai/, Stand: 09.05.2008.

o.V. (2009a): Der Staatsanwalt. Folge "Glückskinder", online unter http://fernsehfilm.zdf.de/ZDFde/inhalt/1/0,1872,7588705,00.html?dr=1, Stand: 06.09.2009.

o.V. (2009b): Kanzleramt. Episodenführer der TV-Serie, Beschreibung der Folge 11 "Feindliche Übernahme", online unter www.fernsehserien.de/index.php?serie =9746& seite=12, Stand: 06.09.2009.

o.V. (2009c): User akzeptieren Werbeunterbrechungen im Web, online unter http://www.horizont.net/aktuell/digital/pages/protected/showNewsletter.php?id=87406&utm_source=Newsletter&utm_medium=Newsletter, erstellt am 23.09.2009, Stand: 24.09.2009.

o.V. (2009d): Zeit der Entscheidung - Soap deiner Wahl, online unter http://www.spiegel.de/thema/zeit_der_entscheidung/, Stand: 06.10.2009.

o.V. (2010): Hollywood mitten in Europa? Werfen Sie einen Blick hinter die Kulissen bekannter Filme, online unter http://www.czechtourism.com/ger/de/docs/news/news-detail.html?item=1280-filmy.html, Stand: 02.02.2010.

O'Donohoe, Stephanie (1997): Raiding the postmodern pantry. Advertising intertextuality and the young adult audience, in: *European Journal of Marketing*, 31 (3/4), 234-253.

O'Guinn, Thomas C. und L. J. Shrum (1997): The Role of Television in the Construction of Consumer Reality, in: *Journal of Consumer Research*, 23 (March), 278-294.

Oatley, Keith (1999): Why Fiction May Be Twice as True as Fact: Fiction as Cognitive and Emotional Simulation, in: *Review of General Psychology*, 3 (2), 101-117.

Oatley, Keith und Raymond A. Mar (2005): Evolutionary Pre-Adaption and the Idea of Characters in Fiction, in: *Journal of Cultural and Evolutionary Psychology*, 3 (2), 181-196.

Ohanian, Roobina (1990): Construction and Validation of a Scale to Measure Celebrity Endorsers' Perceived Expertise, Trustworthiness, and Attractiveness, in: *Journal of Advertising*, 19 (3), 39-52.

Ohler, Peter und Gerhild Nieding (2006): An Evolutionary Perspective on Entertainment, in: Jennings Bryant und Peter Vorderer (Hrsg.): Psychology of entertainment, Mahwah, NJ: Erlbaum Assoc., 423-433.

Orne, Martin T. (1962): On the Social Psychology of the Psychological Experiment: With Particular Reference to Demand Characteristics and Their Implications, in: *American Psychologist*, 17 (November), 776-783.

Park, C. Whan und Gordon W. McClung (1986): The effects of tv program involvement on involvement with commercials, in: Richard J. Lutz (Hrsg.): Advances in Consumer Research. Vol. 13, Provo, UT: Association for Consumer Research, 544-548.

Parsons, Terence (1980): Nonexistent Objects, New Haven und London: Yale University Press.

Pavelchak, Mark A., John H. Antil und James M. Munch (1988): The Super Bowl: An Investigation into the Relationship Among Program Context, Emotional Experience, and Ad Recall, in: *Journal of Consumer Research*, 15 (December), 360-367.

Pelsmacker, Patrick de, Maggie Geuens und Pascal Anckaert (2002): Media Context and Advertising Effectiveness: The Role of Context Appreciation and Context/Ad Similarity, in: *Journal of Advertising*, 31 (2, Summer), 49-61.

Perdue, Barbara C. und John O. Summers (1986): Checking the Success of Manipulations in Marketing Experiments, in: *Journal of Marketing Research*, 23 (November), 317-326.

Perrien, Jean (1997): Repositioning Demand Artifacts in Consumer Research, in: Merrie Brucks und Debbie MacInnis (Hrsg.): Advances in Consumer Research. Vol. 24, Provo, UT: Association for Consumer Research, 267-271.

Perry, Stephen D., Stefan Jenzowsky, Cynthia King, Joe Bob Hester und Jeanne Gartenschlaeger (1997): Using Humorous Programs as a Vehicle for Humorous Commercials, in: *Journal of Communication*, 47 (1, March, Winter), 20-39.

Petty, Richard E. und John T. Cacioppo (1984): The effects of involvement on responses to argument quantity and quality: Central and peripheral routes to persuasion, in: *Journal of Personality and Social Psychology*, 46 (1, January), 69-81.

Petty, Richard E. und John T. Cacioppo (1986): The Elaboration Likelihood Model of Persuasion, in: Leonard Berkowitz (Hrsg.): Advances in Experimental Social Psychology, 19. Aufl., New York: Academic Press, 123-205.

Petty, Richard E. und Duane T. Wegener (1999): The Elaboration Likelihood Model: Current Status and Controversies, in: Shelly Chaiken und Yaacov Trope (Hrsg.): Dual-Process Theories in Social Psychology, New York: The Guilford Press, 41-72.

Poncin, Ingrid, Rik Pieters und Michele Ambaye (2006): Cross-advertisement affectivity: The influence of similarity between commercials and processing modes of consumers on advertising processing, in: *Journal of Business Research*, 59 (6), 745-754.

Pospeschill, Markus (2006): Statistische Methoden. Strukturen, Grundlagen, Anwendungen in Psychologie und Sozialwissenschaften, München: Elsevier, Spektrum Akademischer Verlag.

Prentice, Deborah A. und Richard J. Gerrig (1999): Exploring the Boundary between Fiction and Reality, in: Shelly Chaiken und Yaacov Trope (Hrsg.): Dual-Process Theories in Social Psychology, New York: The Guilford Press, 529-546.

Prentice, Deborah A., Richard J. Gerrig und Daniel S. Bailis (1997): What readers bring to the processing of fictional texts, in: *Psychonomic Bulletin & Review*, 4 (3), 416-429.

Ravaja, Niklas (2004): Contributions of Psychophysiology to Media Research: Review and Recommendations, in: *Media Psychology*, 6 (2), 193-235.

Reeves, Byron und M. Mark Miller (1978): A multidimensional measure of children's identification with television characters, in: *Journal of Broadcasting*, 22 (1, Winter), 71-86.

Riley, Roger, Dwayne Baker und Carlton S. van Doren (1998): Movie Induced Tourism, in: *Annals of Tourism Research*, 25 (4), 919-935.

Ritter Sport (2008): Ritter Sport Freunde: Kampagne, online unter http://www.rittersportfreunde.biz/, Stand: 22.10.2008.

Robben, Henry S.J. und Theo B.C. Poiesz (1993): The Operationalization of Motivation, Capacity and Opportunity to Process an Advertising Message, in: W. Fred van Raaij und Gary J. Bamossy (Hrsg.): European Advances in Consumer Research. Vol. 1, Provo, UT: Association for Consumer Research, 160-167.

Rosenthal, Robert und Ralph L. Rosnow (1993): Essentials of Behavioral Research. Methods and Data Analysis, 3. Aufl., New York: McGraw-Hill.

Roskos-Ewoldsen, Beverly, John Davies und David R. Roskos-Ewoldsen (2004): Implications of the mental models approach for cultivation theory, in: *Communications*, 29 (3), 345-363.

Roskos-Ewoldsen, David R., Beverly Roskos-Ewoldsen und Francesca R. Dillman Carpentier (2002): Media Priming: A Synthesis, in: Jennings Bryant und Dolf Zillmann (Hrsg.): Media

Effects. Advances in Theory and Research, 2. Aufl., Mahwah, NJ: Lawrence Erlbaum Associates, 97-120.

Rosnow, Ralph L. und Robert Rosenthal (1997): People studying people, Artifacts and ethics in behavioral research, New York: W. H. Freeman and Company.

Ross, Lee (1977): The intuitive psychologist and his shortcomings: Distortions in the attribution process, in: Leonard Berkowitz (Hrsg.): Advances in Experimental Social Psychology, 10. Aufl., Orlando, FL: Academic Press, 173-220.

Rossmann, Constanze (2003): Zu Risiken und Nebenwirkungen fragen Sie die Patienten. Eine Studie zur Darstellung von Ärzten in Krankenhausserien und ihrem Einfluss auf das Arztbild von Patienten, in: *Medien- und Kommunikationswissenschaft,* 51 (3-4), 497-522.

Rossmann, Constanze und Hans-Bernd Brosius (2004): The problem of causality in cultivation research, in: *Communications,* 29 (3), 379-397.

Rothmund, Jutta, Margrit Schreier und Norbert Groeben (2001a): Fernsehen und erlebte Wirklichkeit I: Ein kritischer Überblick über die Perceived Reality-Forschung, in: *Zeitschrift für Medienpsychologie,* 13 (N.F.1) (1), 33-44.

Rothmund, Jutta, Margrit Schreier und Norbert Groeben (2001b): Fernsehen und erlebte Wirklichkeit II: Ein integratives Modell zu Realitäts-Fiktions-Unterscheidungen bei der (kompetenten) Mediennutzung, in: *Zeitschrift für Medienpsychologie,* 13 (N.F.1) (2), 85-95.

Rühling, Lutz (1997): Fiktionalität und Poetizität, in: Heinz Ludwig Arnold und Heinrich Detering (Hrsg.): Grundzüge der Literaturwissenschaft, München.

Rundfunkstaatsvertrag (2008): Staatsvertrag für Rundfunk und Telemedien in der Fassung des 12. Rundfunkänderungsstaatsvertrags vom 18.12.2008.

Russell, Cristel A. (2002): Investigating the Effectiveness of Product Placements in Television Shows: The Role of Modality and Plot Connection Congruence on Brand Memory and Attitude, in: *Journal of Consumer Research,* 29 (3, December), 306-318.

Russell, Cristel A., Andrew T. Norman und Susan E. Heckler (2004): The Consumption of Television Programming: Development and Validation of the Connectedness Scale, in: *Journal of Consumer Research,* 31 (June), 150-161.

Russell, Cristel A. und Barbara B. Stern (2006): Consumers, Characters, and Products. A Balance Model of Sitcom Product Placement Effects, in: *Journal of Advertising,* 35 (1), 7-21.

Russell, Cristel Antonia und Michael Belch (2005): A Managerial Investigation into the Product Placement Industry, in: *Journal of Advertising Research,* 45 (1, March), 73-92.

Ryan, Marie-Laure (1980): Fiction, Non-Factuals, and the Principe of Minimal Departure, in: *Poetics,* 9 (4), 403-422.

Saal, Marco (2009): HORIZONT.NET kürt den glaubwürdigsten Werbestar, in: *HORIZONT.NET,* 17.08.2009, online unter http://www.horizont.net/aktuell/marketing/pages/protected/Startschuss-fuer-Voting-Rubrik-HORIZONT.NET-kuert-den-glaubwuerdigsten-Werbestar_86445.html, Stand: 13.09.2009.

Sanbonmatsu, David M. und Frank R. Kardes (1988): The Effects of Physiological Arousal on Information Processing and Persuasion, in: *Journal of Consumer Research,* 15 (December), 379-385.

Sawyer, Alan G. (1975): Demand Artifacts in Laboratory Experiments in Consumer Research, in: *Journal of Consumer Research*, 1 (March), 20-30.

Schmidt, Siegfried J. (1994): Die Wirklichkeit des Beobachters, in: Klaus Merten, Siegfried J. Schmidt und Siegfried Weischenberg (Hrsg.): Die Wirklichkeit der Medien. Eine Einführung in die Kommunikationswissenschaft, Opladen: Westdeutscher Verlag, 3-19.

Schmitt, Bernd H. (1994): Contextual Priming of Visual Information in Advertisements, in: *Psychology & Marketing*, 11 (1, January/February), 1-14.

Scholz, Christian (2006): Medienmanagement - Herausforderung, Notwendigkeit und ein Bezugsrahmen, in: Christian Scholz (Hrsg.): Handbuch Medienmanagement, Berlin: Springer, 12-71.

Schreier, Margrit (2004): "Please Help Me; All I Want to Know Is: Is It Real or Not?": How Recipients View the Reality Status of the Blair Witch Project, in: *Poetics Today*, 25 (2), 305-334.

Schreier, Margrit (2007): Fantastisch real. Wie Fiktion uns beeinflusst, in: *Psychoscope*, 28 (3), 8-10.

Schudson, Michael (1984): Advertising. The Uneasy Persuasion, New York: Basic Books.

Schumann, David W. und Esther Thorson (1989): The Influence of Viewing Context on Commercial Effectiveness: A Selection-Processing Model, in: *Current Issues and Research in Advertising*, 12 (1), 1-24.

Schwarz, Norbert (2002): Feelings as Information: Moods Influence Judgments and Processing Strategies, in: Thomas Gilovich, Dale Griffin und Daniel Kahneman (Hrsg.): Heuristics and Biases. The Psychology of Intuitive Judgment, Cambridge: Cambridge University Press, 534-547.

Schwebach, Gary D. (1994): Theatrical Analogy Between Television Ads and Programs: The Effects of Dramatic Similarities on Consumer Reaction to Advertising, in: Joseph A. Cote und Siew Meng Leong (Hrsg.): Asia Pacific Advances in Consumer Research. Vol. 1, Provo, UT: Association for Consumer Research, 251-256.

Schweiger, Günter (1995): Image und Imagetransfer, in: Bruno Tietz, Richard Köhler und Joachim Zentes (Hrsg.): Handwörterbuch des Marketing, 2., völlig neu gestaltete Aufl., Stuttgart: Schäffer-Poeschel, Sp. 915–928.

Scott, Linda M. (1991): The Troupe: Celebrities as Dramatis Personae in Advertisements, in: Rebecca H. Holman und Michael R. Solomon (Hrsg.): Advances in Consumer Research. Vol. 18, Provo, UT: Association for Consumer Research, 355-363.

Segrin, Chris und Robin L. Nabi (2002): Does Television Viewing Cultivate Unrealistic Expectations About Marriage?, in: *Journal of Communication*, 52 (2), 247-263.

Senft, Simone (2009): Anne Will und die Angst um den Job, in: *Welt.Online*, 02.02.2009, online unter www.welt.de/fernsehen/article3117959/Anne-Will-und-die-Angst-um-den-Job.html, Stand: 11.09.2009.

Shamay-Tsoory, Simone G., Rachel Tomer, Bill D. Berger und Judith Aharon-Peretz (2003): Characterization of Empathy Deficits following Prefrontal Brain Damage: The Role of the

Right Ventromedial Prefrontal Cortex, in: *Journal of Cognitive Neuroscience*, 15 (3, April), 324-337.

Shanahan, James und Michael Morgan (1999): Television and its viewers. Cultivation theory and research, Cambridge: Cambridge Univ. Press.

Shanahan, Kevin J. und Michael R. Hyman (2001): Program-Length Commercials and Host Selling by the WWF, in: *Business and Society Review*, 106 (4), 379-393.

Shapiro, Michael A. und T. Makana Chock (2003): Psychological Processes in Perceiving Reality, in: *Media Psychology*, 5 (2), 163-198.

Shapiro, Michael A. und Daniel G. McDonald (1992): I´m Not a Real Doctor, but I Play One in Virtual Reality: Implications of Virtual Reality for Judgments about Reality, in: *Journal of Communication*, 42 (4, Autumn), 94-114.

Shapiro, Stewart (1999): When an Ad's Influence Is Beyond Our Conscious Control: Perceptual and Conceptual Fluency Effects Caused by Incidental Ad Exposure, in: *Journal of Consumer Research*, 26 (June), 16-36.

Sharma, Andrew (2000): Recall of Television Commercials as a Function of Viewing Context: The Impact of Program-Commercial Congruity on Commercial Messages, in: *The Journal of General Psychology*, 127 (4), 383-396.

Shimp, Terence A. (2000): Advertising Promotion: Supplemental Aspects of Integrated Marketing Communications, 5. Aufl., Fort Worth, TX: Dryden Press.

Shimp, Terence A., Eva M. Hyatt und David J. Snyder (1991): A Critical Appraisal of Demand Artifacts in Consumer Research, in: *Journal of Consumer Research*, 18 (December), 273-283.

Shimp, Terence A., Eva M. Hyatt und David J. Snyder (1993): A Critique of Darley and Lim´s "Alternative Perspective", in: *Journal of Consumer Research*, 20 (December), 496-501.

Shrum, L. J. (1999): The Relationship of Television Viewing with Attitude Strength and Extremity: Implications for the Cultivation Effect, in: *Media Psychology*, 1 (1, March), 3-25.

Shrum, L. J. (2002): Media Consumption and Perceptions of Social Reality: Effects and Underlying Processes, in: Jennings Bryant und Dolf Zillmann (Hrsg.): Media Effects. Advances in Theory and Research, 2. Aufl., Mahwah, NJ: Lawrence Erlbaum Associates, 69-95.

Shrum, L. J. (Hrsg.) (2004a): The Psychology of Entertainment Media. Blurring the Lines Between Entertainment and Persuasion, Mahwah, NJ; London: Lawrence Erlbaum Associates.

Shrum, L. J. (2004b): The cognitive processes underlying cultivation effects are a function of whether the judgments are on-line or memory-based, in: *Communications*, 29 (3), 327-344.

Shrum, L. J., James E. Burroughs und Aric Rindfleisch (2004): A Process Model of Consumer Cultivation: The Role of Television Is a Function of the Type of Judgment, in: L. J. Shrum (Hrsg.): The Psychology of Entertainment Media. Blurring the Lines Between Entertainment and Persuasion, Mahwah, NJ; London: Lawrence Erlbaum Associates, 177-191.

Shrum, L. J., James E. Burroughs und Aric Rindfleisch (2005): Television's Cultivation of Material Values, in: *Journal of Consumer Research*, 32 (December), 473-479.

Shrum, L. J., Robert S. Wyer und Thomas C. O'Guinn (1998): The Effects of Television Consumption on Social Perceptions: The Use of Priming Procedures to Investigate Psychological Processes, in: *Journal of Consumer Research,* 24 (March), 447-458.

Sieglerschmidt, Sebastian (2008): Werbung im thematisch passenden Medienkontext, Theoretische Grundlagen und empirische Befunde am Beispiel von Fernsehwerbung, Wiesbaden: Gabler.

Silverstein, Brett, Lauren Perdue, Barbara Peterson und Eileen Kelly (1986): The role of the mass media in promoting a thin standard of attractiveness for women, in: *Sex Roles,* 14 (9/10), 519-532.

Slater, Michael D., Donna Rouner, Kevin Murphy, Frederick Beauvais, James van Leuven und Melanie Domenech Roderiguez (1996): Male adolescents' reactions to TV beer advertisements: The effect of sports content and programming context, in: *Journal of Studies on Alcohol,* 57 (4, July), 425-433.

Smidts, Ale, Guillén Fernández und Vasily Klucharev (2006): Why celebrities are effective: Brain mechanisms of social persuasion, in: George J. Avlonitis, Nikolaos Papavassiliou und Paulina Papastathopoulou (Hrsg.): Sustainable Marketing Leadership. A Synthesis of Polymorphous Axioms, Strategies and Tactics, Proceedings of the 35th EMAC Conference, Athens.

Solomon, Michael R., Richard D. Ashmore und Laura C. Longo (1992): The Beauty Match-Up Hypothesis: Congruence Between Types of Beauty and Product Images in Advertising, in: *Journal of Advertising,* 21 (4, December), 23-34.

Solomon, Michael R. und Basil G. Englis (1994): Reality Engineering: Blurring the Boundaries Between Commercial Signification and Popular Culture, in: *Journal of Current Issues and Research in Advertising,* 16 (2, Fall), 1-17.

Spilski, Anja und Andrea Groeppel-Klein (2008a): The Persistence of Fictional Character Images beyond the Program and their Use in Celebrity Endorsement: Experimental Results from a Media Context Perspective, in: Angela Y. Lee und Dilip Soman (Hrsg.): Advances in Consumer Research. Vol. 35, Duluth, MN: Association for Consumer Research, 868-870.

Spilski, Anja und Andrea Groeppel-Klein (2008b): When Celebrity Endorsers Act in Their Fictional Stage Characters: The Impact of Congruent and Non-Congruent Media Contexts on Advertising Effects, in: Stefania Borghini, Mary Ann McGrath und Cele Otnes (Hrsg.): European Advances in Consumer Research. Vol. 8, Duluth, MN: Association for Consumer Research, 115-117.

Spinoza, Baruch (1677/1982): The ethics and selected letters, S. Feldman und S. Shirley (Hrsg.), Indianapolis, IN: Hackett.

Squire, Larry R., Barbara Knowlton und Gail Musen (1993): The Structure and Organization of Memory, in: *Annual Review of Psychology,* 44 (1), 453-495.

Steiger, Andreas (1988): Computergestützte Aktivierungsmessung in der Marketingforschung. Entwicklung eines Computerprogramms zur Erfassung elektrodermaler Daten und zur marketingorientierten Auswertung unter besonderer Berücksichtigung von Werbespots, Frankfurt am Main: Lang.

Stern, Barbara B. (1994): Classical and Vignette Television Advertising Dramas: Structural Models, Formal Analysis, and Consumer Effects, in: *Journal of Consumer Research*, 20 (March), 601-615.

Strange, Jeffrey J. (1996): Leben in Bildschirmwelten – Formen der narrativen Involviertheit, in: Peter Vorderer (Hrsg.): Fernsehen als „Beziehungskiste". Parasoziale Beziehungen und Interaktionen mit TV-Personen, Opladen: Westdeutscher Verlag, 173-180.

Strange, Jeffrey J. (2002): How Fictional Tales Wag Real-World-Beliefs. Models and Mechanisms of Narrative Influence, in: Melanie C. Green, Jeffrey J. Strange und Timothy C. Brock (Hrsg.): Narrative Impact. Social and Cognitive Foundations, Mahwah, NJ: Lawrence Erlbaum Associates, 263-286.

Stuff, Britta (2009): Die Schwarzwaldklinik - Heile Welt zu verkaufen, online unter http://www.welt.de/fernsehen/article4371371/Die-Schwarzwaldklinik-Heile-Welt-zu-verkaufen.html, erstellt am 22.08.2009, Stand: 08.02.2010.

Stutts, Mary Ann, Donald Vance und Sarah Hudleson (1981): Program-Commercial Separators in Children's Television: Do They Help A Child Tell the Difference between "Bugs Bunny" and the "Quik Rabbit"?, in: *Journal of Advertising*, 10 (2), 16-25.

Sujan, Mita, James R. Bettman und Harish Sujan (1986): Effects of Consumer Expectations on Information Processing in Selling Encounters, in: *Journal of Marketing Research*, 23 (November), 346-353.

Sunstein, Cass R. (2005): Moral heuristics, in: *Behavioral and Brain Sciences*, 28 (4), 531-573.

Surmelian, Leon (1969): Techniques of writing fiction, Garden City, NY: Anchor Books.

Tagesthemen. Ausgestrahlt am 01.02.2009, ARD, online unter http://www.tagesschau.de/multimedia/sendung/tt1126.html, Stand: 29.09.2009.

Tal-Or, Nurit und Yael Papirman (2007): The Fundamental Attribution Error in Attributing Fictional Figures' Characteristics to the Actors, in: *Media Psychology*, 9 (2, April), 331-345.

Tavassoli, Nader T., Clifford J. Shultz, II und Gavan J. Fitzsimons (1995): Program involvement: are moderate levels best for ad memory and attitude toward the ad?, in: *Journal of Advertising Research*, 35 (5, September/October), 61-72.

Taylor, Henry M. und Margrit Tröhler (1999): Zu ein paar Facetten der menschlichen Figur im Spielfilm, in: Heinz B. Keller, Karl Prümm und Birgit Peulings (Hrsg.): Der Körper im Bild: Schauspielen - Darstellen - Erscheinen, Marburg: Schüren Presseverlag (Schriften der Gesellschaft für Film- und Fernsehwissenschaft, Band 7), 137-151.

Taylor, Shelley E. (1991): Asymmetrical effects of positive and negative events: The mobilization-minimization hypothesis, in: *Psychological Bulletin*, 110 (1), 67-85.

The Purse Forum (2008): Blue Satin Manolo's Carrie's Wedding Shoes, online unter http://forum.purseblog.com/the-glass-slipper/blue-satin-manolo-s-carries-wedding-shoes-302574.html, erstellt am 01.06.2008, Stand: 27.04.2009.

Thomson, Matthew (2006): Human Brands: Investigating Antecedents to Consumers' Strong Attachments to Celebrities, in: *Journal of Marketing*, 70 (3, July), 104-119.

Tieschky, Claudia (2009): Mach mal locker. Entlassungen, Dumping und Staatshilfe: VDZ-Geschäftsführer Wolfgang Fürst spricht über Medien, die in der Krise mit Wohlfühl-Themen punkten, in: *sueddeutsche.de*, 09.06.2009, online unter http://www.sueddeutsche.de/kultur/918/471458/text/, Stand: 20.10.2009.

Till, Brian D. und Michael Busler (1998): Matching products with endorsers: attractiveness versus expertise, in: *Journal of Consumer Marketing*, 15 (6), 576-586.

Till, Brian D. und Michael Busler (2000): The Match-Up Hypothesis: Physical Attractiveness, Expertise, and the Role of Fit on Brand Attitude, Purchase Intent and Brand Beliefs, in: *Journal of Advertising*, 29 (3), 1-13.

Till, Brian D. und Terence A. Shimp (1998): Endorsers in advertising: The case of negative celebrity information, in: *Journal of Advertising*, 27 (1), 67-82.

Till, Brian D., Sarah M. Stanley und Randi Priluck (2008): Classical Conditioning and Celebrity Endorsers: An Examination of Belongingness and Resistance to Extinction, in: *Psychology & Marketing*, 25 (2, February), 179-196.

Tinchev, Vladislav (2008): Falling in Love with an SUV: ich will einen wie Jack Bauer!, online unter www.serienjunkies.de/news/falling-love-20112.html, erstellt am 26.11.2008, Stand: 07.01.2009.

Tiwsakul, Rungpaka und Chris Hackley (2005): Explicit, non-integrated product placement in British television programmes, in: *International Journal of Advertising*, 24 (1), 95-111.

TNS Sport (2005): PromiVision 2005: Prominenten-Werbung in Deutschland gewinnt für die Markenkommunikation weiter an Bedeutung, online unter http://www.tns-infratest.com/presse/pdf/presse/2005_01_14_tns_sport_promivision2005.pdf, Stand: 22.10.2008.

Toy, Dan, Lauren Wright und Jerry Olson (2001): A Conceptual Framework for Analyzing Deception and Debriefing Effects in Marketing Research, in: *Psychology & Marketing*, 18 (7, July), 691-719.

Tripp, Carolyn, Thomas D. Jensen und Les Carlson (1994): The Effects of Multiple Product Endorsements by Celebrities on Consumers´ Attitudes and Intentions, in: *Journal of Consumer Research*, 20 (March), 535-547.

Tröhler, Margrit (2002): Von Weltenkonstellationen und Textgebäuden. Fiktion - Nichtfiktion – Narration in Spiel- und Dokumentarfilm, in: *montage/av*, 11 (2), 9-41.

Tversky, Amos und Daniel Kahneman (1973): Availability: A Heuristic for Judging Frequency and Probability, in: *Cognitive Psychology*, 5 (September), 207-232.

Urban, Dieter und Jochen Mayerl (2007): Mediator-Effekte in der Regressionsanalyse (direkte, indirekte und totale Effekte), Ergänzendes Kapitel zum Buch: Regressionsanalyse Theorie, Technik und Anwendung, 2006, 2. Aufl., Wiesbaden: VS Verlag für Sozialwissenschaften / GWV Fachverlage GmbH Wiesbaden (online unter http://www.uni-stuttgart.de/soz/soziologie/regression/Mediator-Effekte_v1-3.pdf).

van den Bulck, Jan (2004): Research Note: The Relationship between Television Fiction and Fear of Crime. An Experimental Comparison of Three Causal Explanations, in: *European Journal of Communication*, 19 (2), 239-248.

Vaughan, Peter W., Everett M. Rogers, Arvind Singhal und Ramadhan M. Swahele (2000): Entertainment education and HIV/AIDS prevention: A field experiment in Tanzania, in: *Journal of Health Communication*, 5 (January), 81-100.

Venables, Peter Henry und Margaret J. Christie (1980): Electrodermal Activity, in: Irene Martin und Peter Henry Venables (Hrsg.): Techniques in psychophysiology, Chichester, New York, et al.: John Wiley & Sons, 3-67.

Völckner, Franziska (2003): Neuprodukterfolg bei kurzlebigen Konsumgütern. Eine empirische Analyse der Erfolgsfaktoren von Markentransfers, Wiesbaden: DUV, Gabler.

Volgy, Thomas J. und John E. Schwarz (1980): Television entertainment programming and sociopolitical attitudes, in: *Journalism Quarterly*, 56 (Fall), 283-288.

Vorderer, Peter (1996): Picard, Brinkmann, Derrick und Co. als Freunde der Zuschauer. Eine explorative Studie über parasoziale Beziehungen zu Serienfiguren, in: Peter Vorderer (Hrsg.): Fernsehen als „Beziehungskiste". Parasoziale Beziehungen und Interaktionen mit TV-Personen, Opladen: Westdeutscher Verlag, 151-171.

Vorderer, Peter und Silvia Knobloch (1996): Parasoziale Beziehungen zu Serienfiguren: Ergänzung oder Ersatz?, in: *Medienpsychologie*, 8 (3), 201-216.

Walstra, Bouke und Piet Nelissen (1992): Adapting advertising to the media environment, or: the way to kill two birds with one stone, in: Esomar (Hrsg.): Seminar on Media Research Meets the Future. How New Challenges Promote New Media Uses and Media Research. Lissabon 1992, Amsterdam: Esomar, 281-301.

Wang, Jing und Bobby J. Calder (2006): Media Transportation and Advertising, in: *Journal of Consumer Research*, 33 (2, September), 151-162.

Weber, Stephen J. und Thomas D. Cook (1972): Subject Effects in Laboratory Research: An Examination of Subject Role, Demand Characteristics, and Valid Inference, in: *Psychological Bulletin*, 77 (4), 273-295.

Wilson, Barbara J. und Audrey J. Weiss (1992): Developmental Differences in Children's Reactions to a Toy Advertisements Linked to a Toy-Based Cartoon, in: *Journal of Broadcasting & Electronic Media*, 36 (4), 371-394.

Winterhoff-Spurk, Peter (1989): Fernsehen und Weltwissen. Der Einfluß von Medien auf Zeit-, Raum- und Personenschemata, Opladen: Westdeutscher Verlag.

Woodside, Arch G., Suresh Sood und Kenneth E. Miller (2008): When Consumers and Brands Talk: Storytelling Theory and Research in Psychology and Marketing, in: *Psychology & Marketing*, 25 (2, February), 97-145.

Wright, John C., Aletha C. Huston, Alice Leary Reitz und Suwatchara Piemyat (1994): Young Children's Perception of Television Reality: Determinants and Developmental Differences, in: *Developmental Psychology*, 30 (2), 229-239.

Wyer, Robert S., Jr. und Gabriel A. Radvansky (1999): The Comprehension and Validation of Social Information, in: *Psychological Review*, 106 (1), 89-118.

Yang, Hyeseung und Mary Beth Oliver (2004): Exploring the Effects of Online Advertising on Readers' Perceptions of Online News, in: *Journalism & Mass Communication Quarterly*, 81 (4), 733-749.

Yang, Moonhee, Beverly Roskos-Ewoldsen und David R. Roskos-Ewoldsen (2004): Mental Models for Brand Placement, in: L. J. Shrum (Hrsg.): The Psychology of Entertainment Media. Blurring the Lines Between Entertainment and Persuasion, Mahwah, NJ; London: Lawrence Erlbaum Associates, 79-98.

Yi, Youjae (1990a): Cognitive and Affective Priming Effects of the Context for Print Advertisements, in: *Journal of Advertising,* 19 (2), 40-48.

Yi, Youjae (1990b): The effects of contextual priming in print advertisements, in: *Journal of Consumer Research,* 17 (2), 215-221.

Zaichkowsky, Judith Lynne (1994): The Personal Involvement Inventory: Reduction, Revision, and Application to Advertising, in: *Journal of Advertising,* 23 (4, December), 59-70.

Zajonc, Robert B. (1968): Attitudinal Effects of Mere Exposure, in: *Journal of Personality and Social Psychology: Monograph Supplement,* 9 (2, Part 2), 1-27.

Zillmann, Dolf (1991): Empathy: Affect From Bearing Witness to the Emotions of Others, in: Jennings Bryant und Dolf Zillmann (Hrsg.): Responding to the Screen: Reception and Reaction Processes, Hove und London: Lawrence Erlbaum Associates, 135-167.

Zillmann, Dolf (1991): The Logic of Suspense and Mystery, in: Jennings Bryant und Dolf Zillmann (Hrsg.): Responding to the Screen: Reception and Reaction Processes, Hove und London: Lawrence Erlbaum Associates, 281-303.

Zipfel, Frank (2001): Fiktion, Fiktivität, Fiktionalität. Analysen zur Fiktion in der Literatur und zum Fiktionsbegriff in der Literaturwissenschaft, Berlin: Erich Schmidt Verlag.

Zweigle, Tanja (2001): Testimonial-Werbung, in: Hermann Diller (Hrsg.): Vahlens Großes Marketinglexikon, 2., völlig überarb. und erw. Aufl., München: Beck; Vahlen, 1664.